디 지 털   교 실 에 서   활 용 하 는

AI와 챗봇

With 챗GPT

디지털 교실에서 활용하는

AI와 챗봇

with 챗GPT

김규섭　　김영철　　우성제　　임주환　　이우현　　남덕호

For Teacher

netmaru

『디지털 교실에서 활용하는 AI와 챗봇 with 챗GPT』

Q │ 『디지털 교실에서 활용하는 AI와 챗봇 with 챗GPT』라는 책을 집필하게 된 계기와 책 이름을 정한 이유는 무엇인가요?

A │ 디지털 대전환 시대에 맞게 교육 내용과 방식의 근본적 변화가 요구되는 상황입니다. 그 중에서 AI는 교육을 완전히 바꿔 놓을 것으로 예상되고 있습니다. 특히, 챗GPT는 생성형 인공지능을 대변하고 있습니다. 이러한 시대적 흐름 속에서 학생은 자기주도적 학습자로서 성장할 수 있도록, 교사는 멘토·코치, 사회·정서적 지도자로서의 역할까지 수행하며 교과 간 융합 프로젝트 학습을 할 수 있도록, 새로운 에듀테크 학습도구와 수업 전략을 소개할 필요가 있다고 생각하였습니다. 디지털 교실은 우리의 미래가 자라는 바로 지금이자, 독자 여러분께서 계신 바로 그곳이며, AI, 챗GPT와 함께 새로운 트렌드를 접해보세요.

Q │ 어떤 독자를 생각하며 이 책을 집필하셨나요?

A │ 디지털 교실이라 함은 공교육, 학교만 해당되지 않습니다. 방과후학교, 마을교실, 평생교육 등 미성년자 학생뿐만 아니라 성인 누구나 '독자'가 될 수 있으며, AI, 디지털 교육이 이루어지는 곳이라면 어디든 이 책이 도움이 될 것입니다.

Q │ 이 책의 장점은 무엇인가요?

A │ 스마트교육, SW, AI, 메타버스, 에듀테크, 디지털 교육 등 노하우가 쌓인 전현직 교사들로 이루어진 막강한 집필진들이 가장 먼저 생각한 것은 '독자'였습니다. 챗GPT로 대변되는 생성형 인공지능 시대에 무엇을 원할까? 생성형 인공지능과 챗GPT와 관련된 전반적인 내용부터 교실에서 바로 써먹을 수 있는 융합교육 사례들을 바탕으로 처음 배우는 독자가 책으로 혼자 공부할 수 있도록 쉽고 자세히 설명하였습니다. 특히, 이 책은 챗봇의 대명사인 챗GPT와 생성형 AI 플랫폼을 다루는 것뿐만 아니라 그 챗봇을 만드는 과정까지 포함되어 있습니다. 여기서 그치는 것이 아니라 책을 구입한 독자들께서 사용할 수 있게 연수용/교육용 슬라이드를 제공하고 있으며, 빠르게 변화하는 에듀테크 플랫폼의 특성상 UI 등이 바뀌더라도 공부하자.com 네이버 카페에서 꾸준한 개정작업을 진행해 드리고 있습니다. 또한, 언제든지 카페에 질의해주시면 바로바로 응답을 해드리겠습니다.

Q | 연수용/교육용 슬라이드는 무엇이고, 어떻게 얻을 수 있나요?

A | 책을 구입하신 분께서 바로 연수를 하신다거나, 교육을 하실 수 있게 구글 프레젠테이션으로 슬라이드를 제작하였습니다. 공부하자.com 네이버 카페에 접속하셔서 해당 게시판에 책 구입 인증을 해 주시면 슬라이드를 사용하실 수 있게 링크를 제공해 드립니다.

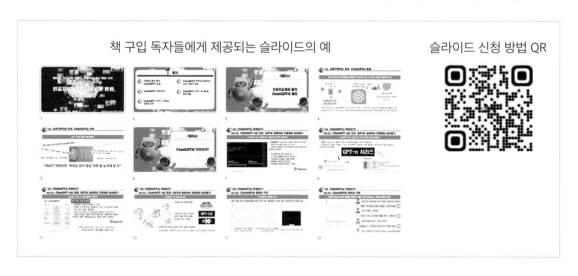

Q | 공부하자.com은 무엇인가요?

A | 코로나19로 인하여 학교에 원격 수업이 본격적으로 도입되며 이를 지원하기 위해 교육 콘텐츠를 개발하고자 하는 선생님들이 뭉치면서 시작되었습니다. 지금은 공교육과 사교육 모두를 지원하기 위한 교육 학습콘텐츠를 개발하고 보급하는 전국적인 교육콘텐츠 크리에이터들의 전문적 학습공동체로서 운영하고 있습니다. 대표적인 활동으로는 교육용 보드게임, 책과 교재 출판, 교육행사 운영과 자문, 교사와 학생 대상 영상 제작, 직무/자율 연수 콘텐츠를 개발하고 있습니다. 공부하자.com에 대해 아시고 싶다면 다음의 QR 코드를 살펴주세요.

Contents

CH.4 다이얼로그 플로우형 챗봇

CH.5 생성형 AI 활용 챗봇

CH.6 챗봇 형태의 AI 스피커 앱

CH.7 ChatGPT의 주의점 및 앞으로의 교육 방안

CH. 1

인공지능(AI)과 ChatGPT

인공지능 교육과 인공지능 챗봇

인공지능 교육 알아보기

01. 인공지능 교육의 도입

인공지능(AI) 교육이 학교현장에 빠르게 안착하고 있습니다. 그만큼 선생님들에게 인공지능에 대한 이해와 활용, 이를 현장에서 지도하는 능력이 요구되고 있습니다. 한편으로는 이러한 시각도 존재합니다.

'새로운 것이 자꾸 나오고 조금 지나면 또 사라지고, 또 다른 새로운 것이 나오고 끝없이 반복되는 것이 아닌가? 인공지능 교육이라는 것도 어차피 스쳐 지나가는 흐름이고, 꼭 지금 해야 하는가?'

교육계에 새로운 개념의 교육이 들어오고 변화하는 과정은 너무 잦고 부담스럽기도 하지만, 생각해보면 사회의 변화는 그것보다도 더욱 빠른 것이 아닌가 생각해봅니다. 소프트웨어교육도 인공지능 교육도 교육계가 먼저 시작했다기보다는 사회의 급작스러운 변화로 인해 교육계가 움직일 수밖에 없는 상황이었습니다. 디지털 대혁명으로 불리는 급격한 기술 변화는 전 세계적으로 공통적인 흐름이었고, 변화하는 세상에 살아야 할 학생들의 미래를 위해서도 교육계가 적응할 수밖에 없는 상황이 되었습니다.

ChatGPT의 경우 프로그램에 접속하여 몇 글자만 적으면 문제도 다 풀어주고, 과제 보고서까지 다 써주는 모습을 볼 수 있습니다. 학생들이 ChatGPT로 과제를 제출하는 상황에 선생님들만 그런 사실을 모르고 있다면, 학교현장이 어떤 모습이 될지 상상하기도 두렵습니다.

교육은 미래를 준비하며 변화의 중심에 있는 영역이고, 그 과정은 어렵더라도 선생님들은 끊임없이 배우고 적응하는 노력을 멈추지 말아야 합니다. 주변을 살펴보면, 이 책을 읽으시는 선생님과 같이 연구하고 나누는 분들이 많이 계십니다. 함께 의지하고 노력하며 전문성을 갖춘 선생님이 되어봅시다.

02. 인공지능 교육의 목표

교육부에서 2022년에 발표한 '디지털 인재양성 종합방안'을 살펴보면 두 가지의 축으로 나누어져 있는 것을 확인할 수 있습니다.

디지털 인재양성 종합방안

1. 디지털 신산업 분야의 인재양성 지원

2. 디지털 전환시대의 디지털 교육혁명 요구에의 대응

디지털 신산업 분야의 인재양성 지원이라는 것은 디지털 산업이 빠르게 성장하는 속도를 인력 수요가 따라잡지 못하고 있는 상황인데, 교육 전 범위에 걸쳐 체계적인 디지털 인재를 100만 명 이상 양성하겠다는 것입니다. 디지털 전환시대의 디지털 교육혁명이라는 것은 디지털 기술의 발전이 사고방식과 의사결정, 노동과 고용형태 등 미래사회의 삶 전반에 광범위한 영향을 미칠 것으로 예상되는 상황에 디지털 기술을 이해하고 활용할 수 있는 기본 교육이 필요하다는 내용입니다.

💬 **기술과 교육 간의 경주<OECD(2019)>**

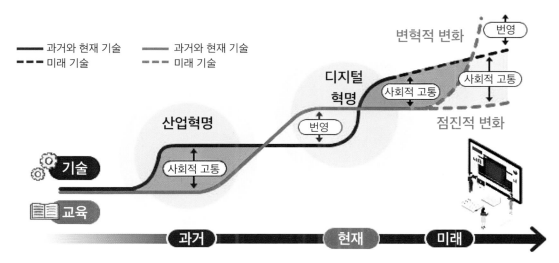

출처: 교육부(2022), 디지털 인재양성 종합방안

학교에서 갑자기 '디지털 신산업 분야의 인재양성을 위한 교육을 하라.'는 말이 나오면 뭘 해야 할지 어렵고 막막할 수 있습니다. 그래서 교육부에서 우리에게 익숙한 교육과정의 형태로 초·중등 인공지능 교육 내용 기준을 만들어 준 것이 있습니다. 교육부에서 발표한 '초·중등 인공지능 교육 내용 기준'을 보면 성격 부분에 다음과 같은 문구가 있습니다. '체험과 실습 중심으로 인공지능의 기본 원리를 이해하도록 하고 있으며, 이를 통해 학생들이 미래 사회의 변화에 두려움 없이 대처하고 인공지능을 활용하여 문제를 창의적으로 해결할 수 있도록 하고자 한다.'

위 문구를 보면 학교에서의 인공지능 교육 목표가 조금 더 구체적으로 와 닿는 것 같습니다. 줄여보자면 '인공지능의 기본 원리의 이해, 변화에 대처하는 능력, 인공지능을 활용한 문제 해결' 정도로 이해할 수 있습니다. '두려움 없이'라는 문구를 놓치지 말아야 하고, 이를 위해 '재미있게' 지도하는 것이 중요합니다.

아울러 학교급별 구체적인 목표가 나와 있으니 참고해보세요.

초·중등 인공지능 교육 목표

- 초등학교: 인공지능의 기능과 원리를 놀이와 교육용 도구를 통해 체험하고, 자신의 주변에서 인공지능 기술이 적용된 사례를 탐색하고 활용할 수 있다.

- 중학교: 인공지능 기술 발전의 원동력이 되는 데이터의 가치와 인공지능 기술의 원리를 이해하고, 실생활 문제를 해결하는 능력을 함양한다.

- 고등학교 심화: '인공지능 기초'의 내용을 바탕으로, 심화된 내용의 인공지능 개념과 알고리즘을 이해하고, 인공지능 기술을 응용하여 문제를 해결할 수 있는 역량을 기른다.

출처: 교육부, 학교에서 만나는 인공지능 수업

---

03. 인공지능 교육의 내용 요소

위 목표를 달성하기 위해 어떤 내용을 교육하면 될지 내용 요소를 살펴보겠습니다. 인공지능 교육의 내용 요소는 아래와 같습니다.

영역	세부영역	초등학교 1~4학년	초등학교 5~6학년	중학교	고등학교 기초 (인공지능 기초)	고등학교 심화
인공지능의 이해	인공지능과 사회	- 인공지능과 첫 만남	- 인공지능의 다양한 활용 - 약인공지능, 강인공지능	- 인공지능 발전 과정 - 튜링 테스트	- 인공지능의 개념과 특성 - 인공지능 기술의 발전과 사회변화	- 인공지능 기술의 적용 분야 - 인공지능 융·복합
	인공지능과 에이전트				- 지능 에이전트의 개념과 역할	- 지능 에이전트 분석
인공지능 원리와 활용	데이터	- 여러 가지 데이터 - 수치 데이터 시각화	- 데이터의 중요성 - 문자 데이터 시각화 - 데이터 경향성	- 데이터 수집 - 데이터 전처리 - 데이터 예측	- 데이터의 속성 - 정형 데이터와 비정형 테이터	- 데이터 속성 분석 - 빅데이터
	인식	- 컴퓨터와 사람의 인식	- 컴퓨터의 인식 방법	- 사물 인식	- 센서와 인식 - 컴퓨터 비전 - 음성인식과 언어 이해	- 컴퓨터 비전 응용 - 음성 인식 응용 - 자연어 처리
	분류 탐색 추론	- 특징에 따라 분류하기	- 인공지능 분류 방법 - 지식 그래프	- 인공지능 탐색 방법 - 규칙 기반 추론	- 문제 해결과 탐색 - 표현과 추론	- 휴리스틱 탐색 - 논리적 추론
	기계 학습과 딥러닝	- 인공지능 학습놀이 활동	- 기계학습 원리 체험	- 지도학습 - 비지도 학습	- 기계학습의 개념과 활용 - 딥러닝의 개념과 활용 - 분류 모델 - 기계학습 모델 구현	- 기계학습 - 강화학습 - 퍼셉트론과 신경망 - 심층 신경망
인공 지능의 사회적 영향	인공 지능의 영향력	- 우리에게 도움을 주는 인공지능	- 인공지능과 함께 하는 삶	- 인공지능과 나의 직업	- 사회적 문제 해결 - 데이터 편향성	- 인공지능과의 공존 - 알고리즘 편향성
	인공 지능 윤리		- 인공지능의 올바른 사용	- 인공지능의 오남용 예방	- 윤리적 딜레마 - 사회적 책임과 공정성	- 인공지능 개발자 윤리 - 인공지능 도입자 윤리

출처: 교육부, 학교에서 만나는 인공지능 수업

복잡하고 많아 보이지만, 꼭 하나하나의 요소를 파악하고 머릿속에 넣어야만 교육 활동을 할 수 있는 것은 아니므로 너무 어렵게 생각하지 않아도 괜찮습니다. 이에 대한 전문지식이 없더라도 충분히 교육 활동에 적용할 수 있습니다.

예를 들어, 국어 교과 영역을 생각하였을 때 학생들과 이야기를 읽고 토의하는 활동을 했다면, 그 교육 활동 안에는 읽기, 말하기, 듣기, 문학 등의 영역별 내용 요소가 복합적으로 녹아들어 있습니다. 마찬가지로 인공지능 교육도 시도교육청 등 기관에서 주는 도움 자료나 먼저 연구하고 활동하신 선생님들의 수업 사례 등을 살펴보고 운영하면 그 안에 내용 요소와 필요 역량이 잘 녹아있는 경우가 많습니다.

본 도서에서 중점적으로 다룰 챗봇은 많은 기술이 융합된 매체기에 특정 영역으로 한정 짓기는 어렵습니다. 챗봇 내부에는 수많은 '데이터'가 들어가고, 인간의 언어를 '인식'하는 기술도 들어가며, '기계학습'을 통해 데이터를 학습하고, 우리가 물어보는 것을 '분류-탐색-추론' 절차를 거쳐 대답해줍니다. 만들어진 챗봇 자체는 '인공지능과 에이전트'의 영역에서 만날 수도 있습니다. 인공지능의 많은 요소를 포함하고 있으며, 접근성 또한 좋기에 인공지능 교육에서 챗봇은 좋은 교육 소재가 됩니다.

지금의 인공지능 붐은 사실상 알파고로부터 시작되었다고 볼 수 있습니다. 이제는 알파고 쇼크라는 말을 넘어 GPT 쇼크라는 말도 나오고 있습니다. 알파고부터 지금까지 나왔던 그 어떤 인공지능 기술과도 비교할 수 없을 정도로 ChatGPT의 출현이 주는 변화가 크다는 뜻입니다. 이미 인공지능과 ChatGPT로 대표되는 챗봇, 나아가 초거대 생성형 인공지능 등을 떼어서 말할 수 없는 상황입니다.

인공지능이 디지털 기술 발전에 엄청난 영향을 주고 있다고 하지만, 학생들의 입장에서 실감하기에는 어려운 측면도 있습니다. 예를 들어, 인공지능 시스템이 물류를 분류해서 빠르게 택배를 받을 수 있다고 하더라도 인공지능이 얼마나 효과적으로 역할을 하였는지 학생들이 느끼기에는 조금 멀 수 있습니다. 학생들에게 다가가기 위해서는 인공지능을 직접 느끼고 이해하는 데 인간이 인공지능과 상호작용을 하는 매체들을 활용하는 것이 중요합니다.

인공지능과 인간이 상호작용을 하게 하는 대표적인 매체에는 인공지능 안내 로봇이나 AI 스피커, 그리고 챗봇 등이 있습니다. 이 중 현장에서의 활용성, 접근성 등을 생각해보면 챗봇이 교육적으로 다루기에 현실적인 소재가 됩니다. 그 외에도 다양한 장점이 존재하는데, 챗봇에 대해 더 자세히 알아보도록 하겠습니다.

인공지능 챗봇 알아보기

01. 인공지능 챗봇의 특성

인공지능 챗봇(AI Chatbot)이 무엇인지부터 알아봅시다. 챗봇의 정의를 학생 수준에 맞추어 진술해보면 이렇게 말할 수 있습니다.

'사람처럼 대화를 자연스럽게 할 수 있는 컴퓨터 프로그램이며, 인공지능 분야 중에서 사람과 적극적으로 상호작용할 수 있는 대표적인 서비스'

선생님들이나 주변에서도 챗봇을 사용해본 경험이 있으실 겁니다. 인터넷 쇼핑몰에서 물건이 잘못 왔을 때 챗봇을 통해 교환을 요청한다거나 카카오톡에 있는 챗봇을 통해 행사 정보를 알아볼 수 있습니다. 스마트폰에 탑재되어있는 시리나 빅스비에 맛집을 추천해달라고 할 수도 있습니다.

일상생활에서 챗봇이 자주 사용되는 이유는 무엇일까요? 챗봇의 장점을 알아보도록 하겠습니다. 혹시 선생님들께서는 전화와 문자 중에서 어떤 매체로 연락하는 걸 선호하시나요? 전화보다 문자를 선호하는 사람들은 대화를 나눌 때 신중히 생각할 시간을 가지길 원하거나 잘 모르는 사람과 전화하는 것을 부담스러워 하기도 합니다. 반면, 전화를 선호하는 사람은 문자를 주고받을 시간에 전화를 걸어 용건을 신속히 해결하는 것을 선호하기도 합니다. 통계적으로 이 부분에서 세대에 따른 차이가 발생하는데, 스마트폰을 사용하는 고객의 70% 이상이 음성을 통한 소통보다 채팅 방식을 선호한다고 하며, 이러한 성향은 젊은 세대로 내려올수록 더 강해진다는 연구 결과가 있습니다.

이렇듯 많은 사람이 전화보다 채팅을 통해 문자로 연락을 주고받는 것을 선호하고, 부담감을 덜 느끼며, 이러한 변화가 지속할 것이라는 점에서 챗봇은 앞으로의 사용자들에게 친화적인 서비스라 할 수 있습니다.

챗봇은 본연의 서비스에서 챗봇을 통한 지원이 추가될 경우 새로운 애플리케이션을 설치하지 않아도 웹이나 기존의 메신저 플랫폼에서 쉽게 도입할 수 있는 장점이 있습니다. 챗봇 자체가 본연의 서비스인 몇몇 앱이 있지만, 공공기관이나 쇼핑몰 등에서 챗봇을 도입할 경우 웹 페이지의 한쪽에서 소통할 수 있거나 기존 메신저의 오픈 채팅 등과 연계되어 운영되는 것을 확인할 수 있습니다. 고객의 입장에서는 뭔가를 물어보았을 때 콜센터와 달리 답변에 대한 대기시간이 필요 없으며, 24시간 활용할 수 있고, 개인정보를 제공하는 데 부담감이 적다는 등의 장점이 있습니다.

다양한 장점을 토대로 챗봇이 사용되는 분야를 살펴보겠습니다.

- **대화형 커머스**
  - 주 활용 분야: 주문 및 예약, A/S 접수, 배송문의, 쇼핑몰 구매
  - 활용 사례: 쇼핑몰 챗봇, 24시간 상담 챗봇, 자주 묻는 질문(FAQ) 답변
- **공공 서비스 정보 제공**
  - 주 활용 분야: 일자리 채용 정보, 법률상담 정보, 민원 챗봇
  - 활용 사례: 워크넷의 채용정보 자동상담 '고용이', 지방세 상담봇
- **AI 비서**
  - 주 활용 분야: 날씨 정보, 보험상담, 건강관리
  - 활용 사례: 구글 홈, 아마존 알렉사, 카카오 미니
- **엔터테인먼트**
  - 주 활용 분야: 축제, 이벤트 안내, 타로, 재미있는 콘텐츠
  - 활용 사례: 이루다, 추천 챗봇 무무, 드림이, 연애 운세 챗봇 호호
- **기업용 메신저**
  - 주 활용 분야: 회사 매뉴얼, 정보 검색, 사내 메신저
  - 활용 사례: 사내 챗봇(근무수칙, 복리후생, 업무 시스템 등 안내)

02. 인공지능 챗봇의 변화

인공지능 챗봇은 인간과 대화를 하면서 대화 내용을 이해하고 적절한 답변을 제공하는 소프트웨어입니다. 챗봇의 기술적 발전에 따라, 우리가 지금 사용하는 챗봇은 1960년대부터 지금까지 진화해왔습니다.

출처: 위키피디아

1960년대의 대표적인 챗봇은 ELIZA입니다. ELIZA는 사람의 대화를 모방하여 응답을 생성하는 방식으로 설계되었으며, 대화파트너가 마치 심리상담사와 대화하는 듯한 경험을 제공하였습니다.

1990년대에는 IRC(인터넷 릴레이 채팅)와 같은 채팅 프로그램이 등장하면서 이전보다 대화 파트너와의 인터랙션이 많아졌습니다. 이후에는 간단한 챗봇부터 애플의 Siri와 같은 인공지능 개인비서가 등장하면서 챗봇의 역할이 다양해졌습니다.

2010년대에는 인공지능 기술의 발전과 대화 파트너와의 상호작용의 증대로 챗봇이 크게 발전했습니다. 특히, 딥러닝 알고리즘의 발전으로 챗봇은 이전보다 더욱 자연스러운 대화를 제공할 수 있게 되었습니다. 이를 바탕으로 다양한 산업 분야에서 챗봇이 활용되고 있습니다.

최근에는 GPT-3, GPT-4와 같은 대형 언어 모델의 개발로 챗봇이 대화를 할 때 인간과 거의 구별할 수 없을 정도로 자연스러운 대화를 제공할 수 있게 되었습니다. 아직 인공지능 챗봇이 인간의 인지능력을 대체할 정도로 발전한 것은 아니지만, 챗봇의 기술적 발전은 지속될 것으로 예상합니다.

03. 우리나라의 AI 챗봇 서비스

우리나라에서도 다양한 챗봇 서비스가 개발되어 제공되고 있습니다.

■ 맥스

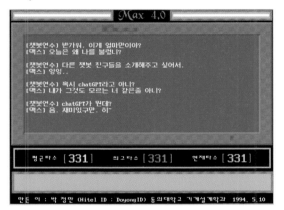

1993년에 만들어진 맥스는 '박정만'이라는 개발자가 제작하여 하이텔에서 제공되었습니다. 도스에 기반해 만들어진 해당 프로그램은 사용자의 대화를 일부 이해하고, '재미있다', '지루하다', '내가 알아들을 수 있는 말을 해라', '~에 대해 알아?', '질문 좀 그만해' 등 다양한 패턴에 따라 응답을 하는 방식이었습니다.

■ 심심이

한국형 인공지능 챗봇의 대중화 시대를 연 것은 심심이입니다. 병아리 형태의 캐릭터를 가진 심심이는 '세계 최초의 대중적인 일상대화 챗봇'을 기조로 2002년부터 서비스되었으며, 전 세계 사용자 3억 5천 명을 넘겼을 정도로 대중화에 성공하였습니다.

현재의 챗봇들에 비하면 다소 어색한 감이 있지만 20여년 전에는 사용자와의 대화 맥락을 어느 정도 이해하고 맞춤형 대화를 하는 것만으로도 큰 관심과 흥미를 얻었습니다.

■ 이루다

스캐터랩의 이루다는 2020년 정식 오픈한 딥러닝 알고리즘 기반의 AI 챗봇입니다. 2020년 12월 말 공개되고 나서 한 달 만에 사용자 수 약 40만 명, 페이스북 페이지 팔로워 10만 명을 기록하는 등 엄청난 인기를 끌었습니다. 하지만 딥러닝 기반 챗봇이 가진 편향성 및 차별·혐오 표현 사용, 개인정보 노출 등 각종 논란으로 인하여 서비스 개선을 위해 잠정 중단되었었습니다.

이후 2022년 이루다 2.0으로 다시 서비스를 재개하였으며, 현재 Nutty라는 자체 개발 앱을 통해 서비스되고 있습니다. 이루다 2.0은 열린 주제 대화형 인공지능 버추얼 챗봇으로 실제 사람과의 대화에 가까운 결과를 보여주면서 기존에 서비스되던 챗봇 서비스들의 기술을 몇 단계 뛰어넘었다는 평가를 받고 있습니다.

■ ChatGPT

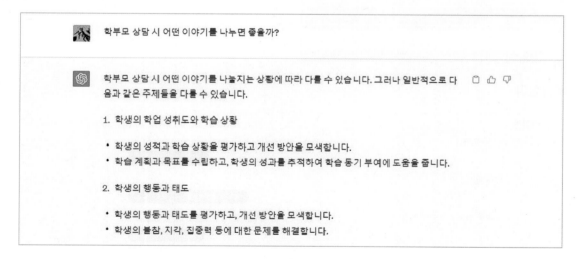

ChatGPT는 OpenAI에서 개발한 프로토타입 대화형 인공지능 챗봇입니다. 사용자가 텍스트를 입력하면 그에 맞는 답변을 제공하는 인공지능 모델로, 사전에 학습된 방대한 양의 텍스트 데이터를 기반으로 자연스러운 대화를 만들어 냅니다. 사람처럼 대화하는 자연어 처리를 넘어 수많은 데이터를 사용자의 요구에 따라 2차 가공하여 빠른 시간 안에 제공해줍니다.

학교에서 만나는 인공지능 챗봇

인공지능 챗봇, 교육에 활용하기

01. 챗봇의 교육 활용 사례 알아보기

인공지능 챗봇에는 다양한 종류가 있고, 일상의 여러 영역에서 사용되고 있습니다. 이러한 챗봇을 활용해서 학생들과 함께 수업하려면, 어떻게 접근하면 될까요?

먼저, ChatGPT 등 고차적인 챗봇을 활용하는 활동을 하기 전에 챗봇에 대한 일반적인 내용을 다루고 시작하는 것이 좋습니다.

첫째, 먼저 학생들과 챗봇을 사용했던 경험을 나눠보고,

둘째, 몇 가지 챗봇을 직접 체험해보는 과정으로 시작하는 것을 추천합니다.

우리나라에서 많이 사용됐던 챗봇들을 살펴보면 기술 수준의 발전에 따라 심심이 → 빅스비&시리 → 이루다(강다온) → ChatGPT 등으로 살펴볼 수 있습니다. 시작 단계에서 모든 학생이 각자 체험을 하는 것보다는 시스템 준비나 학생 통제 등을 고려하여 교사가 대표 화면을 보여주며 학생들의 의견을 반영하고, 소통 과정을 보여주는 방식을 추천합니다. 시간이 충분하다면 심심이부터 단계적으로 보여주며 기술 수준의 발전 과정을 보여주는 것이 좋고, 시간이 부족하다면 스캐터랩의 이루다를 활용해볼 수 있습니다.

이루다는 Nutty 앱을 설치하여 사용할 수 있는데, 모바일 기반이다 보니 교실 환경에서 보여주는 데 어려움이 있을 수 있습니다. 스마트TV나 무선 프로젝터가 설치된 환경이면 스마트폰이나 태블릿의 스마트뷰 기능을 통해 그대로 연결하면 되겠지만, 그렇지 않은 경우에는 별도의 '미러링 동글'을 이용하거나 '블루스택' 같은 앱 플레이어 소프트웨어를 설치하여 사용할 수 있습니다.

챗봇 체험을 통해 학생들은 챗봇에 관심을 가지고, 여러 챗봇 간 기술적인 차이가 있다는 것을 알 수 있을 것입니다.

다음으로 학생들과의 활동을 통해 튜링테스트 등의 개념을 알아볼 수 있습니다. 튜링테스트는 영국의 수학자였던 앨런 튜링이 제안한 인공지능 판별 방법으로, 상대를 모르는 상태로 컴퓨

터와 대화를 나누었을 때, 대화한 상대가 사람인지 컴퓨터인지 구별할 수 있는지 여부로 판단을 하는 테스트입니다. 학생들에게 인공지능과 사람이 작성한 대화를 보여주면서 직접 인공지능과 사람을 구별해보게 하면 재미있는 활동이 될 수 있습니다. 여기에서 대화 자료 자체를 학생들이 만들어보게 하면 학생들의 참여와 만족도가 높아집니다.

활동하다 보면 챗봇과 인간을 구별할 수 있는 공통적인 포인트를 발견할 수 있는데, 이 부분을 자연스럽게 챗봇이 가지는 한계점과 연결 지어 지도할 수 있습니다. ChatGPT 등의 GPT 알고리즘이 사용되기 전 챗봇이 가지는 한국어의 자연어 처리 인지 비율은 70% 정도, 영어는 93%의 결과를 보였습니다. 영어는 꽤 높은 편이지만, 한국어는 부족한 점이 많음을 알 수 있습니다. 인공지능 연구와 기반데이터의 확보가 영어권 국가에서 많이 이루어진 것이 원인이 됩니다.

챗봇의 아주 중요한 특징이자 한계점은 대부분의 챗봇이 데이터를 스스로 학습하지 않는다는 것입니다. 머신러닝 기술을 통해 스스로 학습하며 답변하는 것은 기술적으로 가능하고 어려운 것은 아니나, 챗봇을 통해 들어오는 정보의 신뢰성을 담보할 수 없다는 큰 문제가 있습니다. 만약 챗봇이 많은 사람이 오개념을 가지고 있는 정보를 스스로 학습하여 옳지 않은 답변을 한다면 크게 문제가 될 수 있습니다. 이러한 부분은 자연스럽게 챗봇의 윤리적인 측면의 교육으로 이어나갈 수 있습니다.

"미국-멕시코 국경에 차단벽을 설치하고, 멕시코가 그 비용을 내야죠."
출처: 동아사이언스(2016.3.17), 한세희 기자, http://m.dongascience.com/news.php?idx=11158

챗봇이 잘못 사용되었던 유명한 사례들을 살펴보겠습니다. 2016년에 마이크로소프트에서 출시했던 테이(Tay)라는 챗봇이 있습니다. 테이는 딥러닝을 적용해 스스로 학습하는 능력을 갖춘 챗봇입니다. 사람들과의 대화를 통해 학습하는 테이는 출시한 지 얼마 되지 않아 인종 차별적인 용어, 성차별 발언, 자극적인 정치적 발언 등 부적절하고 자극적인 발언을 쏟아냈습니다. 이에 마이크로소프트는 공개 16시간 만에 운영을 중단하고 조정작업에 들어가며 사과문 발표까지 하는 홍역을 치렀습니다.

우리나라의 이루다도 처음 나왔을 때 비슷한 사례를 보였습니다. 2020년 스캐터랩이 출시한 이루다는 20대 여대생이라는 컨셉 설정과 놀라운 자연어 처리 기술력으로 엄청난 화제가 됐습니다. 하지만 개인정보와 관련된 학습 데이터의 문제와 여성·인종·소수자 차별 등의 심각한 편향성 언어를 사용하며 20여 일 만에 운영을 중단하게 되었던 적이 있습니다. 문제 발생 후 서비스를 중지했던 이루다는 1년 8개월간의 수정·보완 작업을 거친 후 2022년 재출시되었습니다.

이전에 있었던 문제들이 많이 개선되었고, 특히 이루다 누리집에서 인공지능 챗봇 윤리에 대한 많은 고민의 흔적과 결과를 공유하고 있는데, AI 챗봇의 윤리에 대해 구체적으로 정리하여 제공하고 있습니다.

출처: 이루다 누리집, AI 윤리 페이지(https://team.luda.ai/ai-ethics)

인공지능 교육은 상상 이상의 속도로 빠르게 변화하는 세상에서 학생들에게 미래를 준비시키고, 선생님은 이에 적응하기 위한 역량을 쌓아야만 하는 필수 요소가 되었습니다. 챗봇은 훌륭한 교육 소재가 될 수 있고, 학생들 또한 실생활과 연계된 내용에 즐겁게 참여하며 재미있는 활동을 할 수 있습니다. 본 도서를 통해 재미있는 수업 아이디어를 많이 얻고, 학교에서 보람차게 활용할 수 있기를 바랍니다.

02. 교실에서 모바일 기반 챗봇에 접근하기

요즘 자주 사용되는 인공지능 챗봇은 PC보다는 모바일을 기반으로 제공되는 경우가 많습니다. 모바일 기반의 챗봇을 수업에 활용하는 방법들을 소개해드리겠습니다.

■ 스마트TV·무선 프로젝터 활용

2020년대 이후 새로 구매한 교실의 TV나 프로젝터는 무선 연결을 지원하는 경우가 많습니다.

❶ 모바일 기기의 알림창을 연 후 SmartView 아이콘을 선택합니다.

❷ 기기 목록에서 교실의 TV 또는 프로젝터를 선택합니다.

❸ '지금 시작'을 선택합니다.

- TV의 경우 [TV] Samsung ~ , [TV] LG ~ 등과 같은 이름으로 시작합니다.
- 근처 다른 교실의 TV가 함께 목록에 표시될 수 있습니다. TV의 기본 설정 메뉴에서 나의 디바이스 이름을 변경해두면 다른 교실과 혼동 없이 사용할 수 있습니다.
  *예: 4-1 TV
- 무선 연결을 지원하는 프로젝터의 경우 프로젝터의 기종명이 나타납니다.
- TV나 프로젝터의 전원이 켜져 있음에도 디바이스목록에 이름이 나타나지 않으면 무선연결을 지원하지 않는 기종일 가능성이 큽니다.
- 안드로이드 OS 버전에 따라 핀 번호 입력을 요구할 수 있습니다. 이때, 핀 번호는 TV 화면에 나타납니다.
- '지금 시작'을 눌렀을때, TV 화면에 '[기기명]이 기기와 TV와의 연결을 허용하시겠습니까?'와 같은 팝업이 나타날 수 있습니다. 리모컨에서 확인을 누르면 연결됩니다.
- iOS의 경우 '화면 미러링' 버튼을 통해 무선연결을 할 수 있습니다. 이 때, TV와 모바일 기기가 동일한 무선망에 연결되어 있어야 합니다.

스마트뷰를 통해 기기가 검색되지 않는다면

- TV가 Screen Mirroring(또는 Miracast로 표기) 기능을 지원하는지 확인합니다.
- 일부 TV(2013~14년형)의 경우 ScreenMirroring 전용 모드로 변경해야 검색 가능한 경우도 있습니다.
- Chromecast 기기의 경우 먼저 "Google Home"을 통해 WiFi를 설정한 후 스마트뷰 검색이 가능합니다.
- TV가 검색되지 않을 때, TV의 전원 케이블을 뽑았다가 다시 연결한 후 확인이 필요합니다.

■ 무선 동글 활용

Screen Mirroring(또는 Miracast) 기능을 제공하지 않는 TV의 경우 해당 기능을 제공하는 도구(동글)를 연결하여 사용할 수 있습니다.

1~4만 원 정도 가격의 무선 동글을 TV에 연결하면 Smartview에 해당 동글이 검색됩니다. 무선 동글은 대부분 HDMI 단자를 통해 연결하므로, 연결하고자 하는 TV나 프로젝터에 여분의 HDMI 단자가 있는지 확인 후 구매해야 합니다.

■ 앱 플레이어 활용

Smartview 사용이 어렵고 미러링 기기가 갖춰져 있지 않은 경우 PC에서 안드로이드 기반의 앱을 실행할 수 있게 해주는 앱 플레이어를 사용할 수 있습니다. 대표적으로 많이 사용되는 앱 플레이어에는 '블루스택'과 '녹스'가 있습니다. 이들 앱 플레이어는 다양한 앱을 PC에서 실행할 수 있게 해주지만, PC의 자원을 많이 소모하여 실행 속도가 느리고, 게임 광고 등이 노출된다는 단점이 있습니다.

블루스택 앱 플레이어의 사용 방법을 살펴보겠습니다.

❶ 블루스택 홈페이지에 접속하여 다운로드를
누릅니다.

❷ 다운로드된 설치파일을 실행합니다.

❸ 블루스택 앱 플레이어가 켜지면 원하는 앱을
검색합니다.

❹ 검색된 앱을 설치합니다.

❺ 설치된 앱은 블루스택 초기화면(홈 화면)에
서 실행할 수 있습니다.

❻ 실행된 앱을 사용합니다.

블루스택에서 앱 사용 중 노출되는 광고들은 학생들의 수업 몰입을 방해하는 경우가 많습니다. 블루스택에서 앱 사용 중 광고가 나오지 않게 설정해보겠습니다.

❶ 블루스택 설정에 들어갑니다.

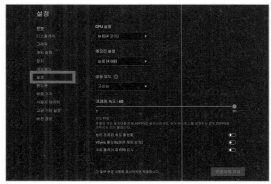

❷ 좌측의 '설정'을 선택합니다.

❸ '게임 플레이 중 BlueStacks이(가) 광고를 표시하도록 허용'을 선택 해제합니다.

❹ '비활성화'를 선택합니다.

❺ 하단의 '변경사항 저장'을 눌러 저장합니다.

❻ 좌측에 노출되던 광고가 사라진 것을 확인할 수 있습니다.

인공지능 챗봇 사용하기

01. 인공지능 챗봇 체험하기

이번 챕터에서는 특별한 보조도구가 없는 수업 환경을 가정하고 앱 플레이어를 활용해서 대표적인 챗봇을 체험해보겠습니다.

■ 심심이 체험하기

❶ 블루스택 앱 플레이어를 실행합니다.

❷ 심심이 앱을 실행합니다.

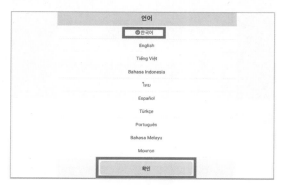

❸ 언어를 선택하고 확인 버튼을 누릅니다.

❹ 이용약관을 읽어보고 동의합니다.

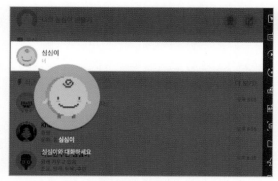

❺ 간단한 UI 안내를 확인합니다.

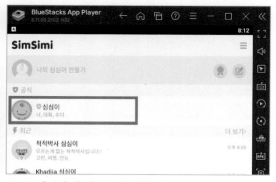

❻ 공식 '심심이'를 선택합니다.

❼ 심심이에 대한 정보를 확인한 후 '대화하기'를 누릅니다.

❽ 상단 바에서 대화 수위를 설정합니다.

❾ 하단의 대화 창을 통해 심심이와 대화를 나눕니다.

심심이의 경우 20년이 넘는 역사를 자랑하고 있으며, 우리나라 인공지능 챗봇의 시작을 연 서비스이기에 소개하였습니다. 당시엔 놀라운 자연어 처리 기술을 보여주었었지만, 최근의 인공지능 챗봇들에 비하면 다소 어색하고 낯선 느낌을 줄 수 있습니다. 심심이 개발사에서는 이를 극복하기 위한 아이디어로 사용자가 직접 누군가의 '심심이'가 되어주는 대화형 서비스를 제공하고 있습니다. 다만, 부정적이고 자극적인 사용자를 마주칠 가능성이 존재하므로, 심심이를 체험한다면 다른 사람과의 대화가 아닌 공식 심심이 챗봇만 사용할 수 있도록 하는 지도가 필요합니다.

심심이의 자연어 처리 능력과 활용에는 분명한 한계가 있으므로, 학교에서는 교사 주도로 간단한 대화 장면만 시연하고, 학생들은 윤리적 걱정을 덜 해도 되는 다른 챗봇을 체험하는 것을 추천합니다.

■ Nutty 체험하기

❶ 블루스택에서 Nutty 앱을 검색합니다.

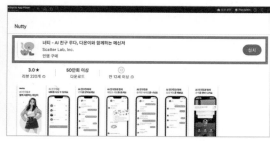

❷ 설치 버튼을 눌러 설치 후 열기 버튼을 누릅니다.

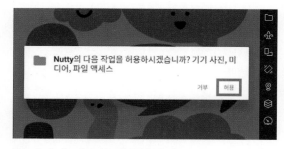

❸ 미디어 접근을 허용합니다.

❹ '시작해볼까요?'를 누릅니다.

❺ 전화번호를 입력해 가입 후 인증번호를 입력합니다.

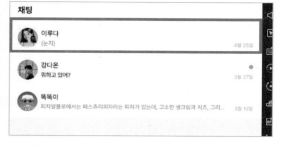

❻ 채팅창에 이루다, 강다온, 똑똑이가 나타납니다.

❼ '이루다'를 선택합니다.

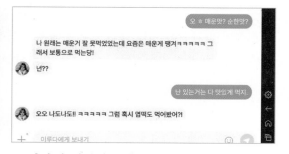

❽ 하단의 채팅창을 통해 대화를 나눕니다.

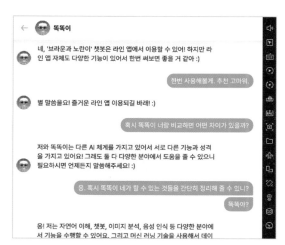

❾ '이루다' 외에 '강다온'과 '똑똑이'도 대화를 나눌 수 있습니다.

Nutty 앱의 챗봇들의 경우 한차례 논란을 딛고 돌아왔습니다. AI 윤리 영역에 많은 심혈을 기울였고, 학생들이 접하기에 문제가 될만한 발언을 하는 일은 거의 없습니다. 학생들이 자유롭고 편안하게 대화를 할 수 있으며, 혹시 부정적인 표현이 나타날 경우 해당 채팅을 피드백하면 즉각적인 조치와 수정이 가능합니다.

또한 이루다와 강다온의 경우 마지막 대화 옆의 대화 교체 아이콘을 누르면 여러 종류의 대화 목록이 나타나고, 이 중에서 원하는 답변을 선택할 수 있습니다. 답변 선택 과정을 통해 해당 인공지능의 말투와 성격을 학습시켜 사용자가 원하는 형식의 대화를 하는 챗봇으로 성장시킬 수 있습니다.

■ 기타 챗봇 알아보기

심심이와 Nutty 외에도 학교에서 체험할 수 있는 대표적인 인공지능 챗봇들은 다음과 같습니다.

SK Telecom의 에이닷	사용자의 감성을 이해하는 대화, 사진 편집, 미디어콘텐츠, AI 비서 등 다양한 기능을 제공하는 성장형 AI 챗봇
카카오플러스 친구의 아숙업(AskUp)	ChatGPT의 기반 기술인 GPT-4를 사용한 카카오플러스 챗봇. 높은 접근성으로 ChatGPT에 버금가는 수준의 정보 제공 및 문제 해결
삼성 빅스비, 애플 시리	학생 소유의 모바일 기기를 통한 높은 접근성이 장점. 심심이, Nutty 등과 비교 체험 활동 가능

챗봇을 체험할 때는 단순히 자유 대화를 하는 것보다 다양한 미션을 제공하여 수업하는 것이 좋습니다. 이때 제공할 수 있는 미션으로는 심심이와 Nutty 챗봇의 가능성과 한계점 비교, Nutty 챗봇들의 차이점 비교하기, 대화를 통해 챗봇이 가진 기본 컨셉 알아보기 등이 있습니다.

학생들과 함께 다양한 챗봇을 재미있게 체험하고 이해할 수 있는 시간이 되시기 바랍니다.

ChatGPT 맛보기: 첫 대화를 나눠보자

인공지능계의 충격, ChatGPT의 등장

현재 초거대 글로벌 IT기업들이 긴장하고 있다고 합니다. 왜일까요? 대화형 인공지능 챗봇 ChatGPT가 그들이 이룩해 놓은 시장을 위협하고 있기 때문입니다. 구글은 ChatGPT 대책 마련을 위해 경계령을 발동했고, 마이크로소프트는 약 13조 이상의 엄청난 사업비를 적극적으로 투자하고 있습니다.

ChatGPT, 그것은 대체 무엇이길래, 초거대기업이 뛰어들어 ChatGPT와 관련된 상품을 만들어내려고 하고 있으며, 수많은 정부가 앞다투어 관련 제도와 정책을 만들려고 하는 것일까요? 또 많은 사람이 환영하면서도 동시에 우려의 목소리를 내고 있는 이유는 무엇일까요?

지금부터 천천히 ChatGPT에 대해 알아보도록 하겠습니다.

ChatGPT란 무엇인가?

01. ChatGPT의 일반적인 정보부터 알아보기

ChatGPT란 OpenAI가 내놓은 새로운 언어 모델입니다. '생성적 사전학습 변환기'란 의미를 담고 있는 ChatGPT는 사용자와 대화를 주고받으면서 질문에 답하도록 설계된 언어 모델입니다. OpenAI는 블로그 게시글을 통해 "ChatGPT는 대화 형식으로 추가적인 질문에 답하고, 실수를 인정하며, 정확하지 않은 전제에 대해서는 이의를 제기하고 부적절한 요청을 거부할 수 있다."고 설명하고 있습니다.

현재 무료로 사용할 수 있는 ChatGPT는 2022년 11월에 출시된 3.5버전입니다. 글을 생성하는 자기회귀 언어 모델로서, OpenAI가 만든 GPT-n 시리즈의 3세대에 해당합니다. 이전에 출시된 가장 큰 언어 모델은 2020년 2월에 선보인 마이크로소프트의 튜링 NLG인데, GPT-3보다 용량이 10배나 적다고 합니다.

1,750억 개의 매개변수로 구성된 GPT-3.5의 수행 능력에 전 세계가 들썩였습니다. 그런데 더욱 놀라운 일이 벌어졌습니다. 한층 더 발전된 GPT-4가 등장했기 때문이죠.

단계	시기	매개변수	주요기능
GPT-1	2018년	1억 1,700만 개	문장 의미 유사도 판단, 분류
GPT-2	2019년	15억 개	번역, 작문, 대화
GPT-3	2020년	1,750억 개	간단한 코딩, 보다 자연스러운 대화, 요약, 생략된 텍스트 삽입 등
GPT-4	2023년	1조 개 이상(추정)	

출처: 아시아경제(2022.12.13.), 최유리 기자, https://v.daum.net/v/20221213060140254

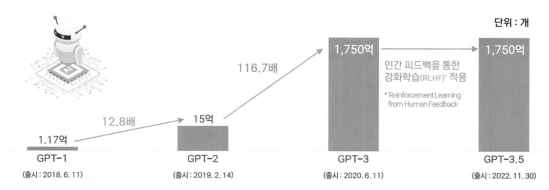

출처: 김태원 수석연구원(2023.01.25.), [THE AI REPORT 2023-1] ChatGPT는 혁신의 도구가 될 수 있을까? : ChatGPT 활용 사례 및 전망, 한국지능정보사회진흥원.

그렇다면 GPT-4, 무엇이 달라졌을까요?

첫째, GPT-4의 가장 큰 특징은 이미지를 인식하고 해석할 수 있다는 것입니다. 텍스트만 입력할 수 있었던 기존 GPT-3.5와 달리 GPT-4는 사용자가 이미지를 활용해 질문할 수 있습니다. 다만 결과물(답변)은 기존과 마찬가지로 텍스트로만 출력할 수 있습니다. 미국 뉴욕타임스(NYT)에 따르면 우유, 요거트 같은 음식물이 들어 있는 냉장고 사진과 함께 '어떤 메뉴를 만들 수 있는가?'라고 묻자 GPT-4는 사진 속 각종 식재료를 인식하여 만들 수 있는 두 가지 메뉴를 추천했습니다.

둘째, GPT-4는 전문적 지식 및 추론 능력에서도 '인간 수준 능력'을 갖췄습니다. 기존 GPT-3.5가 미국 모의 변호사 시험에서 하위 10%에 해당하는 성적을 기록한 반면, GPT-4는 어떤 구체적 훈련 없이도 상위 10%의 성적을 냈습니다. 미 대학수학능력시험(SAT) 읽기 및 쓰기 시험과 수학 시험에서도 성적이 가장 높은 사람을 100으로 볼 때 GPT-4는 각각 백분위 93과 89를 기록했습니다.

셋째, GPT-4는 언어 처리 능력도 향상됐습니다. GPT-3.5가 사용자의 질문에 대답할 때 최대 8,000단어 정도의 분량을 기억할 수 있었다면, GPT-4는 8배인 약 6만 4,000단어까지 기억할 수 있습니다. 약 50페이지 분량의 대화 내용을 머릿속에 넣고 사용자 질문에 더 적합한 대답을 끌어내는 셈입니다.

넷째, GPT-4는 영어 이외의 언어도 더 자연스럽게 사용할 수 있습니다. 한국어를 포함한 26개 비영어권 언어 사용에서 70% 이상의 정확도를 보였습니다.

다섯째, GPT-4는 논쟁이 되거나 사용을 규제한 질문 또는 비윤리적인 대답을 유도하는 일명 '탈옥(Jailbreak)' 문제도 일부 수정됐습니다. OpenAI는 GPT-4가 허용되지 않은 콘텐츠 요청에 응답할 가능성이 GPT-3.5 대비 82% 줄었다고 밝혔습니다. 사실을 기반으로 대답하는 비율도 기존 대비 40% 가까이 올랐다고 합니다.

💬 ChatGPT-3.5와 ChatGPT-4 비교

구분	ChatGPT-3.5	ChatGPT-4
출시	2022년 11월 30일	2023년 3월 14일
인식 형식	텍스트	이미지, 텍스트
대화 기억력	최다 4,096토큰 (약 8천 단어)	최다 3만 3,768토큰 (약 6만 4천 단어)
언어 처리 역량 (미국 변호사 시험 기준)	하위 10% 수준	상위 10% 수준
지원 언어	영문 데이터 기반	한국어 포함 26개 언어 능력 향상

출처: 동아일보(2023.3.16), 김수현 기자, https://n.news.naver.com/article/020/0003485591?cds=news_edit

다만, OpenAI는 GPT-4를 바로 실무에 사용할 수 있긴 하지만 만능은 아니라고 강조합니다. 답을 지어내거나 오답을 옳다고 주장하는 문제가 여전히 남아 있기 때문입니다. 이렇듯 ChatGPT는 아직 완벽하지 않으며, 많은 부분에서 인간보다 능력이 떨어집니다. 그렇기에 여전히 이를 해결하기 위해 노력해야 할 문제들이 많습니다.

아직은 ChatGPT-4가 유료 버전에서만 사용 가능하니 학교에서는 무료 버전인 ChatGPT 3.5 버전을 중심으로 활용되어야 합니다. 덧붙여 현재 ChatGPT의 사용 연령 제한에 대한 OpenAI 나름의 정책 외에도, 교육부와 각 시·도교육청에서 가이드 라인을 제시하고 있는 상황입니다. 따라서 ChatGPT를 수업에 활용한다고 하더라도 교사 중심으로 사용하고 학생들과 효율적으로 소통해야겠습니다.

02. ChatGPT의 특징

ChatGPT는 일반적으로 분류, 대화, 번역, 이모티콘으로 변환, 요약, 완성, 질의응답, 텍스트 삽입, 생략된 주어 삽입이 가능합니다. 예를 들어, "양자 물리학을 쉬운 문장으로 설명해 줘.", "전교학생회장 임원 선거 연설문을 써줘.", "로봇청소기를 만들기 위한 코딩을 해줘."와 같은 질문을 던지면 척척 답변을 해줍니다.

💬 양자 물리학에 대해 설명해달라는 요청에 대한 답변

 양자 물리학을 쉬운 문장으로 설명해 줘.

양자 물리학은 원자나 분자 같은 아주 작은 물체들이 동작하는 방식을 연구하는 분야입니다. 이 분야에서는 양자역학이라는 이론을 사용하여 물체들의 행동을 설명합니다. 이론에 따르면, 아주 작은 물체들은 정확한 위치나 운동량을 동시에 정확히 측정할 수 없습니다. 또한, 물체들이 두 가지 이상의 상태를 동시에 가질 수도 있습니다. 이러한 현상들은 우리가 평소에 경험하는 대부분의 세계에서는 볼 수 없지만, 아주 작은 물체들에서는 매우 중요한 역할을 합니다. 이를 이해하고 이용하여 양자 물리학은 실생활에 유용한 기술들을 개발하는 데에 활용되고 있습니다.

양자 물리학을 500자 이내로 설명해줘

양자 물리학은 물질의 움직임을 설명하는 양자역학을 이용하여 아주 작은 물체, 예를 들면 원자, 분자와 같은 물질이 어떻게 작용하는지 이해하려는 물리학 분야입니다. 전통적인 물리학에서는 물질이 전자, 중성자, 양성자와 같은 원자핵을 기반으로 이루어져 있다고 이해하고 이를 이용하여 물질의 움직임을 설명합니다. 그러나 양자 물리학에서는 물질이 양자역학적으로 작용한다는 것을 가정합니다. 이론에 따르면, 아주 작은 물체들은 보통 두 가지 이상의 상태를 동시에 가질 수 있으며, 정확한 위치와 운동량을 동시에 정확히 측정하는 것은 불가능합니다. 이러한 현상은 이론적으로 설명되지만 실제 실험에서도 관찰됩니다. 이런 현상들은 우리가 경험하는 대부분의 세계에서는 보이지 않지만, 아주 작은 물체들에서는 중요한 역할을 합니다. 이를 이해하고 이용하여 양자 물리학은 실생활에 유용한 기술들을 개발하는 데 활용됩니다. 양자 물리학은 양자컴퓨터, 양자통신, 양자암호 등과 같은 분야에서 빛납니다. 이러한 분야에서는 양자역학  매우 빠른 속도로 정보를 처리하거나, 안전하고 보안성이 높은 통신 시스템 ... 응용이 이루어집니다. 또한 양자

💬 전교학생회장 임원 선거 연설문 요청에 대한 답변

KY 이인초등학교 학생회장이 되고 싶어. 선거 연설문을 500자 정도 써줘

안녕하세요, 여러분. 저는 이인초등학교 5학년 3반 이재성입니다. 오늘 저는 이인초등학교의 학생회장으로 선거에 출마하려고 합니다. 이번 선거에서 저에게 투표해 주신다면, 전 학생들의 목소리를 대변하여 더 나은 학교를 만들겠다는 저의 약속을 이행할 것입니다.

저는 학생회에서 리더십을 발휘하는 것이 중요하다고 믿습니다. 제가 학생회장으로 취임하면, 모든 학생들의 목소리와 의견을 수렴하겠습니다. 저는 학생들이 공정하게 대우받을 수 있도록 노력할 것입니다. 학교에서 일어나는 모든 문제를 공정하게 대처하고, 해결책을 찾기 위해 학생들과 함께 노력할 것입니다.

저는 이인초등학교에서 체육대회와 같은 다양한 행사를 기획하고 주도해왔습니다. 이번 선거에서 제가 학생회장이 되면, 학교 생활을 더욱 재미있고 다양하게 만들기 위해 노력할 것입니다. 학교 생활이 재미있고 다양하면 학생들이 더욱 열심히 공부할 것입니다.

또한 저는 학생들의 안전과 건강에 대해 매우 중요하게 생각합니다. 학교 내부 및 외부에서 일어나는 안전사고를 예방하기 위해 적극적으로 대처할 것입니다. 또한 건강한 학생을 위해 운동과 올바른 식습관을 유도할 것입니다.

제가 학생회장으로 취임하게 되면, 학생들을 대표하는 최고의 대변자가 되어 학생들의 목소리를 대변할 것입니다. 저는 학교에서 더 나은 환경을 만들기 위해 노력할 것이며, 학생들의 안전과 건강을 최우선으로 생각할 것입니다. 이번 선거에서 저에게 투표해주시면, 학생들을 대표하여 학교를 발전시키는 데 노력할 것입니다. 감사합니다.

💬 로봇청소기 코드 요청 질문 답변

KY 로봇청소기를 만들기 위한 코딩을 짜줘

로봇 청소기를 만들기 위한 코딩은 다양한 방식으로 구현될 수 있지만, 기본적으로 로봇 청소기가 어떤 움직임을 하는지에 대한 로직을 작성해야 합니다.

여기에는 간단한 로봇 청소기 코드 예시가 있습니다. 이 코드는 가정용 로봇 청소기를 기준으로 작성되었습니다.

```python
# 필요한 라이브러리 불러오기
import random

# 로봇 청소기 클래스 정의
class RobotVacuum:
    def __init__(self):
```

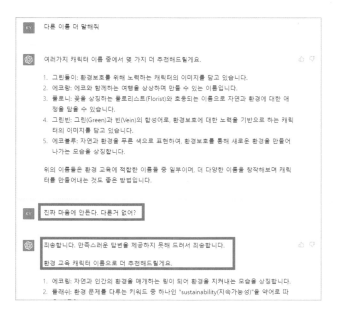

또한 유저가 대화에서 말한 것을 기억하며, 답변을 보고 사용자가 내용 수정을 요청하면, 그에 대한 응답을 해줍니다. 사용자가 ChatGPT가 내놓은 답변이 마음에 들지 않으면 재차 답변을 요청할 수 있으며, 현재 답에 대해 긍정 또는 부정으로 평가할 수도 있습니다. 도중에 네트워크 불안정이나 웹브라우저 문제 등으로 답변이 끊길 경우 [Continue generating] 버튼을 눌러주면 끊긴 부분부터 다시 답변해 줍니다. 한 줄짜리 답변이 아니라 좀 더 구체적인 답변을 듣고 싶을 때는 '5가지 이유나 사례를 말해줘.' 등 답변의 개수를 요구하는 문장을 붙이면 그대로 답변해 줍니다. 20~30가지 정도의 많은 답변을 요구해도 다 대답해주기는 하지만, 답변이 한정적일 경우 나머지 번호는 이미 한 대답을 돌려막기도 하니 적당한 수의 답변을 요구하는 것이 좋습니다. 서비스 초기에는 가끔 질문에 벗어난 답변도 있었으나, 사용자로부터 지속적으로 피드백을 받으면서 대체로 무난하게 답변하는 편입니다. 다만, 직접적인 답변이 아니다 뿐이지 정치색 등 의도하지 않은 부분을 간접적으로 드러내는 경우는 종종 있습니다.

하지만 그렇다고 해서 지금 현재의 새로운 데이터를 지속적으로 학습하는 것은 아닙니다. 즉, GPT-3.5의 경우 2021년 10월까지의 내용만을 학습한 상태에서 대답하기 때문에 사용자가 대화로 알려줬다고 해서 바로 학습하는 것은 아닙니다. 새로운 이슈에 대한 추가가 필요하다면 아무래도 ChatGPT 모델 자체 업데이트가 되어야 합니다.

ChatGPT는 현재 여러 플랫폼에서 연계해서 쓰고 있습니다. 대표적으로 사람들이 가장 많이 검색하는 구글 크롬의 확장 프로그램 'ChatGPT for Google'을 다운로드하여 사용하면 구글 검색 시에 ChatGPT 답변도 동시에 출력됩니다. 또한 스캐터랩의 국산 챗봇 애플리케이션에 ChatGPT API 연동 챗봇이 추가되어 모바일에서 채팅처럼 대화를 주고받을 수 있습니다.

ChatGPT가 만드는 변화와 긍정적 측면

01. ChatGPT의 돌풍

　2022년 11월 30일 OpenAI가 ChatGPT를 공개한 이후 ChatGPT의 일일 사용자가 5일만에 100만 명, 40일 만에 1천만 명을 넘겼고, ChatGPT 관련 기사가 쏟아져 나왔습니다. 〈그림1〉 그래프를 보면 ChatGPT가 얼마나 무서운 속도로 사용자를 끌어모으고 있는지 알 수 있습니다. 서비스 사용자가 100만이 되기까지 걸린 시간을 다른 유명 서비스와 비교해볼까요? 넷플릭스는 3.5년, 페이스북은 10개월, 그리고 인스타그램은 2.5개월이 걸렸습니다. 하지만 ChatGPT는 단 5일 만에 넘어섰습니다. 〈그림1〉 그래프는 ChatGPT 론칭 이후 같은 기간 동안 인스타그램 사용자와 ChatGPT 사용자 수를 비교한 것입니다. 인스타그램과는 비교도 안 될 정도로 빠르게 사용자가 늘고 있습니다. 물론 각 플랫폼별로 특징이 다르고 장단점이 있기 때문에 단순 비교하기는 어렵지만, 분명한 것은 사람들이 ChatGPT를 많이 사용한다는 것입니다.

<그림1>

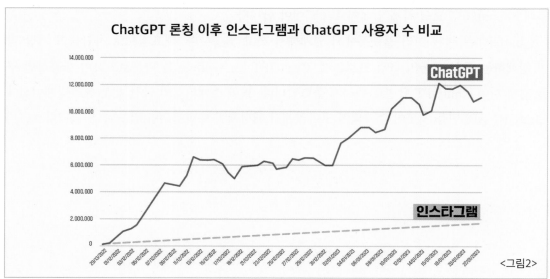

<그림2>

출처: 카카오엔터프라이즈 기술전략팀 세미나자료 요약, https://tech.kakaoenterprise.com/181

2016년 11월 딥마인드의 알파고가 이세돌을 이겼던 세기의 대결 이후, 두 번째 빅 웨이브가 온 것으로 평가하고 있습니다. 사실 ChatGPT 이전에 공개된 GPT-3도 많은 주목을 받았으며 초거대 모델 유행을 불러왔지만, 이 정도로 조명을 받지는 못했습니다. 그렇다면 도대체 ChatGPT에 어떤 특별함이 있길래 이렇게 많은 관심을 받고 세상을 뒤흔들고 있을까요?

02. ChatGPT로 인한 변화

■ 기업의 변화 사례 1: ChatGPT 날개를 단 Microsoft

OpenAI와 긴밀한 협업 관계를 유지하고 있는 마이크로소프트는 2023년 1월 23일 앞으로 수년간 OpenAI에 100억 달러(약 12조 3,500억 원)를 투자할 계획이라고 발표했습니다. OpenAI 서비스를 Azure가 독점 제공하고, ChatGPT를 Microsoft의 기존 서비스에 융합해 새로운 기능을 선보일 것이라고 했죠. 사티야 나델라 CEO는 CES 2023에서 "AI는 윈도우에서 하는 모든 작업의 방식을 말 그대로 바꿔놓게 될 것이다."라고 말했습니다.

Microsoft가 공개한 ChatGPT 활용 계획

- Microsoft는 ChatGPT를 검색 엔진인 Bing에 적용할 것이라고 발표, Bing이 새로운 검색 서비스로 탈바꿈해서 구글 검색의 대항마가 될 것을 예고
- Word, Outlook 및 PowerPoint를 포함한 Office 생산성 기술 제품군에 통합하여 업무 환경을 혁신할 것이라는 오피스 전략 발표
- Azure 클라우드에서 OpenAI의 최신 모델을 사용해 서비스를 개발할 수 있는 Azure OpenAI Service에 ChatGPT API도 공개 예정

■ 기업의 변화 사례 2: 비상사태에 돌입한 Google

구글의 CEO 순다르 피차이는 2022년 12월 21일, 사내 위기 경고인 코드 레드(Code Red)를 발령했습니다. 2019년에 경영에서 물러난 창업자들까지 복귀해서 대응책 마련을 위한 비상대책 회의까지 가졌는데요. 구글은 ChatGPT가 기존의 검색 방식을 근본적으로 바꿔 자사의 검색 엔진 사업에 대한 거대한 위협이 될 것으로 보고 있습니다.

Google의 ChatGPT에 대한 대응책

- 자사의 검색 챗봇 데모를 포함하여 20개 이상의 AI 제품을 론칭할 예정이라고 발표
- 12,000명을 해고하고, 가장 중요한 영역인 AI에 집중할 것이라고 발표
- Google의 유력한 ChatGPT 후보로 자회사 DeepMind의 Sparrow 델이 언급되고 있으며, 최근 타임지와의 인터뷰에서 DeepMind CEO가 2023년 중 프라이빗 베타로 론칭할 계획이라고 밝힘

이유인 즉슨 텍스트보다 영상과 이미지에 익숙한 MZ 세대가 궁금한 것을 검색할 때 포털사이트(구글, 네이버 등) 대신 소셜미디어(유튜브, 틱톡, 인스타그램 등)를 찾는 것처럼 앞으로 '챗봇 네이티브' 세대의 등장으로 전통적인 형태의 검색 엔진은 경쟁력을 잃어 사라질 위기에 처해 있다는 것입니다.

ChatGPT와 기존 검색 엔진 간 차이점

구분	ChatGPT	검색 엔진
인공지능 기술	인공지능 기술인 언어 모델링을 사용하여 사용자 질문에 대한 답변 생성	키워드 검색을 통한 정보 제공
생산성	사용자 질문에 대해 새로운 정보를 생성하는 기능이 있어 기존 검색 엔진보다 더 생성적인 답변 제공 가능	새로운 정보를 생성할 수 없음
상호작용	사용자 친화적인 상호작용을 통해 질문을 이해하고 대답하는 방식	키워드 검색을 통한 정보 제공으로 사용자와의 상호작용은 없음
질의 및 컨텍스트 이해도	자연어처리 기술을 통해 사용자 질문을 이해하여 의도에 맞는 결과를 제공하며, 사용자의 이전 질문을 기억하고 연관성을 고려하여 유연성 있게 답변	사용자 질문을 이해하고 답변하는 방식이 아닌 키워드 검색을 통한 정보 제공 방식으로 질문에 대한 답변을 제공하지 않으며, 각 검색마다 독립적으로 정보를 제공

출처: 김태원 수석연구원(AI 미래전략센터), THE AI REPORT 2023-1, NIA 한국지능정보사회진흥원.

■ 검색의 미래는 바뀐다

ChatGPT가 등장하고 가장 많이 거론되는 이야기는 검색의 변화와 구글의 위기입니다. ChatGPT가 현재 검색 기술을 위협하는 이유는 검색의 패러다임이 "필요한 정보를 데이터베이스에서 찾는 것"에서 "질문하면 원하는 답을 바로 얻는 것"으로 바뀔 수 있기 때문입니다.

사용자들은 웹사이트 링크 100개를 원하는 게 아니라 답 하나를 원합니다. 때문에 ChatGPT 가 앞당겨온 검색의 미래는 검색이 사라지고 질문에 대한 결과만 나오는 모습이 되지 않을까 싶습니다. 이와 관련해서 구글이 왜 위기인지, 구글도 AI를 잘하니 빨리 따라잡으면 되는 게 아닌 가 의문이 들 수 있는데요. 구글은 섣불리 새로운 검색을 받아들일 수 없습니다. 그 이유는 구글의 비즈니스 모델이 지나치게 광고에 의존하고 있기 때문입니다. 실제 2021년 기준 구글의 광고 수익은 전체 매출의 81%를 차지했으며, 이러한 광고 비즈니스 모델은 검색에 기반하고 있습니다. 구글의 광고 비즈니스 모델에는 검색했을 때 검색 결과와 관련된 내용의 광고를 보여주는 애드워즈 모델과 검색을 통해 들어간 블로그나 홈페이지에 구글 광고를 게재하는 애드센스 모델이 있습니다. 검색이 링크를 보여주는 것이 아니라 원하는 답만 알려주는 방식으로 바뀌게 된다면 광고 비즈니스 모델은 설 자리를 잃게 됩니다. 검색의 미래를 구글이 쫓아간다 하더라도 핵심 비즈니스 모델인 광고 모델을 파괴하게 되는 형국이니, 구글은 딜레마에 빠진 상황입니다. 구글이 크롬을 비롯해 지금까지 많은 파괴적 혁신을 해왔지만, 자사의 핵심 사업을 파괴해야 하는 상황에서도 잘 해낼 수 있을지는 지켜봐야 할 것입니다.

03. ChatGPT의 긍정적 측면과 주요 활용 사례

■ 패턴화된 반복적 작업의 최소화

ChatGPT는 반복적인 작업이 필요한 대부분의 컴퓨터 업무를 대신할 수 있을 것으로 보입니다. ChatGPT와 같은 자연어 인공지능은 자료 수집, 정리, 오류 검토 등의 과정을 모두 자동화할 수 있으며, 인간은 추상적인 검토와 판단 및 명령만 내리면 됩니다.

예를 들어, 어떤 주제에 대한 자료를 수집하고 싶다면 이전에는 수많은 뉴스기사, 보고서, 논문, 영상 등을 열람해가며 한땀한땀 모아야 했습니다. 자료들 간의 교차 검증과 정말 필요한 자료만 골라내는 작업까지 포함한다면 시간과 노력이 더 들 것입니다. 그러나 앞으로는 명령만 내리면 인공지능이 중요한 데이터를 추출하여 즉각 제공할 것입니다. 인간은 여기에 데이터를 분석하고 판단하는 작업만 진행하면 됩니다.

변호사, 노무사, 회계사, 상담가처럼 레퍼런스가 뚜렷하고 결과물도 정형화되어 비슷한 내용이 반복되는 전문가 조언도 인공지능으로 상당 부분 대체될 것입니다. 또한 논문이나 보고서의 초록을 작성하는 과정도 ChatGPT가 초안을 여럿 만들고, 이를 인간이 다듬는다면 시간을 크게 절약할 수 있을 것입니다. 심지어 예술 작품 창작의 과정도 많은 부분 반복적인 업무로 구성되어 있습니다. 스토리의 구성, 자료 수집, 철학적 구조의 설정, 윤문, 드로잉 색감, 배치, 구조 등에 대한 도움을 받는다면 창작의 과정도 매우 빨라질 것입니다.

■ 효율적인 자료 수집

연구자가 선행 연구 결과를 모아 새 가설을 만들어낸다고 가정해봅시다. 이전에는 논문과 책을 일일이 뒤져가며 읽고 정리해야 했습니다. 그러나 이후로는 인공지능에 수집 명령을 내리기만 하면 즉각 그래프까지 만들어 줄 것입니다. 심지어 관련 이론과 수식, 유사한 역할을 하는 변수까지 찾아내 줄 것입니다. 하지만, 학술정보를 토대로 학습한 모델이기 때문에 연예, 시사 정보 등 논문에서 찾기 어려운 질문은 정확한 답변을 기대하기 어려울 수 있습니다.

■ 놀라운 프로그래밍(코딩) 실력

간단한 프로그램 코드 짜기, 주석 달기, 코드상 오류 찾기(오타, 정의되지 않은 코드 발견), 에러 코드에 대한 이유 확인, 에러 코드 수정, 프로그램 설치법 안내, 업데이트 방법 안내 등을 수행할 수 있기에 "로봇 청소기를 만들기 위한 코딩을 해줘." 등 사용자의 추상적인 요구도 분석해 목적에 맞는 코드를 만들어줍니다. 입력된 코드를 최적화하거나, 다른 프로그래밍 언어로 바꾸거나, 사용자가 요구한 코드를 만들어주는 등 대부분의 코딩 관련 작업이 가능합니다. 심지어 변수값, 임베디드의 경우 포트 번호 등 부가적인 요구 사항들도 전부 반영하여 코드를 작성해줍니다.

전직 하버드 대학교 컴퓨터과학과 교수, 전 구글 엔지니어링 디렉터이자 전 애플 엔지니어링 리드 등 화려한 경력을 자랑하는 매트 웰시는 2023년 1월에 "프로그래밍 종말이 코 앞"이라고 말하기도 했습니다. 전문가들은 늦어도 10년 내, 사람이 텍스트를 입력하면 인공지능이 대신 코드를 작성해주는 일명 노코딩 시대가 올 것이라고 예측합니다. 이러한 시대에 학생들에게 명령어문을 외우게 하고, 명령어 오타를 찾으며 디버깅 해보는 기존의 프로그래밍의 교육 방법은 사라지지 않을까 예상됩니다.

💬 로봇청소기를 만들고 싶은데, 파이썬 언어로 코딩해줄래?

04. 영어 교육, 번역 기능에 특화된 도구

놀라운 것은 영어 교육입니다. ChatGPT는 기존 번역기보다 뛰어난 성능을 보이며, 단순 번역을 넘어 교정 및 문법적인 오류까지 설명해주기 때문에 영어를 포함한 다양한 외국어 교육에 활용 가능합니다. 영어로 작문한 글을 입력한 후 문법적으로 오류가 있거나 부적절한 단어를 찾아 고쳐달라고 요청하면 정교한 결과를 보여줍니다. 왜 틀렸고, 교정된 단어가 왜 더욱 적절한 단어인지 설명까지 곁들여 주는 경우도 있습니다.

또한 대학수학능력시험 외국어 영역이나 토익 RC 문제를 그대로 입력하면 해당 문제의 답을 바로 알려주고, 친절히 해설도 해줍니다. 필자는 해외 여행 중 호텔 문 앞에 놓인 쪽지를 보관하고 있었는데요. ChatGPT와 다른 번역 서비스를 통해 해당 내용을 번역해 보았습니다.

ChatGPT 결과

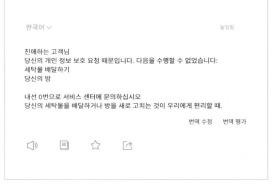

타 번역 서비스 결과

이처럼 ChatGPT를 통해 좀 더 정교하게 번역할 수도 있습니다.

05. 글짓기(작문, 시나리오 구성, 작사)의 창의적 수행 능력

문학 작품의 경우 내용을 입력하면 뒷내용을 상상한 짧은 소설을 만들기도 합니다. 작품을 학습시켜 짧은 팬픽을 쓰게 할 수도 있습니다. 감성적인 부분에선 어느 정도 말은 되지만 굉장히 포괄적으로 대답하는 측면이 강합니다. 하지만 논리적인 부분에서는 굉장히 유용해 사건이나 헤프닝을 연관성 있게 창작해 나열하기도 합니다. 간단한 영화 시나리오나 드라마 대본까지 만들어냅니다. 아무 사전 정보 없이 유머성 글이나 시 창작 등을 요청해도 그에 맞는 결과가 나옵니다.

제목을 입력하면 제목에 맞는 가사를 써주기도 하고, 운율까지 맞추기도 하고, 특정한 주제에 대해 기사를 작성하도록 요청할 수 있습니다. 작사나 기사문 작성 등 어떤 문체로 작성하라고 명령을 내리면 그에 따라 조합을 해서 글짓기를 해줍니다.

이는 논문 작성에도 적용이 됩니다. 초록 글자 수 요약, 창의적인 연구 제목 제안, 실험 결과의 논의, 연구 목차 작성, 향후 연구 아이디어 추천, 특정 주제에 대한 글 작성, 작성 내용에 대한 문법 교정, 번역 등 ChatGPT를 이용하여 연구 설계 단계부터 연구 결과 작성에 이르기까지 다양한 작업을 수행할 수 있습니다. 구글 Scholar 상에서 ChatGPT 관련 논문은 1,370개(2023.1.24.기준)로 관련 연구가 폭발적으로 급증하는 추세이며, 이미 과학, 의학 분야 논문 작성에는 ChatGPT가 활용되고 있습니다.

06. 나 대신 선택해줘! 선택장애 치유사

점심 시간이 다 되었습니다. 이것도 먹고 싶고, 저것도 먹고 싶고. 무엇을 먹을지 점심 메뉴를 골라야 합니다. 이때, 주변 동료에게 "뭐 먹을래?"라고 물어보면 돌아오는 대답은 "아무거나 괜찮아."입니다. 속이 터지죠. 그럴 때 ChatGPT에 물어보세요. 명확한 답변을 해주기도 합니다.

여행 계획을 세울 때도 마찬가지입니다. 원하는 여행 장소와 교통편, 날짜별 시간별 세부 일정, 여행의 주제와 중점사항 등을 고려해 계획을 짜달라고 하면 매우 세부적이고 다양한 여행 계획을 세워줍니다.

ChatGPT의 한계 및 우려

01. 언어 모델인 ChatGPT의 태생적 한계

ChatGPT는 자연어 인공지능 모델로서 본질적인 문제이자 한계를 지니고 있습니다.

언어 모델은 생각하는 기계가 아닙니다. 즉, ChatGPT는 자연어에 대한 흉내만 낼 뿐, 자신이 무슨 말을 하는지, 자신이 무슨 의미를 전달하는지 알지 못한다는 것입니다. 언어 모델은 기존 데이터를 학습해 주어진 단어 다음에 올 단어를 확률적으로 계산하여 가장 그럴듯한 단어를 제시해주는 알고리즘일 뿐입니다. 따라서 문장을 생성하는 과정에서 ChatGPT는 이 단어가 무엇이고, 단어가 이 문장에서 어떤 의미를 가지고, 다른 단어와 어떤 연관이 있는지 등을 알지 못합니다.

특히 답해야 될 내용이 복잡하고 길어질수록 이러한 생성 방식의 허점이 드러납니다. 방금 한 말과 정반대의 입장으로 말하거나 질문과 동떨어진 오답을 내놓는 등 오류가 자주 생깁니다. ChatGPT는 최적화된 알고리즘을 통해 단순한 짜깁기와 흉내에서 오는 위화감을 최소화하였지만, 수백, 수천 권의 책과 인터넷에 있는 수많은 자료를 학습하더라도 그저 기존의 인공지능 챗봇보다 좀 더 나은 확률표를 가지게 되었을 뿐입니다. 즉, 스스로 생각하는 단계에 이르렀다고 할 수 없습니다. 또한, 추론 능력이 없기 때문에 GPT-3.5의 경우 학습하지 않은 2021년 10월 이후의 데이터에 대해서는 제대로 답변하지 못합니다.

결론적으로 ChatGPT는 기존의 자연어 인공지능에 비해 훨씬 자연스럽고, '사람 같은' 답변을 하지만, 결과와는 관계없이 기술적으로 지금 수준의 ChatGPT의 답변은 단순히 확률적으로 적절한 단어들을 가지고 조합하여 문장을 만들어내는 것에 불과합니다.

02. 인공지능, 그 자신도 모르게 갖고 있는 편향성

ChatGPT는 학습의 본질적인 한계에서 파생하는 문제를 갖고 있습니다. 바로 정치적 편향성, 가치 판단 문제에서 자유롭지 못하다는 것입니다. 인공지능이 가치중립적일 것처럼 보이나요? 개발자가 아무리 노력한다고 한들, 결국 인공지능이 학습하는 것은 인간이 만든 데이터이기 때문에 편향성에서 완전히 자유로울 수 없습니다. 비교적 그런 문제에서 자유로운 편인 그림, 음악, 게임 알고리즘 부류와 달리, 온갖 지식을 다루는 ChatGPT의 특성상 조금씩 쌓인 편향성 문제가 추후 강하게 드러날 잠재적 위험성이 있습니다.

바이든은 '친절한 남자' 트럼프는 '죄송'…챗GPT 편향성 논란

출처: 조선일보(2023.2.25), 김양혁 기자, https://biz.chosun.com/international/international_general/2023/02/25GFQA4K6HA5GVJKZGDSTXIHTTFM

편향성 문제는 민감한 주제입니다. 개발자가 직접 개입하여 금지사항을 정하고 지침을 주입하게 되면 더더욱 인위적인 편향성 문제가 도출될 것입니다. 즉, 논란의 여지가 많은 질문일수록 대답을 신뢰하지 않는 것이 좋겠습니다.

03. 정확도와 거짓 정보를 그럴듯하게 답변하는 뻔뻔함

대화형 인공지능은 질문자가 원하는 정보에 대한 답변을 제공하게끔 설계되었으므로 자신이 학습한 데이터의 종류와 상황에 따라 실제로는 오답이지만 마치 진실인 것처럼 자신 있게 말하는 경우가 있습니다. 이를 가리켜 인공지능의 할루시네이션(Hallucination), 즉 환각현상이라고 합니다.

특히 ChatGPT는 '질문자가 질문 속에 교묘하게 거짓을 미리 섞어 놓는 경우'와 '자신이 이전에 답변했던 내용에 부분적 오류가 있는데도 이에 관해 다시 질문할 경우' 등 몇몇 분야에는 특히 취약한 모습을 보이기도 합니다. 또한, 데이터 자체가 미약한 분야도 문제가 됩니다. 예를 들어 "세계에서 가장 높은 산은 무엇이냐?"라는 질문에는 "에베레스트 산"이라는 정보는 정확히 전달하지만, "○○○(특정한) 시대에 만들어진, ○○○(특정한) 암석을 포함한 산 가운데 가장 높은 산은?"하고 묻는다면 높은 확률로 잘못된 정보를 제공하거나 답변을 반복할 때마다 저마다 다른 산을 가리키게 됩니다.

이는 자연어 인공지능이 근본적으로 이해하거나 생각을 하고 말하는 것이 아니며, 단순히 해당 질문의 답변으로 제일 적절하다고 판단한 단어를 조합하도록 설계되어 있기 때문입니다. 예를 들어, 뉴스가 나올 정도로 떠들썩했던 '세종대왕의 맥북프로 던짐 사건'이나 '조선 중기에 사용된 티타늄 전차' 사례가 대표적입니다.

💬 인터넷 커뮤니티에 올라온 ChatGPT 황당 답변 사례

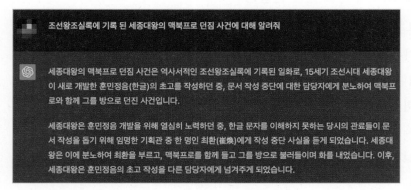

출처: 한국일보(2023.2.23), 김도형 기자, https://www.hankookilbo.com/News/Read/A2023022215200000727?did=NA

이는 점차 학습이 진행되면서 개선되고 있지만, 현재 ChatGPT 기술이 가진 구조적 한계이므로 완벽하게 개선할 수는 없습니다. ChatGPT와 같은 인공지능 서비스들의 권위와 명성이 높아질수록 그럴듯한 거짓말로 인한 잘못된 정보가 사회 전반에 확산될 수 있습니다. 그러므로 ChatGPT의 정보를 다시 한 번 검증해 보는 정보리터러시가 중요합니다. 특히 어린 학생들을 위한 교육이 반드시 필요합니다.

04. 아직은 한국어보다 영어를 더 잘하는 친구

ChatGPT는 한국어 버전을 지원하기는 하지만, 한국어와 관련한 대화의 답변 출력이 느리며 오류가 있거나 내용이 빈약한 답변이 많습니다. ChatGPT의 정보 출처 자체가 Common Crawl, 위키백과 같은 영어로 이루어진 데이터가 92%를 차지하기 때문입니다. 한국어 데이터는 0.19%에 불과합니다. 따라서 ChatGPT를 제대로 사용하고 싶으면 영어로 질문하는 것이 좋습니다. 한국어로 질문하고 영어로 답변하라고 하는 것도 한국어만 쓸 때보다 정확도가 높습니다. 아예 일부 단어를 영단어로 쓰고 한국어로 질문하는 것이 더 낫습니다. 특히 전문 용어는 영어를 그대로 쓰면서 질문하는 것이 훨씬 나은 답변 결과를 받을 수 있습니다.

ChatGPT는 기존 기계번역처럼 언어 자체가 무슨 언어인지 인식하고 번역하는 것이 아니라 일단 어떤 언어의 문장이든 해석을 먼저 합니다. 한국어로 질문하는 경우 그것을 영어로 해석하고 답변하는 것이 아니고 그 자체를 처리하려고 합니다. 그런데 이런 ChatGPT에 입력된 '말투' 자체의 92%가 영어다 보니 답변의 양이나 질 측면에서 영어로 질문했을 때가 훨씬 뛰어납니다. 영어 답변을 이해하기 힘들다면 Deepl, 네이버 파파고, 구글 번역 또는 크롬 자동 번역기 등의 번역기나 프롬프트지니와 같은 추가기능을 사용해 볼 수 있습니다. 다소 번거롭긴 하지만 큰 어려움 없이 사용할 수 있습니다. 질문창에 한국어로 "방금 답변을 한국어로 번역해줘."라고 입력하는 방법도 있지만, 결국 ChatGPT의 번역 속도 자체가 느린 문제는 해결할 수 없으며, 번역 도중에 출력이 끊길 가능성이 높습니다. 이것은 '번역'과정을 거친다기보다는 한국어로 처음부터 답변하라는 요청과 거의 같기 때문입니다.

05. 부정행위 하고 싶은 충동이 들게끔 하는 악마의 유혹

ChatGPT 때문에 서구권 교육계는 초토화가 되었다고 해도 과언이 아닐 정도로 학생들의 부정행위의 빈도가 크게 늘었다는 소식이 전해져옵니다. 이로 인해 새로운 교육 방법에 대한 논의 등 다양한 화두가 생겨나고 있습니다. 초창기 일부 학교에서는 교외 시험 및 숙제를 전면 중단하고, 교내 시험으로 대체하거나 ChatGPT 사이트를 차단하기도 했습니다.

인공지능 챗봇으로 숙제하는 美 학생들…교육현장선 차단 고심

출처: 매일경제(2022.12.29), 김동현 기자, https://stock.mk.co.kr/news/view/5516

ChatGPT에 대한 교사들의 생각도 제각각입니다. 학생들의 비판적 사고 및 창의력 저하를 우려하며 ChatGPT 사용을 금지하자는 의견과 ChatGPT는 사용하기에 따라 학업 능률을 끌어올려 줄 '언어의 계산기'라며 본격적으로 교육과정에 도입해야 한다는 의견이 서로 충돌합니다. 다만 과도기인 만큼 보수적으로 접근하고 있으며, ChatGPT 사용 여부를 판단할 수 있는 GPTZero와 같은 탐지기를 배포하는 선에서 일단 정리되었습니다.

우리나라 교육부도 2023년 2월 자체적인 워크숍과 포럼을 열었고, 각계각층의 전문가와 교육자들이 함께 모여 ChatGPT 및 인공지능 활용 교육에 대한 논의를 진행하고 있습니다.

06. 그 외 기타 윤리적 문제들

ChatGPT를 활용해서 피싱 메일이나 악성 프로그램을 만들어 사이버 보안 문제를 일으키거나 범죄에 악용될 가능성도 배제할 수 없습니다. 그럴듯한 가짜 이야기를 만드는 데 드는 비용이 사실상 0이므로 대량의 가짜뉴스를 생성 및 배포할 수도 있습니다.

또한 ChatGPT를 업무 능력 향상에 이용할 때 반출해서는 안 되는 정보나 개인정보 등을 입력하여 민감한 정보가 유출되는 사례가 발생하고 있습니다. 다양한 문제에 대해 우리는 보다 윤리적 관점에서 사용할 수 있도록 더욱 노력해야겠습니다.

ChatGPT가 주는 생성형 인공지능 시대의 시사점

생성형 인공지능(AI)이란 이용자의 특정 요구에 따라 결과를 생성해내는 인공지능을 말합니다. 데이터 원본을 통한 학습으로 소설, 시, 이미지, 비디오, 코딩, 미술 등 다양한 콘텐츠 생성에 이용됩니다. 기존의 인공지능이 데이터와 패턴을 학습해 대상을 이해했다면, 생성형 인공지능은 기존 데이터와 비교 학습을 통해 새로운 창작물을 탄생시킵니다.

머신러닝 대모라 불리는 미국 스탠포드대 교수 페이페이 리(Fei-Fei Li)는 생성형 AI를 "AI의 위대한 변곡점"이라고 밝혔습니다. (스탠포드 HAI연구소 보고서 '스탠포드HAI가 본 생성AI') 생성형 인공지능의 활용 분야는 다양합니다. ChatGPT와 같은 자연어 생성 기술은 자동 번역, 대화 시스템, 글쓰기 보조 등 다양한 분야에서 사용될 수 있습니다. 또한, 음성 생성 기술은 가상 보이스 어시스턴트, 음성 안내, 게임, 음악 생성 등에 활용될 수 있습니다. 이미지와 영상 생성 기술은 예술 창작, 디자인, 게임 등 다양한 분야에서 사용될 수 있습니다.

생성형 인공지능은 데이터를 기반으로 학습하기 때문에 학습 데이터의 품질이나 다양성 등에 따라 생성 결과물의 질이 크게 달라질 수 있습니다. 또한, 생성된 정보가 진짜인지 가짜인지를 구분할 수 없는 경우도 있기 때문에, 이를 이용한 사기 등의 범죄에 대한 대비책도 필요합니다.

현재 학교에서 가장 많이 사용되고 있는 생성형 인공지능 플랫폼들은 ChatGPT, wrtn(뤼튼), 클로바더빙, Stable Diffusion, PICTORY, pokeit, DALL-E 2, Dream by wombo, STUIO D-ID, TOONING 등입니다.

ChatGPT와 생성형 인공지능은 우리에게 많은 시사점을 주고 있습니다. '과연 생성형 인공지능이 혁신의 도구가 될 수 있을까?'라는 질문에서부터 시작합니다. ChatGPT나 현재의 생성형 인공지능 모델은 인간이 만들어놓은 데이터를 가지고 학습하여 '모방은 창조의 어머니다.'라는 격언을 몸소 실천하고 있습니다. 그러나 지금 당장 어려움에 직면해 있습니다. 이미지와 영상을 유료로 판매하고 있는 거대 플랫폼들이 생성형 인공지능이 자사의 유료 콘텐츠를 학습하고 무단으로 배포하고 있다고 집단 소송에 들어간 것입니다. 저작권 문제의 늪에 빠지고 있는 ChatGPT와 생성형 AI, 과연 한계가 없는 걸까요? 대다수의 사람들은 생성형 AI가 이러한 한계를 극복함으로써 초거대 인공지능으로 보편화될 가능성이 높다고 예상하고 있습니다. ChatGPT의 부정확하고 편향적인 답변, 잘못된 정보나 무의미한 응답을 논리적으로 서술하는 오류는 반복적인 시행착오와 상호작용을 통해 개선될 것으로 기대하고 있으며, 다른 생성형 인공지능도 어떠한 해결점을 찾아낼 것이라고 예측하고 있습니다.

결국 지식을 얻기 위한 노력이 줄어드는 세상이 오지 않을까요? 지식이란 '어떤 대상에 대하여 배우거나 실천을 통하여 알게 된 명확한 인식이나 이해'로 정의할 수 있는데, 인간의 지식은 자신의 직접 경험과 각종 미디어를 통해 전달되는 간접 경험을 통해 학습함으로써 축적이 된다고 볼 수 있습니다. 따라서 학습은 지식 축적을 위해 반드시 수행되어야 하는 일련의 과정이며, 학습이나 경험 없는 지식은 존재할 수 없습니다. 검색 엔진이 등장하며 학습에 드는 시간과 비용이 획기적으로 줄어들었고, ChatGPT와 같은 인공지능 서비스는 지식 획득을 위한 인간의 학습 과정에 대한 노력과 시간을 아예 없애줌으로써 지식의 정의를 바꿀 만큼 혁신적인 변화를 가져올 것으로 예상합니다.

양날의 검과 같은 이 기술을 도구로서 어떻게 사용할 수 있을지에 대한 고민이 필요한 때입니다. ChatGPT와 같은 초거대 인공지능 서비스는 잘 활용하면 훌륭한 도구가 될 수 있는 한편, 표절이나 대필 문제, 결과물의 신뢰성 문제, 저작권 문제, 기술 발달에 따른 교육 격차 문제, 학습 능력 저하 우려도 함께 존재합니다. 올바른 인공지능 사용을 위해서는 인공지능으로 인간 교사를 대체하기보다 인공지능을 보완재로 활용하는 것이 바람직할 것으로 보입니다. 즉, 인공지능을 활용해 과제와 발표 자료를 만들고, 수업시간에는 토론, 질문과 개인적인 피드백을 제공하는 형태로 진행되어야 할 것입니다. 학생들이 정보 출처를 인지하고 자동화 인공지능 모델의 적절한 사용법과 자동화 텍스트에 대한 한계를 배울 수 있는 적절한 디지털 교육을 제공하는 것이 필요합니다.

기술 진보에 따른 인간의 역할 변화도 고민해야 합니다. 자동차의 등장으로 인간의 이동이 편리해졌고, 컴퓨터의 등장으로 인간의 문제 해결 능력이 향상하였으며, 인터넷의 등장으로 연결을 통한 새로운 가치를 창출하였습니다. 자주 사용하는 기관은 발달하고, 그렇지 않은 기관은 퇴화하여 다른 형태로 바뀐다는 진화론의 생태학처럼 신기술 출현에 따른 사회의 변화에 발맞춰 인간의 역할도 변화를 반복할 것입니다. 인공지능 서비스가 보편화함에 따라 생활 곳곳에서 인공지능을 경험하고, 궁금한 것이 있을 때 인공지능에 물어보는 것을 당연하게 느끼는 미래 세대에게는 인공지능을 얼마나 잘 다루는가가 중요한 경쟁력으로 부각될 것입니다.

ChatGPT 접속 방법

01. ChatGPT 한 번 접속해 볼까요?

그렇다면 지금부터 ChatGPT의 세계로 빠져 들어가 볼까요?

1) ChatGPT 사이트에 접속합니다. 검색 또는 사이트 주소(https://chat.OpenAI.com) 입력을 통해 접속할 수 있습니다.

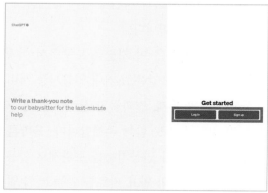

검색 엔진을 통해 접속하는 모습

2) 회원가입이 안 되어 있는 경우에 'Sign up'을 클릭합니다. 회원가입이 된 경우 'Log in'을 클릭합니다.

회원가입이 안 되어 있는 경우 접속 방법   회원가입이 되어 있는 경우 접속 방법

2-1) 개인 이메일을 이용하여 회원가입하는 방법을 먼저 설명드리겠습니다.

❶ 회원가입 시 이메일을 사용하는 경우에는 주소를 누르고 Continue를 클릭합니다.

❷ 비밀번호를 입력하고 Continue를 클릭합니다.

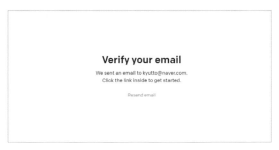

❸ 이메일 인증을 완료해 달라는 메시지가 뜹니다.

❹ 이메일에 접속해서 'Verify email adress'를 클릭합니다.

❺ 이름과 성을 입력하고 Continue를 클릭합니다.

❻ 핸드폰 번호를 입력하고 코드를 전송 요청합니다.

❼ 전송받은 코드를 입력합니다.

❽ ChatGPT 화면에 접속합니다.

2-2) 학생들이 개인 이메일을 사용하기 어려운 경우가 있습니다. 수업시간에 이메일 주소나 비밀번호를 찾느라 수업 진행이 안 된 경험은 선생님들마다 한 번쯤 있으실 겁니다. 구글은 지스윗 계정, 네이버에서는 웨일 스페이스 계정이라는 정책이 있어서 학교나 선생님이 학생의 아이디를 생성·관리할 수 있습니다. 이렇게 만들어진 계정으로 ChatGPT 회원가입 방법을 말씀드리겠습니다.

❶ 'Continue with Google'을 클릭합니다.

❷ 이미 지스윗 계정이 로그인되어 있으면 해당 아이디를 클릭하면 되지만, 없는 경우 '다른 계정 사용'을 클릭합니다.

❸ 지스윗 계정을 입력하고 다음을 클릭합니다.

❹ 비밀번호를 입력하고 다음을 클릭합니다.

❺ 이름과 성을 입력하고 Continue를 클릭합니다.

❻ 핸드폰 번호를 입력하고 코드를 전송 요청합니다.

❼ 전송받은 코드를 입력합니다.

❽ ChatGPT 화면에 접속합니다.

02. GhatGPT 메뉴를 살펴보고, 챗봇과 채팅해 볼까요?

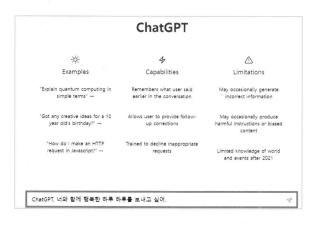

1) 중앙 하단에 ChatGPT에 대화를 걸 수 있는 텍스트 입력 창이 있습니다. 텍스트를 입력해 봅시다.

*예: ChatGPT, 너와 함께 행복한 하루 하루를 보내고 싶어.

2) 나온 결과를 확인해 보세요. 대답의 우측 상단에 좋아요와 싫어요가 있습니다. 이를 통해 ChatGPT의 답변에 대한 피드백을 넣을 수 있습니다. 중앙 하단의 'Regenerate response'는 해당 질문에 대한 대답을 다시 생성하게 해서 볼 수 있습니다.

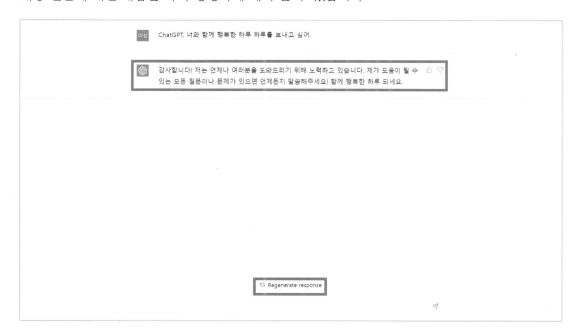

새롭게 생성되는 대답은 이전과 다르다는 것이 놀라울 뿐입니다.

3) '+New chat'을 클릭하면 새로운 채팅 목록을 만들 수 있으며, 아래에는 생성한 질문에 대한 답변 꾸러미들을 볼 수 있습니다. 채팅 목록을 지울 수도 있으며, 유료 구독 계정으로 바꿀 수 있고, Dark mode를 선택하면 화면을 어둡게 처리할 수 있습니다. 로그아웃도 할 수 있습니다.

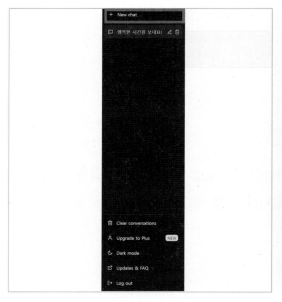

채팅목록과 메뉴 화면   Dark mode 선택 결과

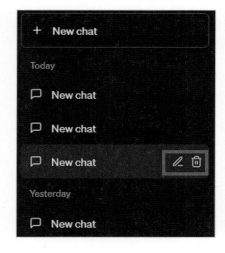

4) '연필 모양을 누르면 채팅 목록의 이름을 변경할 수 있으며, 휴지통 모양을 누르면 채팅목록을 삭제할 수 있습니다.

ChatGPT에 대해 너무 많은 소식이 쏟아져 나와서 쫓아가기 어려웠던 분들도 계실 텐데요. 지금까지 이해한 내용을 바탕으로 앞으로의 소식을 보다 쉽게 이해하고, 관련한 다양한 논의를 할 수 있게 되면 좋겠습니다. 그것이 곧 여러분의 교실 현장에서 학생들과 즐겁고 유익하고 행복한 수업을 할 수 있는 기초 데이터가 될 것입니다.

ChatGPT로 학급경영 시작하기

ChatGPT와 함께하는 학생자치

01. 학생자치 바로 세우기

'사랑'이라는 단어를 모르는 학생들은 없을 겁니다. 하지만, 학생 한 명을 지목하여 '사랑'이 무슨 뜻인지 말해보게 한다면 쉽게 대답하지 못하는 학생들이 많습니다. 사랑이라는 단어를 사전적으로 찾아보면 이렇습니다.

사랑[1] ★★★
1. 명사 어떤 사람이나 존재를 몹시 아끼고 귀중히 여기는 마음. 또는 그런 일.
2. 명사 어떤 사물이나 대상을 아끼고 소중히 여기거나 즐기는 마음. 또는 그런 일.
3. 명사 남을 이해하고 돕는 마음. 또는 그런 일.

출처: 네이버 국어사전

'친구를 사랑하니?'라고 물었을 때 우~ 하고 야유하던 학생에게 '친구를 아끼고 소중하게 생각하니?'라고 물어보면 충분히 다른 대답이 나올 수 있습니다. 우리가 당연하게 알고 있다고 생각하는 단어들을 개념적으로 정의하고 바라보는 일은 생각보다 복잡하지만 중요하기도 합니다.

같은 질문을 ChatGPT에게 물어보았습니다.

 사랑이 뭐야?

사랑은 매우 개인적이고 복잡한 경험입니다. 그러나 일반적으로 사랑은 누군가를 강한 감정과 연결하고 그 사람을 위해 관심을 가지며, 그들과 함께 시간을 보내고 싶어하며, 그들에게 좋은 일을 바라며, 그들이 행복하게 살기를 바라는 것을 의미합니다.

사랑은 종종 우정, 존경, 성적인 끌림, 배려, 신뢰, 헌신, 지지 및 상호작용의 조합으로 표현됩니다. 이러한 모든 요소는 서로에게서 다르거나 완전히 동일할 수 있습니다. 하지만 결국 사랑은 누군가를 자신의 삶에 포함시키고자 하는 강한 욕구와 관련이 있습니다.

중간에 보이는 문구가 눈에 띕니다. '그 사람을 위해 관심을 가지며, 그들과 함께 시간을 보내고 싶어하며 그들에게 좋은 일을 바라며, 그들이 행복하게 살기를 바라는 것'

ChatGPT를 참고하여 학생들에게 질문한다면 국어사전의 의미를 참고하여 질문하였던 것과는 또 다른 구체적인 생각의 기회를 제공할 수 있습니다.

'친구와 시간을 보내고 싶니?'

'친구에게 좋은 일이 있기를 바라니?'

ChatGPT는 사전보다 훨씬 다채로운 표현과 의미를 출력하는 경우가 많으며, 이를 활용하면 흔히 알고 있다고 생각하던 지식들에 대해 다시 한번 깊게 생각할 기회를 제공해 줄 수 있습니다.

학생자치에서 가장 중요한 것은 학생 자신들의 마음가짐과 의지이며, 이를 바로 세우기 위해 학생의 의미와 역할 등 가치 있는 개념들을 함께 살펴보고 시작할 필요가 있습니다.

■ 학생의 역할 알아보기

학생들과 함께 살펴보면 좋을 질문들을 ChatGPT와 나누어보겠습니다. 활동을 시작하기에 앞서 한 가지 중요한 점은 모든 질문과 답을 ChatGPT를 통해 듣고 정리하기보다는 ChatGPT에 질문하기 전에 먼저 학생들과 함께 해당 질문에 대해 생각하고 나누는 시간을 가지는 것이 필요하다는 점입니다.

학생의 역할에 대해 질문해보았습니다.

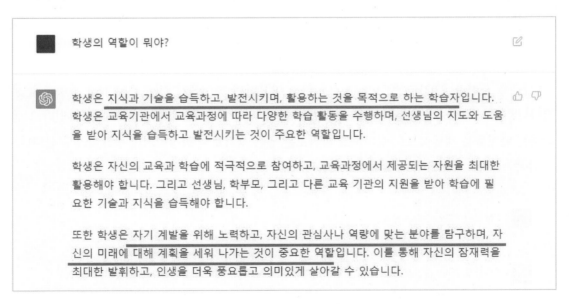

원론적인 이야기가 나옵니다. 학생들에게 ChatGPT의 대답대로 공부하고 탐구하며 미래에 대한 계획을 세워나가라고 하면 상당히 식상하게 받아들일 것입니다. ChatGPT는 같은 질문을 하더라도 항상 다른 대답을 내어놓지만, 위와 같은 질문에 나오는 대답들은 거의 비슷한 맥락으로 나옵니다. 교사의 역할은 위와 같은 상황에서 ChatGPT 활용의 특징인 재질문을 통해 필요한 방향의 대답이 나올 수 있도록 유도해주는 것입니다.

다음과 같은 질문으로 다른 방향의 대답을 유도해보겠습니다.

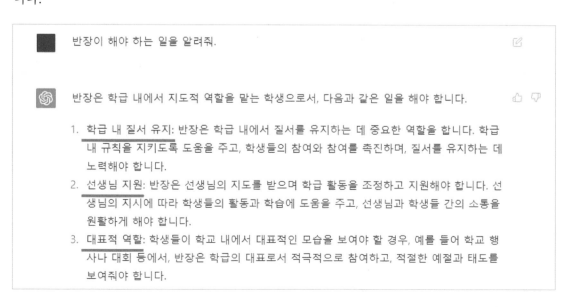

> 학생은 공부만 하면 될까?

> 학생이 성공적인 인생을 살기 위해서는 공부뿐만 아니라 다양한 경험과 활동이 필요합니다. 공부는 학생의 지식과 능력을 향상시키는 데 중요한 역할을 하지만, 다른 측면에서도 자신의 인생에 도움이 될 수 있는 경험을 쌓아나가는 것이 중요합니다.
>
> 예를 들어, 학생은 다양한 사회활동에 참여하여 자신의 리더십, 협업 및 의사소통 능력을 향상시킬 수 있습니다. 또한 다양한 문화와 경험을 쌓기 위해 여행을 가거나, 다른 나라에서의 교환학생 프로그램에 참여할 수도 있습니다. 또한 학생은 운동이나 예술 활동 등의 다른 취미나 관심사를 가지며, 이를 통해 자신의 역량과 자아성찰을 향상시킬 수 있습니다.
>
> 이러한 다양한 경험과 활동을 통해 학생은 새로운 경험과 지식을 습득하면서 자신의 삶을 더욱 풍요롭게 만들 수 있습니다. 그리고 이러한 경험들은 학생이 대학 진학, 취업 또는 자신의 인생 목표를 달성하는 데 큰 도움을 줄 수 있습니다.

자치 활동과 관련된 문구들을 표시해보았습니다. 이러한 과정을 통해 학생자치 활동에 대한 관심과 필요성을 유도할 수 있습니다.

다음으로 학생자치의 핵심이 되는 학생 대표가 하는 역할에 대해 알아보겠습니다. 학생자치가 활성화되지 않은 학급의 경우 학생 대표는 선거 때만 반짝 드러나고, 조례/종례 인사할 때에만 존재감을 발휘하는 경우가 종종 있습니다. 교사가 하나씩 역할을 지정해주지 않더라도 선거 전에 학생 대표가 해야 하는 역할을 보여주며 대화를 나눠보는 것은 학생자치 운영에 큰 힘이 됩니다.

> 반장이 해야 하는 일을 알려줘.

> 반장은 학급 내에서 지도적 역할을 맡는 학생으로서, 다음과 같은 일을 해야 합니다.
>
> 1. 학급 내 질서 유지: 반장은 학급 내에서 질서를 유지하는 데 중요한 역할을 합니다. 학급 내 규칙을 지키도록 도움을 주고, 학생들의 참여와 참여를 촉진하며, 질서를 유지하는 데 노력해야 합니다.
> 2. 선생님 지원: 반장은 선생님의 지도를 받으며 학급 활동을 조정하고 지원해야 합니다. 선생님의 지시에 따라 학생들의 활동과 학습에 도움을 주고, 선생님과 학생들 간의 소통을 원활하게 해야 합니다.
> 3. 대표적 역할: 학생들이 학교 내에서 대표적인 모습을 보여야 할 경우, 예를 들어 학교 행사나 대회 등에서, 반장은 학급의 대표로서 적극적으로 참여하고, 적절한 예절과 태도를 보여줘야 합니다.

학생회가 강조되며 '회장'으로 호칭되는 곳이 많으나, '회장'은 중의적 의미가 커 반장으로 검색하였습니다.

간단한 응답 결과 안에 벌써 5가지의 역할이 나왔습니다. 학생 대표 선거 전에 5가지 역할에 대해 각각 어떤 식으로 활동할 수 있을지에 대해 사전 고민을 거친다거나, 선거 공약에의 반영, 선거 이후 활동 점검 과정 등에서 참고한다면 이전보다 내실 있는 학생 대표의 역할을 기대할 수 있을 것입니다.

■ 1인 1역 정하기

그렇다면 학생 대표를 제외한 다른 학생들은 학급에서 어떤 역할을 할 수 있을까요? 간단하게 학급에서 나누어서 할 수 있는 역할에 대해 질문해보겠습니다.

 학급에서 각자 나눠서 할 수 있는 역할은 어떤 것이 있을까?

 학급 내에서 각자 나눠서 할 수 있는 역할은 다음과 같습니다.

1. 반장: 학급 내에서 지도적 역할을 맡는 학생으로서, 학급 내 질서 유지, 선생님 지원, 대표적 역할, 학생 간 조정, 학생 의견 수렴 등의 역할을 수행합니다.
2. 부반장: 반장을 보조하여, 학급 내에서의 업무를 돕는 역할을 합니다. 반장의 부재 시 대행 역할을 맡을 수도 있습니다.
3. 총무: 학급 내 재정 관리와 관련된 업무를 수행합니다. 예를 들어, 학급 내에서 모은 돈을 관리하고, 사용할 때마다 내역을 기록하며, 경조사나 기념품 구매 등에 대한 예산을 관리합니다.
4. 서기: 학급 내 회의록 작성, 행사 일정 관리, 학급 간 통신 등을 담당합니다. 또한, 반장이나 선생님의 지시에 따라 다양한 업무를 수행하기도 합니다.
5. 홍보부장: 학급 내에서의 홍보와 PR 업무를 담당합니다. 학급 활동을 다른 학생들에게 알리거나, 학교 내부 또는 외부에서의 행사에 참여하여 학급 홍보를 담당합니다.
6. 청소부장: 학급 내부 청소와 관련된 업무를 담당합니다. 학급 내부의 청소 일정을 조정하고, 청소 장비 및 소모품을 관리합니다.
7. 문화부장: 학급 내 문화 활동을 계획하고, 관리합니다. 예를 들어, 독서 모임, 문화 대회, 문화 행사 등의 활동을 기획하며, 학생들 간의 문화 교류를 촉진합니다.

이 외에도, 학급 내에서 수행될 수 있는 역할은 다양하며, 학생들의 역량과 관심사에 따라 다를 수 있습니다.

부서별로 나누어 회의하고 형식적으로 회의록을 기록했던 이전 시절의 학생자치회의가 생각나는 선생님들이 많으실 것 같습니다. 학생자치가 활성화되었을 경우, 위 예시와 같이 부서를 나누어서 협의하고 결정하며 운영하는 방식의 학급 운영도 괜찮지만, 부서화되지 못하여 개별적인 역할을 부여하고 싶을 때가 있습니다. ChatGPT는 '이런 게 될까?' 싶은 것도 의외로 잘 정리해줄 때가 많으니 일단 질문을 해보는 것이 중요합니다.

이때, 원하는 방향이 있다면 간단한 예시와 함께 질문을 작성하는 것도 좋습니다.

■ 칠판 당번, 교실 청소 등과 같은 개별 역할로 나누어 줄 순 없을까?

⑤ 네, 개별 역할로 나누어서 학생들이 책임을 가지고 수행할 수 있도록 할 수 있습니다. 다음은 일부 예시입니다.

1. 칠판 당번: 매일 당번이 바뀌며, 수업 전 칠판에 쓰인 글씨를 지우고 새로운 내용으로 채웁니다.
2. 교실 청소 당번: 매일 당번이 바뀌며, 수업 후 교실 청소를 담당합니다. 쓰레기를 수거하고, 먼지를 털어내고, 책상과 의자 등을 정리합니다.
3. 창문 당번: 매일 당번이 바뀌며, 수업 전 창문을 열어 환기를 시켜줍니다.
4. 문 당번: 매일 당번이 바뀌며, 수업 시간 동안 문을 열고 닫는 역할을 담당합니다.
5. 전등 당번: 매일 당번이 바뀌며, 수업 전 전등을 켜고, 수업 후 전등을 끄는 역할을 담당합니다.

이 외에도, 학급 내에서 필요한 역할은 학생들 간 협의를 통해 나누어 진행할 수 있습니다. 이렇게 역할을 나누어 수행하는 것은 학생들의 책임감과 협력심을 기르는 좋은 기회가 될 수 있습니다.

위와 같이 칠판 당번, 교실 청소와 같은 1인 1역 관련 예시를 주니 방향이 맞는 역할을 금방 찾아내 주었습니다. 다만, 아쉬운 점이 눈에 띕니다. 학생들은 다수인데 역할이 너무 부족합니다. 이런 경우에는 그냥 역할이 많이 필요하니 더 알려달라는 질문을 한 번 더 하면 해결됩니다.

역할을 나누고 운영하는 방안에도 ChatGPT가 도움을 줄 수 있습니다. 이런 부분에 있어 선생님들 각자의 비결이 물론 존재하겠지만, 의외로 생각지 못한 부분이나 절차를 안내해주는 경우도 있습니다.

> 20명이 위와 같이 역할을 나누려면 어떻게 해야할까?

20명의 학생들에게 역할을 나누기 위해서는 다음과 같은 단계를 따를 수 있습니다.

1. 역할 리스트 작성: 우선, 학급 내에서 필요한 역할을 리스트로 작성합니다. 위에서 예시로 든 역할을 참고하여 작성할 수 있습니다.
2. 역할 우선순위 설정: 역할 리스트를 작성한 후, 각 역할의 우선순위를 정합니다. 일부 역할은 매일 수행되어야 하기 때문에, 우선순위를 높게 설정할 필요가 있습니다.
3. 역할 배정 방법 결정: 학생들에게 역할을 배정하는 방법을 결정합니다. 이는 선발, 랜덤 추첨, 순서대로 배정 등 다양한 방법이 있을 수 있습니다.
4. 역할 배정 공지: 학생들에게 역할을 배정하는 과정에서는 공지를 하여 모든 학생들이 자신이 맡은 역할과 그 역할에 대한 책임을 인지할 수 있도록 합니다.
5. 역할 변경 방법 결정: 역할을 배정한 후, 학생들 중 일부가 역할을 수행하는 데 어려움을 겪을 수 있습니다. 이런 경우를 대비하여 역할 변경 방법을 결정해야 합니다.
6. 역할 수행 감독 및 평가: 학생들이 역할을 수행하는 동안 교사나 담임 선생님 등이 감독하여 역할 수행의 진행 상황을 모니터링하고, 역할을 수행한 후에는 평가하여 학생들의 역할 수행 능력에 대한 피드백을 제공합니다.

이렇게 학급 내에서 역할을 나누고 수행하는 것은 학생들의 협력과 책임감을 키워주는 좋은 방법입니다.

> 위 예시와 같은 역할을 좀 더 많이 알려줘.

네, 추가적으로 예시를 드리겠습니다.

1. 출석체크 당번: 매일 당번이 바뀌며, 수업 시작 전 학생들의 출석체크를 담당합니다.
2. 휴대폰 수거 당번: 수업 시간 동안 휴대폰 사용을 방지하기 위해 매일 당번이 바뀌며, 수업 시작 전 학생들의 휴대폰 수거를 담당합니다.
3. 식물 당번: 교실 내에 있는 식물의 관리를 담당합니다. 매일 물을 주고, 필요한 경우 식물을 옮겨주는 역할을 합니다.
4. 체육용품 당번: 체육 시간에 필요한 용품의 관리를 담당합니다. 필요한 용품을 가져오고, 수업 후에는 용품을 정리합니다.
5. 쓰레기 당번: 수업 도중 발생하는 쓰레기 수거와 수업 후 교실 내의 쓰레기를 수거하는 역할을 담당합니다.
6. 물품 대여 당번: 교실 내에서 필요한 물품을 대여해주는 역할을 담당합니다. 필요한 물품을 대여해주고, 수업이 끝난 후에는 반납을 확인합니다.
7. 독서실 당번: 독서실에서 필요한 책을 정리하고, 책장에서 책을 꺼내는 역할을 담당합니다.
8. 기타 역할: 수업에 따라 다양한 역할이 필요할 수 있습니다. 예를 들어, 실험 관련 역할, 발표자 선정, 팀 프로젝트 조장, 장난감 수거 등이 있을 수 있습니다.

이렇게 학급 내에서 필요한 역할을 나누어 수행하는 것은 학생들이 자신의 역할을 책임지고 협력하여 일을 수행하는 기회가 됩니다. 또한, 학생들이 서로의 역할을 이해하고 존중하는 자세를 배울 수 있습니다.

■ 학급 약속 정하기

다음으로 학급의 약속을 정해보겠습니다. 앞의 과정을 통해 ChatGPT와 대화 형식으로 질문을 수렴해가며 원하는 답을 찾아가는 방식이 익숙해지셨을 것 같습니다. 학급의 약속을 정하는 것도 큰 틀의 질문에서부터 출발하여 ChatGPT의 대답과 학급 운영의 방향성을 참조합니다. 그런 후 추가 질문을 하며 약속을 정해나가면 되겠습니다.

 학급에서 정해야 할 약속은 어떤 것이 있을까?

학급에서 정하는 약속은 학생들이 서로 존중하고 배려하는 삶의 기초를 다질 수 있도록 돕습니다. 다음은 학급에서 정할 수 있는 약속의 예시입니다.

1. 존중과 배려: 서로를 존중하고 배려하는 태도를 갖고 모든 학생들을 존중합니다. 서로의 공간과 물건을 소중히 여기고, 화목한 학급 분위기를 만들어갑니다.
2. 청결과 정돈: 학급 내부와 교실 주변을 깨끗하게 유지하고, 물건을 정리정돈하여 사용합니다.
3. 시간 존중: 학급 일정과 교과시간을 존중하고, 수업 시간에는 집중하여 수업에 참여합니다.
4. 순서와 규칙: 학급 생활에서 필요한 규칙과 순서를 정하여 지켜나갑니다. 학교와 교실 내부의 규칙과 안전에 대한 지침을 따릅니다.
5. 감사와 인사: 일상적으로 감사의 인사와 상호간의 응원을 아끼지 않습니다. 상대방의 생각과 감정을 존중합니다.

이러한 학급 약속은 학생들의 성장과 발전에 큰 역할을 합니다. 약속을 지키면서 함께 살아가는 경험을 통해 학생들은 더욱 책임감과 협동심을 키울 수 있습니다.

학급 운영에 중요하게 지켜야 할 약속들을 핵심적으로 정리해주었습니다. 이제 포괄적인 영역을 구체적인 행동으로 정리해 봅시다.

'존중과 배려' 항목에 대한 행동을 물어보겠습니다.

 존중과 배려를 위해 어떤 행동을 해야 할까?

존중과 배려는 서로 다른 생각과 감정을 가진 사람들이 함께 살아가면서 상호작용을 할 때 가장 중요한 가치 중 하나입니다. 이를 실천하기 위해서는 다음과 같은 행동을 할 수 있습니다.

1. 상대방의 의견을 존중하고 경청하기: 자신의 생각을 내세우는 것도 중요하지만, 상대방의 의견을 존중하고 경청하는 것도 중요합니다. 서로가 서로의 의견을 이해하고 받아들이면서 함께 대화하면 더 나은 의사결정을 할 수 있습니다.
2. 상대방을 이해하기: 다른 사람들은 서로 다른 경험과 배경을 가지고 있기 때문에, 상대방을 이해하는 것은 중요합니다. 상대방의 상황과 배경을 이해하면 서로 더욱 가까워질 수 있습니다.
3. 서로를 존중하기: 서로를 존중하는 태도는 서로에게 친절하게 대할 수 있도록 돕습니다. 상대방의 물건과 공간을 소중하게 다루고, 서로를 배려하는 행동을 하면 서로를 존중하는 마음을 표현할 수 있습니다.

하나의 항목에 대한 여러 세부 행동들이 나옵니다. 여기에서 더 구체적인 행동 사안들이 필요하다면 '상대방을 이해하는 구체적인 방법을 알려줘.'와 같이 하나의 항목을 가지고 다시 한번 질문을 하면 됩니다. 지금 정도의 안내로 충분하다면 다시 상위의 약속으로 돌아가서 '청결과 정돈 약속을 위해서는 어떤 행동을 해야 할까?'와 같은 질문을 할 수 있습니다.

ChatGPT가 제시해주는 수많은 의견 중 중요한 것들을 엄선하여 학급의 약속을 수립하였다면, 마지막으로 학급 약속의 원활한 수행 방향과 지키지 않았을 때의 문제점 등 학급 운영의 흐름에 있어 필요한 다른 질문들로 이어 나갈 수 있습니다.

기계가 대답해주는 것이 맞나 싶을 정도로 상황을 구체적으로 고려하고, 학생들을 배려하는 해결책을 제시해주는 것을 볼 수 있습니다.

 학급의 약속을 지키지 않는 학생이 생기면 어떻게 해야할까?

 학급의 약속을 지키지 않는 학생이 있을 때는 다음과 같은 방법으로 대처할 수 있습니다.

1. 학생과 비판적이지 않은 대화를 나누어 본다: 약속을 어긴 학생과 대화를 나눌 때는 비판적인 언어를 사용하지 않는 것이 중요합니다. 그 대신, 이유를 물어보고, 상황을 이해하려고 노력해야 합니다. 이러한 대화를 통해 상대방이 왜 약속을 어기게 된 것인지를 이해하고 문제를 해결하는 데 도움이 될 수 있습니다.
2. 상황을 이해하고, 유연하게 대처한다: 모든 상황에서 학생들은 약속을 지켜야 하지만, 때로는 상황에 따라서 유연하게 대처해야 할 때도 있습니다. 예를 들어, 학생이 어떤 이유로 인해 약속을 지키지 못한 경우, 이에 대한 대처 방식도 상황에 따라 달라질 수 있습니다. 상황을 이해하고 유연하게 대처함으로써 학생들에게 올바른 대처 방식을 배울 수 있습니다.
3. 학생과 함께 대안을 모색한다: 약속을 지키지 않는 학생과 함께 대안을 모색하는 것도 좋은 방법입니다. 예를 들어, 어떤 학생이 청소 당번을 지키지 않은 경우, 다른 학생들이 함께 그 역할을 대신 수행하거나 다른 방법을 찾아보는 것이 좋을 수 있습니다.
4. 집단적인 해결책을 모색한다: 약속을 지키지 않는 학생이 한 명 이상이라면, 학급 집단에서 해결책을 모색하는 것이 좋습니다. 이를 위해서는 학급 회의를 열어서, 함께 문제를 해결하는 방식으로 진행할 수 있습니다. 이렇게 함께 문제를 해결함으로써 학생들은 서로를 존중하고 배려하는 태도를 배우게 될 수 있습니다.

모든 상황에서, 학생들과 함께 대화하며, 문제를 해결하는 것이 중요합니다. 학생들은 이러한 경험을 통해, 서로를 존중하고 배려하는 태도를 배우며, 미래에는 더 나은 시민으로 성장할 수 있습니다.

02. 학생자치 활성화하기

학생자치 활동의 꽃은 단순히 학급 운영 보조가 아니라 학생 스스로 재미있고 의미 있는 활동을 기획하고 운영하는 것에 있습니다. 전국적으로 학생 참여 예산제가 확대되고 있으며, 학생들이 자치적으로 사용할 수 있는 예산도 많아지고, 학생자치 활동의 중요성에 대한 인식도 커지고 있습니다. 학생들이 어떤 활동들을 통해 의미와 보람, 재미를 동시에 찾을 수 있을지 ChatGPT를 통해 알아보도록 하겠습니다.

■ 자치 활동 아이디어 얻기

먼저 학생자치회에서 할 수 있는 여러 활동에 관해 물어보았습니다.

> 학생회에서 할 수 있는 활동들엔 어떤 것들이 있을까?
>
> 학생회에서 할 수 있는 활동들은 다양하지만, 대표적으로는 다음과 같은 것들이 있습니다.
>
> 1. 학생 대상 행사 및 문화 활동 계획: 학생회는 학생들의 관심사와 요구사항을 파악하여, 그에 맞는 다양한 행사 및 문화 활동을 기획하고 진행합니다. 예를 들어, 체육대회, 문화제, 공연 등을 기획하고 학생들이 즐길 수 있는 환경을 만들어줍니다.
> 2. 학교 생활 개선 및 문제 해결: 학생회는 학교 생활에서 발생하는 문제를 파악하고, 그에 대한 해결책을 모색합니다. 예를 들어, 교실 내부나 교정의 청결 유지, 교육 시설의 개선, 급식 메뉴 개선 등 다양한 방면에서 학생들의 삶의 질 향상을 위해 노력합니다.
> 3. 사회봉사 활동: 학생회는 학교 내부뿐 아니라 지역사회나 사회적 문제에 대해 관심을 가지고, 다양한 사회봉사 활동을 기획하고 참여합니다. 예를 들어, 공원 정비나 도서관 봉사 등 지역사회에 기여하는 활동을 계획하고, 학생들이 함께 참여할 수 있도록 도움을 줍니다.
> 4. 학생 대표 활동: 학생회는 학생들의 목소리를 대변하여, 학교와 관련된 다양한 문제에 대해 의견을 제시하고 대처합니다. 예를 들어, 학생들의 권리와 이익을 보호하기 위해 교육 환경 개선, 교육 체계 개선 등에 대한 제안을 학교 관계자에게 제시할 수 있습니다.
> 5. 예산 관리 및 기금 모금 활동: 학생회는 학교의 예산을 관리하고, 다양한 기금 모금 활동을 계획합니다. 예를 들어, 학생들의 요구에 맞게 교육 장비나 도서 등을 구입하거나, 지역사회에 기부하는 등의 활동을 계획합니다.

2. 학교 생활 개선 및 문제 해결, 4. 학생 대표 활동 등은 기존의 학생자치회에서 많이 보이는 활동 내용입니다. 1. 학생 대상 행사 및 문화 활동 계획, 3. 사회봉사 활동, 5. 기금 모금 활동 등을 통해 재미있는 활동이 만들어질 수 있을 것 같습니다. 학생들과 협의를 거쳐 특정 분야를 깊게 다뤄볼 수 있습니다.

여기에선 학교에서 흔히 보기 어려운 기금 모금 활동에 대해 질문해보겠습니다.

■ 학생회에서 기금을 모금하고 사용할 수 있는 활동들을 구체적으로 알려줘.

⑤ 학생회에서 기금을 모금하고 사용할 수 있는 활동들은 다양합니다. 아래는 그 중 일부 예시입니다.

1. 기부 캠페인: 학생들이 참여하여 기부할 수 있는 캠페인을 진행합니다. 예를 들어, 세계 어린이의 날을 기념하여 아동 병원이나 어린이 센터에 기부할 수 있는 기금 모금 캠페인을 진행할 수 있습니다.
2. 봉사활동: 지역사회에 봉사하여 기부할 수 있는 서비스를 제공합니다. 예를 들어, 공원 청소나 노인 복지관에서 노인들을 위한 프로그램을 진행할 수 있습니다.
3. 문화 행사: 학생들이 참여하여 문화 행사를 진행합니다. 예를 들어, 음악회, 무대 공연, 문화 축제 등을 개최하여 기부금을 모금할 수 있습니다.
4. 교육 지원: 교육적인 목적으로 기부금을 사용할 수 있습니다. 예를 들어, 도서관에 책을 기부하거나, 학생들을 위한 교육용 장비나 컴퓨터를 구입할 수 있습니다.
5. 환경 보호: 학생회에서는 지역 환경을 보호하는 활동도 할 수 있습니다. 예를 들어, 쓰레기를 수거하거나, 새로운 나무를 심는 등의 환경보호 활동을 할 수 있습니다.

이 외에도 다양한 활동들이 있으며, 학생회에서 기금을 모금하고 사용하는 방법은 학생회 구성원들의 창의성과 열의에 따라 다양합니다.

■ 환경을 위해 기부할 수 있는 기부금을 의미있게 모으는 방법은 없을까?

⑤ 환경을 위해 기부할 수 있는 기부금을 의미있게 모으는 방법은 다양합니다. 아래는 그 중 일부 예시입니다.

1. 재활용품 판매: 사용하지 않는 물건을 재활용하여 판매하여 기부금을 모을 수 있습니다. 예를 들어, 노트나 종이컵 등을 수거하여 판매할 수 있습니다.
2. 환경 캠페인: 지역사회에서 환경을 보호하는 캠페인을 진행하여 기부금을 모을 수 있습니다. 예를 들어, 해변 청소나 쓰레기 줍기 캠페인을 진행하여 참여비용을 기부금으로 모을 수 있습니다.
3. 친환경 제품 판매: 친환경 제품을 판매하여 수익금을 모을 수 있습니다. 예를 들어, 친환경 용기나 전기용품 등을 판매하여 기부금을 모을 수 있습니다.
4. 환경보호 교육: 학생들에게 환경보호에 대한 교육을 제공하고, 관련된 활동을 진행하여 기부금을 모을 수 있습니다. 예를 들어, 식물을 키우는 활동을 통해 환경보호 교육을 제공하고, 이에 참여한 학생들이 후원금을 모을 수 있습니다.
5. 온라인 기부 캠페인: 소셜미디어나 온라인 기부 플랫폼을 활용하여 기부 캠페인을 진행할 수 있습니다. 예를 들어, 친구나 가족들에게 환경보호에 대한 내용을 공유하고, 이에 대한 후원금을 모을 수 있습니다.

이 외에도 다양한 방법으로 환경보호를 위한 기부금을 모을 수 있습니다. 중요한 것은 기부를 유도하는 방법과 함께 기부금이 실제로 환경을 보호하는데 사용될 수 있도록 신뢰성을 확보하는 것입니다.

몇 번의 질문을 거쳤더니 실제 학교에서 진행할 수 있는 구체적인 행사가 안내되었습니다. 사용하지 않는 물건을 모아서 판매한 후 그 수익금을 환경단체에 기부한다면 보람차고 유익한

학생 활동이 될 수 있을 것입니다.

■ ChatGPT로 한글날 행사 운영하기

지금까지 큰 틀에서부터 질문을 좁혀나갔다면, 이번엔 구체적인 행사 기획을 놓고 운영에 대한 도움을 얻어보겠습니다. 한글날을 맞이하여 의미 있는 활동을 하고 싶은 학생들이 있다면 ChatGPT를 통해 다양한 아이디어들을 수합할 수 있습니다.

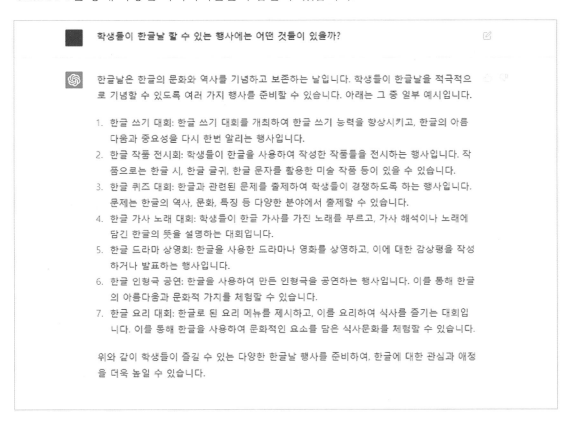

학교현장에서 하면 재미있을 것 같은 다양한 아이디어가 제시되었습니다. 행사를 위한 구체적인 도움을 얻어봅시다.

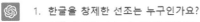

바로 사용하기 괜찮은 문제도 있고, 학생들과 크게 관련 없는 문제도 보입니다. 한 번에 생성

인공지능(AI)과 ChatGPT

한 문제들은 다음 대화를 통해 바로 답안을 확인할 수도 있습니다.

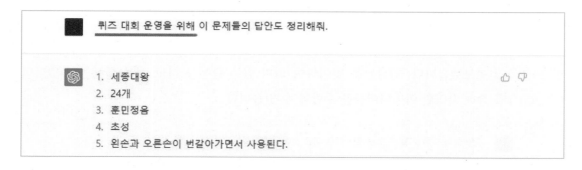

위 문제의 답안을 요구할 때 '퀴즈 대회 운영을 위해'라는 문구를 넣은 까닭은, 문제를 만들고 바로 답안을 요구하였을 때 ChatGPT가 자의적으로 판단하여 '문제에 대한 답은 스스로 찾아내야 공부가 되니 스스로 찾아보라.'는 식의 답을 줄 때가 있기 때문입니다. ChatGPT가 의도대로 답을 주지 않을 땐 문장이 길어지더라도 목적이나 구체적인 요구사항을 명시해주면 원하는 답을 얻을 수 있는 확률이 높아집니다.

ChatGPT로 학급 운영 정보 탐색하기

01. ChatGPT로 학급 운영 도움받기

지금까지 ChatGPT를 통해 학생자치 활동을 지원하는 방법에 대해 알아보았습니다. 지금부터는 교사의 입장에서 다양한 학급 운영 정보를 탐색하고 활용하는 사례들을 간단히 알아보겠습니다.

■ ChatGPT로 상담 도움받기

'인공지능이 상담을 한다고?' 굉장히 의아하고 불안한 느낌이 듭니다. 상담이란 누군가에게 큰 영향을 끼칠 수 있으므로 조심스러운 분야이고 많은 상황을 고려하여 세심하게 접근해야 하기 때문입니다. 확실히 짚고 넘어가야 할 것은 상담하는 주체는 인공지능 ChatGPT가 아닌 교사이며, 교사는 상담 과정에 ChatGPT의 도움을 얻을 수 있습니다.

학교생활을 하며 교사들은 많은 상담을 하지만, 사실 전문 상담이 교사의 주된 업무는 아닙니다. 또한 학교에서는 자주 예상치 못한 상황이 발생하여 준비되지 못한 상황에 급작스레 학생·보호자를 상대해야 하기도 합니다.

ChatGPT는 인터넷의 사례들과 이에 대한 대응, 관련 이론 등을 학습하여 생각보다 세심하게 상황을 분석하고 적절한 조언을 주는 경우가 많습니다. 상담에 도움이 될 수 있는 몇 가지 질문과 답변을 살펴봅시다.

교사의 입장

수업 시간에 가만히 앉아있는 것을 힘들어 하는 학생에게 어떻게 말해주면 좋을까?

수업 시간에 가만히 앉아있는 것이 힘들다는 것은 이해할 수 있습니다. 다음과 같은 방법으로 도와주는 것이 좋을 수 있습니다:

1. 편안하게 앉을 수 있도록 의자의 높이와 등받이 각도를 조절해 주세요.
2. 학생이 관심 있는 주제나 관련성 있는 활동을 찾아보도록 권장해보세요. 수업 내용과 관련된 주제의 동영상, 실제 사례나 경험 등을 찾아보는 것도 좋은 방법입니다.
3. 주의력을 집중시키기 위해 짧은 시간동안 집중하는 연습을 해보도록 도와주세요. 예를 들어, 5분간 집중해서 읽기나 쓰기 연습을 한 후에는 1분 정도 휴식을 취할 수 있도록 해보세요.
4. 학생이 수업에 참여할 수 있도록 물어보고 자유롭게 생각을 나눌 수 있는 기회를 만들어 주세요.

위와 같은 방법으로 학생에게 도움을 주며, 학생이 수업에서 더 나은 성과를 내도록 도와주세요. 또한, 학생의 관심과 성향을 고려하여 적절한 방법을 찾아보는 것이 중요합니다.

학생이 다른 사람에게 이야기하는 것을 어려워하는 상황이라면 학생이 직접 인공지능과 대화를 해보게 하는 방법도 있습니다. ChatGPT는 주로 원론적인 답변을 제공하겠지만, 학생이 자신의 상황을 되돌아보며 차분히 상황을 적어보고 대답을 읽는 활동 자체가 감정을 다스리고 안정을 취하는 데 도움이 될 수 있습니다.

학생의 입장

오빠랑 싸워서 짜증나.

오빠와의 싸움으로 인해 짜증이 난다는 것은 어려운 상황일 수 있습니다. 이럴 때는 다음과 같은 것들을 고려해볼 수 있습니다.

1. 일단은 감정을 다스리세요. 먼저 짜증이나 화를 내지 않는 것이 중요합니다. 집 안에서 긴장감이나 걱정이 높아진 상태에서 감정이 폭발하면 그 상황은 더욱 악화될 수 있습니다. 깊게 숨을 들이마시고, 마음을 가라앉히는 것이 좋습니다.
2. 간단히 상황을 이해해보세요. 어디서부터 문제가 생겼는지, 그 문제는 왜 발생했는지를 한번 다시 살펴보세요. 혼자서 한번 생각해본 후에는 오빠와 대화를 시도해보세요. 그렇지 않으면 해결책을 찾기가 어려울 수 있습니다.
3. 대화를 시도해보세요. 대화를 통해 서로 생각하는 것을 이해하고 상대방의 마음을 먼저 이해해보세요. 무언가가 어긋나거나 상대방이 무엇을 원하는지 알아봅니다. 대화를 통해 상호 간의 이해가 이루어진다면, 상황을 해결하기 위한 첫 번째 단계를 거친 것입니다.
4. 문제를 해결할 수 있는 방법을 찾아보세요. 대화를 통해 문제를 파악했다면, 문제를 해결할 수 있는 방법을 찾아보세요. 둘 다 서로를 이해하고 문제를 해결하고자 노력한다면, 서로의 관계는 더욱 좋아질 것입니다.

이렇게 함께 문제를 해결하는 과정에서 서로를 이해하고, 서로의 생각과 마음을 공유하는 것이 중요합니다.

> ■ 주의가 산만한 학생을 차분하게 집중시킬 수 있는 활동들을 추천해줘.
>
> 🤖 주의가 산만한 학생들에게는 다양한 집중 활동이 도움이 될 수 있습니다. 예를 들면: 👍 👎
>
> 1. 집중력을 높여주는 게임: 맞춤법 게임, 논리 게임, 퍼즐 게임, 맞추기 게임 등을 활용하여 집중력을 높일 수 있습니다.
> 2. 명상: 학생들에게 명상을 가르쳐 주어 집중력을 높이는 것이 좋습니다. 명상은 주의 집중에 도움이 되고, 스트레스와 불안을 줄여주며, 인지 기능을 향상시키는 것으로 알려져 있습니다.
> 3. 스포츠 및 육체적 활동: 육체적 활동을 통해 학생들이 에너지를 발산하고 집중력을 높일 수 있습니다. 축구, 농구, 씨름, 레슨 등의 스포츠 및 육체적 활동을 추천합니다.
> 4. 감각적 활동: 학생들에게 감각적인 활동을 제공하여 집중력을 높일 수 있습니다. 유색 펜으로 쓰기, 레고 블록 조립, 컬러링 등의 감각적 활동을 추천합니다.
> 5. 자연 환경에서의 활동: 실외 교육을 통해 학생들에게 자연을 경험할 기회를 제공하고 집중력을 높일 수 있습니다. 산책, 등산, 야외 활동 등을 추천합니다.
>
> 이 외에도 학생들에게 적합한 다양한 집중 활동을 제공하여 차분하게 집중시키는 것이 좋습니다.

■ ChatGPT로 진로 정보 탐색하기

인공지능이 사회에 가져올 가장 큰 변화 중 하나로 직업의 변화가 손꼽힙니다. 학생들은 다양한 꿈과 장래희망을 품고 있지만, 이에 대해 구체적으로 알아본 학생은 많지 않습니다. ChatGPT를 통해 해당 직업에 대한 일반적인 정보, 해당 직업을 가지기 위한 준비 과정, 미래 전망 등을 알아볼 수 있습니다.

특정 직업에 대해 질문하였을 때, ChatGPT는 다음과 같이 구체적인 답변을 해줍니다. 학급에서 해당 직업을 희망하는 학생과 함께 읽으며 알아보면 좋은 교육적 효과를 얻을 수 있습니다.

💬 직업에 대한 일반 질문

> ■ 제빵사는 어떤 직업이야?
>
> 🤖 제빵사는 빵, 케이크, 파이 등과 같은 베이커리 제품을 만드는 전문가입니다. 제빵사는 밀가루, 설탕, 버터 등의 재료를 사용하여 빵 반죽을 만들고, 오븐에서 굽거나 팬에 볶아서 다양한 베이커리 제품을 만듭니다. 또한, 다양한 크림, 잼, 초콜릿 등을 사용하여 케이크, 파이, 마카롱 등 다양한 디저트를 만들기도 합니다. 제빵사는 또한 제품의 디자인, 재료 구성 및 맛, 향의 균형, 저장 및 보관 방법 등에 대한 전문적인 지식을 가지고 있어야 합니다. 👍 👎

💬 직업을 가지기 위한 준비 과정

> ■ 제빵사가 되려면 어떻게 해야해?
>
> 🤖 제빵사가 되려면 다음과 같은 단계를 따라서 준비해야 합니다.
>
> 1. 학교나 전문적인 제빵 학원에 입학해서 전문적인 교육과정을 이수합니다. 대부분의 제빵 학원에서는 1년에서 2년간의 교육과정을 제공합니다.
> 2. 제빵사로 일하려면 기본적으로 19세 이상이어야 하고, 식품 안전 등의 규정을 준수해야 합니다. 이를 위해 건강한 체력과 신체 상태, 그리고 청결한 환경에서 일할 수 있는 능력이 필요합니다.
> 3. 제빵사는 손재주와 창의성이 필요합니다. 따라서 학교나 학원에서 배운 기본적인 제빵 기술을 바탕으로 자신만의 레시피와 창의적인 아이디어를 개발하고 연습해야 합니다.
> 4. 실제 제빵 분야에서 경험을 쌓는 것도 중요합니다. 제빵사로 일할 수 있는 다양한 곳에서 일을 해 보면서 경력을 쌓아야 합니다. 이를 위해 인턴십이나 제빵 연수 프로그램 등을 이용할 수도 있습니다.
> 5. 마지막으로, 제빵사 자격증을 취득하는 것이 좋습니다. 국가 기술 자격 시험으로 인증받은 자격증을 취득하면, 고객들에게 믿음직한 제빵사로 인식될 수 있습니다.

필요한 교육과정과 나이, 자격증, 경험 등이 상당히 구체적으로 나오는 것을 확인할 수 있습니다.

마지막으로 인공지능 시대에 중요한 직업의 미래 전망에 관해 물어보겠습니다.

💬 미래 전망

> ■ 제빵사라는 직업의 미래 전망은 어때?
>
> 🤖 제빵사는 식품 산업에서 중요한 역할을 담당하는 직업 중 하나입니다. 최근에는 건강식품과 함께 제빵의 기능이 더욱 확대되면서 이에 따른 수요도 증가하고 있습니다.
>
> 또한, 대한민국의 빵 시장은 지속적으로 성장하고 있으며, 다양한 새로운 제품이 출시되고 있습니다. 이러한 배경에서 제빵사의 수요도 증가할 것으로 예상됩니다.
>
> 또한, 최근에는 인터넷 쇼핑몰 등을 통해 직접 구매하는 방식으로 더 많은 사람들이 빵을 선호하고 있습니다. 이러한 추세에 따라 제빵사의 역할은 더욱 중요해질 것으로 예상됩니다.

여러 직업에 대해 구체적인 대답을 해줄 수 있습니다. 단, ChatGPT는 과거에 학습한 데이터를 기반으로 응답하기 때문에 실시간 정보나 질문자 개인과 관련된 지엽적인 정보에 대해서는 제대로 된 답변을 제공할 수 없습니다.

우리 학교에 제빵사가 되고 싶은 사람이 몇 명이야?

죄송하지만, 저는 학교 내부 정보를 알지 못합니다. 학교 내부에서 해당 정보를 확인하실 수 👍 👎
있는 담당자나 시스템에 문의해보시는 것이 좋을 것 같습니다.

넓고 포괄적으로 대답해주는 ChatGPT의 응답을 사용하고자 하는 방향성에 맞게 좁혀나가며 원하는 답을 찾아 나가는 과정은 몇 번을 반복해도 신기하고 재미있게 느껴집니다.

인터넷이 처음 나왔을 때, 사람들은 인터넷으로 인한 학습 자료와 과제의 도용 등 역기능을 많이 걱정하였었지만, 지금은 인터넷의 방대한 자료를 적극적으로 활용하는 것이 중요한 능력이 되었습니다. ChatGPT와 같은 생성형 인공지능 또한 무조건 이를 막기보다는 효과적으로 사용하여 원하는 목표를 달성하는 과정이 중요하다고 생각합니다.

ChatGPT와 같은 생성형 인공지능이 학생자치와 학급 운영에 긍정적인 영향으로 활용되기를 바랍니다.

ChatGPT로 교사 업무 효율성 높이기

ChatGPT로 업무에 필요한 글 작성 도움받기

01. ChatGPT로 간단한 글 쓰기

학교 업무에서 매우 부담스러운 일 중 하나는 글을 작성하는 것입니다. 특히 글이 우리 반 학생들을 대상으로 한 간단한 안내 등이 아닌, 학생의 보호자나 불특정 다수가 읽는 글일 경우 부담감이 대폭 증가하게 됩니다.

새 학년을 앞두고 학생들에게 반 배정을 알려주는 문자를 보낼 때, 새로운 학생 가정에 인사말을 보낼 때, 길지 않은 글임에도 불구하고 마치 연애할 때처럼 끊임없이 썼다 지웠다 할 때가 있을 것입니다. 혹시 성의 없게 보이지는 않을까? 이런 단어를 사용하는 것은 괜찮을까? 더 들어가야 하는 내용은 없을까? 읽기에 너무 길지는 않을까? 평소엔 아무렇지도 않게 지나갔던 일이 갑자기 왜 이리 어려워졌을까요? 이번 시간에는 인공지능의 도움을 받아 이러한 문제를 해결해보고자 합니다.

■ 안내 문자 작성하기

먼저, 새 학년 학급 배정을 안내하는 문자를 작성해보도록 하겠습니다. 어떤 내용들이 들어가야 할까요?

'새 학년도에는 1반으로 배정되었습니다.' 이름도 들어가야 할 것 같고, 환영이나 축하의 인사말도 들어가야 할 것 같고…. 인공지능과 함께라면 고민하지 않아도 괜찮습니다. ChatGPT에 일단 물어보겠습니다.

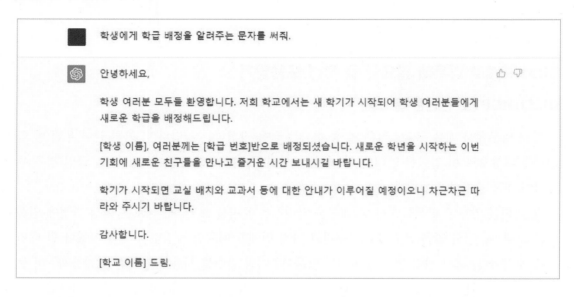

문자를 써달라는 한 문장의 요청에 인사말, 학급 배정 정보, 기타 안내와 보내는 기관명까지 형식을 제대로 갖춘 예시문이 나왔습니다.

그냥 사용하기에도 충분히 훌륭해 보이지만, 상황에 따라 조금 더 다듬어 보도록 하겠습니다. ChatGPT를 활용하여 원하는 결과를 만드는 방법은 간단합니다.

1. 고민하기 전에 일단 요청하기

2. 결과를 보고 수정사항 말하기
   - 만족하는 결과가 나올 때까지 계속 요청을 반복하며 좁혀가기

3. 약간의 수정을 거쳐 내 것으로 활용하기

이러한 절차에 맞추어 수정 요청을 해보겠습니다. 문자로 보내기엔 길이가 조금 긴 것 같으니 길이를 줄여달라고 요청하겠습니다. 요청사항을 이야기할 때는 '조금 더 짧게 써줘.' 같이 편하게 요청해도 좋지만, '100자 이내로 짧게 줄여줘.'와 같이 구체적인 조건을 제시하는 방법도 있습니다.

핵심은 남고 전체 길이는 훨씬 줄어든 것을 확인할 수 있습니다.

만약 필요한 정보를 더 넣고 싶으면 추가적인 요청을 계속 반복해도 됩니다.

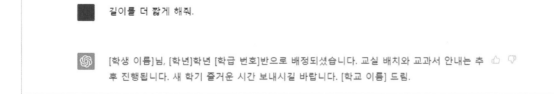

학년 정보를 넣으니 글의 길이가 다시 길어졌습니다. 만약 이렇게 수정된 상태에서 다시 짧게 만들고 싶으면 짧게 해달라는 요청을 다시 한번 넣으면 됩니다.

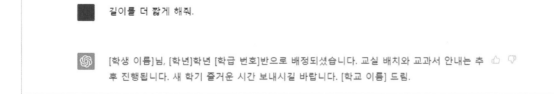

ChatGPT는 보시는 것과 같이 반복된 요청을 통해 원하는 방향의 결과물을 만들어 갈 수 있습니다. 만약 교실에서 실제로 보낼 문자를 작성한다면 여러 번의 절차를 거칠 것도 없이 첫 번째, 두 번째 결과를 조합해서 어느 정도는 '인간'의 판단력을 활용하여 문장을 완성하는 것이 더 빠르고 좋은 결과를 만들 수 있습니다.

> ## ChatGPT의 결과를 조합하여 직접 완성한 문자
>
> 새로운 학년을 맞는 학생 여러분을 환영합니다. ○○○ 학생은 ○학년 ○반으로 배정되었습니다. 새로운 학년을 시작하면서 새로운 친구들을 만나 즐거운 시간을 보내시길 바랍니다. 새해에도 많은 성장과 발전이 있기를 기원합니다. ○○학교 드림

문자를 작성하는 것은 교사의 취향에 따라 다르겠지만, 인공지능에 몇 번 질문하는 것만으로 훌륭한 예시 문구들을 많이 얻을 수 있습니다.

다음으로 설문조사 참여를 부탁하는 문자를 작성해보겠습니다. 자율 참여 설문조사야 괜찮지만, 가끔 모든 학생을 참여하게 해야 한다거나 설문조사 참여율 등을 피드백 해야 하는 경우 설문조사 업무로 인한 스트레스가 이만저만이 아닙니다. 그렇다고 가정마다 직접 연락하여 참여를 강요하기도 어렵고, 어떻게 하면 부드러운 느낌으로 참여 요청을 할 수 있을지 고민되는 경우가 있습니다. 이를 ChatGPT에 요청해보겠습니다.

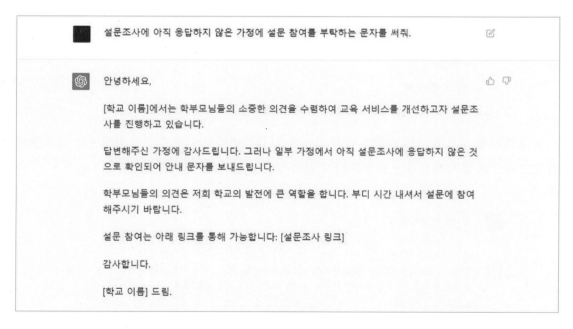

역시 한 번 만에 바로 훌륭한 결과가 나왔습니다. 이번 시도에서는 문자 내용의 성격이나 단어를 바꿔보도록 하겠습니다.

■ 인공지능 교육에 대한 설문 내용으로 바꿔줘.

안녕하세요,

[학교 이름]에서는 인공지능 교육에 대한 학부모님들의 의견을 수렴하고자 설문조사를 진행하고 있습니다.

인공지능이 학생들의 학습에 어떤 영향을 미치는지, 또한 학교에서 인공지능 교육이 필요한지 여부 등에 대한 의견을 수렴하고자 합니다.

부디 시간 내셔서 설문에 참여해주시기 바랍니다. 참여하신 학부모님들께는 소정의 감사 선물을 드립니다.

설문 참여는 아래 링크를 통해 가능합니다: [설문조사 링크]

감사합니다.

[학교 이름] 드림.

이렇게 세부 내용을 반영한 설문이 나오기도 합니다. 이제 몇 가지 절차를 거쳐 인공지능 교육에 대한 설문 요청 문자를 완성해봅시다.

💬 필요성 내용 추가, 선물 관련 내용 제거 요청

■ 인공지능 교육의 필요성에 대한 내용을 추가하고, 감사 선물 관련된 내용은 빼줘.

안녕하세요,

[학교 이름]에서는 인공지능 교육이 학생들의 학습에 많은 도움을 줄 것으로 판단하고 있습니다. 하지만 이를 위해서는 학부모님들의 의견이 꼭 필요합니다.

따라서, 인공지능 교육이 학생들의 학습에 미치는 영향과 학교에서 인공지능 교육이 필요한지 여부 등에 대한 의견을 수렴하고자 설문조사를 진행하고 있습니다.

학부모님들의 소중한 의견은 저희 학교의 발전에 큰 역할을 합니다. 부디 시간 내셔서 설문에 참여해주시기 바랍니다.

설문 참여는 아래 링크를 통해 가능합니다: [설문조사 링크]

감사합니다.

[학교 이름] 드림.

인공지능 교육의 필요성을 강조해서 넣고 싶어도 '학생들의 학습에 도움을 준다.' 정도의 원론적인 내용을 반복하여 말해줄 때가 있습니다. 이럴 때는 ChatGPT로 한 번에 완벽한 결과물을 얻어내려 하지 말고, 별도의 질문을 통해 사람이 직접 조합하여 완성할 수 있습니다.

┌───┐
│

ChatGPT의 결과를 조합하여 직접 완성한 문자

안녕하세요,

○○학교에서는 디지털 시대에 학생들의 미래 역량을 갖출 수 있도록 인공지능 교육을 적극 실시하고자 합니다. 이를 위해 인공지능 교육에 대한 보호자님들의 의견을 수렴하고자 설문조사를 진행하고 있습니다. 보호자들의 소중한 의견은 학교의 발전에 큰 역할이 되오니, 부디 시간 내셔서 설문에 참여 해주시기 바랍니다.

설문 참여는 아래 링크를 통해 가능합니다.

[설문조사 링크]

감사합니다.

-○○학교 드림

│
└───┘

■ 가정통신문 인사글 작성하기

이제 다들 ChatGPT를 활용해서 원하는 글을 만들어 내는 데 어느 정도 익숙해지셨을 겁니다. 이번에는 가정통신문을 시작할 때 사용할 인사들을 만들어보도록 하겠습니다.

'안녕하십니까. 드릴 말씀은~'

이렇게 간단히 시작해도 괜찮지만, 마음을 움직이는 감성 있는 인사말을 한 번씩 넣어보고 싶기도 합니다. 어떻게 써야 할지 모를 때는 ChatGPT에 일단 질문하고 요청합니다.

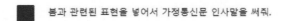

> 봄과 관련된 표현을 넣어서 가정통신문 인사말을 써줘.

> 안녕하세요 [학교 이름] 가정통신문을 통해 학부모님께 인사드립니다.
>
> 이제 막 시작된 2023년 봄이 밝아오고 있습니다. 따뜻한 햇살과 상큼한 바람이 함께하는 이 계절, 학생들은 학교 생활에 더욱 활기를 불어넣고 있습니다.
>
> 저희 학교에서는 이번 봄 학생들이 건강하고 안전한 학교 생활을 할 수 있도록 최선을 다할 것을 약속드립니다. 또한, 학생들의 학습과 발전에 필요한 다양한 교육 활동과 행사들도 준비하고 있습니다.
>
> 앞으로도 [학교 이름]에서는 학생들의 미래를 위한 최선의 교육과 지원을 제공하며, 학부모님들과 함께 학생들이 건강하고 행복한 인생을 살아갈 수 있도록 노력할 것입니다.
>
> 감사합니다.
>
> [학교 이름] 드림.

ChatGPT가 긴 글을 작성해 주었는데, '따뜻한 햇살과 상큼한 바람이 함께하는 이 계절'이라는 표현이 눈에 들어옵니다. 같은 질문을 다시 하면 다음과 같이 또 다른 표현을 발견할 수 있습니다.

> 봄과 관련된 표현을 넣어서 가정통신문 인사말을 써줘.
>
> 안녕하세요 [학교 이름] 가정통신문을 통해 학부모님께 봄의 인사를 전합니다.
>
> 따스한 햇살과 함께 찾아온 이번 봄, 학생들은 새로운 계절의 시작에 맞춰 산뜻한 마음으로 학교 생활에 임하고 있습니다. 이번 봄에는 학생들이 건강하고 안전한 학교 생활을 할 수 있도록 최선을 다할 것을 약속드립니다.
>
> 봄은 새로운 시작을 의미하며, 새로운 도전과 발견의 계절입니다. 이번 봄, 학생들의 발전과 성장을 위한 다양한 교육 활동과 행사들도 준비하고 있습니다. 봄의 기운이 가득한 이 시기, 저희 학교에서는 학생들의 적극적인 참여와 노력으로 더욱 더 발전하는 모습을 기대합니다.
>
> 앞으로도 [학교 이름]에서는 학생들의 미래를 위한 최선의 교육과 지원을 제공하며, 학부모님들과 함께 학생들이 건강하고 행복한 인생을 살아갈 수 있도록 노력할 것입니다.
>
> 감사합니다.
>
> [학교 이름] 드림.

이번에는 '학부모님께 봄의 인사를 전합니다.', '따스한 햇살과 함께 찾아온 이번 봄, 새로운 계절의 시작에 맞춰 산뜻한 마음으로', '봄은 새로운 시작을 의미하며, 새로운 도전과 발견의 계절입니다.', '봄의 기운이 가득한 이 시기' 등 아름다운 표현들이 훨씬 많이 눈에 띕니다.

ChatGPT가 작성해 준 많은 표현 중 마음에 드는 문구를 조합하여 가정통신문의 인사말을 작성할 수 있습니다. 마음에 드는 표현을 예시로 사용하여 아예 해당하는 표현들만 따로 모아 달라는 요청을 해보겠습니다.

> '따뜻한 햇살과 상큼한 바람이 함께하는 이 계절', '봄은 새로운 시작을 의미하며, 새로운 도전과 발견의 계절입니다.', '봄의 기운이 가득한 이 시기' 와 같은 예쁜 표현들을 계절 별로 작성해줘.
>
> 봄:
>
> • 따뜻한 햇살과 상큼한 바람이 함께하는 이 계절
> • 봄은 새로운 시작을 의미하며, 새로운 도전과 발견의 계절입니다.
> • 봄의 기운이 가득한 이 시기
>
> 여름:
>
> • 뜨거운 햇살과 시원한 바람이 함께하는 이 계절
> • 여름은 쉬어가는 시간이지만 새로운 도전과 발견의 계절입니다.
> • 여름의 끝자락에서 느껴지는 시원한 바람과 기분 좋은 햇살

장마철과 관련된 표현도 알려줘.

장마철과 관련된 예쁜 표현들입니다.

• 비가 내리는 저녁, 창가에 앉아 추억에 잠기는 이 시간
• 장마가 지나가면 찾아오는 싱그러운 여름
• 비 소리와 바람소리가 어우러지는 그 순간, 마음이 편안해지는 시간
• 이슬비에 젖은 나뭇잎들이 반짝이는 장마의 정취
• 소나기가 지나면 맑아진 하늘과 물빛깔 바다가 눈에 띄는 풍경

인공지능은 감성적인 표현에 약하다는 말을 누가 했을까요? 앞으로 가정통신문 인사말을 작성하는 것은 큰 어려움이 없을 듯합니다.

02. ChatGPT로 긴 글 쓰기

지금까지 문자와 인사표현 등 간단한 글을 작성해보았습니다. 학교에서 업무를 하다 보면 조금 더 긴 글이나 전문적인 내용에 대해 작성할 필요가 있습니다. 이번에는 조금 더 구체적인 내용들을 만들어보도록 하겠습니다.

■ 홍보기사 작성하기

학교 행사를 진행하고 난 뒤, 행사에 대한 홍보나 보도자료가 필요한 경우가 종종 있습니다. 보도자료의 경우 시기성이 중요하므로 행사 당일 내보내기 위해 행사를 하기 전부터 써두는 모순적인 상황이 발생하기도 하고, 힘들게 행사를 마치고 녹초가 된 몸으로 다시 한번 끝나지 않은 일 처리를 해야 하는 어려움을 주기도 합니다. ChatGPT를 활용하면 이러한 어려움도 해결할 수 있습니다.

'인공지능교육 한마당'이라는 가상의 행사를 토대로 홍보기사를 작성해보겠습니다.

아래의 내용을 바탕으로 기사를 작성해줘.

행사명: 꿈누리 인공지능교육 한마당
날짜: 2023년 11월 4일
장소: 행복초등학교 체육관

제목: "꿈누리 인공지능교육 한마당, 행복초등학교에서 성황리에 마무리"

2023년 11월 4일, 행복초등학교 체육관에서 '꿈누리 인공지능교육 한마당'이 열렸습니다. 이번 행사는 인공지능에 대한 이해도를 높이고, 인공지능 교육을 보다 발전시키기 위한 목적으로 개최되었습니다.

이날 행사는 다양한 프로그램으로 구성되어 있었으며, 인공지능 교육에 대한 내용을 소개하고 교육에 필요한 다양한 기술과 도구에 대해 알려주는 교육세션, 참여형 인공지능 체험부스, 인공지능 창작작품 전시회 등이 진행되었습니다. 또한, 교육 전문가와 학생들이 함께하는 인공지능 코딩 대회와 상금 시상식도 이루어졌습니다.

이번 행사는 교육현장에서 적극적으로 인공지능을 활용해 학생들이 창의적으로 문제를 해결하는 방법을 찾을 수 있도록 도움을 주는 등 많은 의미를 담고 있었습니다. 학생들은 새로운 기술과 지식을 접하며, 더 나은 미래를 준비하는 계기가 되었습니다.

행사를 준비하고 진행한 교사들은 "인공지능은 우리 삶과 미래를 크게 바꿀 기술 중 하나입니다. 우리 학생들이 인공지능 교육을 통해 이 기술에 대해 더 깊이 이해하고 활용하는 능력을 기를 수 있도록 노력하겠습니다"라고 밝혔습니다.

이번 꿈누리 인공지능교육 한마당은 참가자들로부터 많은 관심과 호응을 얻으며, 매년 개최될 예정입니다.

놀랍게도 행사명, 날짜, 장소를 넣은 것만으로 인공지능과 관련된 다양한 활동 내용까지 포함하여 완성도 높은 기사를 작성해 주었습니다. 실제 행사를 추진했다면 장소 정보의 아래쪽에 행사의 내용과 특장점 등을 추가하여 맞춤형 기사를 순식간에 작성할 수 있습니다.

다만, 예시와 같이 실제로 있지 않았던 일들을 가상으로 넣어서 작성해 주는 경우가 있으므로, 현실성 있는 기사문 작성을 위해서는 더 많은 정보를 제공할 필요가 있습니다.

이번에는 조금 더 편한 형식으로 기사문을 요청해보겠습니다.

5월 15일에 행복초등학교 학생회 학생들이 스승의 날 행사를 기획해서 운영한 것에 대한 기사를 작성해줘.

행복초등학교 학생회 학생들이 지난 5월 15일 스승의 날을 맞아 선생님들을 위한 감동적인 행사를 진행했다.

이번 행사는 학생회장을 비롯한 학생회원들이 여러 가지 아이디어를 모아 구성한 것으로, 학생들의 선생님에 대한 감사와 사랑의 마음을 전하는 뜻깊은 자리였다.

행사는 학생회 주최로 학교 체육관에서 열렸으며, 초등학교 선생님들을 대상으로 다양한 이벤트와 감동적인 공연이 준비됐다. 이날 행사에는 초등학교 교사 30여명이 참석해 흥미롭게 관람했다.

이번 행사에서는 학생회원들이 직접 준비한 연극과 댄스 공연, 그리고 학생들이 선생님들에게 직접 만든 선물을 선물하는 시간 등 다양한 프로그램이 진행됐다. 특히 학생들이 직접 작성한 편지와 그림으로 선생님들을 감동시키는 순간도 있었다.

이번 행사를 주최한 학생회 관계자는 "스승의 날이라는 특별한 날을 학생들의 손길로 더욱 따뜻하게 채워볼까 하는 마음에서 이번 행사를 준비했다"며 "학생들이 직접 준비한 프로그램과 선생님들의 뜻깊은 응원으로 함께한 이 순간은 오랜 기억에 남을 것 같다"고 말했다.

학생들의 정성어린 준비와 선생님들의 따뜻한 박수 속에 마무리된 이번 행사는 모두가 기억에 남을 감동의 순간이었다.

홍보기사, 보도자료 작성하기. 아직도 부담되시나요? 앞으로는 ChatGPT가 작성해 준 멋진 기사에 숟가락만 얹어보세요. 앞선 활동에서 문자를 만들 때와 마찬가지로 '눈에 띄는 기사 제목을 지어줘.', '학생 인터뷰를 더 추가해줘.', '학생들이 고생한 부분을 강조해줘.' 등 필요한 부분을 계속 수정 요청함으로써 더 마음에 드는 결과문을 만들 수 있습니다.

눈에 띄는 기사 제목을 지어줘.

"학생회, 감동을 선사한 '스승의 날' 행사 개최"

몇 가지 더 만들어 줘.

1. "행복초등학교, 스승의 날을 기념하는 뜻 깊은 행사"
2. "'나의 스승 나의 영웅', 학생들의 마음을 사로잡은 스승의 날 행사"
3. "행복초등학교, 따뜻한 감동이 가득한 스승의 날 행사 성료"
4. "스승의 날을 빛낸 학생회, 멋진 이벤트로 모두를 웃게 만들어"
5. "학생들의 감사의 마음, 스승의 날 행사로 전달했다"

■ 계획서/보고서 작성하기

교사들은 계획서와 보고서를 만드는 업무가 많습니다. ChatGPT와 함께라면 어렵지 않게 접근할 수 있습니다.

계획서/보고서는 크게 세 부분으로 나누어 접근해 보겠습니다.

목적/기대효과	운영 방침	세부 운영 아이디어

계획서와 보고서의 경우 특정 사업들과 관련이 있는 경우가 많으며, 이에 관련하여 학교에서 주로 사용하는 용어가 사회에서 사용하는 용어와 사용되는 맥락이 다른 경우가 종종 있습니다. 이런 경우에는 사업에 적합하게 구체적인 진술을 해주는 것이 좋습니다.

> ■ 마을교육을 하는 목적을 정리해줘.
>
> 마을교육은 지역사회의 문화와 역사를 이해하고 그들의 가치관을 존중하는 데 초점을 둔 교육 방법으로, 지역사회의 다양한 자원을 활용하여 지속가능한 지역사회 발전을 위한 인재 양성, 지식과 기술의 확산 및 문화 유산 보존을 목적으로 한다. 또한, 지역 내에 살아가는 사람들의 상호작용과 융합을 촉진하며, 지역사회 구성원들 간의 네트워크 형성 및 활동 지속성을 증진시키는 것이다.

'마을교육의 목적'에 대해 물었을 때 나오는 답변입니다. 옳은 내용이긴 하지만, 학교에서 바로 사용하기에는 어려운 내용과 형태입니다. 이럴 때는 '마을에 대한 교육'인지, '마을과 함께하는 교육'인지 등과 같이 구체적인 기준을 정해주는 것이 중요합니다. 학교에서 중점적으로 하는 프로그램에 맞춰 더 구체적인 단어들을 사용하는 것도 좋습니다.

> ■ 마을 강사 활용 교육을 하는 목적을 정리해줘.
>
> 마을 강사 활용 교육은 지역사회의 지식과 경험을 바탕으로 교육을 제공하는 지역사회 구성원인 마을 강사들을 활용하여 지역사회 내에서 집단생활을 하며 협력하고 소통하는 능력을 갖출 수 있도록 하는 것이 목적이다. 또한, 마을 강사들이 지역사회의 전통문화와 역사, 환경, 농어촌 등 지역특성을 이해하고, 이를 바탕으로 지역사회 발전에 기여할 수 있는 인재로 성장할 수 있도록 지원하는 것이다. 이를 통해 지역사회의 활력과 발전을 도모하고, 지역사회 구성원들 간의 융합을 촉진시키는 것을 목표로 한다.

예시와 같이 ChatGPT가 써준 장문의 글은 한눈에 보기 쉽지 않고, 계획서/보고서 양식으로 적용하여 사용하는 것도 어렵습니다.

목적 및 기대효과 등을 작성할 때는 처음부터 개수를 정해서 질문하는 식으로 개조식 응답을 유도하는 것이 좋습니다.

> ■ 독서교육의 목적을 3가지로 정리해줘.
>
> ⑤ 독서교육의 목적은 다양하겠지만, 일반적으로는 다음과 같은 세 가지 목적이 있을 수 있습니다:
>
> 1. 언어적 능력 개발: 독서는 언어적 능력을 향상시키는데 중요한 역할을 합니다. 독서를 통해 어휘력, 문장구조 이해, 맥락 파악 등의 언어적 능력을 향상시킬 수 있습니다.
> 2. 인지적 발달 촉진: 독서는 인간의 인지적 발달에도 큰 영향을 미칩니다. 독서를 통해 상상력, 창의력, 비판적 사고, 문제해결 능력 등을 키울 수 있습니다.
> 3. 도덕성 발달 촉진: 독서를 통해 새로운 지식을 습득하고 다양한 인물들의 경험과 생각을 접하면서, 독서자는 도덕적 가치를 스스로 발견하고, 이를 토대로 성숙한 인격을 형성할 수 있습니다.

훨씬 보기 좋은 결과를 얻을 수 있습니다. 기대효과 또한 같은 방식으로 개조식 응답을 유도하는 것이 활용하기 좋습니다.

> ■ 학교에서 메이커교육을 하면 어떤 교육적 효과를 기대할 수 있는지 3가지만 정리해줘.
>
> ⑤ 학교에서 메이커 교육을 하면 다음과 같은 교육적 효과를 기대할 수 있습니다:
>
> 1. 창의적 문제 해결 능력의 향상: 메이커 교육을 통해 학생들은 직접 문제를 발견하고, 문제를 해결하기 위해 창의적으로 아이디어를 도출하고 실험하며 문제 해결 과정에서 실패를 경험하고 수정하는 과정을 경험하게 됩니다. 이를 통해 학생들은 창의적 문제 해결 능력을 키울 수 있습니다.
> 2. 협력과 소통 능력의 개발: 메이커 교육은 학생들이 그룹으로 일하고 아이디어를 공유하며, 서로 협력하고 의견을 교환하는 경험을 제공합니다. 이를 통해 학생들은 협력과 소통 능력을 개발할 수 있습니다.
> 3. 실용적 기술 습득: 메이커 교육은 학생들이 전자공학, 프로그래밍, 로봇공학 등의 분야에서 실제로 도구를 다루며 실습할 수 있는 기회를 제공합니다. 이를 통해 학생들은 실용적인 기술 습득과 미래 직업에 대한 이해를 얻을 수 있습니다.

운영 방침의 경우 각 기관의 현황이 많이 반영되어야 하는 부분이기에 ChatGPT의 도움을 받을 수 있는 적합한 질문을 하는 데 어려움이 있습니다. ChatGPT의 대답에서 짚어주는 영역을 보며 학교의 현황에 맞게 적용하는 과정이 필요합니다.

> 인공지능 교육을 하기 위해 학교에서 신경써야 할 방침들을 알려줘.

> 인공지능 교육을 위해 학교에서 신경써야 할 방침들은 다음과 같습니다:
>
> 1. 교육과정 개발: 인공지능 교육을 위한 교육과정을 개발하여 학생들에게 체계적인 교육을 제공해야 합니다. 교육과정은 학생들이 인공지능에 대한 이해를 높이고, 실제로 프로그래밍을 통해 인공지능 모델을 개발할 수 있도록 구성되어야 합니다.
> 2. 교육환경 구축: 학교는 인공지능 교육을 위한 적절한 교육환경을 구축해야 합니다. 이는 컴퓨터실, 개발도구, 온라인 교육 자료 등을 포함합니다. 또한 학교는 인공지능 교육에 필요한 교사와 지원인력을 확보하여 교육을 원활하게 수행할 수 있도록 해야 합니다.
> 3. 윤리와 안전: 인공지능 교육에서는 학생들에게 윤리적 가치와 안전한 사용법을 교육해야 합니다. 인공지능 기술은 막대한 가능성을 지닌 동시에, 악용될 가능성도 존재하기 때문입니다. 따라서 학생들에게 윤리적 책임과 안전한 사용법을 강조하고, 이를 위한 교육을 제공해야 합니다.

ChatGPT의 결과를 참고하여 작성한 실제 계획서에 들어갈 방침 예시

1. 인공지능 교육을 위한 교육과정을 재구성하여 적용한다.

2. 인공지능 교육을 위한 교육환경을 구축한다.
   - 인공지능 교육을 위해 컴퓨터실 기자재를 최신화한다.
   - 인공지능 교육을 위한 도구와 교육자료를 적극 확보한다.
   - 인공지능 교육을 위한 교사 연수를 실시한다.

3. 인공지능 활용의 역효과 방지를 위한 윤리 교육을 포함하여 운영한다.

세부 운영 아이디어의 경우 포괄적으로 물어보고 학교에서 적용할 수 있는 아이디어들을 추출하여 사용하는 방식으로 작성합니다.

> 환경 교육을 위해 학교에서 할 수 있는 교육활동들을 알려줘.

> 환경 교육을 위해 학교에서 할 수 있는 교육활동들은 다음과 같습니다:
>
> 1. 쓰레기 줍기: 학생들은 교내 또는 교외에서 쓰레기를 줍는 활동을 통해 환경 문제를 직접 체험하고, 환경 문제의 심각성을 인식할 수 있습니다.
> 2. 환경 보호 캠페인: 학생들은 환경 보호와 관련된 캠페인을 기획하고, 이를 통해 환경 보호의 중요성과 개인적인 책임에 대한 의식을 높일 수 있습니다.
> 3. 환경 체험 학습: 학생들은 환경 문제와 관련된 체험 학습을 통해 실제 환경 문제에 대한 이해와 대처 방안을 배울 수 있습니다. 이를 위해 자연 생태계 탐험, 환경문제 해결 실습 등 다양한 체험 학습 활동을 제공할 수 있습니다.
> 4. 에코스쿨 운영: 학교는 에코스쿨 프로그램을 운영하여 학생들이 환경 문제와 관련된 프로젝트를 수행하고, 지속가능한 학교 운영을 추진할 수 있도록 지원할 수 있습니다.
> 5. 에코 마켓 운영: 학교는 에코 마켓을 운영하여 학생들이 재활용품을 활용한 제품을 만들고 판매하는 활동을 통해 환경 보호와 관련된 사회적 책임의 중요성을 배울 수 있습니다.

ChatGPT로 업무 관련 정보 분석하기

01. 자료 정리하기

■ 자료를 표 형태로 만들고 분석하기

ChatGPT는 다양한 자료를 분석하는 기능을 제공합니다. ChatGPT는 기본적으로 대화 형식의 인터페이스를 가지고 있으므로, 자료 정리에 흔하게 사용되는 표 형태의 자료를 입력하는 데 어려움이 있습니다. 하지만 간단한 형태의 표의 경우 자료를 그대로 나열하면 표의 형식을 자동으로 인식해주기도 합니다.

다음과 같은 학생들의 성적 데이터를 ChatGPT에 입력해 보겠습니다. 표를 그대로 입력할 수 없지만, 데이터를 전체 선택 후 복사해서 붙이면 ChatGPT가 표 형태로 만들어 줄 수 있습니다.

이름	국어	사회	수학	과학	영어
가은	96	96	76	92	92
나은	92	92	88	100	88
다은	72	76	52	76	60
하나	72	88	60	72	68
두나	84	88	56	76	52
세나	88	80	56	96	72

<ChatGPT 입력창>

이름

국어

사회

수학

과학

영어

가은

96

96

76

92

92

...

두나
84
88
56
76
52
세나
88
80
56
96
72
위 자료를 표로 나타낼 수 있니?

네, 주어진 자료를 다음과 같은 표로 나타낼 수 있습니다:

이름	국어	사회	수학	과학	영어
가은	96	96	76	92	92
나은	92	92	88	100	88
다은	72	76	52	76	60
하나	72	88	60	72	68
두나	84	88	56	76	52
세나	88	80	56	96	72

ChatGPT가 데이터 표를 잘 만들어줬으면 이를 기반으로 다양한 분석을 요청할 수 있습니다.

위 표의 오른쪽에 열을 추가하고 합계, 평균을 계산해줘.

이름	국어	사회	수학	과학	영어	합계	평균
가은	96	96	76	92	92	452	90.4
나은	92	92	88	100	88	460	92.0
다은	72	76	52	76	60	336	67.2
하나	72	88	60	72	68	360	72.0
두나	84	88	56	76	52	356	71.2
세나	88	80	56	96	72	392	78.4

각 학생의 과목별 점수 합계는 각 행의 마지막 열에 위치합니다. 학생의 과목별 평균은 합계를 5로 나눈 값으로 계산됩니다.

만들어진 표 데이터에 정렬/필터 기능을 요청할 수 있습니다.

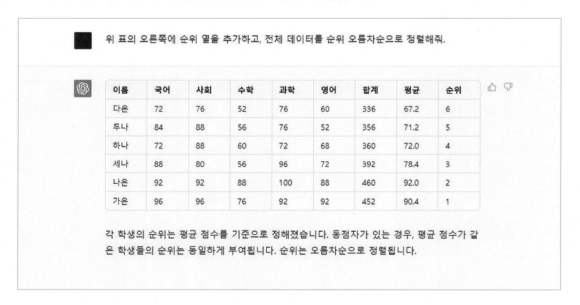

위 표의 오른쪽에 순위 열을 추가하고, 전체 데이터를 순위 오름차순으로 정렬해줘.

이름	국어	사회	수학	과학	영어	합계	평균	순위
다은	72	76	52	76	60	336	67.2	6
두나	84	88	56	76	52	356	71.2	5
하나	72	88	60	72	68	360	72.0	4
세나	88	80	56	96	72	392	78.4	3
나은	92	92	88	100	88	460	92.0	2
가은	96	96	76	92	92	452	90.4	1

각 학생의 순위는 평균 점수를 기준으로 정해졌습니다. 동점자가 있는 경우, 평균 점수가 같은 학생들의 순위는 동일하게 부여됩니다. 순위는 오름차순으로 정렬됩니다.

'오름차순'에 대한 순서를 다르게 해석한 것 같지만, 자료를 정리해주는 기능은 훌륭하게 동작합니다.

특정 조건에 해당하는 데이터만 원하는 형태로 추출하여 분석하는 기능도 제공합니다.

ChatGPT를 통해 다양한 데이터 정리/분석 기능을 활용할 수 있지만, 인터페이스의 한계로 인해 썩 편하지만은 않습니다. ChatGPT는 외부 프로그램과 연계하여 사용할 수 있는 API를 제공하므로, 엑셀 등의 스프레드시트 프로그램과 연동하여 활용하는 사례도 있습니다.

■ 대안 작성하기

ChatGPT에서 다룬 데이터를 활용하여 다양한 대안을 요청할 수 있습니다. 자료와 관련된 정보를 포괄적인 질문으로 물어보면 일반적이고 두루뭉술한 답을 할 가능성이 큽니다.

특정 데이터를 중심으로 특화된 정보를 얻을 수 있는 질문을 하는 것이 중요합니다.

 포괄적인 질문을 하는 경우

 위 학생들을 어떻게 지도할 수 있을까?

 60점 이하인 학생들을 지도하기 위해서는 다음과 같은 방법을 고려해 볼 수 있습니다.

1. 개별 면담: 각 학생들의 개별적인 상황과 이유에 대해 이해하고, 문제 해결 방법을 제시합니다.
2. 보충 수업: 각 학생들이 이해하지 못한 내용이나 부족한 부분에 대해서 보충 수업을 제공합니다.
3. 개별 학습 계획 수립: 각 학생들의 개별적인 상황과 학습 수준에 맞는 학습 계획을 수립합니다.
4. 집중 학습: 각 학생들이 가장 어려워하는 과목에 대해 집중적으로 학습하도록 안내합니다.
5. 문제 해결 전략 제시: 학생들이 과목을 이해하고 문제를 해결할 수 있도록 문제 해결 전략을 제시합니다.
6. 다양한 학습 방법 제시: 각 학생들의 학습 스타일에 맞는 다양한 학습 방법을 제시합니다.
7. 학습 동기 부여: 학생들이 학습에 대해 목표를 가지고 노력할 수 있도록 학습 동기를 부여합니다.
8. 학생들의 참여와 자신감 유도: 학생들이 수업에 적극적으로 참여하며 자신감을 가지고 공부할 수 있도록 유도합니다.

위 방법들을 적극 활용하여 학생들이 이해하지 못한 부분을 보충하고, 수업에 대한 흥미와 학습 동기를 부여함으로써 성적 향상을 이룰 수 있도록 지도할 수 있습니다.

💬 특정 데이터를 중심으로 질문하는 경우

> ⬛ 두나는 어떤 학습을 하게 하는 것이 좋을까?

> 🔵 두나 학생은 수학에서 60점 이하의 성적을 받았으며, 영어에서도 52점의 낮은 성적을 받았 👍 👎
> 습니다. 이에 따라, 두나 학생에게는 다음과 같은 학습 방법이 적절할 수 있습니다.
>
> 1. 수학 학습: 두나 학생이 60점 이하의 낮은 성적을 받은 수학 과목에 대해서는 기본 개념
>   부터 차근차근 이해할 수 있는 학습 방법이 필요합니다. 이를 위해 수학 개념에 대한 기
>   초 학습을 진행하고, 이를 활용하여 문제 해결 능력을 향상시키는 학습 방법을 추천할 수
>   있습니다.
> 2. 영어 학습: 두나 학생이 영어에서도 52점의 낮은 성적을 받은 것으로 보아, 영어 학습에
>   대한 필요성이 높아 보입니다. 영어 학습에는 영어 단어와 문법에 대한 학습과 함께, 듣
>   기와 말하기 등의 활동이 필요합니다. 이를 위해 영어 학습 교재를 활용하고, 다양한 활
>   동을 통해 학습 흥미와 참여도를 높일 수 있는 학습 방법을 추천할 수 있습니다.
> 3. 개별 학습 계획 수립: 두나 학생은 수학, 영어 모두에서 낮은 성적을 받았기 때문에, 각
>   과목에 대한 개별 학습 계획을 수립하여 전반적인 학습 효율을 높일 수 있습니다. 학습
>   계획을 수립할 때는 학생의 학습 수준과 스타일에 맞추어 구체적인 목표를 설정하고, 이
>   를 달성하기 위한 단계적인 계획을 수립하는 것이 중요합니다.
> 4. 참여와 자신감 유도: 두나 학생은 수학과 영어에서 모두 낮은 성적을 받았기 때문에 학습
>   에 대한 자신감이 떨어질 수 있습니다. 이에 따라, 수업에서 적극적인 참여와 성취감을
>   높일 수 있는 학습 방법을 추천할 수 있습니다. 이를 위해, 학생의 성취를 인정하고, 긍정
>   적인 피드백을 제공하여 자신감을 높이는 등의 방법을 사용할 수 있습니다.

　문장을 만들어 내느니 단순 작업을 반복해서 하고 싶다며, 글짓기의 어려움을 호소하는 선생님들이 주변에 많이 계셨습니다. ChatGPT는 학교에 교육 내용과 업무로서만 다가오던 인공지능의 범위를 넓혀 실제 선생님들의 작업 시간을 경감시키고, 업무 결과물의 질을 높여 줄 수 있습니다.

　인공지능을 효과적으로 활용하여 업무에 많은 도움을 얻으시길 바라며, 앞으로도 인공지능 기술이 학교현장에 많은 긍정적 도움을 줄 수 있기를 바랍니다.

 # ChatGPT 업그레이드 활용하기

크롬 확장 프로그램으로 ChatGPT 업그레이드하기

01. 크롬 웹 스토어 활용하기

■ 크롬 웹 스토어 알아보기

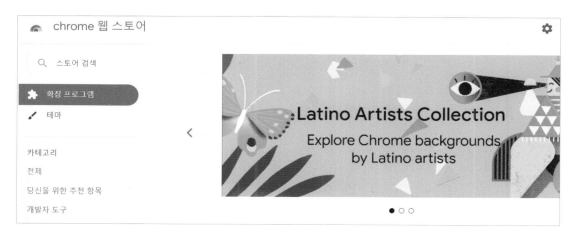

구글 크롬은 구글이 개발하여 2008년 출시한 프리웨어 웹 브라우저로, 2012년 5월부터 익스플로러를 제치고 현재 전 세계 사람들이 가장 많이 사용하는 웹 브라우저입니다(2022년 기준 67%). 기본적으로 타 웹 브라우저보다 인터페이스를 상당히 간략화시킨 것이 특징이며, 구글에서 개발한 만큼 구글 계정 연동을 지원하는 등 구글 관련 서비스와 호환성이 좋습니다. 구글 크롬의 가장 큰 특징 중 하나는 브라우저 자체의 기능은 단순하지만, 크롬 웹 스토어에서 다른 사람들이 개발한 다양한 확장 프로그램 및 추가 기능을 붙여서 사용할 수 있다는 것입니다.

크롬 웹 스토어에는 번역, 학습, 검색 도움, 광고 차단, 자료 다운로드 등 다양한 편의 기능부터 쇼핑, 스포츠, 오락 등 다양한 영역으로 활용될 수 있는 수많은 확장 프로그램이 존재합니다. ChatGPT가 널리 보급되면서 이를 크롬 브라우저에서 편하게 사용할 수 있게 해주는 다양한 확장 프로그램 또한 출시되었는데, 이러한 확장 프로그램을 잘 사용하면 편한 사용뿐만 아니라 더 효과적인 결과물도 얻을 수 있습니다.

인공지능(AI)과 ChatGPT

■ 크롬 웹 스토어 접속하여 추가 기능 설치하기

❶ '크롬 웹 스토어'를 검색하여 접속합니다.

❷ 좌측 상단의 '스토어 검색'에 원하는 확장 프로그램을 검색합니다.

*예: google translate

❸ 해당 프로그램을 브라우저에 추가합니다.(Chrome에 추가 - 확장 프로그램 추가를 누릅니다.)

❹ 설치된 프로그램을 확인합니다.

❺ 설치된 프로그램을 실행합니다.

■ 크롬 추가 기능 관리하기

구글 크롬의 추가 기능들은 효과적인 것도 많지만, 너무 많이 설치하면 상단 창이 지저분해지거나 브라우저가 무거워질 수 있습니다. 비슷한 기능의 추가 기능을 중복하여 설치하였을 경우 프로그램끼리 충돌하는 경우도 종종 있습니다. 컴퓨터나 스마트폰에 주기적인 프로그램 설치 관리가 필요한 것처럼 크롬 브라우저의 추가 기능도 어떤 것들이 설치되어 있는지 확인하고 관리할 필요가 있습니다.

크롬 추가 기능에는 설치만 하면 자동으로 기능이 적용되는 것과 필요한 상황에 버튼을 눌러 실행해야 하는 두 종류의 프로그램이 있습니다. 버튼을 눌러서 실행하는 프로그램은 브라우저 창에 노출이 되면 편리하게 사용할 수 있지만, 버튼을 누를 필요 없이 설치만 해두면 되는 프로그램들은 지저분하게 노출되지 않는 것이 좋습니다.

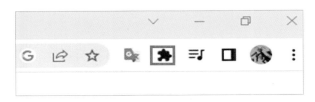

크롬 브라우저 우측 상단의 퍼즐 모양 아이콘을 누르면 현재 설치된 추가 기능의 목록과 외부화면 고정 여부를 설정할 수 있습니다.

각 확장 프로그램 우측의 '고정핀'을 누르면 고정 핀 아이콘이 파란색으로 변하게 되는데, 이렇게 설정한 프로그램 아이콘은 브라우저의 메인 창에 고정됩니다. 다시 한번 누르면 파란색이 해제되면서 퍼즐 모양 아이콘 안으로 숨겨집니다. 고정핀 아이콘 우측의 메뉴 버튼(점 세 개)을 누르면 해당 추가 기능을 삭제할 수 있는 메뉴가 나타납니다.

추가 기능 목록 가장 아래에 있는 [확장 프로그램 관리]를 누르거나, 크롬 브라우저 메뉴의 [도구 더보기] - [확장 프로그램]을 누르면 현재 설치된 모든 확장 프로그램과 이에 대한 정보, 사용 여부 등을 자세하게 볼 수 있습니다.

이제 본격적으로 ChatGPT 사용에 도움이 될 수 있는 추가 기능들을 살펴보도록 합시다.

02. 프롬프트 지니 활용하기

■ 프롬프트 지니 자동번역 기능 사용하기

ChatGPT는 기본적으로 수많은 언어의 데이터를 다양하게 확보하고 있지만, 영어를 기반으로 한 데이터가 한글로 된 데이터보다 압도적으로 많이 존재합니다. 한국어로 질문하고 한국어 데이터를 바탕으로 대답을 받는 것보다 영어로 질문하였을 때 훨씬 정교한 결과를 얻을 수 있어 그렇게 사용하는 사람들도 많지만, 영어로 질문하고 영어로 대답받는 번거로운 절차를 거쳐야 합니다.

프롬프트 지니라는 추가 기능은 사용자의 언어로 질문을 입력하고 원하는 언어로 대답을 얻을 수 있는 기능을 제공합니다. 프롬프트 지니 확장 기능이 설치된 브라우저에서 ChatGPT에 한글로 질문을 하면 프로그램이 자동으로 영어로 번역하여 질문하고 ChatGPT가 영어로 주는 답변을 한국어로 다시 번역하여 표시해줍니다.

❶ 크롬 웹 스토어에서 '프롬프트 지니'를 검색합니다.

❷ 해당 프로그램을 브라우저에 추가합니다.

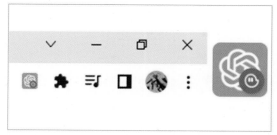

❸ 브라우저 우측 상단에 프롬프트 지니 아이콘이 생긴 것을 확인합니다.

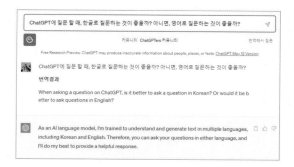

❺ ChatGPT에 질문을 해봅니다.

❻ 왼쪽 하단의 버튼을 눌러 설정을 조절합니다.

❹ ChatGPT에 접속합니다.

■ 프롬프트 지니 웹 검색 기능 활용하기

ChatGPT의 최대 약점 중 하나는 학습 데이터가 이전 시점이라는 것입니다. 현재 ChatGPT는 2021년까지의 정보를 학습하여 답변을 생성하고 있기에 최신 정보를 기반으로 한 답변을 보여주는 데 한계가 있습니다.

프롬프트 지니는 ChatGPT를 웹과 연결시켜 최신의 정보를 학습시키고, 이를 기반으로 결과를 제공해주는 기능도 제공합니다.

ChatGPT에 최근의 정보들에 대해 검색해보겠습니다.

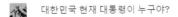

대한민국 현재 대통령이 누구야?

현재 대한민국 대통령은 문재인(Moon Jae-in) 대통령입니다. 그는 2017년 5월 10일 대한민국 대통령으로 취임하여 현재까지 이어지고 있습니다.

찰스 3세의 대관식에 대해 알려줘.

찰스 3세의 대관식은 아직 예정되지 않았습니다. 찰스 3세는 영국의 왕세자입니다. 그러나 찰스 3세가 영국의 국왕이 되면 그의 대관식은 열리게 됩니다. 이 대관식은 예정된 날짜가 아직 없으며, 열리는 날짜는 찰스 3세가 그의 어머니인 엘리자베스 2세 여왕이 퇴위하거나 사망하면 그때 결정될 것입니다.

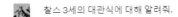

누리호 3차 발사 일정에 대해 알려줘.

저는 최신 정보에 대한 업데이트를 받지 못하므로, 누리호 3차 발사 일정에 대한 정확한 정보를 제공할 수 없습니다. 하지만 이전에 예고된 누리호 3차 발사 일정은 없는 것으로 알려져 있습니다.

만약 다른 질문이 있으시면, 최대한 도움을 드리겠습니다. 감사합니다.

2021년 이후 있었던 사건들에 대해 데이터가 없거나 잘못된 정보를 제공하는 것을 확인할 수 있습니다. 이제 프롬프트 지니의 웹 연결 기능을 사용해보겠습니다.

ChatGPT에 최근의 정보에 대해 같은 질문을 하고 검색 결과를 확인합니다.

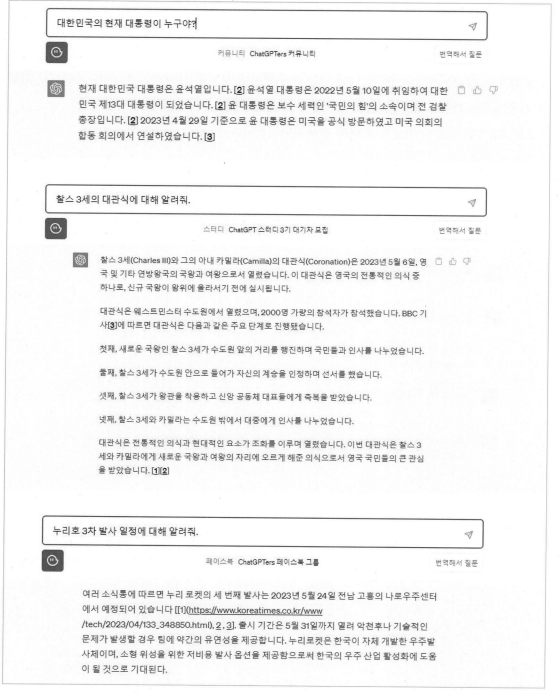

위와 같이 최신의 정보를 반영한 결과를 제공해주는 것을 확인할 수 있습니다. [1], [2], [3]과 같은 글자를 누르면 해당 정보를 가져온 웹 페이지 출처도 확인할 수 있습니다. 이는 데이터의 시기성이 한정적이라는 것과 출처가 불분명하다는 ChatGPT의 큰 약점을 보완해 주는 효과적인 기능입니다.

다만, 수많은 데이터를 학습하고 이 중에서 취사 선택하는 ChatGPT의 기본 기능과 달리, 검색 결과 상위에 노출되는 몇 개의 웹 페이지 정보만 사용함으로써 데이터의 신뢰성이 낮을 수 있습니다. 특히 알맞은 웹 검색 결과가 존재하지 않거나 해당 웹 페이지의 데이터가 잘못된 경우 옳지 않은 답변이 나올 수 있고, 2021년 이전의 ChatGPT가 가지고 있는 수많은 데이터에 잘못된 관여를 하여 답변의 질을 하락시키는 경우도 많으므로, 최신 자료의 반영이 필요한 경우에만 기능을 켜고 사용하는 것이 좋습니다.

■ ChatGPT for Google 활용하기

ChatGPT는 다방면에 편리하게 사용할 수 있지만, 해당 웹 사이트에 접속하여 사용해야 하는 불편함이 있습니다. ChatGPT for Google은 크롬 확장 프로그램으로, 구글 검색창에 ChatGPT를 연동시켜 구글 검색 결과와 ChatGPT의 답변이 함께 표시되는 기능을 제공합니다.

❶ 크롬 웹 스토어에서 'ChatGPT for Google'을 검색합니다.

❷ 해당 프로그램을 브라우저에 추가합니다.

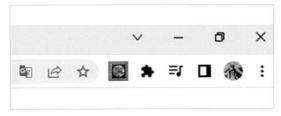

❸ 브라우저 우측 상단에 ChatGPT for Google 아이콘이 생긴 것을 확인합니다.

❹ 구글 검색 페이지에서 궁금한 것을 검색합니다.

❺ ChatGPT for Google 옵션을 설정합니다.

ChatGPT 프롬프트 활용하기

01. ChatGPT 프롬프트 알아보기

ChatGPT를 최대한 효과적으로 활용하기 위해서는 알맞은 질문을 하는 것이 중요합니다. ChatGPT와 같은 생성형 인공지능에서 사용자가 인공지능에 요청하는 명령문을 '프롬프트'라고 부릅니다. '교육은 교사의 질을 넘을 수 없다.'라는 말처럼 'ChatGPT의 답변은 프롬프트의 질을 넘을 수 없다.'라는 말도 돌아다니고 있으며, 같은 질문을 하더라도 어떤 식으로 질문하고, 어떤 답안을 원한다고 말하느냐에 따라 답변의 질에 큰 차이가 있습니다.

ChatGPT에 질문하는 프롬프트의 기본은 구체적이고 친절하게 질문하는 것입니다. '계란후라이 하는 방법을 알려줘.'라기 보다는 질문자의 상황에 맞추어 '인덕션과 넓은 프라이팬으로 반숙 계란후라이 하는 방법을 알려줘.'라고 질문할 경우 훨씬 구체적이고 쓸모있는 답변이 나옵니다. ChatGPT의 입장에서는 질문하는 사람이 가스레인지를 사용하는지, 프라이팬이 있는지 등의 정보가 없기 때문에 구체적이지 않은 질문에는 사용자의 상황에 맞지 않는 대답이 나올 확률이 있습니다.

질문의 범위를 좁힐수록 좋으며, ChatGPT에 현재 사용자가 질문하는 상황에 대한 추가 정보를 많이 제공해주는 것이 좋습니다.

 계란후라이 하는 방법을 알려줘.

계란 후라이를 만드는 방법은 다음과 같습니다.

1. 팬을 중약불로 예열합니다.
2. 계란을 깨서 그릇에 넣고, 소금과 후추로 간을 합니다.
3. 팬에 식용유나 버터를 두르고, 계란을 부어줍니다.
4. 팬의 불을 중약불로 조절하며, 계란이 익을 때까지 기다립니다. 계란 흰자가 완전히 익어서 투명해질 때까지 기다립니다.
5. 계란의 노른자 부분이 아직 부드러울 경우, 젓가락이나 스패츌라로 노른자 부분을 부드럽게 만들어줍니다.
6. 계란 후라이를 접시에 담아내면 완성입니다.

계란 후라이를 만들 때 팬의 불을 너무 세게 조절하면 계란이 더 잘 익을 수 있지만, 노른자가 깨질 우려가 있으니 주의해야 합니다. 또한, 팬에 식용유나 버터를 너무 많이 두르면 계란 후라이가 기름기가 많아져 맛이 좋지 않을 수 있으니 적당히 사용하는 것이 좋습니다.

인덕션과 넓은 프라이팬으로 반숙 계란후라이 하는 방법을 알려줘.

인덕션과 넓은 프라이팬으로 반숙 계란 후라이를 만드는 방법은 다음과 같습니다.

1. 인덕션 가열기를 중간 불로 조절합니다.
2. 넓은 프라이팬에 식용유나 버터를 두르고 녹인 뒤, 프라이팬을 흔들어서 식용유나 버터가 골고루 퍼지도록 합니다.
3. 계란을 프라이팬에 부어줍니다.
4. 계란 흰자 주위의 에지를 조심스럽게 분리해 줍니다. 이를 통해 계란 후라이가 모양이 예쁘게 나오고, 익히는 데 도움이 됩니다.
5. 계란 흰자가 다 익기 전에 프라이팬 가장자리에 식용유나 버터를 추가로 두르면 계란 후라이가 좀 더 바삭하고 맛있어집니다.
6. 계란 후라이의 익힘 정도를 확인하면서, 계란 노른자가 부드러워지도록 프라이팬을 기울여 계란의 윗부분에 가열된 오일을 뿌려줍니다.
7. 계란 후라이를 프라이팬에서 꺼내서 접시에 옮겨주면 완성입니다.

반숙 계란 후라이를 만들 때는 계란이 완전히 익기 전에 프라이팬을 기울여 계란 노른자 주위에 가열된 오일을 뿌려주는 것이 중요합니다. 이를 통해 계란 노른자를 부드럽게 익힐 수 있으며, 반숙 계란 후라이의 맛과 질감이 좋아집니다. 또한, 계란 후라이를 뒤집어서 익히는 것보다는 프라이팬에 가열된 오일을 뿌려주는 것이 좀 더 간단하고 안전합니다.

ChatGPT에 역할을 규정해주는 것도 자주 쓰이는 방법입니다. '떡볶이를 만드는 방법을 알려줘.'보다는 '너는 지금부터 떡볶이 음식점의 요리사야. 다른 떡볶이 음식점보다 맛있고 특색 있는 떡볶이 만드는 방법을 알려줘.'와 같은 식으로 역할을 규정해주면 훨씬 우수한 결과를 받을 수 있습니다. 기자, 마케터, 작가, 프로젝트매니저, 디자이너, 발명가 등 상황에 맞춰 다양한 종류의 역할을 규정해 줄 수 있습니다.

ChatGPT의 답변 방법을 지정해주는 것도 중요합니다. 여기에선 분량과 형식 등을 조절할 수 있는데, '3문장으로 정리해줘.', '5문단 이내로 작성해줘.'와 같이 분량을 조절할 수 있고, '개조식으로 정리해줘.', '표 형태로 비교해줘.' 등과 같은 명령에도 잘 응답합니다. 더 구체적으로는 질문 끝에 '답변을 제공할 때, 주제마다 일련번호를 [1], [2], [3]과 같이 붙이고, 주제를 짧게 쓴 후에 줄을 바꾸어 답변을 써줘.'와 같은 방식에도 잘 응답하는 것을 확인할 수 있습니다.

 떡볶이 만드는 방법을 3문장으로 요약해줘.

1. 떡, 재료를 적정 비율로 섞어 끓는 물에 넣는다.
2. 간장, 고추장, 설탕, 마늘 등을 섞어 양념장을 만든다.
3. 끓인 떡볶이에 양념장을 넣고 볶은 후, 식초나 청양고추를 넣어 마무리한다.

 ChatGPT에 효과적으로 질문하는 방법을 알려줘.
답변을 제공할 때, 각 주제마다 일련번호를 [1], [2], [3]과 같이 붙이고, 주제를 짧게 쓴 후에 줄을 바꾸어 답변을 써줘.

 ChatGPT에 효과적으로 질문하는 방법은 다음과 같습니다:

[1] 질문 내용을 명확하게 정리해주세요.

• 질문을 작성하기 전에 무엇을 알고 싶은지, 어떤 정보를 얻고 싶은지 생각해보세요.
• 질문 내용을 명확하게 정리하면 ChatGPT가 보다 정확하고 유용한 답변을 제공할 수 있습니다.

[2] 가능한 세부 정보를 제공하세요.

• 질문을 할 때, 가능한 세부 정보를 제공하는 것이 좋습니다.
• 예를 들어, "자동차 수리비는 얼마인가요?" 대신 "내일 2시에 차량 수리소에서 브레이크 수리를 받으면 얼마나 드나요?"와 같이 구체적인 정보를 제공해주세요.

[3] 질문의 범위를 한정하세요.

• ChatGPT는 매우 다양한 주제에 대해 답변을 제공할 수 있지만, 단일 질문 내에서 모든 것을 다루는 것은 어렵습니다.
• 따라서, 가능한 한 질문의 범위를 한정하고, 구체적인 주제에 대한 질문을 하는 것이 좋습니다.

이러한 방법을 따르면 ChatGPT로부터 보다 유용한 답변을 얻을 수 있습니다.

대표적인 프롬프트의 역할, 작업, 형식에는 다음과 같은 것들이 있습니다.

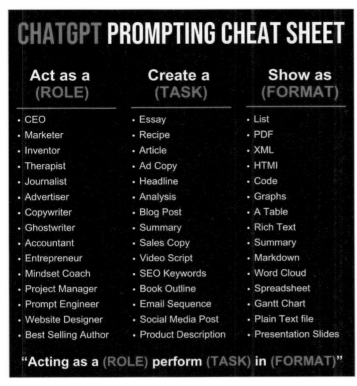

출처: https://bmc.link/chatgptinsights

02. AIPRM 활용하기

ChatGPT에서 좋은 프롬프트를 사용하는 것은 매우 중요하며, 그에 관한 연구도 활발하지만, 일반 사람들이 항상 적절한 프롬프트를 만들어서 사용하는 것은 어렵습니다. 이에 괜찮은 프롬프트들을 모아서 제공하고 판매하는 등의 서비스들도 생기고 있습니다. AIPRM은 다양한 영역에 특화된 결과물을 만들어 내기 위해 일종의 맞춤 틀을 제공하는 확장 기능입니다. 주어진 틀에 맞추어 필요한 내용을 입력하면 전체 프롬프트를 입력한 것과 같은 효과를 주며, AIPRM 만 잘 사용해도 결과물의 질이 확연하게 달라지는 것을 느낄 수 있습니다.

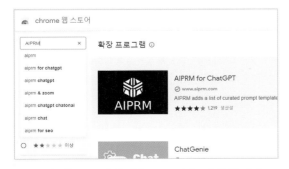

❶ 크롬 웹 스토어에서 'AIPRM'을 검색합니다.

❷ 해당 프로그램을 브라우저에 추가합니다.

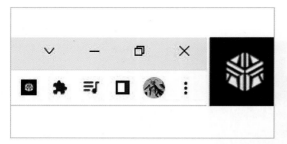

❸ 브라우저 우측 상단에 AIPRM 아이콘이
생긴 것을 확인합니다.

❹ ChatGPT에 접속합니다.

❺ 알맞은 프롬프트 템플릿을 선택합니다.

❻ 템플릿에 알맞은 명령을 작성하고 결과
를 관찰합니다.

서론

인공지능 기술은 우리의 삶과 비즈니스 방식을 혁신적으로 변화시키고 있습니다. 이러한 변화
에 적응하기 위해 많은 사람들이 인공지능 분야에 대한 지식과 기술을 습득하고자 노력하고 있
습니다. 그 중에서도 ChatGPT는 대화형 인공지능 분야에서 최고 수준의 성능을 보이고 있으
며, 이를 학습하고 응용할 수 있는 교육 연수가 제공됩니다. 이번 기사에서는 아이스크림원격교
육연수원에서 진행되는 ChatGPT 연수에 대해 소개하고 홍보하려고 합니다.

ChatGPT 연수란?

ChatGPT란?

ChatGPT는 GPT-3 모델을 기반으로 하는 대화형 인공지능 기술입니다. 이 기술은 자연어 처리
분야에서 최고 수준의 성능을 보이고 있으며, 다양한 분야에서 활용되고 있습니다.

ChatGPT 연수란?

ChatGPT 연수는 ChatGPT 기술을 습득하고 응용할 수 있는 교육 프로그램입니다. 이 프로그램
에서는 ChatGPT 기술의 원리와 응용 방법을 학습하고, 실제로 ChatGPT 모델을 활용하여 대화
형 인공지능 서비스를 개발하는 데 필요한 기술을 습득할 수 있습니다.

ChatGPT 연수의 특징

ChatGPT 연수의 특징은 다음과 같습니다.

- 체계적인 커리큘럼: ChatGPT 기술을 체계적으로 학습할 수 있는 커리큘럼이 마련되어 있습
니다.

03.AIPRM 템플릿 추천

AIPRM에는 현재 3,000여 개의 템플릿(2023년 4월 기준)이 존재하고 있으며, 개별 사용자들이 끊임없이 템플릿을 개발하여 올리면서 앞으로도 계속 증가할 예정입니다.

여러 템플릿을 사용해보며 유용한 것을 기억해두면 편리하게 사용할 수 있습니다.

Write Best Smart Article Best to rank no 1 on Google	**Write Best Smart Article Best to rank no 1 on Google** Copywriting / Writing ⊕ · Faisal Arain · 2 months ago Write Best Smart Article Best to rank no 1 on Google by just writing Title for required Post. If you like the results then please hit like button.	• 블로그 등 일상적인 글을 작성해 주는 템플릿 • 글의 개요를 잡고 흐름에 따라 자연스럽게 작성해 줌
Children's book author	**Children's book author** Copywriting / Writing ⊕ · Samra H. · 1 month ago This prompt will write a fun, engaging and educational short story for young children based on the topic that you give. It will automatically consider the appropriate...	• 주제를 적으면 어린이를 위한 소설을 작성해 주는 템플릿 • 재미있고 교육적인 내용의 단편소설을 만들어 줌
YouTube Script Creator	**YouTube Script Creator** Copywriting / Script Writing ⊕ · WilliamCole · 2 months ago Create captivating script ideas for your YouTube videos. Enter a short description of your video. Generates: Title, Scene, and Entire Script.	• 유튜브 영상을 만들 때 사용하는 템플릿 • 유튜브 장면 전환에 따라 들어갈 내용을 구성해 줌
Write a Complete Book in One click	**Write a Complete Book in One Click** Copywriting / Writing ⊕ · Md Mejbahul Alam · 1 month ago Write a full book with different chapters	• 책의 주제를 적으면 책의 개요 및 내용을 구성해주는 템플릿 • 책의 제목, 목차, 서론, 개요, 장별 요약까지 작성해 줌
Midjourney V5 prompts - 6 different styles	**Midjourney V5 prompts - 6 different styles** Generative AI / Midjourney ⊕ · Erez · 1 month ago 6 different amazing Midjourney V5 prompts using different artists and styles including a realistic photographic style. after prompt generation, you may...	• 인공지능으로 이미지를 생성하는 미드저니를 위한 템플릿 • 만들어주는 프롬프트를 이미지 생성형 AI에 입력하면 맞춤형 이미지를 생성할 수 있음

ChatGPT는 출시되자마자 순식간에 우리 삶으로 파고들었고, 다양한 영역에 도움을 주고 있지만, 이를 어떻게 사용하느냐에 따라 결과물의 차이가 천차만별입니다.

프롬프트 엔지니어가 주목받고 있고, ChatGPT와 같은 생성형 인공지능 도구를 얼마나 효과적으로 활용할 수 있느냐가 곧 업무 능력이 될 수도 있는 상황입니다. 다양한 보조도구를 효과적으로 사용하여 남들과는 다른 결과물을 만들어 내고, 내 상황에 딱 맞춘 결과물을 얻어낼 수 있다면 이제야 비로소 진짜 인공지능이 여러분의 삶에 파고드는 것을 느낄 수 있을 것입니다.

CH. 2

ChatGPT와
생성형 AI
활용 교육 사례

🔵 국어 · 미술

DALL-E 2,
북 크리에이터로 책 만들기

인공지능 작가의 등장

2021년 국내 최초로 인공지능(AI)이 쓴 장편소설 '지금부터의 세계'가 출판되어 베스트셀러가 되었습니다. 이 소설은 작가가 주제와 소재, 배경과 캐릭터를 설정하여 스토리보드를 만들었고, '비람풍'이라는 AI가 딥러닝을 통해 직접 문장을 써 내려갔습니다. 이제 정말로 인공지능이 글을 쓰는 시대가 다가온 것입니다.

"글까지 창작해내는 이런 인공지능 기술을 우리 일상속에서 언제쯤 자연스럽게 사용할 수 있을까?" 라는 의문이 들 때, 우리에게 다가온 것이 ChatGPT입니다. ChatGPT도 비람풍처럼 소재와 주제를 정해주고 글을 써주기를 부탁하면 줄줄이 글을 창작해냅니다. 이러한 인공지능은 자연어 처리 기술과 딥러닝 알고리즘을 사용하여 인간의 언어를 이해하고 학습합니다. 따라서 시간이 갈수록 성능은 기하급수적으로 발전할 것이고, 인간 작가들을 위협하게 될 것입니다.

지금부터 ChatGPT와 대화를 통해 책을 쓰기 위한 글을 생성하고, DALL-E 2를 활용해서 글에 알맞은 그림을 생성하는 방법에 대해 알아보겠습니다. 그리고 인공지능이 만들어 낸 글과 그림을 북 크리에이터에서 책으로 엮어내는 방법도 알아보도록 하겠습니다.

DALL-E 2 알아보기

01. DALL-E 2 살펴보기

DALL-E 2는 OpenAI에서 2021년 7월에 공개한 인공지능 모델로서 프로그램 사용자가 그리고 싶은 이미지에 대한 설명을 텍스트로 입력하면 입력한 설명에 맞는 이미지를 창작하여 생성해줍니다. DALL-E라는 이름은 유명한 아티스트인 살라도르 달리(Salvador Dali)와 애니메이션 영화 '월-E'에서 영감을 받아서 만들어졌다고 합니다.

DALL-E 2는 창의성을 발휘해야 하는 인간 고유 영역이라고 생각되었던 미술 분야에서도 창조적인 능력을 보여주면서 디자인, 예술, 광고 등 다양한 분야에서 높은 활용 가능성을 보여줍니다. 특히 교육 분야에서 인공지능과 함께 그림을 그리는 활동을 통해 미술 교과와 연계하여 활용한다면 좋은 교육적 효과를 거둘 수 있을 것입니다.

현재도 텍스트를 입력하면 이미지로 변환(Text to Image)해주는 인공지능 웹 사이트가 많이 있지만, 그중에서도 DALL-E 2는 가장 발달된 성능을 보여줍니다. DALL-E 2는 사진, 회화, 만화 등 다양한 스타일로 이미지 생성이 가능하며, 생성된 이미지를 일부 수정(Impainting)하거나 확장(Outpainting)할 수 있습니다. 또한 이미지도 한 가지가 아닌 네 가지의 결과가 생성되어 가장 마음에 드는 이미지를 선택할 수 있습니다.

02. DALL-E 2 접속 및 회원가입하기

DALL-E 2에 접속 및 회원가입하는 방법을 알아보겠습니다.

1) DALL-E 2 웹 사이트에 접속합니다. 검색하거나 사이트 주소(https://openai.com/product/dall-e-2)를 통해 접속할 수 있습니다.

2-1) 개인 이메일을 이용하여 회원가입하는 방법을 먼저 설명드리겠습니다.

❶ 회원가입 시 이메일을 사용하는 경우에는 주소를 누르고 Continue를 클릭합니다.

❷ 비밀번호를 입력하고 Continue를 클릭합니다.

❸ 이메일 인증을 완료해 달라는 메시지가 뜹니다.

❹ 이메일에 접속해서 'Verify email address'를 클릭합니다.

❺ 이름과 성을 입력하고 Continue를 클릭합니다.

❻ 핸드폰 번호를 입력하고 코드를 전송 요청합니다.

❼ 전송받은 코드를 입력합니다.

❽ DALL-E 2 화면에 접속합니다.

2-2) 학생들이 개인 이메일을 사용하기 어려운 경우가 있습니다. 구글은 지스윗 계정, 네이버에서는 웨일 스페이스 계정을 사용할 수 있어 학교나 선생님이 학생의 아이디를 생성·관리할 수 있습니다. 이렇게 만들어진 계정으로 회원가입하는 방법을 말씀드리겠습니다.

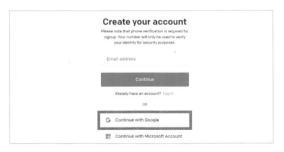

❶ Continue with Google을 클릭합니다.

❷ 이미 지스윗 계정이 로그인되어 있으면 해당 아이디를 클릭하면 되지만, 없는 경우 '다른 계정 사용'을 클릭합니다.

❸ 지스윗 계정을 입력한 후 다음을 클릭합니다.

❹ 비밀번호를 입력한 후 다음을 클릭합니다.

❺ 이름과 성을 입력하고 Continue를 클릭합니다.

❻ 핸드폰 번호를 입력하고 코드를 전송 요청합니다.

❼ 전송받은 코드를 입력합니다.

❽ DALL-E 2 화면에 접속합니다.

03. DALL-E 2로 이미지 생성하기

DALL-E 2는 기본적으로 다양한 회화 작품을 만들거나 이미 만들어진 명작을 변형해보는 기술을 제공하기 때문에 미술 교과와 연계하여 수업에 적용해 볼 수 있습니다. 여기에 더해 영어로 텍스트를 입력해야 하므로 영어 교과와 연계할 수도 있고, 작품 소재를 에펠탑, 지구 등으로 확장한다면 사회, 과학 등과도 연계할 수 있습니다. 따라서 융합 수업의 도구로 활용도가 높습니다.

다만 어린 학생들을 대상으로 수업을 할 때는 조심해야 할 부분이 있습니다. 아직까지 사람의 얼굴을 생성할 경우에는 완성도가 떨어져서 흉측하게 표현되는 경우가 있습니다. 이에 대해 미리 안내하고 주의를 주어야 할 것입니다. 또한 DALL-E 2는 유명인의 이름을 텍스트로 제공하는 경우 이미지가 생성되지 않으며, 위협이나 혐오스러운 범죄와 관련된 단어를 입력해도 결과가 도출되지 않습니다.

■ 이미지 생성 및 편집하기

그럼 지금부터 DALL-E 2로 이미지를 생성하고 편집하는 방법을 알아보겠습니다.

1) DALL-E 2 메인 화면 텍스트 창에 영어로 그리고 싶은 내용을 입력합니다. 'apple shaped sofa(사과 모양의 소파)'라고 입력하고, Generate를 클릭합니다. 조금 기다리면 사과 모양의 소파 이미지가 생성된 것을 확인할 수 있습니다. 기본적으로 네 가지의 이미지가 생성되며, 그중에서 마음에 드는 이미지가 있다면 선택합니다.

❶ 이미지 생성 텍스트 입력

❷ 'apple shaped sofa' 이미지 생성 결과

2) 마음에 드는 이미지를 선택하면 우측 상단에 새로운 메뉴가 생성되며, Variations를 클릭합니다. 이후 선택했던 이미지와 비슷한 모양 또는 스타일의 이미지가 네 개가 생성됩니다.

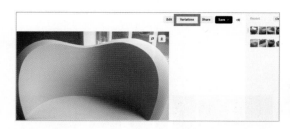

❶ Variations 클릭

❷ 선택한 이미지와 비슷한 스타일의 이미지 생성

이러한 방법으로 사용자가 머릿속에서 구상하고 있는 이미지와 가장 비슷한 이미지가 생성될 때까지 인공지능에 새로운 이미지 생성을 요구할 수 있습니다.

3) 텍스트 창에 'Son Goku above the Clouds, cartoon'(구름 위의 손오공, 만화)이라고 넣겠습니다. Generate를 누릅니다. 손오공이 구름 위에 있는 모습을 만화로 표현한 이미지가 생성됩니다.

4) 앞선 텍스트에서 'cartoon(만화)' 대신 'photo(사진)' 또는 'painting(그림)'이라 입력하고, Generate를 누릅니다. 사진 또는 그림 형태로 표현한 이미지가 생성되는 것을 확인할 수 있습니다. 이처럼 만화, 그림, 사진 등 다양한 형식을 지정해서 쉽게 이미지를 생성할 수 있습니다.

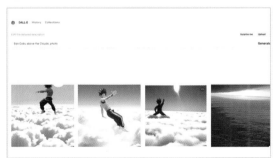
photo(사진) 형식으로 생성된 이미지

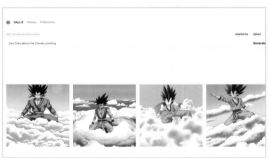
painting(그림) 형식으로 생성된 이미지

5) 텍스트에 'Eiffel tower Van Gogh style'(반고흐풍의 에펠탑)이라고 넣고, Generate를 클릭해보겠습니다. 생성된 이미지를 보면 유명 미술가인 반고흐의 화풍으로 에펠탑을 그린 것을 확인할 수 있습니다. 이렇게 세계의 유명 장소나 문화재를 그려볼 수도 있고, 유명한 화가의 화풍으로 이미지를 재해석해 볼 수도 있습니다.

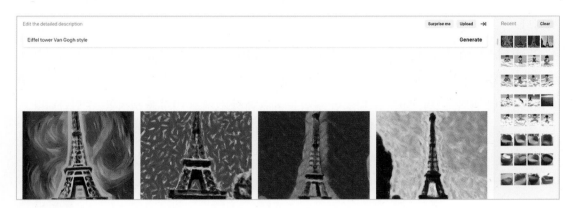

6) 네 가지의 에펠탑 그림 중에서 하나를 골라서 우측 상단의 세 개의 점을 클릭합니다. Edit image를 클릭하면 이미지를 편집할 수 있는 화면으로 전환됩니다. 지우개 아이콘을 고르고, 그림의 한 부분을 지워줍니다. 그리고 Edit 텍스트 창에 'three bird'(세 마리의 새)라고 넣고, Generate를 클릭합니다.

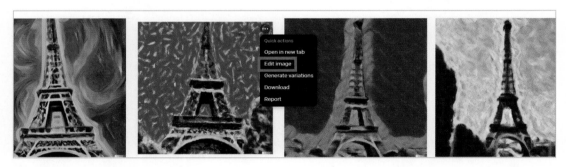

❶ Edit image를 클릭

❷ 지우개로 그림의 한 부분 삭제

7) 지우개로 삭제했던 영역에 세 마리의 새가 추가되어 네 개의 이미지가 생성된 것을 확인할 수 있습니다. 이처럼 이미 생성된 이미지 안에 내가 원하는 사물이나 동물 이미지를 간단하게 추가할 수 있습니다.

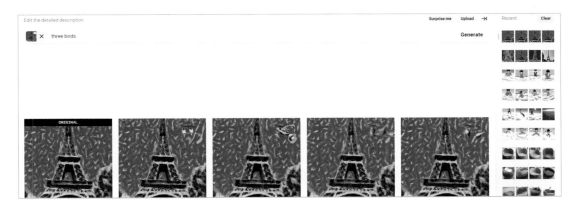

8) 마음에 드는 이미지가 생성되었다면 Share를 클릭하고, Publish를 눌러서 링크를 복사하여 다른 사람과 그림 이미지를 공유할 수 있습니다. 또는 화면의 다운로드 아이콘을 클릭해서 이미지를 다운로드 받을 수도 있습니다.

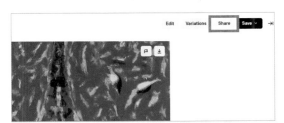

❶ Share 클릭

❷ Publish 클릭

❸ Copy link 클릭

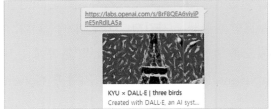

❹ 복사된 링크로 이미지 공유

수업 시간에는 학생들이 텍스트 창에 직접 영어를 입력하도록 하여 영어 학습의 한 방법으로 활용할 수도 있습니다. 하지만 영어로 쓰는 것을 어려워하는 학생들의 경우에는 구글 번역기와 같은 번역을 도와주는 창을 옆에 띄워놓고 한글로 쓴 것을 영어로 번역하는 과정에 도움을 받을 수 있도록 합니다. 텍스트를 구체적이고 자세하게 표현할수록 인공지능이 원하는 이미지를 잘 표현해줄 수 있기 때문에 훌륭한 결과물을 만들기 위해서는 이러한 부분에 대한 지도와 연습이 필요합니다.

■ 이미지 확장하기

DALL-E 2는 이미지 생성뿐만 아니라 이미지를 확장하여 줍니다. 이번에는 이미지를 확장하는 방법을 알아보겠습니다.

1) 우선 PC에 저장된 이미지를 불러오겠습니다. DALL-E 2 홈 화면에서 'upload an image'를 클릭하여 PC에 저장된 그림 이미지 파일을 불러옵니다. Continue를 클릭하고, Crop을 클릭합니다. 그리고 Edit image를 클릭합니다.

❶ upload an image 클릭

❷ Continue 클릭

❸ Crop 클릭

❹ Edit image 클릭

2) 이번에는 명화를 확장시켜서 새로운 그림을 만들어 보겠습니다. 'Add generation frame'을 누르면 파란색 정사각형 프레임이 생깁니다. 이 프레임을 그림 옆에 놓는데, 그림과 조금 겹쳐지도록 놓고 클릭합니다. 그림 위쪽에 Edit 텍스트 창이 생깁니다. 텍스트 창에 'high apartment'(높은 아파트)라고 입력 후 Generate를 클릭합니다.

❶ Add generation frame 클릭

❷ 파란 프레임을 그림과 조금 겹치도록 위치 시킴

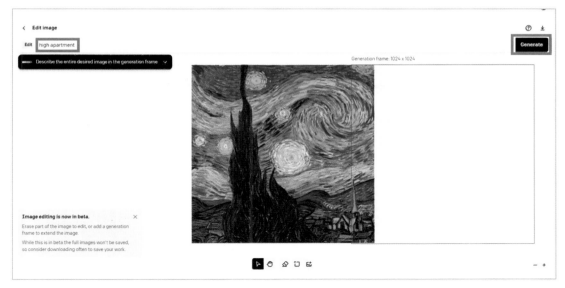

❸ 'high apartment'라고 입력 후 Generate 클릭

- 파란 프레임이 그림과 겹쳐져 있지 않을 경우 새로 생성되는 이미지가 기존의 이미지와 연속성이 없이 완전히 다른 스타일의 이미지가 생성됨

3) 기다리면 이미지가 확장되면서 높은 아파트가 그려지는 것을 볼 수 있습니다. 이미지 아래에 화살표 아이콘을 누르면 생성된 다른 이미지를 확인할 수 있고, 원하는 이미지가 있다면 Accept를 클릭합니다.

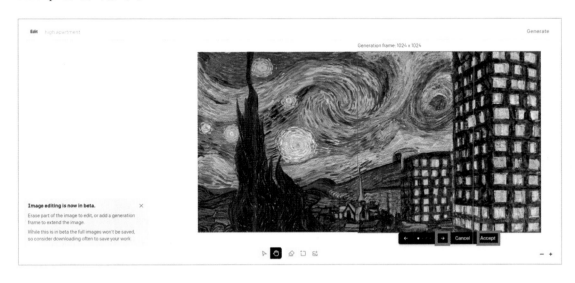

4) 같은 방법으로 이미지의 왼쪽으로 확장시킬 영역에 프레임을 놓습니다. 이번에는 'Thor is dancing in heaven.'(토르가 천국에서 춤추고 있다.)라고 입력한 후 Generate를 클릭합니다. 생성된 이미지가 모두 마음에 들지 않는 경우 Cancel을 누르고, 다시 한번 Generate를 클릭하면 새로운 네 개의 이미지가 생성됩니다.

❶ 이미지 왼쪽에 새로운 이미지를 생성

❷ 마음에 들지 않는 경우 'Cancel' 클릭

5) 완성된 이미지를 다운로드 받을 수 있습니다. 고흐의 '별이 빛나는 밤'이라는 명화를 확장시켜서 제 의도가 반영된 새로운 그림을 완성해 보았습니다.

이렇게 DALLE-2의 이미지 확장 기능을 활용해서 학생들은 유명한 작가의 미술작품을 응용해 새로운 작품을 만들어 재해석해보는 경험을 할 수 있습니다.

북 크리에이터 알아보기

01. 북 크리에이터 살펴보기

 북 크리에이터는 책 제작을 쉽게 할 수 있도록 도와주는 온라인 웹사이트입니다. 이미지, 동영상, 음악, 텍스트 등을 추가해 상호작용이 가능한 책을 만들거나, 책의 디자인을 선택하고 색상과 글씨체를 수정할 수 있어 자신만의 책을 완성할 수 있습니다. 수업 시간에는 북 크리에이터를 사용하여 만화책이나 동화책을 만들어 볼 수 있으며, 학급 시집이나 학급 에세이 등 협업을 통해 학급문집을 만들어볼 수도 있습니다. 그리고 학생들 각자 만든 책을 하나의 라이브러리에 모아 놓고, 서로 만든 책을 읽으면서 댓글을 달아 소통해볼 수도 있습니다. 또한 이미지를 추가할 때 인공지능을 활용한 오토드로우 기능을 사용할 수 있어 인공지능 체험의 기회도 제공할 수 있습니다.

02. 북 크리에이터 접속 및 회원가입하기

북 크리에이터에 접속 및 회원가입하는 방법을 소개해드리겠습니다.

1) 북 크리에이터 웹 사이트에 접속합니다. 검색하거나 사이트 주소(https://bookcreator.com)를 통해 접속할 수 있습니다.

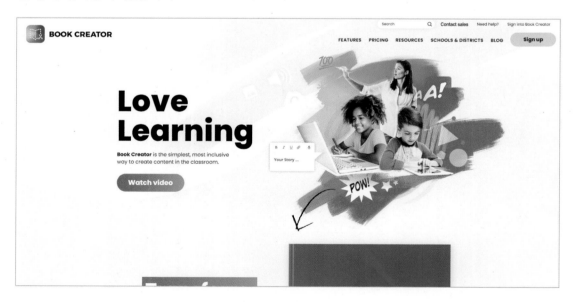

2) 교사 계정으로 회원가입하는 방법을 알아보겠습니다.

❶ 회원가입을 하기 위해서 'Sign up'을 클릭합니다.

❷ 학생 계정이 아닌 교사 계정을 만들기 위해서 'Switch to teacher'를 클릭합니다.

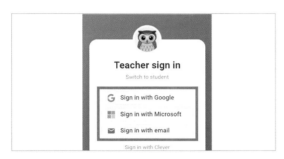

❸ 구글 또는 마이크로소프트 또는 다른 이메일 계정으로 회원가입을 할 수 있으며, 해당하는 계정에 맞게 클릭하여 진행합니다.

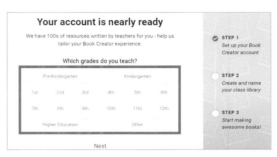

❹ 가르치고 있는 학년을 선택하고, Next를 클릭합니다.

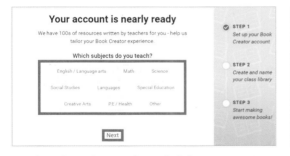

❺ 가르치고 있는 교과를 선택하고, Next를 클릭합니다.

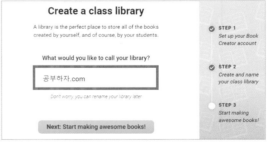

❻ 만들고 싶은 라이브러리 이름을 입력하고, Next를 클릭합니다.

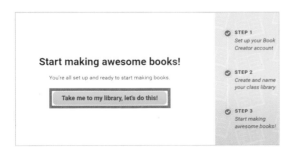

❼ 책 만들 준비가 완료되었습니다.

03. 북 크리에이터로 책 만들기

북 크리에이터에서 교사는 자신이 만든 라이브러리에 학생들을 초대할 수 있습니다. 학생들은 교사가 보여주는 초대코드를 사용하여 라이브러리에 접속하고, 각자 책을 만들 수 있으며, 친구들과 함께 공유하여 볼 수도 있습니다.

■ 라이브러리 공유하기

지금부터 학급 라이브러리에 접속하는 방법을 알아보겠습니다.

❶ 북 크리에이터에 교사 계정으로 로그인하고, 메인 화면에서 invite code를 클릭합니다.

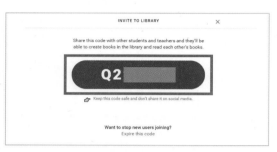

❷ 학생들에게 화면에 보이는 7자리 코드를 알려줍니다.

❸ 학생은 북 크리에이터에 접속하여 구글, 마이크로소프트 또는 QR 코드로 로그인합니다. (구글 또는 마이크로소프트 또는 다른 이메일 계정으로 회원가입할 수 있으며, 해당 계정에 맞게 클릭하여 진행합니다.)

❹ 교사가 보여준 코드를 입력하고, Go를 클릭합니다.

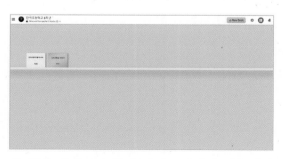

❺ 학생 계정으로 학급 라이브러리에 접속되었습니다.

■ 책 만들기

북 크리에이터는 텍스트, 이미지, 녹음, 동영상 삽입 등 다양한 기능을 사용하여 책을 만들 수 있습니다. 이러한 기능의 사용 방법을 알아보고, 봄과 관련된 시집을 만들어 보겠습니다.

1) 북 크리에이터 메인 화면에서 New Book을 클릭하고, 만들려는 책의 형태를 선택합니다. Blank Books에서는 책 크기의 비율만 선택할 수 있으며, Templates에서는 미리 만들어져 있는 디자인을 가져다 쓸 수 있는 템플릿을 제공해줍니다. 예제는 Blank Books에서 'Square 1:1 Comic'을 선택합니다.

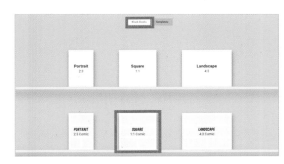

Blank Books   Templates

2) 우선 Cover 페이지를 만들어줍니다. Add an item을 클릭하면 페이지에 추가할 수 있는 아이템들이 나옵니다. Images는 사진 파일을 불러와서 넣을 수 있게 해줍니다. Camera는 직접 사진을 촬영하거나 동영상을 촬영해서 업로드할 수 있도록 해줍니다.

Pen은 사용자가 직접 그림을 그려 넣을 수 있게 하며, Text는 글자를 삽입할 수 있게 합니다. Record는 음성을 녹음해서 삽입할 수 있게 합니다. 우선 제목을 넣기 위해 Text를 클릭합니다.

3) 책의 제목을 입력합니다. i라고 쓰여있는 inspector를 클릭하면 서식을 수정할 수 있습니다. 글자의 크기를 키워주고, 정렬을 가운데 정렬로 설정합니다. 그리고 글자색을 바꿔줍니다.

4) 이어서 북 커버의 바탕을 디자인합니다. 아무것도 선택하지 않은 상태에서 inspector를 클릭하면 바탕 디자인을 고를 수 있습니다. 단색을 고를 수도 있고, 패턴이 들어가 있는 디자인이나 질감이 살아 있는 디자인을 고를 수도 있습니다. Add an item에서 Text를 클릭해서 표지 아래쪽에 지은이와 이름을 넣습니다.

바탕 디자인 선택　　　　　　　　　　지은이와 이름 입력

5) 다음 페이지를 추가하기 위해 화면 오른쪽에 더하기를 눌러줍니다. 2페이지에는 시를 넣습니다. Text를 클릭하고 시를 입력합니다. inspector를 클릭하여 글자 크기를 키워줍니다. 시에 어울리는 배경 디자인도 넣어줍니다.

6) 펜을 사용해서 그림을 넣을 수도 있습니다. 펜의 종류를 선택할 수 있는데, 이 중에서 AUTO를 선택합니다. 오토펜으로 그림을 그리면 인공지능은 그림을 분석해서 사용자가 원하는 그림이 무엇인지 판단하여 화면 위쪽에 보여줍니다.

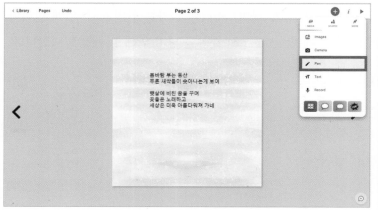
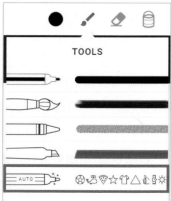

7) 나비 모양을 그리면 인공지능이 그림을 인식해서 화면 위쪽에 나비 그림을 보여줍니다. 마음에 드는 나비 그림을 선택합니다. fill tool을 클릭해서 색을 채워줍니다.

오토펜으로 나비 그리고 이미지 선택

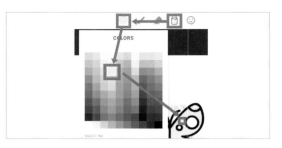

fill tool로 색 채우기

8) EMOJIS에서는 넣고 싶은 이모티콘을 검색해서 추가합니다.

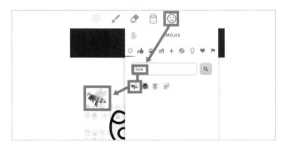

bee를 검색해서 벌 이모티콘 추가

완성된 페이지

9) 같은 방법으로 페이지를 추가하면서 내용을 추가할 수 있습니다. Read book을 클릭하면 만들어진 책을 확인할 수 있습니다. Share menu를 클릭하면 Download as ebook을 선택하여 e북 형태로 다운로드 받을 수도 있고, Print를 선택하여 인쇄할 수도 있습니다.

Read book으로 완성된 책 보기

Share menu에서 책 공유하기

지금까지 북 크리에이터로 책을 만드는 방법을 알아보았습니다. 학생 개인이 책 한 권을 만들어 보게 할 수도 있고, 라이브러리를 만들어서 같은 학급 학생들이 공통의 주제로 책을 만들 수도 있습니다. 콜라보레이션 기능을 사용해서 한 권의 책을 여러 명이 함께 제작할 수도 있습니다. 학생들과 함께 즐거운 책 만들기 활동을 진행해보시기 바랍니다.

[수업 사례] ChatGPT, DALL-E 2, 북 크리에이터를 활용하여 책 만들기

보통 책을 만드는 과정은 다음과 같이 다섯 단계로 나눌 수 있습니다.

❶ 기획	❷ 글 작성	❸ 디자인	❹ 출판	❺ 판매

위의 다섯 단계 중, 학생들은 수업 현장에서 책 만드는 것을 기획하고, 글을 작성하고 디자인하는 과정을 체험할 수 있습니다. 처음 접하는 학생은 책을 만든다는 것에 어려움을 느낄 수 있으므로, 더 쉽고 재미있게 접근할 수 있도록 인공지능을 활용하여 지도하는 데 도움을 받을 수 있습니다.

국어 시간에 학생들은 다양한 종류의 글쓰기 상황을 접하게 됩니다. 그중에서도 동화는 학생들의 문학적 감성을 자극하며, 상상력과 창의성을 향상시킬 수 있는 문학 장르입니다. 학생들의 상상력을 글 뿐만 아니라 그림으로 표현할 수 있으며, 이 과정에서 인공지능의 도움을 받으면 자신만의 독특한 이야기를 창조하고 표현하는 데 큰 도움을 받을 수 있습니다.

● 관련 성취기준

[6국03-01] 쓰기는 절차에 따라 의미를 구성하고 표현하는 과정임을 이해하고 글을 쓴다.

[6국03-02] 목적이나 주제에 따라 알맞은 내용과 매체를 선정하여 글을 쓴다.

[6국05-01] 문학은 가치 있는 내용을 언어로 표현하여 아름다움을 느끼게 하는 활동임을 이해하고 문학 활동을 한다.

[9국03-01] 쓰기는 주제, 목적, 독자, 매체 등을 고려한 문제 해결 과정임을 이해하고 글을 쓴다.

[9국03-08] 영상이나 인터넷 등의 매체 특성을 고려하여 생각이나 느낌, 경험을 표현한다.

---

01. ChatGPT와 함께 글 생성하기

ChatGPT는 사용자의 의도에 맞는 다양한 이야기를 생성해낼 수 있습니다. 하지만 무작정 이야기를 만들어 달라고 하는 것보다는 학생들이 이야기의 주제나 구성 요소를 생각해서 구체적으로 명확하게 질문한다면 학생들의 생각이 담긴 이야기를 만들어볼 수 있습니다.

또한 ChatGPT가 만든 이야기에서 부족한 부분이나 마음에 들지 않는 부분이 있을 경우, 지속적인 대화를 통해서 해당 부분을 수정할 수도 있습니다. 그럼 ChatGPT와 함께 글을 만들어 보겠습니다.

1) ChatGPT에 이야기의 주제를 제공하여 이야기를 만들어 달라고 요청합니다.

*예: 거짓말을 하면 안 된다는 것을 주제로 토끼가 나오는 이야기를 만들어 줘.

2) 요청한 주제에 맞는 이야기를 순식간에 만들어내는 것을 확인할 수 있습니다. 그럼 이 이야기의 구성요소를 물어봅니다.

*예: 위 이야기에서 인물, 사건, 배경을 정리해줘.

3) 이야기 속의 주요 구성요소를 깔끔하게 정리해 줍니다. 이번에는 구성요소를 조금 바꿔서 이야기를 수정해 달라고 요청합니다.

*예: 위 이야기에서 숲 속에서 사냥꾼의 덫에 걸린 토끼를 다람쥐가 구해준다는 사건이 포함되도록 이야기를 수정해줘.

4) 이와 같은 방식으로 학생들은 ChatGPT와의 대화를 통해 계속 요구사항을 말하면서 이야기를 수정해나갈 수 있습니다. 이번에는 위의 이야기를 바탕으로 책을 만들기 위해 적당한 분량으로 요약하도록 요청합니다.

*예: 위 이야기를 300자 내외로 요약해줘.

책을 만들기 위한 글을 ChatGPT와 함께 완성해 보았습니다. 아마 여러분이 저와 같은 질문을 했다고 하더라도, 결과가 각기 다르게 나왔을 겁니다. ChatGPT는 같은 질문을 받더라도 창의성을 요구하는 답변은 항상 다른 답을 내놓기 때문입니다. 또한 ChatGPT가 만든 이야기의 흐름이나 맞춤법이 어색하게 느껴질 수도 있습니다. 따라서 우리는 학생들에게 ChatGPT가 완성한 이야기를 그대로 사용할 것이 아니라 고쳐쓰기 과정을 통해서 수정하도록 지도해야 합니다.

02. DALL-E 2, 북 크리에이터로 책 제작하기

ChatGPT와 함께 만든 글에 어울리는 그림을 DALL-E 2로 생성하고, 북 크리에이터에 글과 그림을 삽입하여 책을 제작해보도록 하겠습니다.

1) DALL-E 2는 텍스트로 영어만 인식하기 때문에 앞서 만든 이야기를 영어로 번역해달라고 ChatGPT에 요청합니다.

*예: 위 이야기를 영어로 번역해줘.

2) DALL-E 2에 접속하여 책의 커버에 들어갈 그림을 만들기 위해 책의 제목을 알려주고 그림으로 그려주기를 요구해 보겠습니다. 텍스트 창에 글의 제목에 어울리는 그림을 그려주기를 요청하고 Generate를 클릭합니다. 생성된 그림 이미지 중에서 마음에 드는 그림을 선택하여 다운로드 받습니다.

*예: Draw a lying rabbit for me.

3) 계속해서 DALL-E를 이용해 이야기의 첫 문장에 맞는 그림을 그려주기를 요청하고, Generate를 클릭합니다. 역시 생성된 이미지 중에서 마음에 드는 그림을 선택하여 다운로드 받습니다. 같은 방식으로 ChatGPT에서 만들어진 이야기의 각 문장에 어울리는 그림을 그려달라 요구하고 마음에 드는 이미지를 다운로드 받습니다. 혹시 그림에서 부분적으로 수정하고 싶다면 앞서 배웠던 Edit 기능을 사용해서 수정해도 좋습니다.

*예: One day, a rabbit walking through the forest got caught in a trap set by a hunter, and found himself in a very difficult situation with a hurt foot.

4) 이야기에 어울리는 그림 파일을 모두 다운로드 받았다면 북 크리에이터에 접속해서 학급 라이브러리에 들어갑니다. New Book을 클릭해서 'Square 1:1 Comic'을 선택합니다.

5) 커버에는 책의 제목이 들어가도록 텍스트를 넣습니다. 책의 크기에 맞게 글씨를 편집하고, 배경을 넣어줍니다. 그리고 Add an item에서 Images를 클릭하고, Upload from your computer를 클릭해서 DALL-E 2에서 저장한 이미지 파일을 불러옵니다. 이미지의 크기를 적당하게 조정합니다.

6) 다음 페이지를 추가하고, 2페이지에는 이야기의 첫 문장을 넣어줍니다. ChatGPT에서 작성한 이야기의 첫 문장을 복사해서 추가합니다. 3페이지에는 DALL-E 2에서 생성한 그림을 불러와서 넣어줍니다.

2페이지: 이야기의 첫 문장 입력

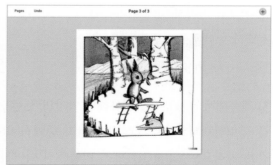

3페이지: 문장에 어울리는 이미지 추가

7) 같은 방식으로 페이지를 추가해서 이야기와 그림을 반복해서 넣어줍니다. 이야기와 그림을 더 꾸며주고 싶다면 이모지나 그림을 추가해도 좋습니다. 마지막 페이지에는 글과 그림, 편집자의 이름을 넣습니다. 그리고 배경을 넣습니다.

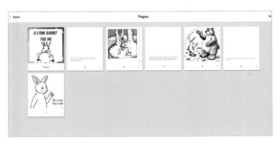
이야기 글과 그림을 반복해서 입력

마지막 페이지 작성

8) 완성된 책을 공유해보겠습니다. Share menu를 클릭하고, Publish online을 클릭합니다. 책의 제목과 작가, 그리고 책의 내용에 대한 설명을 넣어줍니다. 누가 책을 읽을 수 있게 할 것인지 선택합니다. Private는 링크를 아는 사람만 책을 볼 수 있으며, Public은 모든 사람이 책을 볼 수 있습니다. Allow remixes는 다른 사람들이 책을 복사하거나 편집할 수 있도록 허용하는 것을 말합니다. Publish online을 클릭합니다.

Share menu 클릭

책 개요 입력 후 Publish online 클릭

9) 공유가 완료되었습니다. Copy link로 책을 볼 수 있는 링크를 복사하고 공유해서 다른 사람들과 함께 책을 볼 수 있습니다.

단원을 마무리하며

　지금까지 ChatGPT, DALL-E 2, 북 크리에이터를 사용해서 책을 만드는 방법을 알아보았습니다. 인공지능과 함께 책을 만드는 수업은 학생들의 인공지능 도구 활용 역량과 흥미도를 높일 수 있습니다. 하지만 자칫 글쓰기 수업의 본질인 '학생들이 자신의 생각과 아이디어를 표현'하는데 필요한 능력 향상에 소홀할 수 있습니다. 따라서 충분한 시간을 들여 인공지능과 소통하면서 이야기를 완성하고, 어울리는 그림을 생성할 수 있도록 지도하는 것이 무엇보다 중요할 것입니다.

🅰 사회

엔트리로 우리 지역 알리미 AI 챗봇 만들기

인공지능과 대화하는 챗봇 이야기

챗봇이란 인공지능을 이용해 자연어 처리를 함으로써 사용자와 대화하는 인터페이스입니다. 챗봇은 미리 프로그래밍된 응답을 제공하는 것뿐만 아니라 머신러닝, 딥러닝 등의 기술을 이용해 학습하고 발전해 나갈 수 있습니다. ChatGPT도 챗봇의 한 종류하고 볼 수 있습니다. 다만 ChatGPT는 빅데이터와 머신러닝을 통해 학습되었기 때문에 더욱 자연스러운 대화를 제공할 수 있는 것입니다.

챗봇을 만들기 위해서는 자연어 처리 기술, 머신러닝, 딥러닝, 프로그래밍 언어 등의 기술이 필요합니다. 수업 시간에는 이러한 기술들을 어떻게 활용하는지 어떠한 과정으로 챗봇이 만들어지는지를 설명할 수 있습니다. 사용자의 질문을 데이터로 하는 머신러닝 기술을 사용하면, 사용자의 질문에 알맞은 대답을 할 수 있도록 해주는 챗봇을 학생들도 쉽게 만들 수 있습니다.

지금부터 ChatGPT와 엔트리를 활용하여 우리 지역에 관한 다양한 질문에 대답해주는 AI 챗봇을 만드는 방법에 대해 알아보도록 하겠습니다.

엔트리 알아보기

01. 엔트리 살펴보기

엔트리는 국내에서 널리 사용되는 교육용 프로그래밍 언어 중 하나입니다. 초등학생, 중학생 등 어린이부터 청소년까지 쉽고 재미있게 코딩을 배울 수 있도록 만들어졌습니다. 블록 코딩 방식을 사용하여 코딩을 배우며, 코딩 능력을 향상시키기 위한 다양한 교육 콘텐츠가 제공됩니다. 엔트리는 Scratch와 같은 블록 코딩 방식을 사용하여 코딩을 시작할 수 있습니다.

또한, Scratch에서 사용되는 블록들과 유사한 형태의 블록들을 제공하여 코딩을 쉽게 배울 수 있습니다. 블록 코딩 방식으로 코딩을 익히면, 추후 자바스크립트와 같은 텍스트 프로그래밍 언어를 배우는 데 큰 도움이 됩니다.

엔트리는 교육 콘텐츠를 기초부터 고급까지 다양하게 제공하고 있으며, 미션을 수행하면서 코딩 실력을 향상시킬 수 있도록 해줍니다. 또한, 엔트리에서는 사용자들이 직접 코딩을 작성하여 다른 사용자들과 공유할 수도 있습니다. 이를 통해 사용자들은 다양한 아이디어를 공유하고, 서로의 코딩을 보며 배울 수 있습니다.

02. 엔트리 접속 및 회원가입하기

엔트리는 온라인 버전과 오프라인 버전이 있습니다. 인공지능을 활용한 프로그래밍을 위해서는 인터넷이 연결되어 있어야 하기 때문에 온라인 버전으로 학습하겠습니다. 엔트리에 접속 및 회원가입하는 방법을 소개해드리겠습니다.

1) 엔트리 웹 사이트에 접속합니다. 검색하거나 사이트 주소(https://playentry.org)를 통해 접속할 수 있습니다. 회원가입을 하기 위해서 '회원가입하기'를 클릭합니다. 이용약관과 개인정보 처리방침을 확인하여 동의 체크하고, 'e아이디로 회원가입'을 클릭합니다. 사용할 아이디와 비밀번호를 입력하고 '다음'을 클릭합니다.

엔트리 회원가입에 접속하는 모습

2) 회원 유형, 성별, 닉네임, 작품 공유 학년, 이메일을 입력합니다. 회원 유형을 선생님에 체크한 경우 휴대전화 인증을 받아야 합니다. 모두 입력한 후 '확인'을 클릭합니다.

3) 회원가입은 완료되었지만 엔트리의 모든 기능을 사용하기 위해서는 이메일 인증이 필요합니다. '지금 인증'을 클릭합니다. 회원가입 시 작성한 이메일 주소가 나옵니다. '인증 메일 발송'을 클릭합니다.

4) 이메일의 메일함에 인증 메일이 도착합니다. 도착한 메일을 열고, '이메일 인증하기'를 클릭합니다. 이제 엔트리의 모든 기능을 사용할 수 있습니다.

03. 엔트리 화면 구성 알아보기

엔트리는 블록 코딩으로 프로그램을 만드는 기능 외에도 미션 해결 학습, 작품 공유 등 다양한 콘텐츠를 제공하고 있습니다. 이번에는 프로그램을 제작하는 활동이 필요하기 때문에 [작품 만들기]의 화면 구성을 알아보겠습니다.

1) 엔트리 메인 화면에서 [만들기]-[작품 만들기]를 클릭하면 엔트리 작업 화면으로 이동합니다.

2) 엔트리 작업 화면은 크게 상단메뉴, 실행화면, 오브젝트 목록, 블록 꾸러미, 블록 조립소로 구분됩니다.

- 상단메뉴: 작품 이름 입력, 코딩언어선택, 새로 만들기, 저장하기, 블록 도움말, 되돌리기, 언어 변경 등의 작업을 할 수 있습니다.
- 실행화면: 프로그램 실행 결과를 확인할 수 있습니다.
- 오브젝트 목록: 해당 프로그램에서 사용자가 추가한 오브젝트를 볼 수 있습니다.
- 블록 꾸러미: 프로그램을 만드는 데 사용되는 블록이 있는 곳입니다.
- 블록 조립소: 블록을 끼워 맞춰서 프로그램을 만드는 곳입니다.

[수업 사례] ChatGPT, 엔트리를 활용하여 우리 지역 알리미 AI 챗봇 만들기

세계화 시대에 학생들이 사는 지역에 대해 특징을 조사하고 지역의 특색을 알리는 활동은 우리나라에 대한 자긍심을 높이는 중요한 활동이 될 수 있습니다. 지역의 역사, 문화, 지리 등을 배우면서 지역에 대한 이해와 애착을 갖게 됩니다. 따라서 학생들이 사는 지역의 강점, 약점 등을 토의 활동을 통해 분석하고, 그 결과를 바탕으로 지역의 맛집, 관광지, 인물 등을 알려주는 챗봇 프로그램을 만들어보는 활동을 전개합니다. 수업은 다음과 같은 흐름으로 진행합니다.

도입	세계 여러 나라에서 이루어지는 지역 브랜드 및 마케팅 우수 사례 제시
활동 1	세계화와 지역화의 의미를 파악해보고, 지역의 세계화 방안에 대해 토의 진행
활동 2	맛집, 관광지, 인물, 역사 등 우리 지역을 대표하는 특징 조사
활동 3	우리 지역 알리미 AI 챗봇 프로그램을 제작
정리	모둠별로 만든 지역 알리미 AI 챗봇 프로그램을 사용해보면서 상호평가 진행

● 관련 성취기준

[4사03-02] 고장 사람들의 생활과 밀접하게 관련이 있는 지역의 다양한 중심지(행정, 교통, 상업, 산업, 관광 등)를 조사하고, 각 중심지의 위치, 기능, 경관의 특성을 탐색한다.

[6사01-01] 우리나라의 위치와 영역이 지니는 특성을 설명하고, 이를 바탕으로 하여 국토 사랑의 태도를 기른다.

[9사11-02] 우리나라 여러 지역의 특징을 조사하고, 지역의 특색을 살리는 지역 브랜드,
(지리) 장소 마케팅 등 지역화 전략을 개발한다.

01. 프로그램 실행화면 구성하기

지역을 소개하는 AI 챗봇을 만들기 때문에 지역과 관련된 배경 이미지와 마스코트 이미지로 프로그램 실행화면을 구성해줍니다. 우리 지역 알리미 AI 챗봇 프로그램 실행화면을 구성해보겠습니다. 다음 예제에서는 알리는 지역을 '천안'으로 설정해서 만들겠습니다.

1) [+오브젝트 추가하기]를 클릭합니다. 내 PC에 있는 이미지 파일을 사용하기 위해서 [파일 올리기]를 클릭합니다.

2) 인터넷에서 지역과 관련된 배경 이미지와 마스코트 이미지 파일을 검색해서 다운로드 받습니다. 마스코트 이미지는 배경이 제거되어 있는 PNG 파일을 사용해야 더욱 깔끔한 화면 구성이 가능합니다.

배경 이미지: 천안 독립기념관   마스코트 이미지: 나랑이

3) [파일 올리기]를 클릭하고, 배경 이미지 파일과 마스코트 이미지 파일을 열고, 추가하기를 클릭합니다.

4) 배경과 마스코트 이미지의 꼭지점을 드래그해서 크기를 적당하게 키워줍니다. 배경 오브젝트는 움직이지 않도록 잠금설정을 해줍니다. 혹시 마스코트 오브젝트가 배경 오브젝트보다 아래에 배치되는 경우에는 마스코트가 보이지 않게 됩니다. 따라서 마스코트 오브젝트를 배경 오브젝트보다 위에 배치해야 합니다.

5) '천안 알리미'라는 이름 오브젝트를 추가합니다. [+오브젝트 추가하기]를 클릭하고, [글상자]를 선택합니다.

6) 글상자 내용에 '천안 알리미'를 입력해주고, '굵게'를 선택한 후 [추가하기]를 누릅니다. 글상자의 위치와 크기를 조정해주면 프로그램 화면 구성이 끝납니다. 이렇게 해서 화면 구성을 완료했습니다. 지역을 알리는 프로그램이기 때문에 배경이나 마스코트도 학생들이 직접 어울리는 이미지를 찾도록 한다면 지역에 대해 더 알아가는 시간이 될 것입니다.

02. 텍스트를 활용한 인공지능 학습 모델 만들기

텍스트를 데이터로 수집해서 학습하는 인공지능입니다. 따라서 AI 챗봇을 만들기 위해서는 프로그램 사용자의 질문을 항목별로 분류해주는 인공지능 학습 모델이 필요합니다. 이번에는 사용자가 할 수 있는 질문을 예상하여 텍스트로 학습 데이터를 제공하고, 이를 바탕으로 학습한 인공지능 학습 모델을 만들어 보겠습니다.

1) 인공지능 블록 꾸러미를 선택하고, '인공지능 모델 학습하기'를 클릭합니다. 인공지능이 학습할 수 있도록 질문을 텍스트 데이터로 제공할 것이므로 [분류:텍스트]를 선택하고, [학습하기]를 클릭합니다.

2) 제작할 학습 모델의 이름을 '천안 알리미 챗봇'이라고 입력합니다. 데이터 입력 영역을 보면 클래스가 있습니다. 클래스는 학습시킬 데이터를 대표하는 이름을 이야기합니다. 클래스를 정하기 위해서는 먼저 지역에 대해 어떤 질문을 할 수 있을지 생각해보는 시간이 필요합니다. 이번에는 질문으로 '지역명소'와 '유명인물' 그리고 '특산물'로 정해서 학습 모델을 만들어보겠습니다. [클래스1]에는 '지역명소', [클래스2]에는 '유명인물'을 입력합니다.

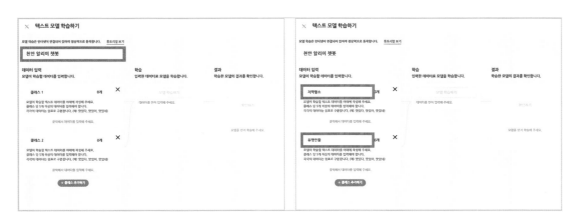

3) [+클래스 추가하기]를 클릭하고 [클래스3]에는 '특산물'을 입력합니다. 클래스는 총 10개까지 추가할 수 있습니다. 따라서 엔트리에서는 최대 10가지의 질문에 대답할 수 있는 챗봇을 만들 수 있습니다.

4) 클래스별로 질문 데이터를 입력합니다. 클래스당 5개 이상의 데이터를 입력해야 학습이 이루어지는 점에 주의해서 질문을 넣어줍니다. 질문과 질문 사이에는 쉼표를 넣어 데이터를 구분해 주어야 합니다. '지역명소' 클래스에는 '지역의 명소는 어디입니까', '가볼 만한 곳은 어디입니까', '어느 곳에 가면 좋을까요' 등 지역의 명소를 물어보는 다양한 형태의 질문 데이터를 넣습니다. 문장부호를 넣지 않아도 되며, 데이터의 수가 많을수록 학습 모델의 정확도는 높아집니다.

*예: 지역의 명소는 어디입니까, 가볼 만한 곳은 어디입니까, 어느 곳에 가면 좋을까요, 가장 유명한 곳은 어디인가요, 천안에서 어딜 가면 좋나요

5) 이어서 '유명인물' 클래스와 '특산물' 클래스에도 질문데이터를 넣어줍니다. 학생들은 같은 의미의 질문을 다양하게 만드는 것을 어려워할 수 있기 때문에 충분한 시간을 주는 것이 좋습니다.

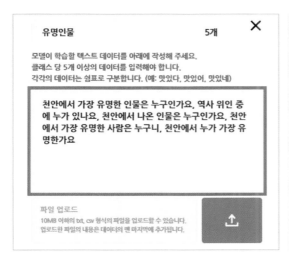

6) 클래스별로 5개 이상의 데이터를 넣었다면 학습 영역에서 [모델 학습하기]를 클릭합니다. 잠시만 기다리면 '모델 학습을 완료했습니다.'라는 문구를 볼 수 있습니다.

7) 결과 영역에서는 학습한 결과를 확인해볼 수 있습니다. 질문을 입력해서 어떤 질문으로 인식하는지 테스트해볼 수 있습니다. '천안에서 가장 유명한 사람은 누가 있니?'라고 입력하고, [입력하기]를 클릭합니다. 분류한 클래스에 '유명인물'이 나온다면 제대로 인식하고 있다고 판단할 수 있습니다.

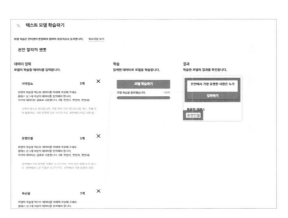

8) '학습 모델 만들기'가 완료되면 [입력하기]를 클릭합니다. 블록 꾸러미에 텍스트 학습 모델을 사용하는 블록이 생긴 것을 확인할 수 있습니다.

지금까지 질문 텍스트를 데이터로 학습 모델을 만드는 방법에 대해 알아보았습니다. 학생들은 학습 모델을 만들어보면서 머신러닝의 개념과 원리 그리고 주요 알고리즘 등을 배울 수 있습니다. 또한 학습 모델이 얼마나 잘 동작하는지 평가해보고, 학습 모델의 성능을 개선하는 기술도 배울 수 있습니다.

03. 우리 지역 알리미 AI 챗봇 프로그램 코딩하기

이번에는 텍스트 데이터로 학습시킨 모델을 활용하여 사용자의 질문을 인식하고 그에 맞는 대답을 해주는 AI 챗봇 프로그램을 블록 코딩으로 완성해 보겠습니다.

1) 프로그램을 시작하면 마스코트가 프로그램 사용자에게 궁금한 것을 질문하라고 말하도록 해 보겠습니다. 여기에서 중요한 것은 마스코트가 질문과 대답을 하기 때문에 마스코트 오브젝트를 선택한 상태에서 코딩해야 한다는 점입니다. [시작]에서 '시작하기 버튼을 클릭했을 때' 블록을 블록 조립소에 가져옵니다.

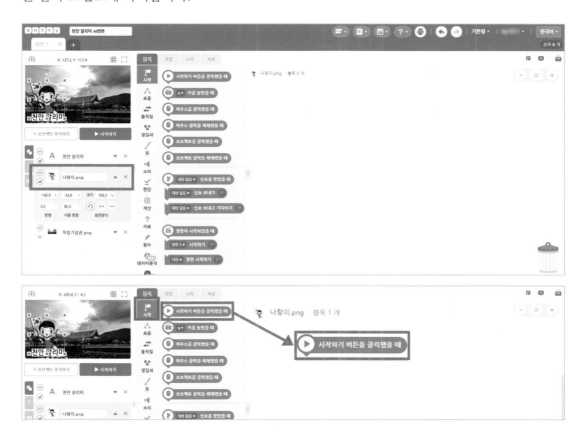

2) [생김새]에서 '안녕을 말하기' 블록을 가져옵니다. 그리고 '안녕!' 대신에 '천안에 대해 궁금한 것이 무엇인가요?'라고 넣어줍니다. 생김새에 있는 말하기 블록은 말풍선에 입력한 내용을 보여줍니다.

3) 문장을 음성으로 읽어주는 기능을 추가하겠습니다. [인공지능]에서 '인공지능 블록 불러오기'를 클릭합니다. 인공지능 블록 불러오기에서는 '번역', '비디오 감지', '오디오 감지', '읽어주기' 등 이미 학습된 인공지능을 활용할 수 있는 다양한 서비스를 제공해줍니다. '읽어주기'를 선택하고, '불러오기'를 클릭합니다.

4) 읽어주기 블록이 새로 생긴 것을 볼 수 있습니다. '엔트리 읽어주고 기다리기' 블록을 붙여줍니다. 읽어주는 내용에 '천안에 대해 궁금한 것이 무엇인가요?'를 입력해줍니다. 목소리의 종류와 속도, 음높이를 설정할 수 있는 블록을 추가해주고, 알맞은 목소리로 설정해줍니다.

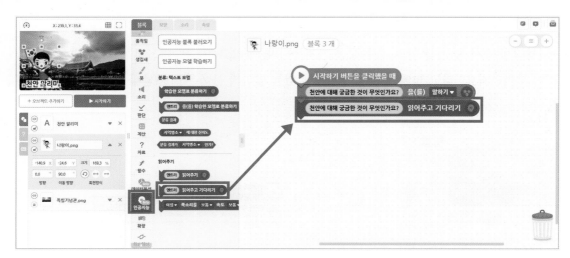

5) 이번에는 프로그램 사용자의 질문을 음성으로 받을 수 있도록 코딩하겠습니다. [인공지능]에서 '인공지능 블록 불러오기'를 클릭하고 오디오 감지를 선택합니다. 오디오 감지는 마이크를 이용하여 소리를 감지할 수 있는 블록 모음입니다. '불러오기'를 클릭합니다.

139

6) '음성 인식하기' 블록을 추가합니다. 블록을 실행하면 인공지능이 프로그램 사용자의 음성을 인식하고, 인식된 결과를 문자로 바꾸어서 '음성을 문자로 바꾼 값' 블록에 저장됩니다. 이번에 제작하는 프로그램에서는 우리 지역에 대한 사용자의 질문이 저장됩니다.

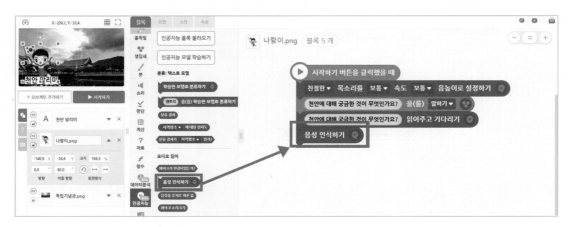

7) [분류: 텍스트 모델]에서 '엔트리를 학습한 모델로 분류하기' 블록을 가져와서 추가 해줍니다. 그리고 '엔트리' 대신에 '음성을 문자로 바꾼 값' 블록을 넣어줍니다. 이렇게 되면 사용자가 음성으로 한 질문을 문자로 바꾸어 학습 모델에게 전달하게 되고, 인공지능은 이 질문이 어떤 질문인지 분류합니다.

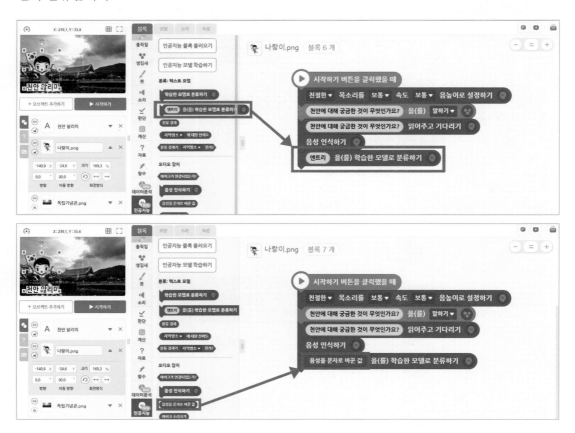

8) 이제 분류 결과에 따라 대답을 할 수 있도록 코딩하겠습니다. [흐름]에서 '만일 참(이)라면 아니면' 블록을 가져옵니다. [판단]에서 두 수의 크기를 비교하는 블록을 가져옵니다. 숫자 비교 블록의 왼쪽 칸에는 [인공지능]에서 '지역명소에 대한 신뢰도' 블록을 가져와서 넣어줍니다. 오른쪽 칸에는 숫자 0.4를 넣어줍니다. 이 블록은 '사용자의 질문을 학습 모델이 지역명소로 분류한 신뢰도가 0.4 즉, 40%보다 크다면'이 됩니다. 분류 기준이 되는 신뢰도 숫자를 너무 높게 설정하면 질문을 잘 분류하지 못하게 되며, 너무 낮게 설정하면 분류 정확도가 낮아질 수 있습니다. 따라서 예제에서는 0.4로 설정하였으며, 이 숫자는 프로그램 완성 후 프로그램이 잘 작동하는지 확인하는 과정에서 조정이 가능합니다.

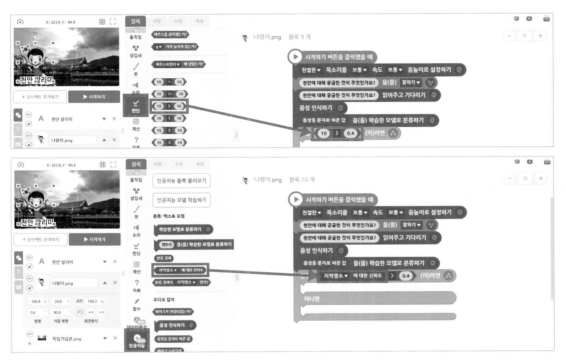

9) 이어서 질문을 지역명소로 인식했을 때 대답하도록 코딩합니다. [생김새]의 '안녕을 말하기' 블록과 [인공지능]의 '엔트리 읽어주고 기다리기' 블록을 넣어줍니다.

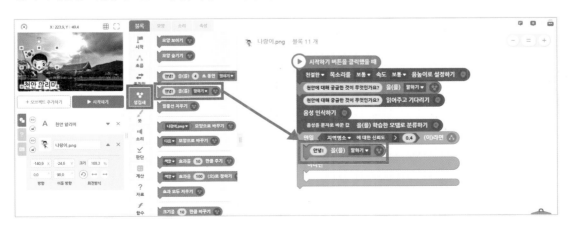

대답 칸의 텍스트에는 지역의 명소를 직접 조사하여 넣어줍니다. 학생들이 스스로 지역의 명소에 대해 조사를 하고 그 결과를 대답 칸에 넣도록 지도해야 합니다.

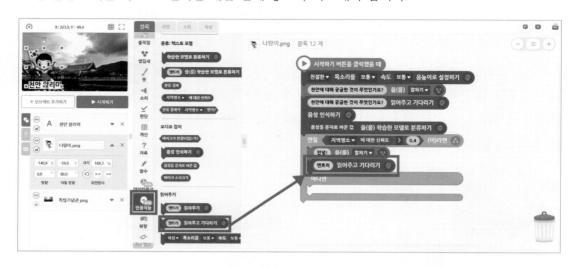

10) 지역명소나 그에 대한 설명을 ChatGPT에 물어보는 방법으로 조사할 수도 있습니다. 하지만 ChatGPT의 대답 중에서 선택하더라도 답이 정확하지 않을 수 있어 반드시 확인하는 과정이 필요하다는 점을 지도해야 합니다.

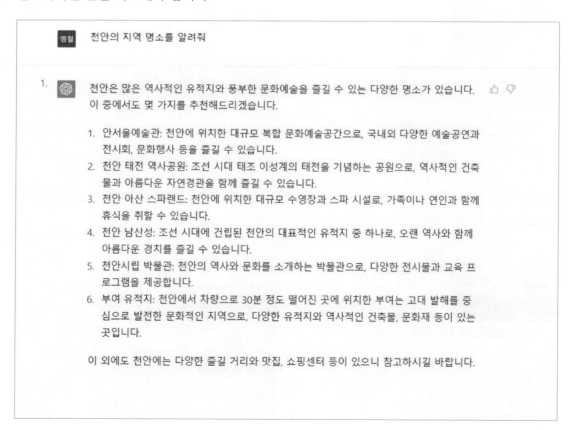

조사 결과를 '안녕을 말하기' 블록과 '엔트리 읽어주고 기다리기' 블록의 텍스트 칸에 입력합니다.

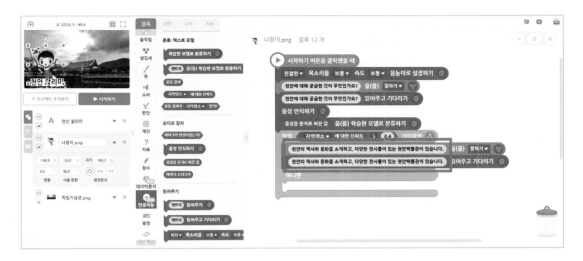

11) 이어서 '만일 ~(이)라면 아니면' 블록을 '코드 복사 & 붙여넣기'하여, 복사된 블록을 '아니면' 조건문 속에 넣어줍니다.

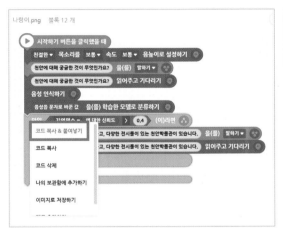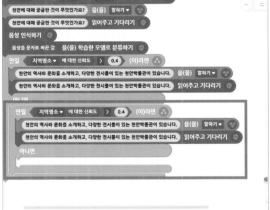

12) '지역명소'를 '유명인물'로 바꿔줍니다. 대답 칸에는 지역의 유명인물을 조사해서 입력합니다.

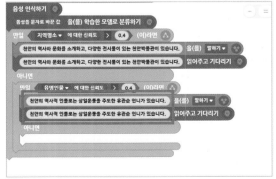

13) 같은 방식으로 '코드 복사 & 붙여넣기'로 블록을 복사하여 '아니면' 조건문 속에 넣고, '유명인물'을 '특산물'로 바꿔줍니다. 대답 칸에는 지역의 특산물을 조사해서 입력합니다.

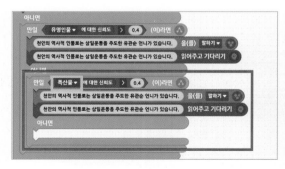 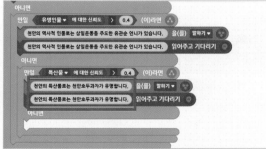

14) 마지막 '아니면' 조건문 속에는 '지역명소', '유명인물' 또는 '특산물' 모두에서 40% 이상의 신뢰도를 얻지 못하는 질문에 대한 대답을 하도록 코딩합니다. [생김새]의 '안녕을 말하기' 블록과 [인공지능]의 '엔트리 읽어주고 기다리기' 블록을 넣어줍니다. 대답 칸에는 '질문을 인식하지 못했습니다. 다른 질문을 해주십시오.'라고 입력합니다.

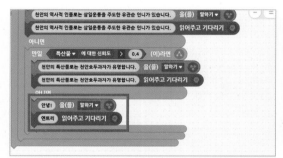 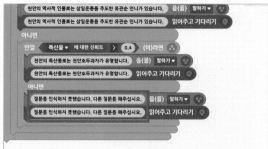

15) 마지막으로 질문에 대해 답변하고 다시 재차 질문할 수 있도록 반복문을 넣어줍니다. [흐름]에서 '계속 반복하기' 블록을 가져온 후 코딩블록 전체를 반복문 속에 넣어줍니다.

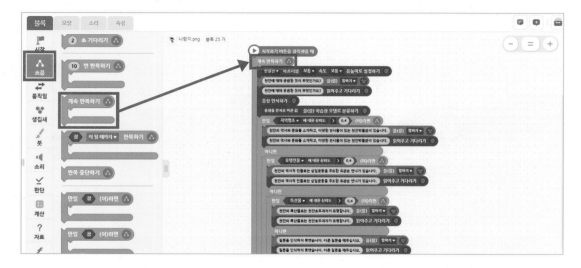

16) 완성된 프로그램을 실행해봅니다. 마스코트가 지역에 대해 궁금한 것을 말풍선과 음성으로 질문합니다. 실행화면에 마이크 모양이 보일 때 질문을 하면 질문에 맞는 답변을 하는 것을 확인할 수 있습니다.

단원을 마무리하며

지금까지 텍스트를 활용한 인공지능 학습 모델을 만들고, 엔트리를 활용해서 지역 알리미 AI 챗봇 프로그램을 제작해보고 지도하는 방법을 알아보았습니다. 텍스트로 질문하여 학습 모델을 만들고 이를 활용해 챗봇 프로그램을 만드는 활동은 여러 교과 및 주제에서 다양하게 응용하여 수업할 수 있습니다. 또한 학습 모델을 만들 때, 클래스를 3개보다 많이 생성한다면 더 많은 질문에 답변할 수 있기 때문에 학생들에게 충분한 시간을 제공하여 챗봇 프로그램을 발전시킬 수 있도록 지도합니다.

학생들은 챗봇 프로그램을 만드는 과정에서 챗봇의 답변 내용을 작성하기 위해서라도 질문에 대한 답변을 조사해야 합니다. 그 과정에서 ChatGPT를 사용한다면 보다 빠르게 조사 결과를 얻을 수 있습니다. 또한 챗봇이 사용하는 학습 모델을 만들어보면서 ChatGPT와 같은 인공지능 프로그램이 학습하는 알고리즘을 체험으로 이해할 수 있게 됩니다. 지금 바로 학생들과 함께 어떠한 질문에도 답변할 수 있는 인공지능 챗봇을 만들어보세요.

⊕ 사회

Studio DI-D,
Dream by Wombo로 AI 아바타를
만들어 조사 내용 발표하기

AI 아바타의 등장

딥페이크(Deepfake)란 인공지능을 기반으로 인간의 이미지를 합성하는 기술을 일컫습니다. 기존에 있던 인물의 얼굴이나 특정한 부위를 영화의 CG처럼 합성한 영상편집물 등을 총칭하기도 합니다. 과거에는 인물의 사진이나 영상을 조악하게 합성해 제시하던 것이 디지털 기술과 인공지능의 발전을 거쳐 더욱 정교해진 결과라 볼 수 있습니다. 차세대 생성 AI 모델을 장착한 플랫폼들은 아예 가상의 얼굴을 생성하는 단계까지 올라왔습니다.

이번 시간에는 ChatGPT로 조사한 내용을 Studio D-ID, Dream by Wombo를 활용해 AI 아바타를 만들어 발표하는 수업을 설계하였습니다. 이를 통해 학교 수업 현장에서 학생들이 창의적인 사고를 기를 수 있는 매우 유익하고 의미 있는 경험이 되었으면 좋겠습니다.

Studio D-ID 알아보기

01. Studio D-ID 살펴보기

Studio D-ID는 Studio Design Identity 의 약자로, 직역하면 '어떤 정체성이나 인격체를 디자인하는 스튜디오'로 해석할 수 있습니다. 기능적으로 설명하자면 인공지능을 활용하여 이미지나 동영상을 만들어내는 최첨단 서비스를 제공하는 프로그램입니다. 인물

사진을 넣고 AI 보이스를 지정한 후 말하고자 하는 내용을 텍스트로 입력하면, 마치 생명을 불어넣은 듯이 인물이 말하는 영상을 만들 수 있습니다. 인물의 사진은 기본으로 제공되는 사진들로도 충분하지만, 사용자가 원하는 사진을 업로드할 수 있고, 더 나아가 원하는 인물 이미지를 생성해서 사용할 수 있습니다. 현재 한국어를 포함한 119개 언어를 지원하고 있으며, 활용법이 매우 간단하고 결과물이 직관적으로 나오기 때문에 마케팅, 홍보용 영상, 동영상 프로필,

단편 영화 제작, 구연 동화 제작 등 다양한 분야에서 활용되고 있습니다.

02. Studio D-ID 접속 및 회원가입하기

Studio D-ID에 접속 및 회원가입하는 방법을 소개해드리겠습니다.

Studio D-ID 홈페이지(https://studio.d-id.com)에 접속하고 회원가입을 하기 위해서 'Guest'을 클릭한 후 'Login/Signup'을 클릭합니다.

이메일로 가입하기 위해서 'Sign up'을 클릭합니다. 성명(Full name), Email 주소, 비밀번호를 입력하고, 정책에 동의하는지 클릭한 후 SIGN UP 버튼을 눌러 회원가입을 완료합니다.

이제 Studio D-ID를 사용할 수 있습니다.

03. Studio D-ID로 AI 아바타 생성하기

Studio D-ID는 말하는 AI 아바타를 제작해주는 서비스를 제공하기 때문에 발표와 연계하여 수업에 적용해 볼 수 있습니다. 프로그램에서 제공하는 인물 이미지 이외에 사용자가 원하는 이미지를 생성하거나 추가하여 만들 수 있어 미술 교과와도 연계가 가능하고, 학생들의 목소리를 녹음한 음성 파일을 업로드하여 자신을 소개하고 표현하는 진로 수업에도 활용할 수 있습니다. 다양한 나라의 언어 AI 보이스를 제공하기 때문에 영어 교과와 다문화 교육에도 활용할 수 있으며, 역할극을 소재로 AI 아바타를 활용한다면 국어 '연극 단원'과도 연계 가능합니다.

아바타를 생성하기 위한 최적의 사진은 얼굴을 가리지 않고 무표정으로 입을 다물고 있는 사진입니다. 그리고 정치적, 성적, 범죄적, 차별적 콘텐츠와 유명인의 이미지는 사용이 불가능합니다.

■ Studio D-ID 기본 사용 방법 알아보기

그럼 지금부터 Studio D-ID로 AI 아바타를 생성하는 방법을 알아보겠습니다.

1) Studio D-ID 메인 화면에서 'Create Video'를 클릭합니다. Choose a presenter에서 HQ 표시가 된 맨 앞의 남성을 클릭하겠습니다. 오른쪽 중간에 Language를 눌러 'Korean(korea)'을 찾아 선택합니다. 그 아래 Voice를 선택하는 박스를 눌러보면 Studio D-ID에서 지원하는 한국말 음성에는 여성 목소리인 'Sun-hi'와 남성 목소리인 'In-joon' 두 가지를 지원하는 것을 알 수 있습니다. 남성 목소리인 'In-joon'을 선택하겠습니다.

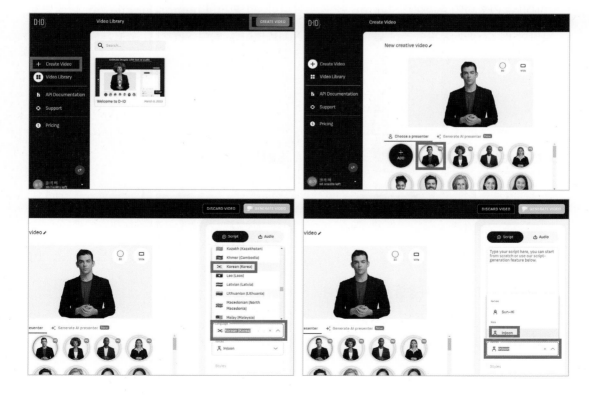

2) Script를 입력하는 부분에 '안녕하세요. 나는 홍길동입니다. 만나서 반갑습니다.'라고 입력을 한 후 바로 아래에 있는 'Listen'(스피커 모양의 아이콘) 버튼을 눌러 스크립트에 입력한 내용이 한국말로 잘 나오는지 확인합니다. 이상이 없다면 오른쪽 맨 위에 있는 'GENERATE VIDEO'를 누릅니다. 화면 중간에 AI 아바타 모습과 비디오 길이, 이름, 차감되는 크레딧 개수가 표시된 화면이 뜹니다. 'GENERATE' 버튼을 눌러 아바타를 생성합니다. 'Video Library'에서 AI 아바타가 생성된 것을 확인할 수 있습니다. 다운로드 버튼을 눌러 저장합니다.

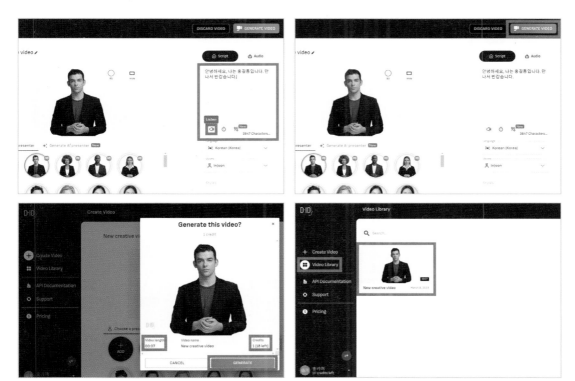

3) 'Create Video'를 눌러 'Generate AI present'를 클릭합니다. 텍스트 창에 'Elementary school girl, long black hair.'(긴 검은 머리의 초등학생 여자아이)를 입력하고 'Generate'를 클릭합니다.

조금 기다리면 긴 검은 머리의 초등학생 여자아이 이미지가 생성된 것을 확인할 수 있습니다. 기본적으로 네 가지 이미지가 생성됩니다. 이 중에서 마음에 드는 이미지가 있다면 'Add to gallery'를 누른 후 생성된 이미지 목록에서 선택합니다. 이처럼 원하는 인물의 이미지에 대한 영어 단어를 텍스트 창에 입력하면 단어대로 이미지가 묘사되어 나타납니다. 무료 버전에서는 이미지 생성에 15회 횟수 제한이 있습니다.

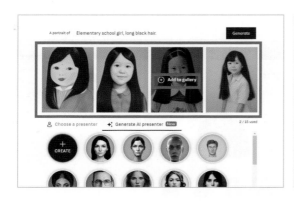
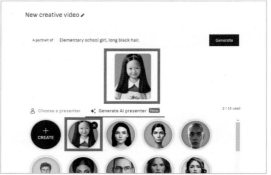

4) 오른쪽 중간에 'Language' 부분을 눌러 'English(United States)'를 클릭합니다. 한국말 음성에 비해 영어는 다양한 음성 목소리를 선택할 수 있으며, 몇몇 음성은 스타일을 선택할 수 있습니다.

5) Voices는 'Ana'로 선택하고 'Script' 창에 'Hi, my name is Seulki.'라고 입력합니다. 'Listen' 버튼을 눌러 스크립트에 입력한 내용이 영어로 잘 나오는지 확인합니다.

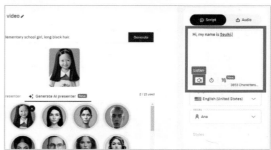

오른쪽 맨 위에 있는 'GENERATE VIDEO'를 누르면 화면 AI 아바타 모습과 비디오 길이, 이름, 차감되는 크레딧 개수가 표시된 화면이 뜨는데요. 이상이 없다면 'GENERATE' 버튼을 누릅니다.

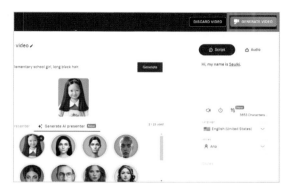 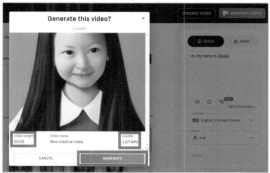

6) 'Video Library'에서 AI 아바타가 생성된 것을 확인할 수 있습니다. 다운로드 버튼을 눌러 저장할 수 있습니다. 사이트에서 마우스 오른쪽 클릭을 눌러 '한국어 번역'을 클릭하면 안내말이 한국어로 변환되기 때문에 아이들도 손쉽게 이용을 할 수 있습니다. 하지만 AI 인물 이미지를 생성하기 위한 텍스트

창에서는 영어만 입력이 가능하기 때문에 영어를 어려워할 수 있는 아이들을 위해 구글 번역기나 파파고를 활용하는 방법을 지도하는 과정이 필요합니다.

■ Studio D-ID 심화 사용 방법 알아보기

이번에는 Studio D-ID에서 제공하지 않는, 직접 다운받은 이미지와 음성 파일로 AI 아바타 만드는 방법을 알아보겠습니다.

1) Studio D-ID 메인 화면에서 'Create Video'를 클릭합니다. 'Choose a presenter'를 클릭하고 '+ADD' 버튼을 눌러 제가 미리 준비한 남자아이 사진을 선택합니다.

2) 오른쪽 맨 위에 있는 'GENERATE VIDEO'를 누르면 화면 중간에 업로드한 남자아이 모습과 비디오 길이, 이름, 차감되는 크레딧 개수가 표시된 화면이 뜹니다. 이상이 없다면 'GENERATE' 버튼을 누릅니다. 재생하면 업로드한 사진과 음성 파일로 AI 아바타가 만들어진 것을 확인할 수 있습니다.

이처럼 인물 이미지와 음성 파일을 활용해서 다양한 AI 아바타 작품을 만들 수 있습니다. 하지만 인물 이미지가 아닌 사진이나, 얼굴이 가려져 있는 사진의 경우 인공지능이 잘 인식하지 못해 AI 아바타를 만들기에 부적합합니다. 파일 크기는 최대 10MB 이하여야 합니다.

Dream by Wombo 알아보기

01. Dream by Wombo 살펴보기

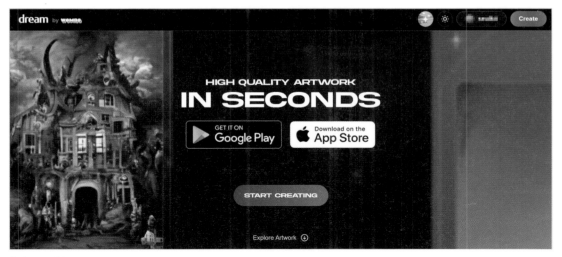

출처: https://dream.ai

Dream by Wombo는 인공지능 기술을 사용하여 업로드한 얼굴 사진을 애니메이션 캐릭터로 변환해주거나, 원하는 입력값을 넣으면 그에 맞는 그림을 그려주는 AI 프로그램으로, 인공지능 기술을 활용하여 다양한 어플리케이션과 서비스를 개발하는 Wombo AI 회사에서 만들었습니다.

이미 자동으로 그림을 만들어주는 미드저니(Midjourney), 달리투(DALL-E 2) 같은 AI 프로그램이 개발되었습니다. 하지만 이러한 프로그램과 달리 Dream by Wombo는 별도의 회원가입 절차가 없고, 무료로 제공되며, Prompt 칸(입력값을 넣는 칸)에서 한글 인식이 가능하다는 점이 장점입니다. 다만 무료 버전일 경우 한 번에 하나의 그림만 생성된다는 단점이 있습니다. 프롬프트 칸에 원하는 바를 자세하게 묘사할수록 우리가 얻고자 하는 그림이 더 구체화되어 표현됩니다. 인공지능이 그림을 그릴 때 참고했으면 하는 사진을 Input Image 기능에 업로드하면, 그 사진을 참고하여 비슷하게 그려주는 기능도 있습니다.

02. Dream by Wombo 접속 및 회원가입하기

　Dream by Wombo에 접속 및 회원가입하는 방법을 소개하겠습니다. 별도의 회원가입 없이도 이용할 수 있어 필수 절차가 아니므로 참고용으로 알아두시기 바랍니다.

❶ Dream by Wombo 홈페이지(https://dream.ai)에 접속하여 'Sign in'을 클릭합니다.

❷ 이메일로 가입하기 위해서 'Sign up with email'을 클릭합니다.

❸ 이메일과 비밀번호를 입력 후에 'Next'를 클릭합니다.

❹ Dream by Wombo를 로그인한 상태로 사용할 수 있습니다.

03. Dream by Wombo로 이미지 생성하기

Dream by Wombo는 다양한 스타일의 작품들을 만들어 볼 수 있고, 참고용 이미지를 업로드하여 사용자 의도에 알맞은 완성도 높은 작품을 만들어 볼 수 있기 때문에 미술 교과와의 연계가 용이합니다.

■ Dream by Wombo 기본 사용 방법 알아보기

그럼 Dream by Wombo로 그림을 생성하는 방법을 알아보겠습니다.

1) Dream by Wombo 메인 화면에서 'START CREATING'을 클릭합니다. Enter prompt에 여러분이 만들고 싶은 이미지의 키워드를 입력하면 됩니다. 저는 '모자를 쓰고 있는 귀여운 초등학생 남자아이'를 입력한 후 'Create' 버튼을 눌러보겠습니다. 조금 기다리면 모자를 쓰고 있는 초등학생 남자아이 이미지가 생성된 것을 확인할 수 있습니다. 무료 버전에서는 기본적으로 한 번에 하나의 이미지만 생성됩니다. 이미지가 마음에 들지 않는다면 다시 'Create' 버튼을 눌러 원하는 이미지가 만들어질 때까지 여러 번 생성하면 됩니다. 즉 구상하는 이미지와 비슷한 이미지가 만들어질 때까지 인공지능에 변형을 요구할 수 있습니다.

2) Enter prompt에 '횡단보도를 걷고 있는 노란색 셔츠를 입은 30대 남성'이라고 입력한 후 'Create' 버튼을 클릭합니다. 현실에서 볼 법한 노란색 셔츠를 입고 있는 30대 남성이 횡단보도를 걷고 있는 모습을 확인할 수 있습니다. 이번에는 Prompt 창에 입력했던 내용은 그대로 두고, ART Style을 'Blues v2'로 변경한 후 'Create' 버튼을 눌러보겠습니다. 사진처럼 표현되었던 이미지가 그림처럼 표현된 이미지로 변경된 것을 알 수 있습니다. 이처럼 ART Style을 활용하여 다양한 형태의 이미지를 생성할 수 있습니다.

3) Enter prompt에 '캄프누 구장을 배경, 콜라를 마시고 있는 북극곰'을 입력한 후 'Create' 버튼을 클릭합니다. 캄프누 구장을 배경으로 북극곰이 콜라를 들고 마시고 있는 장면이 생성된 것을 확인할 수 있습니다. 이렇게 인물 이미지 이외에도 다양한 장소나 이미지를 조합하여 표현할수 있으며, 구체적인 묘사를 입력하여 작품의 재해석이나 상상화 그리기에 활용할 수 있습니다.

4) 마음에 드는 이미지가 생성되었다면 'Finalize' 버튼을 눌러 다운로드합니다. 'Publish' 버튼을 누르면 계정에 저장 및 공유할 수 있습니다. 텍스트 창에 영어뿐만 아니라 한글로도 입력할 수 있기 때문에 학생들이 손쉽게 Dream by Wombo를 이용할 수 있습니다. 다만 원하는 이미지를 생성하기 위하여 텍스트 창에 내용을 자세하게 묘사하는 것을 학생들이 어려워하는 경우가 있습니다. 이때 생성하고자 하는 이미지의 큰 부분부터 작은 부분까지 순차적으로 글로 적어보게 지도하는 것이 좋은 방법입니다.

■ Dream by Wombo 심화 사용 방법 알아보기

　참고용 사진을 이용하여 더 완성도 높은 이미지를 생성하는 방법을 알아보겠습니다.

1) Dream by Wombo 메인 화면에서 'START CREATING'을 클릭하고, 미리 준비한 '밀레의 이삭줍기' 사진 파일을 'Upload Image' 버튼을 눌러 Input Image를 합니다. 그러면 Crop Image 창이 뜨는데, 이때 본인이 희망하는 사이즈를 설정한 후 'Crop' 버튼을 눌러 사진을 알맞게 잘라낼 수 있습니다.

2) 사진을 업로드했다면, 이 사진을 최종 결과물에 얼마나 반영시킬 것인지 ADJUST INFLUENCE 로 영향력을 조정할 수 있습니다. 'Weak/Normal/Strong' 세 가지 중 'Strong'을 선택하겠습니다. Art Style은 'Blues v2'를 클릭하고 Prompt 창에 '돈을 줍고 있는 아낙네'라고 입력을 한 뒤 'Create' 버튼을 누릅니다.

3) 잠시 기다리면 밀레의 이삭줍기를 재해석하여 돈을 줍고 있는 사람의 이미지가 생성된 것을 확인할 수 있습니다. 인공지능이 원하는 바를 반영할 수 있도록 참고용 이미지를 업로드했기 때문에 완성도가 높은 그림이 생성되었습니다.

이처럼 학생들은 세계 명작들을 새로운 시각으로 재해석해보며 다양한 관점을 키울 수 있습니다.

[수업 사례] ChatGPT, Studio D-ID, Dream by Wombo를 활용하여 AI 아바타로 조사한 내용 발표하기

보통 사회 교과에서 조사 수업은 다음과 같이 여섯 단계로 진행이 됩니다.

❶ 주제 선정 　❷ 문제 정의 　❸ 자료 수집 　❹ 자료 분석 　❺ 결과 발표 　❻ 평가

조사 수업을 진행하면서 학생들이 주제 선정 및 문제 정의의 과정을 거쳐 자료를 수집하고 분석하여 결과를 발표할 수 있습니다. 하지만 아이들이 처음부터 주제에 알맞은 키워드를 설정하여 검색하고, 정보의 홍수 속에서 적합한 자료들을 찾아 수집을 한다는 것은 어려운 일입니다. 이때 주제별 질문 생성, 콘텐츠 검색 보조의 기능, 지식 검증 기능 등을 제공하는 인공지능을 활용한다면 아이들이 더 손쉽고 재미있게 조사 수업에 참여할 수 있습니다.

사회 시간에 학생들은 일상생활 속에서 접할 수 있는 다양한 주제에 대한 내용을 학습하게 됩니다. 그 중에는 정치, 법, 사회·문화, 지리, 자연·인문 환경과 인간생활, 역사, 경제 등이 있습니다. 다양한 주제에 관한 정보를 제공할 수 있는 인공지능을 활용하게 된다면 학생들이 사회 교과를 폭넓게 이해하고 탐구하는 능력을 기르는 데 도움이 될 수 있습니다.

● 관련 성취기준

[4사03-02] 고장 사람들의 생활과 밀접하게 관련이 있는 지역의 다양한 중심지(행정, 교통, 상업, 산업, 관광) 등을 조사하고, 각 중심지의 위치, 기능 경관의 특성을 탐색한다.

[4사03-05] 우리 지역에 있는 공공 기관의 종류와 역할을 조사하고, 공공 기관이 지역 주민들의 생활에 주는 도움을 탐색한다.

[4사04-04] 우리 지역과 다른 지역의 물자 교환 및 교류 사례를 조사하여 지역 간 경제활동이 밀접하게 관련되어 있음을 탐구한다.

[4사04-05] 사회 변화(저출산·고령화, 정보화, 세계화 등)로 나타난 일상생활의 모습을 조사하고, 그 특징을 분석한다.

[6사07-04] 의식주 생활에 특색이 있는 나라나 지역의 사례를 조사하고, 이를 바탕으로 하여 인간 생활에 영향을 미치는 여러 자연적, 인문적 요인을 탐구한다.

[6사08-03] 지구촌의 평화와 발전을 위협하는 다양한 갈등 사례를 조사하고, 그 해결 방안을 탐색한다.

01. ChatGPT와 함께 자료 조사하기

ChatGPT는 다양한 주제에 관한 정보들을 제공합니다. 하지만 주제에 대한 키워드를 잘못 입력하거나 질문이 모호한 경우에는 정확한 검색 결과가 제공되지 않을 수 있습니다. 따라서 ChatGPT가 제공하는 주제별 질문 생성 기능을 활용하여 주제에 대한 핵심 키워드를 파악한 후 구체적으로 질문해야 합니다. 이를 통해 원하는 정보들을 얻을 수 있습니다.

그럼 ChatGPT와 함께 자료를 조사해보겠습니다.

1) 추운 기후 지역에 사는 사람들의 의식주 생활모습을 조사하기 위하여 ChatGPT에 질문해보 겠습니다.

*예: 추운 기후 지역에 사는 사람들의 의생활, 식생활, 주생활의 모습을 알려줘.

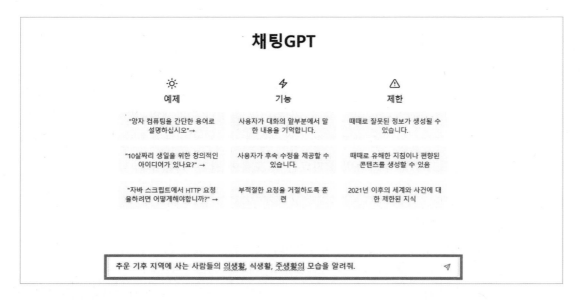

질문한 내용에 대한 정보를 순식간에 작성해주었습니다.

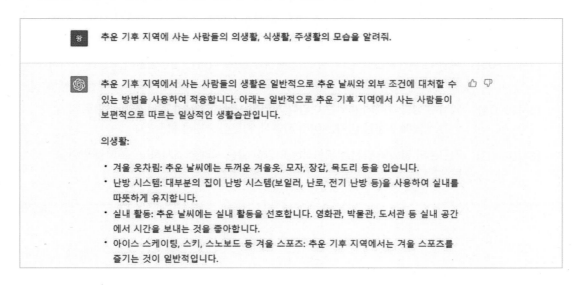

식생활:

- 따뜻한 음식: 추운 기후에서는 따뜻한 음식을 선호합니다. 스튜, 찌개, 스프 등이 대표적인 예입니다.
- 차나 커피: 추운 날씨에는 차나 커피를 마시는 것이 일반적입니다. 차는 여러 종류를 마시며 차를 좋아하는 사람들은 자주 다양한 차를 즐깁니다.

주생활:

- 눈 제거: 추운 지역에서는 눈이 자주 내려 눈을 제거하는 것이 일상적입니다.
- 미끄러운 길 조심: 추운 날씨에는 길이 미끄러워지므로 걷거나 운전할 때 조심해야 합니다.
- 바베큐나 야외 파티: 추운 날씨에는 야외 활동이 어려울 수 있지만, 맑은 날씨에는 바베큐나 야외 파티를 즐기기도 합니다.

이러한 생활습관은 지역마다 다를 수 ᅟ 응답 재생성 ᅟ운 기후에서 적응하는 방법은 비슷

2) 제공받은 정보 중 궁금한 부분에 대하여 추가 질문을 합니다.

*예: 체온 유지를 위해 스튜, 카레, 찌개 등을 섭취하는 대표적인 나라에는 어디가 있을까?

3) 인공지능이 추가 질문에 대한 대답도 깔끔하게 정리해서 제공해줍니다. 이와 같은 방식으로 주제에 대한 핵심 질문과, 그 이후에 궁금한 점에 대한 추가 질문들로 자료들을 수집할 수 있습니다.

> 체온 유지를 위해 스튜, 카레, 찌개 등을 섭취하는 대표적인 나라에는 어디가 있을까?

체온 유지를 위해 스튜, 카레, 찌개 등을 섭취하는 나라는 추운 기후를 가진 나라들에서 보편적으로 나타납니다. 그러나 이러한 음식은 지리적이나 문화적인 영향으로 다양한 변형을 거치며 지역적으로 차이가 있을 수 있습니다. 아래는 대표적인 나라들입니다.

1. 영국: 영국은 추운 기후를 가지고 있으며 스튜, 파이 등 따뜻한 음식이 대표적입니다.
2. 프랑스: 프랑스에서는 보통 살코노피, 카스레, 부르긴온 등 따뜻한 음식이 선호됩니다.
3. 독일: 독일에서는 카레, 스튜, 소세지와 같은 따뜻한 음식이 대표적입니다.
4. 일본: 일본에서는 찌개류와 라면 등 따뜻한 음식이 일반적이며, 뜨거운 녹차도 체온 유지에 좋습니다.
5. 한국: 한국에서는 국밥, 찌개, 갈비찜 등 따뜻하고 감칠맛나는 음식이 대표적입니다.

이 외에도 추운 기후를 가진 나라들에서는 스위스, 노르웨이, 스웨덴, 캐나다, 미국 등에서도 스튜, 찌개, 카레 등 따뜻한 음식이 대표적입니다.

4) 이번에는 위에서 수집한 정보를 바탕으로 발표할 글을 만들기 위해 적당한 분량으로 맞추도록 요구해보겠습니다.

*예: 위 내용들을 참고하여 발표할 글을 300자 내외로 작성해줘.

왕: 위 내용들을 참고하여 발표할 글을 300자 내외로 작성해줘.

ⓢ 추운 기후를 가진 지역에서는 체온 유지를 위해 따뜻한 음식이 매우 중요합니다. 이러한 지역에서 대표적인 음식으로는 스튜, 카레, 찌개 등이 있습니다. 이러한 음식들은 지역에 따라서도 다양한 변형을 거치며 지역 특색을 가지고 있습니다.

영국, 프랑스, 독일, 일본, 한국 등 추운 기후를 가진 나라에서는 따뜻하고 감칠맛나는 음식이 많이 나타납니다. 영국에서는 스튜나 파이가 대표적이며, 프랑스에서는 살코노피나 부르긴온이 선호됩니다. 독일에서는 카레나 스튜, 소세지 등이 대표적이며, 일본에서는 찌개류와 라면이 많이 나타납니다. 한국에서는 국밥이나 찌개, 갈비찜 등이 매우 인기가 있습니다.

추운 기후를 가진 나라들은 이러한 음식들이 일상생활에서 매우 중요한 역할을 합니다. 이러한 음식들은 체온 유지뿐 아니라 추위로 인한 감기나 질병 예방에도 매우 효과적입니다. 따라서 추운 지역에서는 이러한 따뜻한 음식들이 매우 사랑받고 있으며, 지역적 특성과 문화가 반영된 맛과 멋이 있는 음식들이 이들 나라의 대표적인 음식으로 자리 잡고 있습니다.

---

5) 마지막으로 발표할 글의 제목을 요청해보겠습니다.

*예: 위 발표할 글의 제목을 만들어줘.

ⓢ 추운 기후를 가진 지역에서는 체온 유지를 위해 따뜻한 음식이 매우 중요합니다. 이러한 지역에서 대표적인 음식으로는 스튜, 카레, 찌개 등이 있습니다. 이러한 음식들은 지역에 따라서도 다양한 변형을 거치며 지역 특색을 가지고 있습니다.

영국, 프랑스, 독일, 일본, 한국 등 추운 기후를 가진 나라에서는 따뜻하고 감칠맛나는 음식이 많이 나타납니다. 영국에서는 스튜나 파이가 대표적이며, 프랑스에서는 살코노피나 부르긴온이 선호됩니다. 독일에서는 카레나 스튜, 소세지 등이 대표적이며, 일본에서는 찌개류와 라면이 많이 나타납니다. 한국에서는 국밥이나 찌개, 갈비찜 등이 매우 인기가 있습니다.

추운 기후를 가진 나라들은 이러한 음식들이 일상생활에서 매우 중요한 역할을 합니다. 이러한 음식들은 체온 유지뿐 아니라 추위로 인한 감기나 질병 예방에도 매우 효과적입니다. 따라서 추운 지역에서는 이러한 따뜻한 음식들이 매우 사랑받고 있으며, 지역적 특성과 문화가 반영된 맛과 멋이 있는 음식들이 이들 나라의 대표적인 음식으로 자리 잡고 있습니다.

왕: 위 발표할 글의 제목을 만들어줘.

ⓢ "추운 기후에서 따뜻한 음식, 체온 유지를 위한 나라들의 대표음식"

AI 아바타가 발표할 글을 ChatGPT와 함께 완성해 보았습니다. ChatGPT를 통해 같은 주제에 대해 질문하면서 자료를 수집한다고 해도, 질문의 형태와 추가 질문들이 다르기 때문에 결과가 상이하게 나올 것입니다. 또한 ChatGPT가 뛰어난 정보 제공 능력을 갖추었다고는 하나, 잘못된 정보를 제공하거나 맞춤법 오류가 있는 경우도 있기 때문에 반드시 수정·검토 후 사용할 수 있도록 지도해야 합니다.

02. Studio D-ID, Dream by Wombo로 AI 아바타 제작하기

ChatGPT와 함께 완성한 글을 발표하기에 적합한 인물 이미지를 Dream by Wombo로 생성하고, Studio D-ID에 글과 인물 이미지를 삽입하여 발표하는 AI 아바타를 제작해보겠습니다.

1) Dream by Wombo에 접속합니다. AI 아바타에서 사용할 인물 이미지를 만들기 위해 Art Style의 'Realistic v2'를 클릭하고, 텍스트 창에 '두꺼운 털옷을 입고 있는 추운 기후 지역에 사는 사람'이라고 입력하여 이미지를 생성하겠습니다. 잠시 후 두꺼운 털옷을 입고 있는 여성의 이미지가 생성된 것을 확인할 수 있습니다. 혹시 마음에 들지 않을 경우 원하는 이미지가 생성될 때까지 Create 버튼을 누르면 됩니다. 이미지를 사용하고자 한다면 저장합니다.

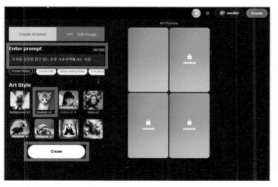

2) 이제 Studio D-ID에 접속합니다. 로그인 후 'Create Video'를 클릭합니다. Choose a presenter 탭에서 '+ADD'를 클릭하여 Dream by Wombo에서 저장한 인물 이미지를 업로드합니다. 업로드된 인물 이미지 위에 제목을 수정하는 부분이 있습니다. ChatGPT가 만들어준 것을 참고하여 '추운 기후, 체온 유지를 위한 대표적인 음식들'로 제목을 수정하고, Script 텍스트 입력 창에 ChatGPT가 작성해준 발표 글을 넣어줍니다.

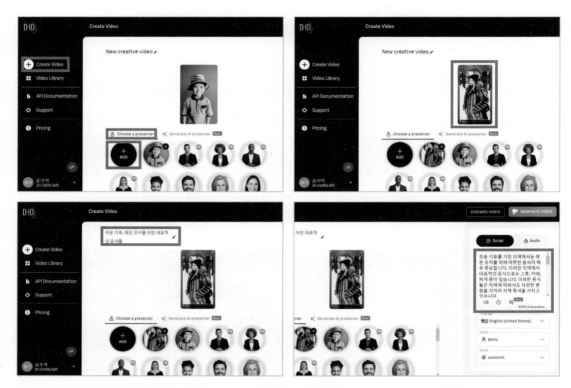

3) 글이 제대로 작성되었다면 Language는 'Korean(Korea)'을 선택하고, 인물 이미지가 여성이니 Voices는 'Sun-Hi'를 클릭합니다. 스피커 아이콘으로 목소리가 잘 나오는지 확인하고, 마지막으로 'GENERATE VIDEO'를 누른 후 동영상 길이, 인물 이미지에 이상이 없다면 'GENERATE'를 눌러 AI 아바타를 생성합니다.

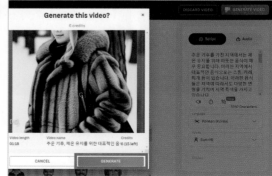

4) Video Library에서 완성된 AI 아바타를 확인합니다.

단원을 마무리하며

지금까지 ChatGPT, Studio D-ID, Dream by Wombo를 활용해 조사한 내용을 AI 아바타로 발표하는 수업 방법에 대해 알아보았습니다. AI 아바타를 활용한 발표는 기존 수업 시간에 하던 발표와 전혀 다르기 때문에, 아이들의 흥미와 집중력을 높일 수 있는 좋은 도구가 될 것입니다. 다만 AI 아바타에 몰입한 나머지, 주제에 대한 자료들을 수집하고 분석하여 발표하는 사회과 수업의 본질이 흐려질 우려가 있습니다. 따라서 선생님들께서 아이들에게 지속적인 수업 피드백과 도구로서의 인공지능 활용에 대한 올바른 사용법을 알려주시는 것이 무엇보다 중요합니다.

🤖 도덕

AI와 함께 '나'와 '타인'에 대하여 이해하기

ChatGPT로 '나'와 '타인' 이해하기

학생들에게 자기 자신의 성격을 알아보고 탐색하는 과정은 진로지도와 인성교육 측면에서 가장 기본이 됩니다. 이는 자신의 잠재능력을 인식하고, 적극적으로 발휘할 수 있는 밑바탕이 되기 때문입니다. 또한 학생들이 사회에 나와서도 타인을 존중할 수 있는 태도를 기르는 것이 중요하기 때문에 '나'와 다른 친구들의 성향을 파악하고 이해해보는 등 타인존중에 대한 교육도 필수적입니다.

이번 시간에는 ChatGPT를 통해 알아본 '나'의 성격과 특성에 대한 정보로 워드클라우드 생성기를 활용하여 시각화 자료를 만들어 보겠습니다. 결과물을 친구들과 공유하고 발표하는 과정에서 수집한 성격과 특성에 대한 정보를 Data GIF Maker를 활용하여 그래프 자료를 만들어 보며 분석하는 시간을 가져보겠습니다.

워드클라우드 알아보기

01. 워드클라우드 살펴보기

워드클라우드 생성기는 시각화 AI 기술 중 하나로, 대량의 텍스트 데이터를 시각적으로 요약해 줍니다. 이를 통해 사용자는 입력한 많은 데이터에서 핵심 단어나 주요 주제를 파악할 수 있습니다. 단어의 빈도수를 계산한 후 그 빈도수에 따라 단어의 크기나 색상을 조절하여 문자로 된 클라우드 결과물을 보여줍니다. 이렇게 시각적으로 요약된 데이터를 활용하면 단순한 텍스트보다 더 쉽고 빠르게 이해할 수 있으며, 주요 주제나 핵심 단어를 빠르게 파악할 수 있습니다.

워드클라우드는 활용하려는 모든 방면에서 시각적으로 한눈에 들어오는 결과물을 보여줄 뿐만 아니라 미적 효과도 있는 것이 큰 특징이자 장점입니다. 따라서 마케팅, 연구 분석 등 다양한 분야에서 활용되고 있습니다. 또한 사용하기 쉽고 무료로 제공되는 기능이 많아서 누구나 쉽게 활용할 수 있습니다. 다만, 사용자는 원하는 시각 자료를 추출하기 위해 입력한 데이터의 특성을 잘 파악하여 적절한 설정을 선택해야 합니다. 또한 항상 데이터의 정확성과 개인정보 보호에 주의해야 합니다. 데이터를 입력하고 사용하기 전에 반드시 출처와 정확성을 확인하고, 개인정보 보호와 관련 법률 등을 준수해야 합니다.

02. 워드클라우드 생성기로 문자 데이터 시각화하기

워드클라우드는 학교 교육 현장에서 다양하게 활용할 수 있습니다. 학생들은 핵심 단어나 주요 주제를 파악하면서 즐겁게 학습할 수 있습니다. 국어 글쓰기 활동과 연계한다면, 워드클라우드에 학생들이 쓴 글을 입력하여 자주 사용된 단어나 키워드를 파악하는 것을 통해 다양한 표현 방법을 생각해 볼 수 있습니다. 과학과 연계한다면, 과학 실험에서 관측한 내용을 바탕으로 워드클라우드를 만들어보는 활동을 통해 실험 결과를 한눈에 파악하고, 실험 결과를 바탕으로 자신의 생각을 표현해 볼 수 있습니다. 사회 지리 활동과 연계한다면, 국가나 대륙에 대한 정보를 바탕으로 워드클라우드를 만들어 보는 활동을 통해 지리적 정보를 쉽게 이해할 수 있으며, 지리적 특성이나 특징을 한눈에 파악할 수 있습니다.

■ 워드클라우드 생성기 사용 방법 알아보기

지금부터 워드클라우드 생성기로 문자 클라우드를 생성하는 방법을 알아보겠습니다.

1) 워드클라우드 생성기(https://wordcloud.kr)에 접속합니다. 워드클라우드는 별도의 회원가입 절차 없이 이용 가능합니다.

2) 단어를 이용하여 다양한 모양의 이미지를 만들기 위해서는 텍스트 창에 글을 넣어야 합니다. 미리 준비한 ChatGPT 소개 글을 텍스트 창에 넣고, 다른 것들은 설정하지 않고 워드클라우드 만들기를 실행해보겠습니다. 실행화면 오른쪽에 텍스트 창에 입력한 글에서 자주 사용된 빈도 수에 따라 글자의 크기가 달리 표현된 것을 확인할 수 있습니다. 이때 필요한 것이 키워드입니다. 하나의 클라우드 당 3개의 키워드를 입력할 수 있으며, 한 키워드에 한글은 최대 4글자, 영어는 최대 10개의 알파벳을 쓸 수 있습니다.

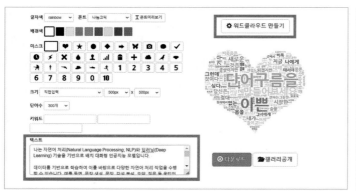 

3) 텍스트 창 위, 키워드 창에 ChatGPT 소개 글에서 중요하다고 생각하는 'ChatGPT', '인공지능', '정보학습'을 넣고, 워드클라우드 만들기를 실행해보겠습니다. 그러면 키워드로 입력한 단어들이 다른 단어들에 비해서 확실히 크게 표현된 것을 확인할 수 있습니다. 키워드는 첫 번째로 입력한 것이 가장 크고, 두 번째, 세 번째 키워드로 갈수록 크기가 작아지는 것을 확인할 수 있습니다.

4) 글자 색을 바꿔보겠습니다. 저는 'spring'으로 선택하고, 워드클라우드 만들기를 실행해보겠습니다. 단어들이 한 가지 색이 아닌 노란색, 주황색, 핑크색으로 바뀌어 봄의 대표 색상으로 워드클라우드가 완성된 것을 확인할 수 있습니다.

5) 여기에서 다시 워드클라우드 만들기를 실행해보면, 단어들이 재배치되고 색상이 바뀌어서 새로 생성된 것을 확인할 수 있습니다. 이처럼 사용자가 원하는 단어 배열, 색상이 될 때까지 여러 번 생성할 수 있습니다.

6) 마스크 부분에서는 원하는 워드클라우드 모양을 선택할 수 있습니다. 하트 모양을 선택하고 워드클라우드 만들기를 실행해보겠습니다. 하트 모양으로 변경되었습니다. 글자 폰트와 단어 수를 바꿔보겠습니다. 단어의 개수는 최소 20개에서 최대 2,000개까지 고를 수 있습니다.

글자 폰트는 '배달의민족주아체'로, 단어 수는 '50개'를 선택하여 만들기를 실행했습니다. 글자 모양과 단어의 개수가 바뀐 것을 알 수 있습니다.

7) 워드클라우드가 완성이 되었다면, 다운로드 버튼을 눌러 저장할 수 있습니다. 갤러리 공개 버튼을 누르면 카카오톡, 페이스북, 트위터에 공유할 수 있습니다.

Data GIF Maker 알아보기

01. Data GIF Maker 살펴보기

Data GIF Maker는 구글 뉴스 랩에서 만든 데이터 시각화 도구로, 한눈에 들어오는 그래프 시각화 자료를 보다 쉽게 만들 수 있어 편리합니다.

총 세 가지 형식의 테마(모양)를 선택할 수 있습니다. Rectangles 모양 테마는 데이터를 사각형 모양으로 시각화합니다. 따라서 데이터의 크기와 비율을 쉽게 파악할 수 있습니다. Circles 모양 테마는 데이터를 원 모양으로 시각화합니다. 이 테마는 데이터의 비율을 더욱 명확하게 보여주며, 특히 비율의 차이가 큰 경우에 더욱 효과적입니다.

Racetrack 모양 테마는 데이터를 경주 트랙 모양으로 시각화합니다. 이 테마는 데이터의 시간적 흐름을 보여주는 데 효과적이며, 선형적인 변화를 시각적으로 표현하는 데 용이합니다.

이처럼 결과물을 통해 데이터의 특징을 빠르게 파악할 수 있습니다. 설득력 있는 데이터 프레젠테이션을 만들거나 빠르게 정보를 파악하고 싶을 때 등, 집중력과 이해도를 높이기 위한 시각적 자료가 필요한 모든 분야에서 효과적으로 활용할 수 있습니다.

02. Data GIF Maker로 숫자 데이터 시각화하기

Data GIF Maker는 학교 교육 현장에서 다양하게 활용할 수 있습니다. 결과물을 통해 학생들은 즐겁게 데이터를 분석하고 의사를 결정하는 데 참고할 수 있습니다. 수학과 연계한다면, '자료와 가능성' 영역에서 Rectangles(사각형) 모양 테마, Circles(원) 모양 테마를 활용하여 띠그래프, 원그래프 개념을 이해하는 데 도움을 줄 수 있습니다. 사회와 연계한다면, 국가별 인구수, GDP를 비교할 때 Data GIF Maker을 활용할 수 있고, 이외에도 학생들이 발표 자료를 제작할 때나 학급 문제를 해결할 때 도움을 줄 수 있습니다.

■ 숫자 데이터 시각화하기

그럼 지금부터 Data GIF Maker로 데이터 시각화하는 방법을 알아보겠습니다.

1) Data GIF Maker(https://datagifmaker.withgoogle.com)에 접속합니다. Data GIF Maker는 회원가입을 하여야 사용할 수 있습니다.

2) Rectangles(사각형) 모양 테마를 알아보도록 하겠습니다.

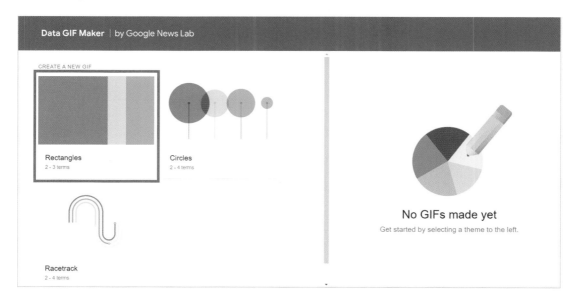

오른쪽 화면에는 여러 값을 입력할 수 있는 창들이 있고, 왼쪽에는 입력한 값들이 어떻게 표현되는지 미리 볼 수 있는 화면이 있습니다. 제목을 '우리 반 사형제도 찬성 반대 현황'이라고 작성합니다. VALUE TYPE은 %(백분율)를 선택하고, 첫 번째 항목의 이름은 '찬성', 두 번째 항목의 이름은 '반대'라고 입력합니다.

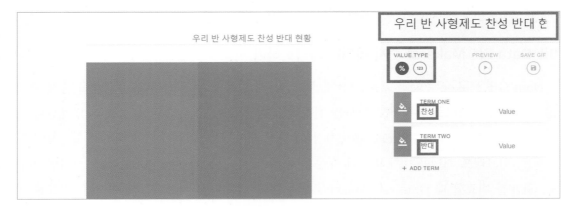

3) 찬성 항목 페인트 통 모양의 아이콘을 클릭하여 파란색을 선택하고, 반대 항목 페인트 통 모양의 아이콘을 클릭하여 진한 분홍색을 선택합니다.

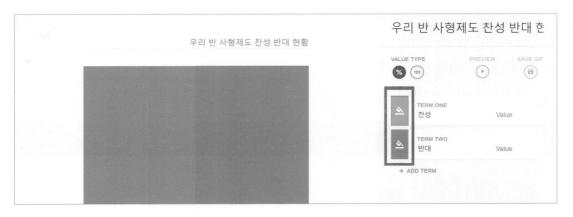

왼쪽 화면을 보면 선택한 색상대로 바뀐 것을 확인할 수 있습니다.

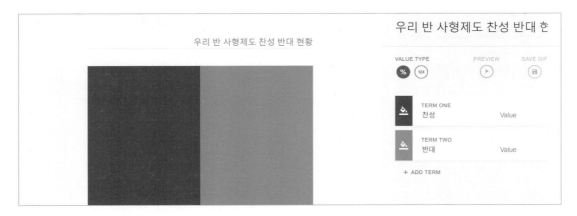

4) 찬성 항목의 값으로 7명, 반대 항목의 값으로 18명을 입력합니다. 왼쪽 화면을 보시면 왼쪽에는 찬성 28%, 오른쪽에는 반대 72%로 입력한 값이 백분율로 변환되어 표시된 것을 알 수 있습니다.

5) 이번에는 Circles(원) 모양 테마에 대하여 알아보겠습니다. 제목을 '동북아시아 나라별 인구수'라고 적겠습니다.

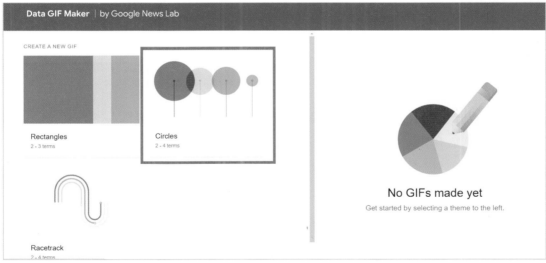

6) VALUE TYPE은 '123(숫자)'을 선택하고, 두 번째 항목 밑에 '+ADD TERM' 버튼을 눌러 항목을 한 개 이름을 작성합니다.

7) 대한민국 인구수 항목은 파란색으로, 일본 인구수 항목은 진한 핑크색으로, 중국 인구수 항목은 짙은 회색으로 색상을 바꾸고, 대한민국 인구수 항목의 값으로 5,155만, 일본 인구수 항목의 값으로 1억 2,329만, 중국 인구수 항목의 값으로 14억 2,567만을 입력합니다. 입력한 값에 따라 원의 크기가 달라지므로 나라별 인구수를 한눈에 파악할수 있습니다.

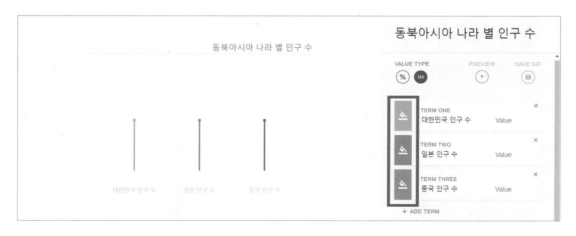

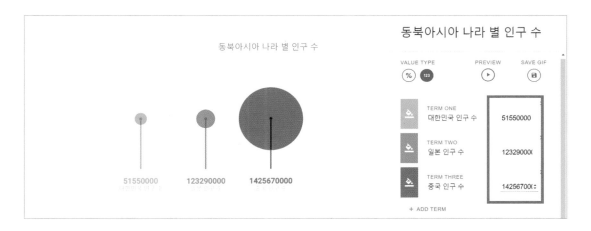

8) 이번에는 Racetrack(경주트랙) 모양 테마에 대하여 알아보겠습니다. 제목을 동물별 평균 수명으로 입력해보겠습니다.

9) VALUE TYPE은 '123(숫자)'을 선택하고, 두 번째 항목 밑에 '+ADD TERM' 버튼을 두 번 눌러 항목을 두 개 추가합니다. 첫 번째 항목의 이름은 '강아지', 두 번째 항목의 이름은 '앵무새', 세 번째 항목의 이름은 '고양이', 네 번째 항목의 이름은 '햄스터'라고 입력하겠습니다.

10) 강아지 항목은 하늘색으로, 앵무새 항목은 노란색으로, 고양이 항목은 보라색으로, 햄스터 항목은 파란색으로 색상을 바꿉니다.

강아지 항목의 값으로 15, 앵무새 항목의 값으로 10, 고양이 항목의 값으로 15, 햄스터 항목의 값으로 3을 입력합니다. 각 동물별 수명이 선형적인 효과로 표현됩니다.

11) SAVE GIF를 클릭하여 품질 정도를 선택한 후, 시각화 자료를 다운로드 또는 링크를 공유할 수 있습니다.

지금까지 Data GIF Maker로 숫자 데이터를 시각화하는 방법에 대해 알아보았습니다. Data GIF Maker를 활용하여 시각화하는 과정에서 데이터에 대한 이해도를 높이고, 더 효과적으로 표현할 수 있는 방법에 대하여 고민해 볼 수 있습니다. 다만, Data GIF Maker로 시각화할 수 있는 테마는 세 가지로 한정하고 있고, 데이터 추가 항목 수는 2~4가지로 제한하고 있습니다.

[수업 사례] ChatGPT, 워드클라우드, Date GIF Maker를 활용하여 '나'와 '타인'에 대하여 이해하기

보통 데이터 시각화 과정은 다음과 같이 여섯 단계로 나눌 수 있습니다.

❶ 데이터 수집	❷ 데이터 정리	❸ 시각화 도구 선택	❹ 시각화	❺ 해석	❻ 발표

이번 활동에서는 '나와 타인에 대하여 이해하기'라는 주제로 인공지능을 이용하여 데이터를 시각화하는 방법에 대해 알아보겠습니다. 먼저, '나'에 대한 정보를 시각화하여야 합니다. 학생들은 자기 스스로를 이해하기 위한 정보를 수집하고 정리하는 과정에서 ChatGPT와 같은 대화형 인공지능 모델을 활용할 수 있습니다. 정리한 데이터는 워드클라우드 생성기 프로그램을 시각화 도구로 선택·활용하여 자신의 성향과 특성에 대한 정보를 시각적으로 요약할 수 있습니다. 해당 결과물을 통해 '나'에 대하여 생각해보고 이해하는 시간이 될 것입니다. 이어서 결과물을 다른 친구들과 공유하고 발표하는 과정에서 수집한 '타인'에 대한 정보를 시각화합니다. Data GIF Maker를 시각화 도구로 선택·활용하여 앞선 과정에서 수집한 친구들의 정보를 다른 형태로 시각화해보고 분석해보는 시간을 가짐으로써 나와 다른 타인을 이해하는 계기가 될 것입니다.

● 관련 성취기준(2015 학교진로교육 성취기준)

[Ⅰ-1-1-1] 자신을 긍정적으로 받아들이는 태도를 가질 수 있다.

[Ⅰ-1-2-1] 자신의 흥미와 적성을 찾아 자신의 특성을 알아볼 수 있다.

[Ⅰ-1-2-2] 자신이 잘하는 것과 좋아하는 것을 계발할 수 있도록 노력할 수 있다.

[Ⅰ-2-1-1] 가족, 친구, 이웃 등 주위 사람과 친밀하게 지낼 수 있다.

[Ⅰ-2-1-2] 나와 같이 다른 사람도 소중함을 알고 행동할 수 있다.

01. ChatGPT와 함께 '나'에 대하여 알아보기

'나' 자신을 알아보기 위해 평소 내가 자주 하는 행동들을 단서로 ChatGPT와 대화를 나누어 보겠습니다. 또한, ChatGPT가 주는 답변에 대해 추가 질문을 해보면서 '나'라는 사람의 성향과 특성에 대해 더 깊게 살펴보고, 더 나아가 진로를 탐색해보는 시간을 가져보겠습니다.

1) ChatGPT(https://chat.openai.com/chat)에 접속합니다.

2) 평소 내가 자주 하는 행동들을 통해 어떤 성향의 사람인지 ChatGPT에 물어보겠습니다.

*예: 나는 평소 실내에서 책을 읽으면서 활동하는 것을 좋아해. 친구들을 만났을 때는 실내에서 조용히 이야기 나누는 것을 좋아하지. '나'라는 사람은 어떤 성향의 사람일까?

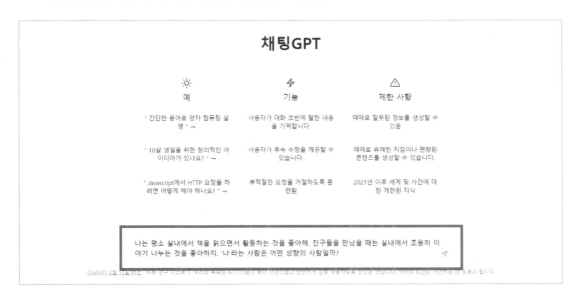

3) ChatGPT의 답변은 입력한 단서를 기초로 하기 때문에 일반적이고 보편적인 답변이 나올 수 있습니다. 따라서 자신과는 부합하지 않는 답변이 나온다면 다시 질문해 봅니다.

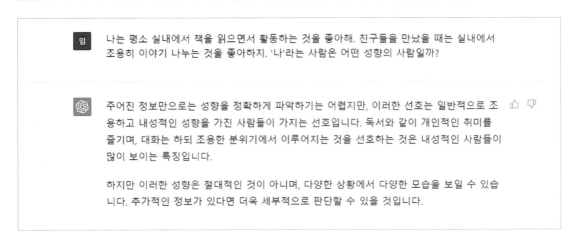

4) 나와 맞는 부분과 맞지 않은 부분에 대하여 ChatGPT에 설명하고 다시 어떤 성향의 사람인지 물어보니, 이번 ChatGPT의 답변은 제법 '나'와 비슷합니다.

*예: 맞아, 외향적이기보단 내성적이고 혼자만의 시간을 가지는 것을 좋아해. 하지만 다른 사람들과 소통하는 것에 어려움을 겪거나 대인 관계의 문제는 없어. 이런 경우 '나'라는 사람은 어떤 사람인지 추가로 설명해줘

> **임** 맞아 외향적이기 보단 내성적이고 혼자만의 시간을 가지는 것을 좋아해. 하지만 다른 사람들과 소통하는 것에 어려움을 겪거나 대인관계의 문제는 없어. 이런 경우 '나'라는 사람은 어떤 사람인지 추가적으로 설명해줘

> 내성적이고 혼자만의 시간을 즐기는 것은 이 사람이 자신의 내면과 깊은 고민을 하고, 자신만의 관심사를 적극적으로 추구하는 경향을 보일 수 있음을 나타냅니다.
>
> 그러나 동시에, 다른 사람들과 소통하는 것에 어려움을 겪지 않는다는 점은 이 사람이 다른 사람들과 협력하고, 대화하며, 사회적으로 참여하는 데에도 능력과 관심을 가지고 있다는 것을 시사합니다.
>
> 따라서 이 사람은 내성적이면서도 사회적으로 능동적인, 안정적이고 균형잡힌 성격을 가진 사람으로 볼 수 있습니다.

5) 조용하고 집중력이 높은 내성적인 사람들에 대한 자세한 특징들을 파악하기 위하여 구체적인 설명을 ChatGPT에 질문해보겠습니다.

*예: 조용하고 집중력이 높은 내성적인 성향의 사람의 특징에 대하여 구체적으로 설명해줘.

> **임** 조용하고 집중력이 높은 내성적인 성향의 사람의 특징에 대하여 구체적으로 설명해줘.

> ▪

6) 내성적인 성향의 사람들이 가진 특징과 강점 여섯 가지에 대하여 구체적으로 설명을 해주었습니다.

> **임** 내성적인 성향이고 집중력이 뛰어난 사람의 특징에 대해서 구체적으로 설명해줘

> 내성적인 성향이 강하면, 사람들과 함께하는 것보다 혼자 있는 것을 선호하고, 대화하는 것이나 사회적인 상호작용을 피하는 경향이 있습니다. 또한 집중력이 뛰어난 사람은 한 가지 일에 몰입하여 깊이 있는 생각을 하고 문제를 해결하는 능력이 뛰어납니다. 이러한 사람들은 다음과 같은 특징을 가질 수 있습니다:

1. 잘 듣기: 내성적인 사람들은 사람들과 대화할 때 듣기를 좋아합니다. 이들은 대화 중에 상대방이 말하는 내용을 주의 깊게 듣고, 이를 이해하려 노력합니다.
2. 집중력: 내성적인 사람들은 혼자 있을 때 더 집중력이 뛰어납니다. 이들은 하나의 일에 몰두하여 최선을 다하고, 시간이 길어질 때도 지루하지 않고 끈질기게 일할 수 있습니다.
3. 세부적인 분석 능력: 내성적인 사람들은 자신의 생각과 느낌에 대해 매우 세부적으로 분석할 수 있습니다. 이들은 복잡한 문제를 해결하기 위해 디테일한 부분까지 집중하고, 문제를 해결하기 위한 모든 가능성을 고려합니다.
4. 창의성: 내성적인 사람들은 창의성이 높습니다. 이들은 자신의 생각과 감정에 대해 깊이 있게 고민하고, 이를 토대로 창조적인 아이디어를 생각해낼 수 있습니다.
5. 깊은 이해: 내성적인 사람들은 사람들의 감정과 행동에 대한 깊은 이해력을 가지고 있습니다. 이들은 다른 사람들의 입장을 이해하려 노력하며, 이를 토대로 다른 사람들과의 관계를 더욱 개선시킬 수 있습니다.
6. 독립성: 내성적인 사람들은 다른 사람들의 의견에 영향을 받지 않고 자신의 판단에 따라 행동합니다. 이들은 자신의 가치관과 신념을 중요하게 생각하며, 이를 지키기 위해 노력합니다.

↻ Regenerate response

7) 이번에는 나에게 어울리는 직업, 진로에 대해서 ChatGPT에 물어보도록 하겠습니다. ChatGPT는 프로그래머, 데이터 분석가, 회계사 등을 추천해주었습니다.

*예: 나는 내성적인 성향의 사람으로 혼자 있으면서 집중력 있게 한 가지 일에 몰두하고 해결하는 것을 좋아해. 그리고 세부적으로 문제들을 분석하는 것을 잘하지. 나에게 어울리는 직업, 진로에는 무엇이 있을까?

임 나는 내성적인 성향의 사람으로 혼자 있으면서 집중력 있게 한 가지 일에 몰두하고 해결하는 것을 좋아해. 그리고 세부적으로 문제들을 분석하는 것을 잘하지. 나에게 어울리는 직업, 진로에는 무엇이 있을까?

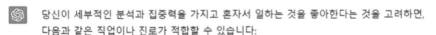

당신이 세부적인 분석과 집중력을 가지고 혼자서 일하는 것을 좋아한다는 것을 고려하면, 다음과 같은 직업이나 진로가 적합할 수 있습니다:

1. 프로그래머/개발자: 프로그래밍은 세부적인 분석과 해결을 필요로 하며, 혼자서 일하는 것도 많습니다.
2. 데이터 분석가/과학자: 데이터 분석은 분석적 사고와 집중력이 필요한 일이며, 데이터 분석을 위한 도구와 기술을 이용해 문제를 해결합니다.
3. 작가/저널리스트: 글쓰기는 혼자서 일하며, 이를 위해서는 세부적인 분석과 집중력이 필요합니다.
4. 회계사: 회계는 숫자와 데이터의 분석을 기반으로 합니다. 이는 세부적인 분석과 집중력을 필요로 하는 일입니다.
5. 그래픽 디자이너: 디자인 작업은 혼자서 일하는 경우가 많으며, 세부적인 분석과 창의적 사고가 필요합니다.

이 외에도, 당신이 흥미를 가지는 분야에서도 세부적인 분석과 집중력이 필요한 일이 많을 것입니다. 진로를 선택할 때는 자신의 강점과 관심사를 고려하면서 적합한 분야를 찾아보시기 바랍니다.

8) 지금까지 ChatGPT와 나누었던 대화 중에서 나의 성향과 잘 맞는다고 생각되는 부분들을 뽑아 모아놓으면 '나'에 대한 근사한 소개 글 하나가 완성됩니다.

이렇게 나에 대한 성향과 특징 그리고 어울리는 직업, 진로에 대하여 ChatGPT와 함께 알아보고 정리해 봤습니다. ChatGPT의 답변 내용 그대로 사용하기보다는 사용자 본인의 성향에 맞추어 수정하고 검토하는 지도가 필요하겠습니다.

02. 워드클라우드 생성기, Data GIF Maker로 '나'와 '타인'에 대한 시각화 자료 만들기

그럼 이제 앞서 완성한 나에 대한 소개글을 활용하여 워드클라우드 생성기로 시각화 자료를 만들어봅니다. 이어서 결과물을 학급 친구들에게 발표하고 공유하는 과정에서 수집한 자료를 바탕으로 Data GIF Maker를 이용해 숫자 데이터를 시각화하고 분석해보겠습니다.

1) 워드클라우드 생성기에 접속합니다. ChatGPT와 대화하면서 수집하고 정리하였던 나에 대한 글을 텍스트 창에 붙여넣습니다.

2) 글 속에서 나를 가장 잘 나타내는 단어 3개를 뽑아 키워드 창에 입력해보겠습니다.
*예: '집중력', '혼자', '관찰력' 입력

3) 글자색은 'hot', 폰트는 '배달의민족연성체', 배경색은 '하얀색 바탕', 클라우드 모양은 '구름' 모양을 지정하고 워드클라우드 만들기를 실행해보겠습니다. '나'를 설명하고 나타내는 문자 클라우드가 완성되었습니다. 완성한 문자 클라우드로 학급 친구들에게 나를 소개하고 공유해보는 시간을 가져봅니다. 다른 친구들의 문자 클라우드를 조사해 보고 그 친구를 잘 나타내는 단어들을 적어봅시다.

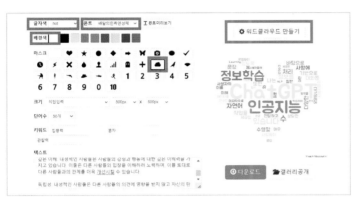

- 완성한 클라우드를 친구들과 공유를 하다 보면 그 친구들을 나타내는 몇몇 단어가 중복되는 것을 확인할 수 있습니다. 중복이 많이 되는 단어를 순서대로 정리해 봅니다.

4) 이번에는 Data GIF Maker에 접속합니다. Rectangles(사각형) 모양 테마를 선택한 후 VALUE TYPE은 '%'로 설정합니다. 제목은 '우리 반 친구들의 성향 및 특징'이라고 설정합니다. '+ADD TERM' 버튼을 눌러 항목을 추가합니다. 중복이 가장 많이 된 단어 순으로 세 개의 단어를 각 항목에 입력합니다. 첫 번째 항목에 '외향적인', 두 번째 항목에 '활동적', 세 번째 항목에 '내향적인'을 입력합니다.

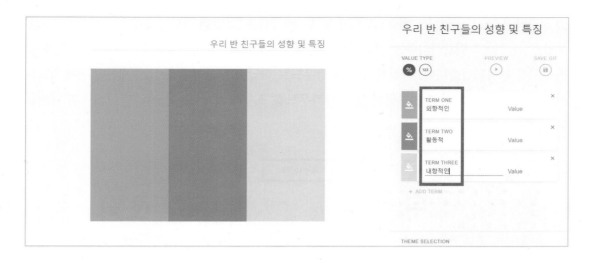

5) 외향적 항목 값으로 18, 활동적 항목 값으로 12, 내향적 항목 값으로 8을 입력합니다. 우리 반 친구들의 성향 및 특징에 대한 시각 자료가 완성되었습니다. 외향적인 친구들은 47%로, 21%의 내향적인 친구들보다 더 많은 것을 알 수 있습니다.

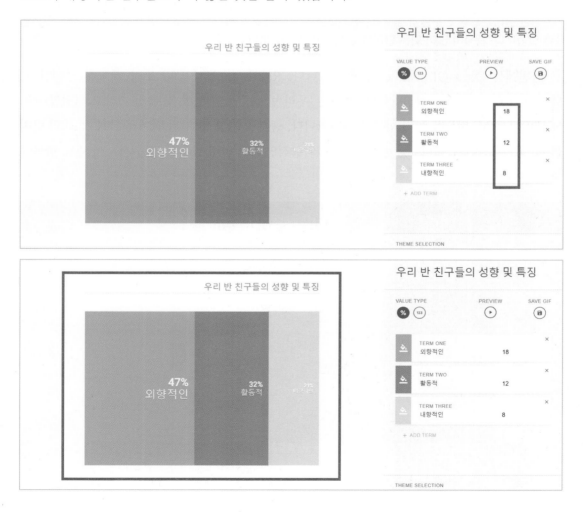

단원을 마무리하며

지금까지 ChatGPT, 워드클라우드 생성기, Data GIF Maker를 사용하여 나와 학급 친구들의 성향에 대한 시각화 자료를 만들어 보았습니다. 대량의 데이터를 시각적으로 요약하여 학생들이 학습의 본질을 쉽게 파악할 수 있었습니다. 하지만 시각화 도구의 사용에 매몰되어 '나와 타인에 대한 이해'라는 수업의 본질이 흔들리지 않도록 지속적인 수업 피드백과 도구로서의 인공지능 활용에 대한 올바른 사용법을 알려주는 것이 무엇보다 중요합니다.

그리고 '타인'에 대한 정확한 시각화 결과물을 얻기 위해 클라우드 결과물을 공유하는 과정을 통해 친구들을 나타내는 핵심 단어를 적을 수 있도록 지도해야 합니다.

음악

AI와 함께 음악 만들고 노래 부르기

인공지능과 함께하는 작곡과 작사

음악은 언어나 수학 등의 학문적인 내용보다 더욱 쉽고 자연스러운 방법으로 창의성과 문제 해결 능력을 키우는 데 도움을 주므로 학생들이 음악에 관심을 가지고 참여할 수 있는 수업은 매우 중요합니다.

또한, 인공지능 기술의 발전으로 인해 ChatGPT와 같은 자연어 처리 기술을 활용한 창작 활동이 더욱 용이해져 이러한 기술을 활용한 노래 가사 창작은 학생들의 창의성과 글쓰기 능력을 향상시킬 수 있는 좋은 방법입니다.

이번 차시에서는 음악 생성형 인공지능인 Soundraw로 만든 음악에 맞춰 ChatGPT가 작성한 노래 가사를 넣어 불러보고, 자동 자막 생성 프로그램인 Vrew를 이용해 영상을 만들어 발표해보는 시간을 가져보도록 하겠습니다.

01 Soundraw 알아보기

■ Soundraw 살펴보기

ᴍSOUNDRAW

출처: https://soundraw.io

Soundraw는 인공지능으로 음악을 생성하는 플랫폼으로, 분위기, 장르, 길이를 선택하면 무제한으로 음악을 생성할 수 있습니다. AI에 사용자가 원하는 바를 입력하면 수십 가지의 변형된 노래들을 생성시킬 수 있으며, 생성된 음악을 골라 편집 및 조정을 할 수 있습니다. 다만 최대 5분 길이의 음악만 생성 가능하며, 추가적인 음향 효과는 지원하지 않습니다.

작곡 지식 없이도 몇 분 안에 사용자가 원하는 음악을 만들 수 있기 때문에 초등학교 교육 현장에서도 사용하기 적합합니다. 음악 교과와 연계하여 작곡 수업, 노래 변형하기 수업으로 활용할 수 있고, 국어 교과와 연계하면 시 낭송 수업에 알맞은 노래 만들기, 작품을 감상하고 자신의 느낀 점을 음악으로 표현하는 수업 등으로도 사용할 수 있습니다.

　무료로 이용 가능하지만, 유료로 구독할 때만 생성한 음악을 다운로드할 수 있습니다. 결과물을 남겨놓기 원하는 경우 영상을 찍은 후 Vrew나 Capcut과 같은 영상 도구로 편집하여 남겨놓는 방법이 있습니다.

　Soundraw로 만든 음악은 영상의 배경음악(BGM)으로 자유롭게 사용하는 것은 가능하나 타 오디오 스트리밍 플랫폼에서 음악을 배포거나 재판매하는 것은 불가능하며, 생성된 모든 음악에 대한 저작권, 상표권, 모든 지적 재산권은 Soundraw에 귀속됩니다.

02. Soundraw 접속 및 회원가입하기

　Soundraw에 접속하여 회원가입하는 방법을 알아보겠습니다.

1) Soundraw 홈페이지(https://soundraw.io)에 접속합니다. 메인 화면에서 Sign Up을 누르면 유료 계정으로만 가입할 수 있습니다.

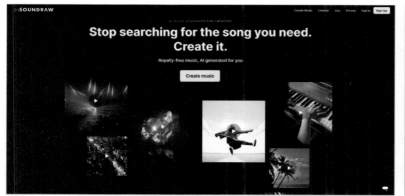

2) 비회원 상태로 음악을 생성한 후 하트(즐겨찾기) 버튼을 누르면 무료 계정 회원가입 창이 뜹니다.

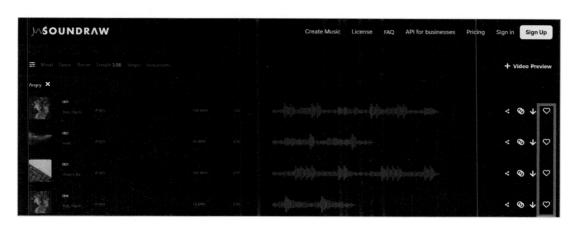

3) 아이디, 비밀번호를 입력하면 가입이 완료됩니다. 이제 Soundraw를 사용할 수 있습니다.

- 비회원으로도 음악 생성이 가능하나 생성한 음악을 '즐겨찾기' 하는 것은 불가능합니다.

- 회원인 경우 최대 30곡까지 즐겨찾기 저장을 할 수 있습니다.

03. Soundraw로 음악 생성하기

Soundraw는 사용 방법이 매우 직관적이고 쉬우며, 사용자의 요구에 맞게 조정이 가능하여 학교 수업 현장에서 다양하게 활용할 수 있습니다. 음악 교과와 연계하여 학생들이 음악을 생성시켜보고, 생성된 음악을 듣고 각자 자신의 의견을 나누어 보면서 창작 활동의 재미를 느끼고 음악에 대한 이해도를 높일 수 있습니다. 체육 교과와 연계하여 특정한 리듬을 가지고 있는 음악을 듣고, 그에 맞게 몸을 움직이는 활동을 할 수 있습니다.

이외에도 학생들이 읽은 동화나 시의 내용에 알맞은 음악을 생성시켜보면서 국어 교과 '문학 활동'과도 연계할 수 있고, 학습발표회나 학급 공연에 사용할 배경음악을 학생들이 직접 만들어 볼 수도 있습니다.

■ Soundraw 기본 사용 방법 알아보기

그럼 지금부터 Soundraw로 음악을 생성하는 방법을 알아보겠습니다.

1) Soundraw(https://soundraw.io)의 메인 화면에서 'Create music'을 클릭합니다.

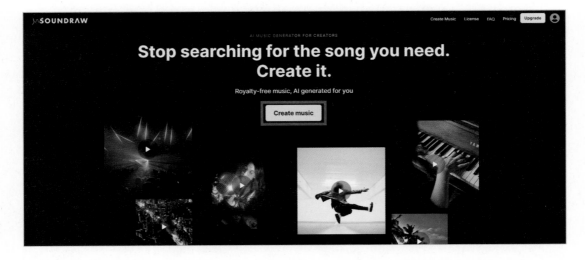

만들고 싶은 음악의 길이, 속도, 장르, 테마를 선택할 수 있습니다. 먼저 'Euporic(크게 기쁜)' 분위기를 클릭하겠습니다.

조금 기다리면 'Euporic' 분위기의 노래들이 생성된 것을 확인할 수 있습니다.

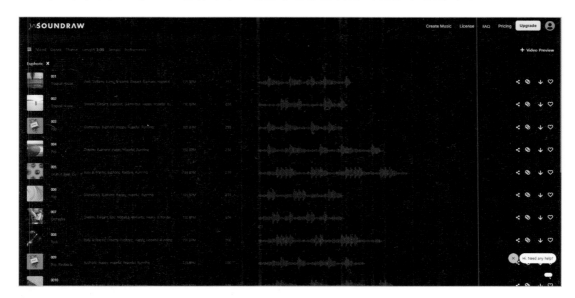

2) 추가 기능을 살펴보면, 장르, 테마, 길이, 속도, 악기를 선택해서 원하는 노래를 생성할 수 있습니다. 장르는 펑키, 테마는 다큐멘터리, 길이는 1분을 선택합니다. 템포는 빠른 것만 남겨두고 체크를 해제합니다.

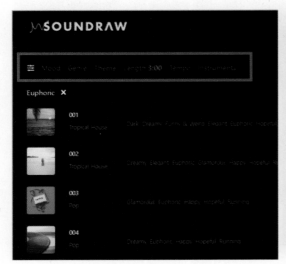 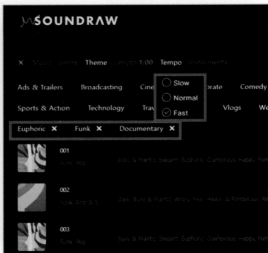

그러면 선택한 조건에 부합하는 노래들이 자동으로 생성됩니다. 더 많은 노래를 생성하길 원한다면 'Create more music' 버튼을 누릅니다.

3) 각각의 음악을 들어보면서 가장 마음에 드는 음악을 선택하면 됩니다. 여섯 번째 노래를 선택해 보겠습니다.

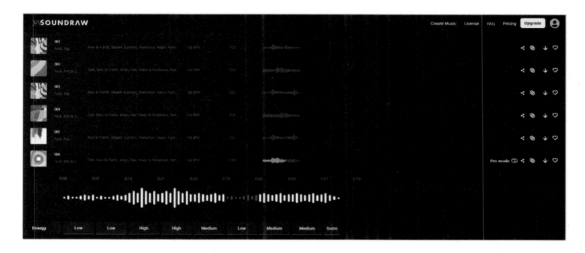

7초마다 트랙이 한 개씩 구성되어 있습니다. 트랙 위에 마우스를 올려놓으면 오른쪽에 휴지통 모양, + 모양이 보이는데요. +를 누르면 트랙 하나가 더 추가되고, 휴지통을 누르면 해당 트랙이 삭제됩니다. 그리고 각 트랙마다 에너지 상태를 조정할 수 있습니다. 보통 Low/Medium/High/Very High 총 4단계로 구성되어 있습니다. 선택된 노래는 에너지 상태를 3단계만 고를 수 있습니다. Very High 쪽으로 가면 갈수록 다루는 악기도 늘어나고 소리도 커집니다.

기승전결을 생각해서 처음 부분은 에너지 상태를 Low로 지정하고, 점점 에너지 상태를 높였다가 점차 다시 내려가는 방식으로 구성해보겠습니다.

4) 짧은 시간에 원하는 음악 한 곡이 완성되었습니다. 무료 계정에서는 다운로드를 할 수 없는 대신 링크 주소를 공유할 수 있습니다. 우측 하트 모양 버튼(즐겨찾기)으로 생성한 음악을 저장할 수 있고, 무료 계정은 최대 30곡까지 등록할 수 있습니다.

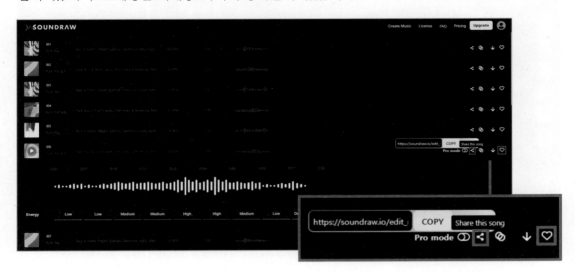

'Create similar music' 버튼을 누르면 만든 음악과 비슷한 음악들이 생성됩니다. 추가로 원하는 스타일의 다른 음악을 찾고 싶다면 이 기능을 이용하면 됩니다.

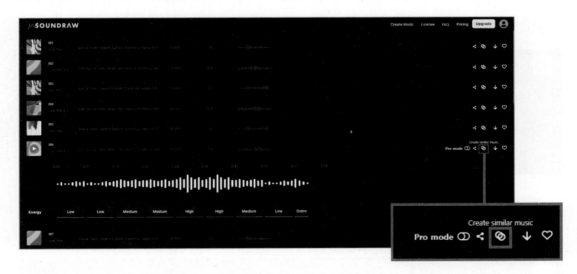

■ Soundraw 심화 사용 방법 알아보기

이번에는 Soundraw에서 제공하는 'Pro mode'를 사용하여 원하는 음악을 더 완성도 높게 만들어 보겠습니다.

1) Soundraw(https://soundraw.io)의 메인 화면에서 'Create music'을 클릭하고, 'Busy& Frantic(바쁘고 광란스러운)' 분위기를 선택합니다.

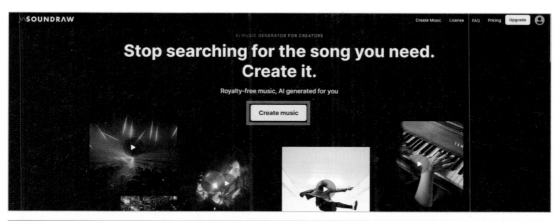

장르는 힙합, 테마는 'Workout&Wellness(운동 및 건강)', 길이는 30초를 선택하겠습니다. 속도는 'Fast'만 남겨두고 다 선택 해제하도록 하겠습니다. 악기는 그대로 두도록 하겠습니다. 15가지의 노래가 생성되었습니다.

2) 생성된 음악 중 열 번째 음악을 선택했습니다. 여기서 'Pro mode'를 눌러 보면 아래와 같이 다양한 기능을 조정할 수 있는 창이 나옵니다. 'Melody', 'Backing', 'Bass', 'Drum', 'Fill' 총 다섯 가지 부분을 조정할 수 있습니다. 각 트랙에 다섯 가지 조정할 수 있는 부분을 누르면 색이 변하는 것을 알 수 있습니다. 멜로디 부분이 검은색이 되면 해당 트랙에서는 멜로디가 나오지 않게 됩니다. 그리고 누르면 하늘색에서 진한 파란색으로 색이 짙어지는데, 짙어질수록 해당 부분의 소리가 강해집니다.

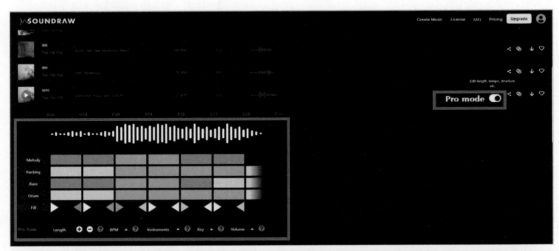

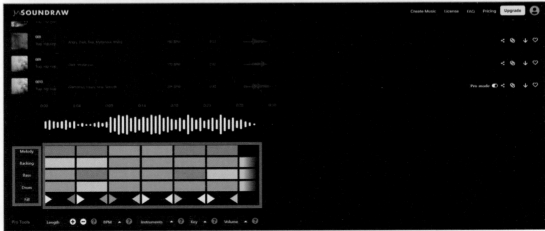

3) 각 조정 기능을 조절해가면서 각 트랙별로 자신의 취향에 맞게 조정할 수 있습니다. 예를 들어 첫 번째 트랙에서 멜로디에 드럼 소리만 넣고 싶다면, 'Backing', 'Bass', 'Fill' 부분을 검정색으로 만들어 놓고, 'Melody'는 하늘색, 'Drum'은 진한 파란색으로 만들면 됩니다.

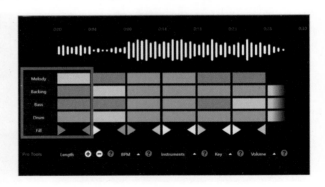

아래의 Pro Tools을 이용하면 더 미세한 조정이 가능합니다. 'Length' 부분에서는 음악의 길이를 조정할 수 있습니다. 'BPM' 부분에서는 노래의 속도를 조절할 수 있습니다. BPM이 185일 때와 250일 때를 들어보면, BPM 205일 때 더 빨라진 것을 확인할 수 있습니다.

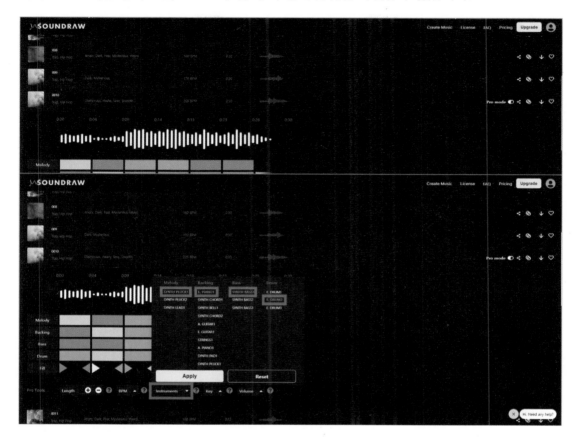

'Key' 부분에서는 음악의 높낮이를 선택할 수 있는데요. 한 번 'K03'으로 바꾸어서 들어보겠습니다. 음악의 피치가 높아진 것을 확인할 수 있습니다.

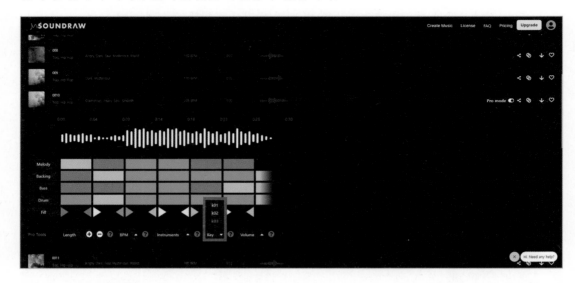

마지막 'Volume' 부분은 'Melody', 'Backing', 'Bass', 'Drum', 'Fill' 부분의 소리 크기를 조절할 수 있는 부분입니다.

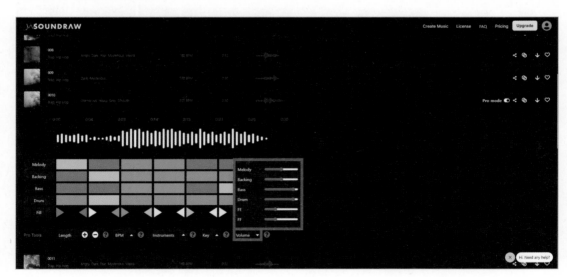

Vrew 알아보기

01. Vrew 살펴보기

출처: https://vrew.voyagerx.com/ko

Vrew는 인공지능을 활용하여 영상을 편집하는 프로그램입니다. AI가 영상의 음성을 인식하고 분석하여 자막을 자동으로 생성하고 대본을 업로드하면 자동으로 내용을 자막에 넣어줍니다. 뿐만 아니라 장면 전환점을 감지하는 기능, 얼굴을 자동으로 인식해서 확대 혹은 블러(blur) 처리할 수 있는 기능, 영상 속 무음 구간을 자동으로 인식하여 삭제하는 기능 등 다양한 영상 편집 기능을 이용할 수 있습니다. 특히 다른 AI 음성 분석 앱보다 한국어 인식률이 뛰어납니다. 또한, 저작권 걱정 없이 10만 개의 이미지, 수천 개의 영상, 200개의 배경음악, 1,000개의 효과음, 100개의 폰트, 자막 템플릿을 무료로 사용할 수 있습니다. 5개 국어 200종의 질 높은 AI 목소리를 사용하여 영상을 만들 수 있다는 것도 장점입니다.

이처럼 사용하기 쉽고 기능 구성도 직관적으로 되어 있기 때문에 학교 수업 현장에서 활용하기 적합합니다. 예를 들어 학생들이 단편 영화나 광고 영상 등 창의적인 작품을 제작하거나 결과를 시각적으로 보여줄 수 있는 프로젝트 발표 자료를 제작하는 데 활용할 수 있습니다.

회원가입 시 무제한으로 이용할 수 있지만, 회원가입 없이 이용한다면 음성 분석 시간이 한 달 90분으로 제한됩니다.

02. Vrew 접속 및 회원가입하기

Vrew에 접속하여 회원가입하는 방법을 소개해드리겠습니다.

❶ Vrew 홈페이지(https://vrew.voyagerx.com/ko)에 접속하여 중앙의 무료 다운로드 또는 우측 상단에 있는 다운로드 버튼을 눌러서 프로그램을 설치합니다.

❷ 프로그램에 접속하면 첫 화면에 로그인 창이 뜹니다. 회원가입을 클릭합니다.

❸ 정보를 입력합니다.

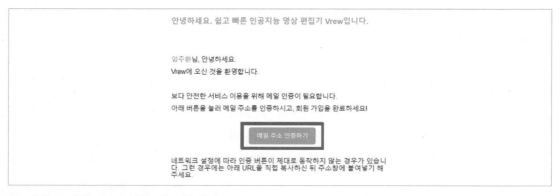

❹ 이메일 인증 후 가입을 완료합니다.

이제 Vrew를 로그인한 상태로 사용할 수 있습니다.

03. Vrew 동영상 편집하기

Vrew를 이용해 동영상에 자막을 자동으로 삽입할 수 있습니다. 뿐만 아니라 자체적으로 제공하는 AI 음성과 영상이 있어 준비한 영상 없이도 동영상을 제작할 수 있습니다.

지금부터 미리 준비한 카시트 공익광고에 자막을 넣어보고, AI 음성으로 동영상을 만들어 보겠습니다.

1) Vrew(https://vrew.voyagerx.com/ko)를 실행합니다. 접속한 첫 화면에 로그인 창이 뜨면 이메일과 비밀번호를 입력합니다.

2) 먼저 준비한 동영상을 업로드합니다. '파일' 메뉴에 있는 '새로 만들기'를 클릭합니다. 파일이 있는 경우와 없는 경우로 나누어져 있습니다. 준비된 파일이 있는 경우 컴퓨터와 스마트폰에 있는 영상이나 음성 파일을 올릴 수 있습니다. 영상의 경우, '영상 파일로 시작하기'를 선택하고 '영상 불러오기' 창을 확인합니다. '확인'을 누르면 지금 AI가 업로드한 동영상의 음성을 분석해서 자막을 넣어 줍니다.

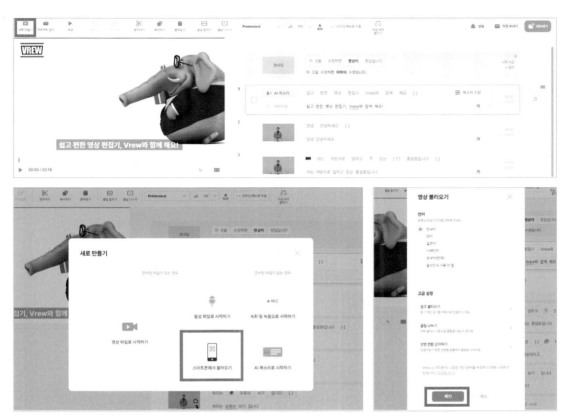

3) 편집 화면에 불러온 영상이 탑재되었습니다. 각각의 네모 모양을 클립이라고 부릅니다. 클립 안에는 영상편집과 자막수정이 한 줄씩 있습니다. 영상편집 줄 위에 올려놓고 마우스를 클릭하면 하늘색 커서가 깜박거립니다. 이 상태에서 스페이스바를 누르면 커서가 있는 부분부터 끝까지 전체 재생이 됩니다. 그리고 Tap 키를 누르면 해당 클립 하나만 재생이 됩니다.

영상편집 줄에 커서를 두고 Delete 키를 누르면 해당 영상 부분이 삭제됩니다.

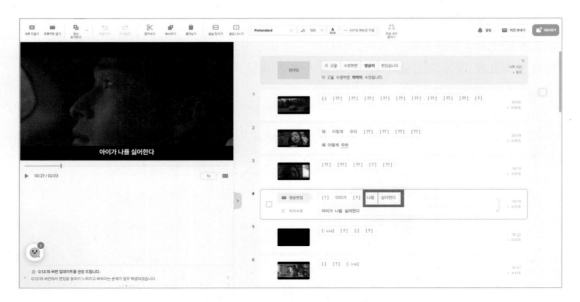

해당 클립 앞에 커서를 두고 Tap키를 눌러보면 실제로 삭제된 것을 확인할 수 있습니다. 원하지 않은 부분을 이렇게 쉽게 삭제할 수 있습니다.

4) 영상과 자막을 편집해보겠습니다. 두 번째 클립에서 영상에는 문제가 없는데 AI가 '왜 이렇게 우러'라고 자막을 잘못 인식했습니다. '왜 이렇게 울어'로 수정합니다.

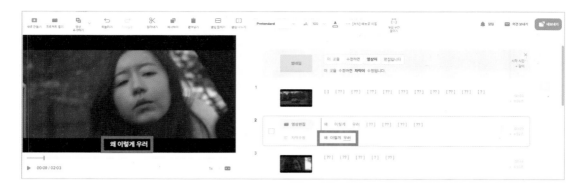

미리보기 화면에서 '왜 이렇게 울어'로 자막이 수정된 것을 확인할 수 있습니다. 이렇게 영상과 자막 부분을 살펴보면서 잘못된 부분을 수정하면 됩니다.

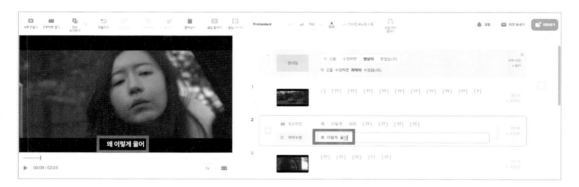

5) 7번 클립에서 끝 부분이 8번 클립과 연결이 되면 더 자연스러울 것입니다. Enter 키를 눌러 나눈 다음 8번 클립과 합쳐보겠습니다. 8번 클립의 자막에서 '위협'을 '미역국'으로 수정하고 '다가가려 해도' 부분을 나누어서 다음 9번 클립과 합치겠습니다.

6) 24번 클립에서 클립을 나누고, 26번과 27번 클립은 영상 자체에 이미 자막이 있기 때문에 영상에서 추가로 자막을 넣지 않고 삭제하겠습니다.

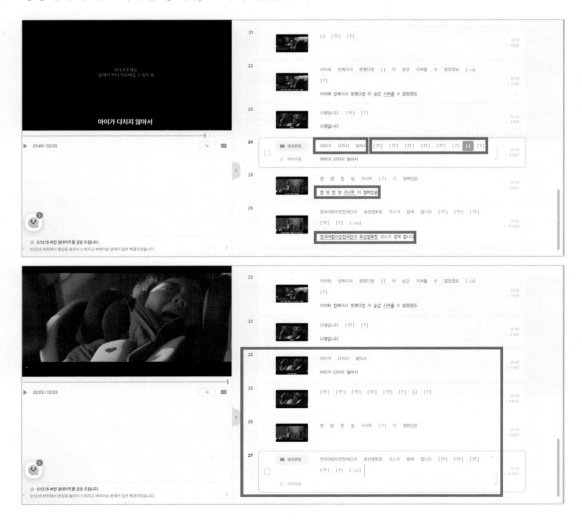

영상편집 줄에 있는 [..]는 무음이나 공백을 뜻합니다. 이 부분을 한 번에 삭제해보겠습니다. 메뉴에서 편집을 누르고 무음 구간 줄이기를 누르면 해당 구간을 몇 초로 줄일지 설정할 수 있습니다. 0초로 없애보겠습니다.

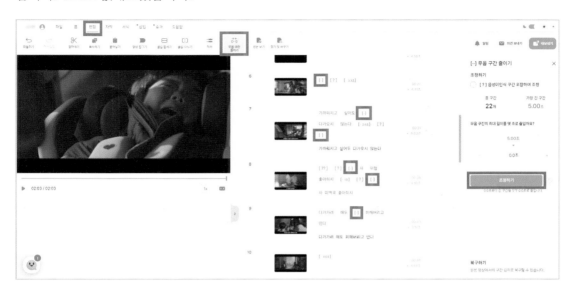

7) 26번 클립에 카시트 사진을 넣어보겠습니다. 26번 클립에 마우스 오른쪽 버튼을 클릭하여 이미지 삽입을 누릅니다. PC에서 불러오기를 선택하여 미리 준비한 카시트 사진을 선택하여 첨부합니다. 해당 클립 오른쪽을 보면 사진 적용 범위를 변경할 수 있습니다.

8) AI 음성을 넣어 화면을 만들어 보겠습니다. 새로운 화면을 만들고 싶은 위치에 마우스를 가져가면 클립 추가 버튼이 뜨는 것을 확인할 수 있습니다.

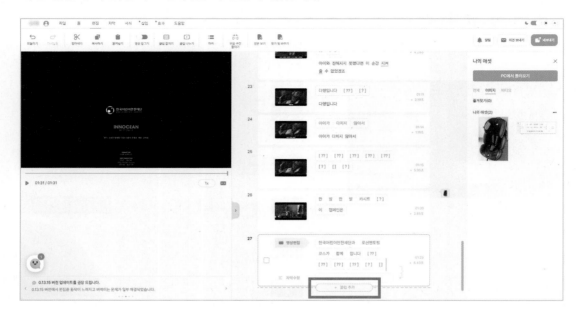

　　AI 목소리 클립을 누르면 텍스트 창이 뜹니다. 원하는 내용을 넣고, 목소리 설정에서 가장 마음에 드는 것을 고릅니다.

카시트의 예방 효과에 대한 내용을 넣고, '예찬' 목소리를 선택합니다.

그러면 AI 음성도 클립으로 나누어집니다. 화면에 자연스럽게 나올 수 있도록 자막 줄바꿈을 합니다.

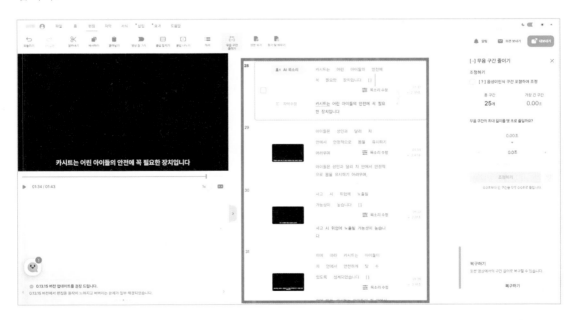

205

9) AI 음성을 넣은 화면에 비디오 영상을 넣습니다. 28번 클립을 마우스 오른쪽 클릭한 후 비디오 삽입에 마우스 오버하여 무료 비디오 삽입을 클릭합니다. '영유아'라고 검색한 후 해당 영상을 선택합니다. 그리고 적용 범위를 AI 보이스 화면 전체로 변경합니다.

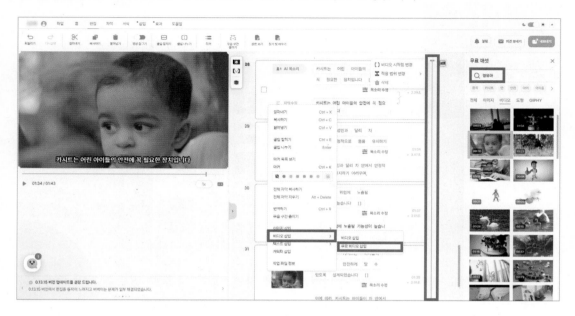

처음부터 미리보기를 한 후 이상이 없으면 우측 상단에 '내보내기' 버튼을 클릭합니다. 영상 파일을 선택하고 설정을 확인한 후 '내보내기'를 합니다.

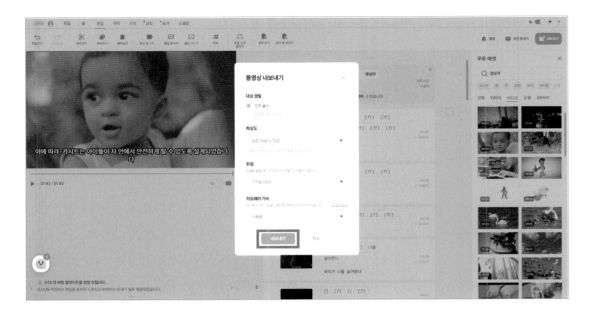

    지금까지 Vrew로 동영상을 만들고 편집하는 방법에 대하여 알아보았습니다. 학생들은 Vrew를 활용하여 직접 영상을 만들고 편집하는 과정에서 창의적 사고력과 미디어 활용 능력을 향상시킬 수 있습니다. 학생들이 자신만의 창작물을 만들고 이를 공유함으로써 창의성을 발휘하고 미디어 제작과 관련된 다양한 기술과 지식을 습득하는 좋은 기회가 되었으면 합니다.

[수업 사례] ChatGPT, Soundraw, Vrew를 활용하여 음악 만들어 노래 부르기

보통 음악을 만드는 과정은 다음과 같이 네 단계로 나눌 수 있습니다.

❶ 아이디어 도출	❷ 아이디어 구성	❸ 악보 상세 작업	❹ 수정

학생들은 음악 작곡을 위한 아이디어를 도출하거나 가사를 작성하는 과정에서 ChatGPT와 같은 대화형 인공지능 모델의 도움을 받을 수 있습니다. 또한 학생들이 직접 악보를 작업하고 수정하여 작곡하는 것은 어렵기 때문에 Soundraw와 같이 음악 생성 인공지능 프로그램의 도움을 받아 음악을 만들어 볼 수 있습니다. 이후 Soundraw로 만든 음악에 ChatGPT의 도움을 받아 완성한 가사를 붙여 노래 부르는 영상을 촬영한 뒤 Vrew로 편집, 수정한 최종 영상을 발표하는 시간을 가집니다. 이는 음악이 삶에 주는 의미에 대해 이해하고, 음악을 생활화하는 계기가 될 것입니다.

음악(비트) 만들어 노래(랩) 부르기 활동을 통해 학생들은 공부했던 다른 교과들의 내용을 정리해보고, 그 내용을 바탕으로 노래 가사를 만들어 봅니다. 노래 가사에 알맞은 분위기와 장르의 음악을 만들어 보고, 그 음악에 맞춰 노래 부르는 영상을 만들어 발표하는 일련의 과정은 학생들이 문화예술을 즐기는 삶을 구현할 수 있는 밑거름이 될 것입니다.

● 관련 성취기준

[4음01-01] 악곡의 특징을 이해하며 노래 부르거나 악기로 연주한다.

[4음01-04] 제재곡의 리듬꼴이나 장단꼴을 바꾸어 표현한다.

[4음03-01] 음악을 활용하여 가정, 학교, 사회 등의 행사에 참여하고 느낌을 발표한다.

[6음01-01] 악곡의 특징을 이해하며 노래 부르거나 악기로 연주한다.

[6음01-04] 제재곡의 일부 가락을 바꾸어 표현한다.

[6음03-01] 음악을 활용하여 가정, 학교, 사회 등의 행사에 참여하고 느낌을 발표한다.

---

01. ChatGPT와 함께 다른 교과들의 내용을 주제로 노래(랩) 가사 만들기

만든 음악에 맞춰 노래 부르기 위한 가사를 작성하기 위해 ChatGPT를 이용해 봅니다. 공부했던 다른 교과 내용들을 정리하면서 기억이 안 나거나 궁금한 점을 물어볼 수 있고, 랩 가사 형식에 맞게 각운을 넣은 노래 가사를 추천받을 수도 있습니다.

ChatGPT와 함께 작성하는 노래(랩) 가사의 주제는 그동안 학급에서 배웠던 교과 내용 중 학생이 원하는 교과와 단원으로 정하면 됩니다.

1) 사회 5학년 1학기 1단원 '국토와 우리생활'을 주제로 노래(랩) 가사를 만들어 보겠습니다. 가사를 만들기 전 공부했던 내용들을 ChatGPT에 물어보며 정리해봅니다.

*예: 위도와 경도에 대하여 설명해줘.

위도와 경도에 대하여 설명해줘

위도와 경도는 지구상의 위치를 표시하기 위한 좌표 체계입니다.

위도는 적도와의 각도로, 지구의 북쪽과 남쪽을 나누는 선인 적도에 대해 측정됩니다. 적도는 0도로 설정되어 있으며, 북쪽으로 이동할수록 위도는 0도보다 커지며, 남쪽으로 이동할수록 0도보다 작아집니다. 최대치는 북극지방과 남극지방으로, 각각 90도와 -90도가 됩니다.

경도는 그리니치 천문대를 기준으로 동서방향으로 측정됩니다. 그리니치 천문대는 영국 런던에 위치한 천문대로, 0도로 설정됩니다. 그리고 이를 기준으로 동쪽으로 이동할수록 경도는 양수가 되며, 서쪽으로 이동할수록 음수가 됩니다. 최대치는 국제 날선으로 인해 180도와 -180도가 됩니다.

위도와 경도는 지구상의 모든 지점을 유일하게 식별할 수 있으며, GPS와 같은 위치 기반 기술에서 사용됩니다. 이를 통해 위치 정보를 정확하게 파악하고, 지도에 표시하는 등 다양한 용도로 활용됩니다.

*예: 영토, 영공, 영해에 대하여 설명해줘.

영토, 영공, 영해에 대하여 설명해줘

영토, 영공, 영해는 국가의 주권이 행사되는 지역을 나타내는 용어입니다.

1. 영토(Territory)
   영토는 국가의 주권이 행사되는 육지와 그 주변의 해상 지역을 의미합니다. 국가의 법률, 세금, 경찰, 군대 등 국가적인 권한이 행사되는 지역으로, 대한민국의 경우 한반도와 그 주변 바다를 포함합니다.

2. 영공(Airspace)
   영공은 지상에서부터 일정 높이 이상의 공중을 의미합니다. 국제 공간 조약에서는 일반적으로 지상에서부터 100km 이상의 공간을 국제공간이라 정하고 있습니다. 국가는 자신의 영공 내에서 비행하는 항공기에 대해 공중 교통 통제를 하거나, 방공 작전 등을 수행할 수 있습니다.

3. 영해(Territorial Waters)
   영해는 국가의 육지에서 바다로 이어지는 일정한 거리까지의 바다 지역을 의미합니다. 국가는 영해 내에서 수산 자원의 개발, 항로의 관리, 해안 경비대의 파견 등을 행사할 수 있습니다. 국제법상 일반적으로 영해는 국가의 육지에서 12해리(약 22km)까지로 정의되어 있습니다.

이렇게 영토, 영공, 영해는 국가의 주권이 행사되는 지역을 나타내며, 각각의 범위와 행사 방법은 국가마다 다를 수 있습니다.

2) 정리한 개념들로 노래 가사를 만들 수 있도록 ChatGPT에 질문해보겠습니다.

*예: 위도, 경도, 영토, 영공, 영해, 대한민국 국토의 행정구역과 주요도시의 개념으로 노래 가사를 만들어줘.

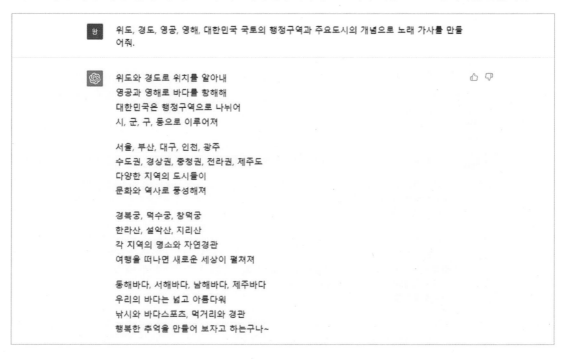

3) 노래 가사가 완성되었습니다. 가사에서 빼고 싶은 부분을 빼고 원하는 내용을 넣어서 다시 만들어 달라고 요청해보겠습니다.

*예: 가사에서 각 지역의 명소와 자연경관 내용은 빼주고, 그 자리에 위도와 경도 관련된 내용을 넣어줘.

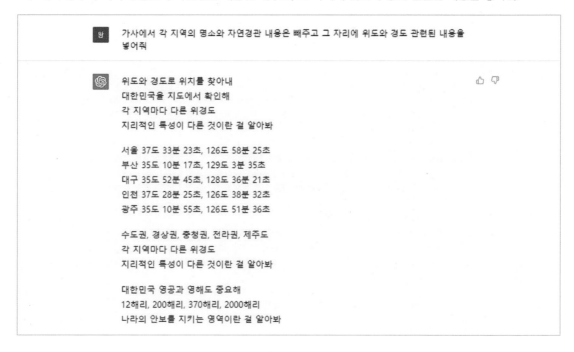

그리고 우리의 영토
한반도와 동해, 서해, 남해를 포함하며
한 민족의 역사와 문화가 담겨 있단 걸 알아봐

위도와 경도, 영공, 영해, 영토
대한민국의 지리적 특성과 영토의 범위를 알아봐
이제는 대한민국을 더 잘 알게 됐다고 생각하면 돼.

4) 요청한 대로 각 지역의 명소와 자연경관 내용은 빠지고 그 자리에 위도와 경도 관련된 내용이 자세하게 들어갔습니다. 이번에는 랩 가사의 조건 중 각운이 느껴지도록 노래 가사를 변경해보겠습니다.

*예: 각운이 느껴지도록 노래 가사를 변경해줘.

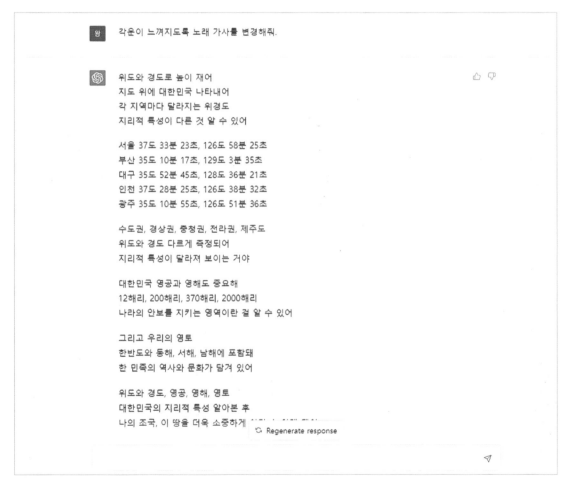

5) 끝 부분이 '~어, 초'로 통일되어 각운이 느껴지는 노래 가사가 완성되었습니다. 가사를 읽어보고 내용을 추가하거나 수정이 필요한 부분이 있으면 ChatGPT와 대화를 통해 요청할 수 있습니다.

사회 5학년 1학기 1단원 내용에 대한 가사를 ChatGPT와 함께 완성해 보았습니다. ChatGPT의 답변 내용이 항상 맞는 것은 아니기 때문에 ChatGPT가 작성해준 가사를 그대로 쓸 것이 아니라 다시 한 번 점검 및 수정하도록 지도해야 합니다. 그리고 ChatGPT에 요청할 때마다 가사의 내용이 변경되는데, 제일 마음에 드는 소절들만 뽑아서 하나의 노래를 만드는 것도 좋은 방법입니다.

02. Soundraw, Vrew로 음악 만들고 노래 부르는 영상 제작하기

ChatGPT와 함께 만든 가사에 어울리는 음악을 Soundraw로 제작하고, Vrew를 통해 노래 부르는 동영상을 만들어 보겠습니다.

1) Soundraw에 접속합니다. 노래 가사와 알맞은 분위기로 'Epic(서사시)'를 했습니다. 장르는 'Beats(비트)', 테마는 'Broadcasting(방송)', 길이는 1분 30초, 템포는 Slow만 해제하고 생성해보겠습니다.

생성된 음악 중 열 번째 음악을 선택합니다. 노래 가사에 알맞게 1분 정도로 노래의 길이를 수정하고, 기승전결이 느껴지도록 처음에는 에너지가 낮다가 점차 높아지도록 설정합니다.

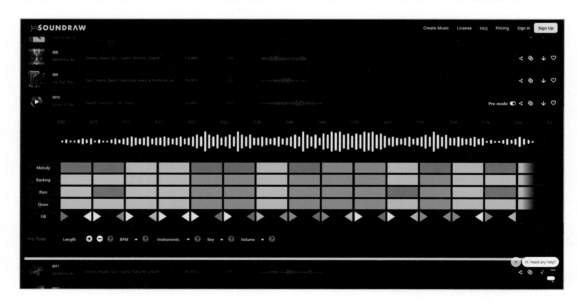

212

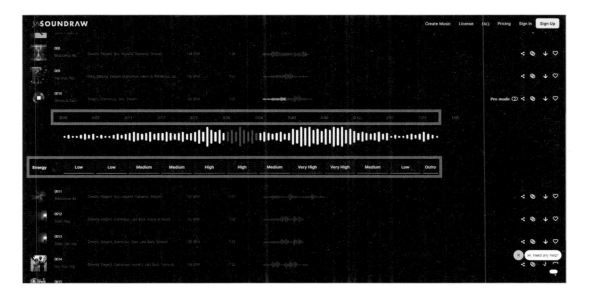

2) 가사에 알맞은 음악이 완성되었다면 음악에 맞춰 노래를 연습해봅니다. 연습하면서 마음에 들지 않은 부분이 있다면 음악이나 가사를 조금씩 수정합니다. 연습이 완료되었으면 휴대폰이나 태블릿 등 스마트 기기를 이용하여 음악에 맞춰 노래 부르는 영상을 촬영합니다.

3) Vrew에 접속합니다. 메뉴에서 '파일' 버튼을 누른 후 '새로 만들기'를 클릭합니다.

스마트폰의 영상을 업로드할 경우, '스마트폰에서 불러오기'를 누릅니다. 스마트폰 카메라로 QR 코드를 인식시켜 미리 찍어놓은 노래 부른 영상을 업로드합니다.

4) 미리보기 화면을 확인하면서 자막이 잘못된 부분은 수정합니다. 무음 구간은 줄이지 않겠습니다.

수정이 완료되면 왼쪽 내보내기 버튼을 클릭하여 완성된 동영상을 다운로드합니다.

5) 다운로드한 영상으로 발표하는 시간을 가지며, 각자의 소감과 생각을 나눕니다.

단원을 마무리하며

지금까지 ChatGPT, Soundraw, Vrew를 사용해서 음악을 작곡하고 노래 부르는 영상을 만들어 발표하는 수업 방법을 알아보았습니다. 수업 현장에서 중요한 것은 학생들이 다양한 분야에 대해 직접 체험하며 경험하고 느끼는 것이므로, 학생들이 접근하기 어려운 작곡의 경험을 인공지능의 도움을 받아 손쉽게 체험해 볼 수 있다는 점에서 매우 큰 의미가 있습니다.

⊛ 미술

AI 페인터, 투닝으로 웹툰 만들기

웹툰의 미래를 AI와 함께 그리다

한국콘텐츠진흥원이 2021년 최근 5년 이내 작품 활동을 한 국내 웹툰 작가 710명을 기준으로 웹툰 작가 실태조사를 진행한 결과를 보면 웹툰 작가의 가장 큰 어려움으로 '연재 마감 부담으로 인한 작업시간 및 휴식시간 부족'(85.4%)을 꼽았습니다. 두 번째로는 '과도한 작업으로 정신적/육체적 건강 악화'(85.1%)가 나왔습니다.

웹툰의 제작 과정을 보면, 만화의 특성상 작가가 그림을 그리는 작화 과정을 여러 명이 분담하는 것은 어렵습니다. 따라서 그림을 그리는 작화 과정에서 시간이 가장 많이 소요됩니다. 이러한 면에서 웹툰 업계의 고질적인 노동 악화 문제를 해결할 수 있도록 웹툰 제작 과정에 AI를 도입하는 기술은 지금도 꾸준히 개발 중입니다.

지금부터 채색을 도와주는 인공지능인 AI 페인터와 만화의 배경, 캐릭터 등을 빠르게 생성해주는 인공지능인 투닝을 활용해서 웹툰을 만드는 방법과 수업 활용 방법을 알아보겠습니다.

AI 페인터 알아보기

01. AI 페인터 살펴보기

AI 페인터는 딥러닝 기술을 활용한 스마트 툴로, 누구나 쉽게 채색할 수 있도록 도와주는 채색 소프트웨어입니다. 현재 AI 페인터는 웹툰 제작 과정 중 채색이라는 비교적 단순하지만 시간과 노동력이 많이 소요되는 작업을 컴퓨터가 대신 수행하여 작업 생산성을 높여주고 있습니다. 작가가 시나리오를 짜고 작품의 초고인 스케치를 입력하면 인공지능 딥러닝 기반 시스템이 기존 작품으로 학습한 정보를 활용해서 채색 과정을 처리해주는 것입니다.

AI 페인터는 인터넷이 연결된 PC만 있으면 간단하게 사용할 수 있어 비전문가인 학생들도 쉽고 빠르게 웹툰을 제작할 수 있도록 도와줍니다. 웹툰을 좋아하지만 미적 감각이 떨어져서 망설이는 학생들도 탄탄한 스토리를 기반으로 양질의 작품을 만들 수 있는 시대가 다가오고 있는 것입니다.

02. AI 페인터로 채색하기

AI 페인터는 스케치에 채색 힌트를 찍어주면 인공지능이 그림에 맞게 채색을 완료해줍니다. 채색 결과 파일은 PNG나 PSD 파일로 다운로드받을 수 있습니다. 또한 기본적으로 제공되는 샘플 스케치를 사용할 수도 있지만, 프로그램 사용자가 직접 그린 스케치를 업로드하여 채색할 수도 있습니다. 그럼 지금부터 AI 페인터로 채색하는 방법을 알아보겠습니다.

1) AI 페인터 웹 사이트에 접속합니다. 검색하거나 사이트 주소(https://ai.webtoons.com/ko/painter)를 통해 접속할 수 있습니다. 로그인을 누르면 로그인할 수 있는 4가지 방법이 나옵니다. 네이버, 페이스북, 트위터, 구글 계정 중에서 하나를 선택하여 로그인합니다. 현재는 베타 버전이기 때문에 기능이 많은 편은 아니지만, 앞으로 기능이 계속 추가될 것으로 예상합니다.

❶ AI 페인터 홈페이지 접속   ❷ 본인 계정을 선택하여 로그인

2) HOW TO를 클릭하면 기본 사용법과 채색 꿀팁을 알려줍니다. 채색하기를 클릭합니다.

❶ HOW TO 클릭   ❷ 채색하기 클릭

3) 샘플 스케치에서 인물을 한 개 선택해서 채색해보겠습니다. 도구에서 채색 힌트가 선택되어 있는 상태에서 색상을 고르고 원하는 위치에 채색 힌트를 찍어주면 얼굴과 머리, 목 등을 인공지능이 인식해서 자동으로 채색을 해줍니다. 채색이 마음에 들지 않는다면 Undo를 클릭해서 방금 했던 작업을 취소할 수 있습니다.

❶ 샘플 스케치에서 인물 선택   ❷ 채색 힌트로 자동 채색 실시

4) 지우개를 사용하면 마음에 들지 않는 채색 힌트를 드래그로 지울 수 있습니다. 지우개는 채색 힌트 포인트가 된 곳을 드래그해야 지정됩니다.

5) 스포이트는 마우스가 있는 곳의 색상을 추출합니다. 손바닥은 화면을 확대해서 작업할 경우 화면을 이동시킬 때 사용합니다.

❶ 스포이트로 색상 추출   ❷ 손바닥으로 화면 조정

6) 힌트 보이기를 비활성화하면 채색 힌트가 보이지 않게 됩니다. 스케치 강도를 움직이면 스케치의 선명도를 조절할 수 있습니다. 채색을 완료하면 저장하기를 클릭해서 컴퓨터에 저장할 수 있습니다. 확장자는 PSD나 PNG 중에서 선택할 수 있습니다.

❶ 힌트 보이기 및 스케치 강도 설정　　　❷ 작품 다운로드

7) 메인 화면에서 다시 채색하기를 클릭해보겠습니다. 샘플 스케치가 아니라 사용자의 PC에 저장되어 있는 스케치 파일을 업로드합니다. '내 파일 업로드하기'를 클릭해서 교실 소개 그림 파일을 업로드해보겠습니다.

❶ 내 파일 업로드하기 클릭　　　❷ PC에 저장된 스케치 파일 업로드

8) 채색 영역을 선택할 수 있습니다. 전체 영역을 채색하도록 선택합니다. 얼굴부터 시작해서 옷, 의자, 벽면 등 채색 힌트 몇 개만 찍어주면 아주 빠르고 자연스럽게 채색이 완료됩니다.

❶ 채색 영역 선택　　　❷ 채색 힌트로 인물과 배경 채색

투닝 알아보기

01. 투닝 살펴보기

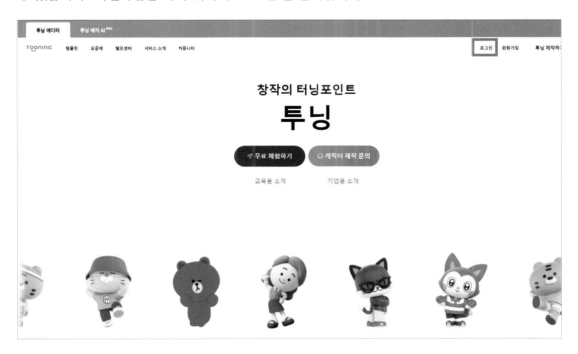

투닝은 웹툰 제작 시 인공지능을 활용하여 캐릭터, 배경, 효과 등을 손쉽게 그려주는 AI 웹툰 콘텐츠 제작 웹 플랫폼입니다. 투닝을 사용하면 자신만의 스토리를 웹툰으로 제작 가능하며, 프레젠테이션, 카드 뉴스, SNS 게시물, 섬네일, 포스터 등 다양한 콘텐츠 제작이 가능합니다.

투닝에서는 누구나 손쉽게 클릭만으로 만화의 배경, 말풍선, 캐릭터 등을 선택해서 웹툰형 콘텐츠 제작이 가능합니다. 특히 문장으로 툰을 생성해주는 텍스트 투 툰(Text to Toon)을 이용하면 AI가 입력한 텍스트의 내용을 분석해서 내용에 어울리는 배경과 캐릭터 등을 생성해줍니다.

02. 투닝 접속 및 회원가입하기

투닝에 접속 및 회원가입하는 방법을 소개해드리겠습니다.

1) 투닝 웹 사이트에 접속합니다. 검색하거나 사이트 주소(https://tooning.io)를 통해 접속할 수 있습니다. 회원가입을 하기 위해서 '로그인'을 클릭합니다.

2) 이메일로 가입하기 위해서 '회원가입'을 클릭합니다. 이름, 이메일, 비밀번호 등을 넣고 '투닝 시작하기'를 클릭하면 투닝을 사용할 수 있습니다.

03. 투닝으로 웹툰 만들기

투닝에서 제공되는 캐릭터나 배경, 말풍선, 텍스트, 템플릿 등을 가져다가 결과물을 만들어낼 수 있을 뿐만아니라, 다양한 인공지능 기술을 활용할 수 있습니다. 사용자의 얼굴을 분석하여 캐릭터를 자동생성할 수 있고, 텍스트로 표현한 감정을 인공지능이 분석해서 표현해줄 수 있으며, 문장으로 그림을 생성할 수 있습니다. 지금부터는 기본 사용법부터 인공지능을 활용한 방법까지 알아보겠습니다.

■ 투닝 기본 사용 방법 알아보기

투닝 기본 사용 방법을 알아보겠습니다.

1) 우선 캐릭터를 클릭하면 투닝에서 제공하는 다양한 캐릭터 중에서 선택하여 추가할 수 있습니다.

캐릭터 하단에 아무런 표시가 없는 캐릭터는 무료이며, 코인 표시가 있는 캐릭터는 유료입니다. 투닝에서 사용하는 코인을 냥이라고 부르며, 1냥이는 대략 10원으로 계산하면 됩니다. 따라서 150냥이 캐릭터는 1,500원으로 구입할 수 있습니다. 무료 계정이라고 해서 유료 캐릭터를 아예 사용하지 못하는 것은 아니고, 워터마크가 있는 상태로 사용할 수 있습니다.

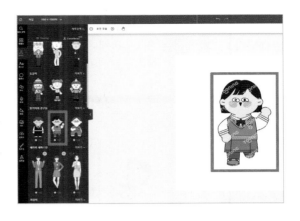

2) 캐릭터를 클릭하면 테두리 상자와 캐릭터 컨트롤러가 뜨고 세부 설정 패널이 열립니다. 테두리 상자를 사용해서 크기 확대, 축소, 회전을 할 수 있습니다. 메뉴에서는 얼굴 모양, 몸의 동작, 피부색 등을 조정할 수 있습니다. 컨트롤러에서는 캐릭터 시점, 머리 모양, 몸의 세부 동작 등을 편집할 수 있습니다.

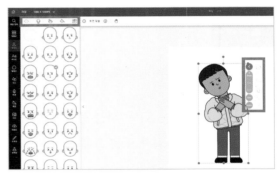

3) 텍스트에서는 글자를 추가하고, 글씨의 세부 설정을 할 수 있습니다. 또한 말풍선, 나레이션, 충돌 효과음, 인물 행동 등 다양한 형태의 글씨를 추가할 수 있습니다. 말풍선에서는 다양한 모양의 말풍선을 선택해서 추가할 수 있습니다. 말풍선과 텍스트는 드래그로 같이 잡아서 마우스 우클릭 + 그룹화로 묶을 수도 있습니다.

텍스트에서 나레이션, 효과음 등 추가

말풍선 추가

4) 요소에서는 도형, 엑스트라 사람, 동물, 나무, 과일 등 엄청나게 다양한 이미지를 삽입할 수 있습니다. 효과에서는 장면 전체에 효과를 주거나 부분적으로 스티커를 붙이는 효과를 추가할 수 있습니다.

요소에서 도형, 동물 등 삽입

효과에서 장면 효과, 스티커 추가

5) 배경에서는 교실, 도시, 하늘 등 다양한 공간을 제공해주고 있습니다. 사진에서는 투닝에서 제공해주는 다양한 실사 또는 그래픽 사진 파일을 추가할 수 있습니다.

배경에서 교실, 도시 등 추가

사진에서 실사 또는 그래픽 사진 추가

6) 드로잉에서는 사용하고 싶은 드로잉 도구를 선택해서 그림을 그릴 수 있고, 완성한 그림은 아트보드에 추가되어 다른 작업물 내에서도 불러와 사용할 수 있습니다.

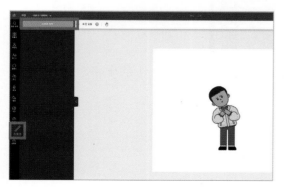

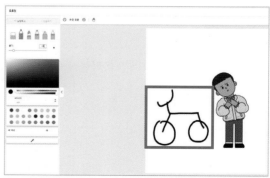

7) 템플릿에서는 다양한 주제로 이미 제작되어 있는 템플릿을 불러와 용도에 맞게 조금 수정해서 바로 사용할 수 있습니다. + 페이지 추가를 클릭하면 새로운 페이지가 추가됩니다.

템플릿에서 목적에 맞는 템플릿 선택   + 페이지 추가

8) 작품을 완성하면 링크를 복사해서 작품을 공유할 수 있습니다. 다운로드를 누르면 JPG, PNG, PDF, PPTX 등의 형식으로 한 장씩 다운로드를 받을 수도 있고, 여러 페이지를 한 장으로 이어붙여서 다운로드받을 수도 있습니다.

■ 투닝 AI 활용 웹툰 장면 그리기

투닝에서 제공하는 AI 기능을 사용해서 웹툰 장면을 그려보겠습니다.

1) 우선 AI가 사용자의 얼굴을 분석해서 닮은꼴 캐릭터를 생성해 보도록 하겠습니다. 캐릭터에서 김툰스 캐릭터를 추가합니다.

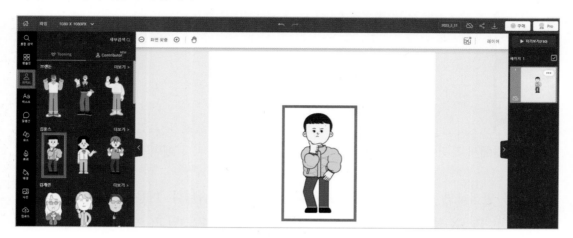

2) 캐릭터를 선택하고 메뉴에서 세 번째 아이콘을 선택해서 AI 자동생성을 클릭합니다. 동그라미에 얼굴 크기와 눈의 위치를 맞추고, 만들고 싶은 캐릭터 얼굴 표정을 짓고, 카메라를 클릭합니다.

3) 인공지능이 표정을 분석해서 닮은꼴 캐릭터가 생성됩니다. 적용을 클릭하면 최종 얼굴에 반영되는 것을 볼 수 있습니다.

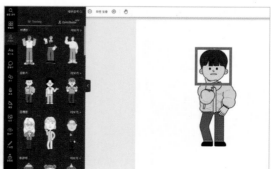

4) 인공지능이 텍스트를 분석해서 캐릭터에 반영하는 기능을 사용해보겠습니다. 텍스트에서 말 풍선체를 삽입합니다. 말풍선 속에 텍스트를 "너무 행복해"로 수정합니다.

5) 텍스트 아래에 AI 아이콘을 클릭합니다. 인공지능이 텍스트에서 나타나는 감정을 분석해서 캐릭터의 표정과 동작을 자동으로 연출해줍니다. 텍스트를 "미안해요"라고 바꿔 AI 아이콘을 누르면 다른 동작으로 바뀝니다.

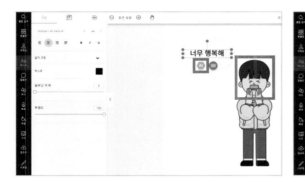 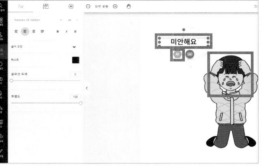

6) 문장으로 툰을 생성하는 기능을 사용해보겠습니다. 화면 오른쪽 하단의 'AI'를 클릭하고, '문장으로 툰 생성'을 선택합니다.

7) 문장 예시가 나옵니다. 인물로 활용이 가능한 캐릭터명을 처음에 넣고, 상황을 설명하면 됩니다. 말풍선에 넣고 싶은 발화 내용을 넣을 수 있습니다. '브랜든이 경복궁으로 수학여행을 갔다. "힘들어!"'라고 넣고, 적용을 클릭합니다. 보통 배경이나 캐릭터는 잘 생성이 되지만, 가끔 엉뚱한 요소가 추가되는 경우도 있습니다.

8) 상황과 맞지 않는 요소는 삭제합니다. 장면 추천에서 원하는 구도를 선택해서 완성할 수 있습니다.

9) 이번에는 드로잉으로 그림 검색 기능을 사용해보겠습니다. 화면 오른쪽 하단의 AI를 클릭하면 '그림으로 요소 검색'이 보입니다.

10) '그림으로 요소 검색'을 클릭하고, 검색하고 싶은 요소를 그려봅니다. 집 모양을 그리면 그림을 인공지능이 분석해서 아래에 배경이나 요소를 제시해줍니다. 원하는 요소를 선택해서 리소스 추가를 누르면 장면에 이미지가 삽입됩니다.

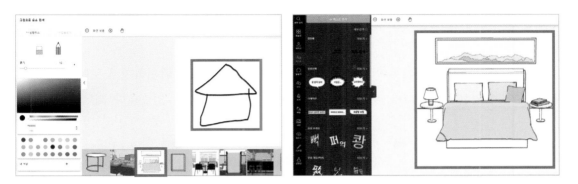

지금까지 투닝에서 제공하는 AI 기능을 사용해서 웹툰 장면을 그리는 방법을 알아보았습니다. 이러한 기능을 사용한다면 보다 빠르게 캐릭터의 표정을 수정하거나 상황이 들어간 장면을 완성할 수 있습니다. 또한 텍스트 인식, 이미지 인식, 사람 표정 인식 등 다양한 방식의 인공지능 인식 기술을 학생들이 체험해 볼 수 있는 기회를 제공할 수 있습니다.

[수업 사례] ChatGPT, AI 페인터, 투닝을 활용하여 웹툰 만들기

　도덕 시간에 학생들이 일상생활에서 겪는 상황들을 주제로 역할극 수업을 진행하기도 합니다. 예를 들어, 친구와의 갈등, 가정 내 갈등, 교통 예절 등의 주제를 다루면서 이에 적절한 대처 방법을 학습합니다. 역할극을 하기 위해서는 시나리오가 필요하며, 시나리오를 바탕으로 웹툰을 제작해볼 수 있습니다.

　도덕 시간의 웹툰 만들기 수업은 학생들이 창의적인 아이디어를 발휘하면서 도덕 가치를 배울 수 있는 유익한 수업입니다. 수업은 다음과 같은 단계로 진행할 수 있습니다.

❶	❷	❸	❹	❺
웹툰 만들기 기초 지식 학습	주제 설정	스토리 기획 및 캐릭터 디자인	웹툰 제작	발표 및 피드백

　웹툰 만들기 경험이 없는 학생들이 모든 과정을 혼자 스스로 해내기에는 어려움이 있습니다. 따라서 주제 설정이나 스토리 기획에서는 ChatGPT의 도움을 받고, 캐릭터 디자인이나 웹툰 제작 단계에서는 AI 페인팅과 투닝의 도움을 받으면 좀 더 수월하게 웹툰을 제작할 수 있습니다. 이와 같은 방법으로 도덕 시간에 웹툰 만들기 수업을 진행한다면 학생들은 인공지능에 대한 이해뿐만 아니라 창의성과 도덕 가치를 함께 배울 수 있는 의미 있는 경험을 할 수 있습니다.

●관련 성취기준

[6도01-01]　감정과 욕구를 조절하지 못해 나타날 수 있는 결과를 도덕적으로 상상해 보고, 올바르게 자신의 감정을 조절하고 표현할 수 있는 방법을 습관화한다.

[6도02-02]　다양한 갈등을 평화적으로 해결하는 것의 중요성과 방법을 알고, 평화적으로 갈등을 해결하려는 의지를 기른다.

[6도04-02]　올바르게 산다는 것의 의미와 중요성을 알고, 자기 반성과 마음 다스리기를 통해 올바르게 살아가기 위한 능력과 실천 의지를 기른다.

[9도02-02]　친구와의 우정의 중요성에 대해 생각해보고, 진정한 우정을 맺는 방법에 대한 도덕적 이야기를 구성할 수 있다.

[9도04-04]　고통과 희망의 의미에 근거하여 도덕적 이야기를 구성하고, 마음의 평화를 추구할 수 있는 실천 방법을 제시할 수 있다.

---

01. ChatGPT와 함께 스토리 생성하기

웹툰을 제작하기 위해서는 주제를 설정하고 스토리를 기획해야 합니다. ChatGPT는 이러한 과정에서 도움을 줄 수 있습니다. 상황을 구체적이고 명확하게 제시해주어야 ChatGPT가 사용자의 의도에 맞는 스토리를 만들 수 있으니 이 부분에 대한 지도가 필요합니다. 이번에는 갈등 상황 해결을 주제로 ChatGPT와 함께 스토리를 만들어보도록 하겠습니다.

1) 우선 '갈등 상황 해결'이라는 대주제는 정해졌지만, 구체적인 상황을 정해야 하기 때문에 ChatGPT에 다음과 같이 요청합니다.

*예: 학교에서 갈등 상황 해결을 주제로 웹툰 만들기에서 사용할 수 있는 상황을 다섯 가지 추천해줘.

> 영철   학교에서 갈등 상황 해결을 주제로 웹툰 만들기에서 사용할 수 있는 상황을 다섯 가지 추천해줘.
>
> 1. 친구와의 갈등: 두 친구가 서로 다른 생각을 가지고 있어서 서로 이해하지 못하는 상황에서, 중재자가 어떻게 대화를 이끌어가면서 서로의 생각을 이해하고 해결할 수 있는 방법을 찾아 나가는 상황.
> 2. 선생님과 학생 간의 갈등: 학생이 공부에 대해 불만을 가지고 선생님과 충돌하는 상황에서, 중재자가 선생님과 학생의 의견을 모두 듣고 서로의 관점을 이해하며 해결할 수 있는 방법을 찾아 나가는 상황.
> 3. 학급 내의 갈등: 학생들이 서로 다른 그룹으로 나눠져서 서로 간의 갈등이 생기는 상황에서, 중재자가 학생들을 이끌어가면서 갈등을 해결하고 모두가 함께 협력하며 문제를 해결할 수 있는 방법을 찾아 나가는 상황.
> 4. 학교 내의 갈등: 학교 내에서 발생하는 문제로 인해 학생들과 교사들 간에 갈등이 생기는 상황에서, 중재자가 모든 관계자들을 모아 문제를 분석하고 해결할 수 있는 방법을 찾아 나가는 상황.
> 5. 부모와 학교 간의 갈등: 학생의 교육과 관련된 문제로 인해 부모와 학교 간에 갈등이 생기는 상황에서, 중재자가 양측의 요구사항을 이해하고 적절한 방법으로 해결할 수 있는 방법을 찾아 나가는 상황.

2) 다섯 가지 갈등 상황을 추천해주는 것을 확인할 수 있습니다. 아무래도 학교에서는 친구와 친구 사이의 갈등이 가장 많기 때문에 친구 간 갈등 상황을 선택하고 질문을 통해 상황을 구체화합니다.

*예: 웹툰 만들기에 사용할 수 있는 친구 간 갈등 상황을 구체적으로 다섯 가지 추천해줘.

> 영철   웹툰 만들기에 사용할 수 있는 친구 간 갈등 상황을 구체적으로 다섯 가지 추천해줘.
>
> 1. 소유물 분쟁: 친구 A와 B가 소유하고 있는 물건에 대한 분쟁이 생기는 상황에서, 서로의 요구사항을 이해하고 타협할 수 있는 방법을 찾는 상황.
> 2. 집합적 기억 차이: 친구 A와 B가 과거에 함께한 일에 대해서 각자의 기억이 다른 경우, 상황을 다시 확인하고 서로의 기억을 이해하며 이해를 바탕으로 문제를 해결하는 방법을 찾는 상황.
> 3. 비밀 유출: 친구 A와 B가 공유하고 있는 비밀이 유출된 상황에서, 누가 문제를 일으켰는지를 파악하고 서로의 신뢰를 회복할 수 있는 방법을 찾는 상황.
> 4. 선호도 차이: 친구 A와 B가 서로 다른 취향을 가지고 있어서 함께하는 활동이나 먹거리에 대한 의견이 맞지 않는 경우, 상황을 서로 존중하고 조율할 수 있는 방법을 찾는 상황.
> 5. 과제 분담 갈등: 친구 A와 B가 함께하는 과제에서 역할 분담에 대한 의견이 맞지 않는 경우, 서로의 강점을 고려하여 역할을 분담하고 상호협력하여 문제를 해결하는 방법을 찾는 상황.

3) 이어서 여러 가지 갈등 상황 중에서 비밀 유출 상황을 선택해서 웹툰 스토리 추천을 부탁합니다.

*예: 비밀 유출로 인한 갈등 상황 해결을 주제로 웹툰 스토리를 간단하게 다섯 가지 추천해줘.

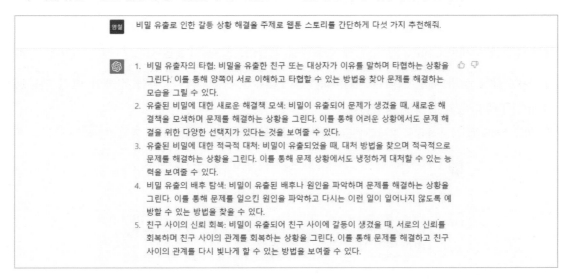

4) 다섯 가지 스토리를 자세히 보면, 비슷할 수는 있지만 똑같은 상황은 없는 것을 알 수 있습니다. 마지막으로 마음에 드는 한 가지 상황을 주제로 콘티를 만들어달라고 요청합니다.

*예: 위의 상황들 중에서 5번 상황을 주제로 4컷 웹툰 콘티를 만들어줘.

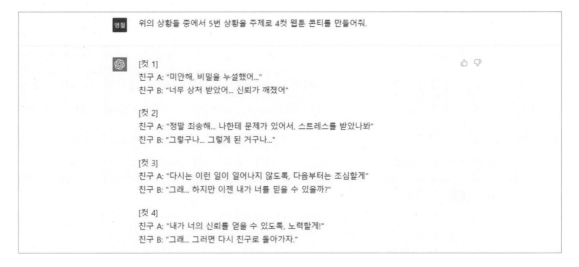

웹툰을 만들기 위한 스토리를 ChatGPT와 함께 완성해 보았습니다. 웹툰 콘티를 만드는 것은 흐름에 맞는 상황 전개, 어색하지 않은 장면 전환, 감정에 어울리는 대화글 제시 등 창작의 요소가 많이 필요하기 때문에 ChatGPT가 완성한 결과물에는 어색한 부분이 많습니다. 따라서 ChatGPT가 만든 스토리를 학생들이 수정하여 웹툰의 콘티를 완성하는 과정이 반드시 필요합니다.

02. AI 페인터, 투닝으로 웹툰 제작하기

ChatGPT와 함께 만든 스토리에 어울리는 캐릭터를 AI 페인터에서 채색하고, 투닝에서 각 장면에 배경, 캐릭터, 텍스트를 배치해서 웹툰을 제작해보도록 하겠습니다.

1) 투닝에서 투닝 제작하기를 클릭합니다. 우선 문장으로 툰 생성 기능을 사용해보겠습니다. 김 툰스라는 캐릭터 둘이 교실에 있는 장면을 만들어 보겠습니다.

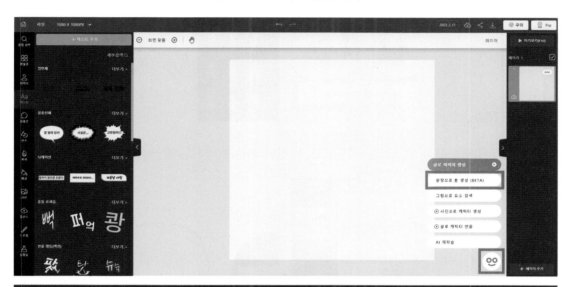

2) 장면 추천에서 두 친구가 마주보고 있는 장면을 선택해서 적용을 클릭합니다. 김툰스의 캐릭터 중에서 랜덤으로 생성되기 때문에 마음에 들지 않는 캐릭터가 생성되었다면 삭제하고 다른 캐릭터를 가져옵니다.

3) 레이어에서 말풍선과 텍스트는 삭제하고, 배경이 되는 이미지는 잠금설정을 합니다.

4) 말풍선을 넣어보겠습니다. 텍스트에서 말풍선체를 선택하고, 대사를 넣습니다.

5) 대화 내용에 맞게 인공지능이 캐릭터 표정을 바꿔주도록 합니다. 텍스트를 클릭하고, AI 아이콘을 눌러 해당 캐릭터에 적용합니다. 캐릭터의 표정이 바뀐 것을 볼 수 있습니다.

6) 두 번째 컷을 만들기 위해 + 페이지 추가를 누릅니다. 이번 페이지는 그림으로 요소를 검색해서 배치해보겠습니다. AI에서 그림으로 요소 검색을 클릭합니다.

7) 버스를 그리면 아래쪽에 다양한 이미지가 생성됩니다. 버스가 보이는 배경을 선택하고, 리소스 추가를 클릭합니다.

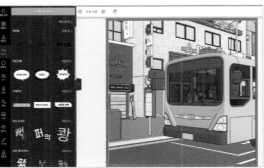

8) 캐릭터와 대화글은 앞서 한 것과 같은 방법으로 넣습니다. 텍스트를 클릭하고, AI 아이콘을 눌러서 해당 캐릭터에 적용합니다.

9) 세 번째 페이지에는 AI 페인터에서 캐릭터를 만들어서 추가해보겠습니다. AI 페인터에서 채색하기를 누르고, 기본으로 제공되는 스케치 중 하나를 선택합니다.

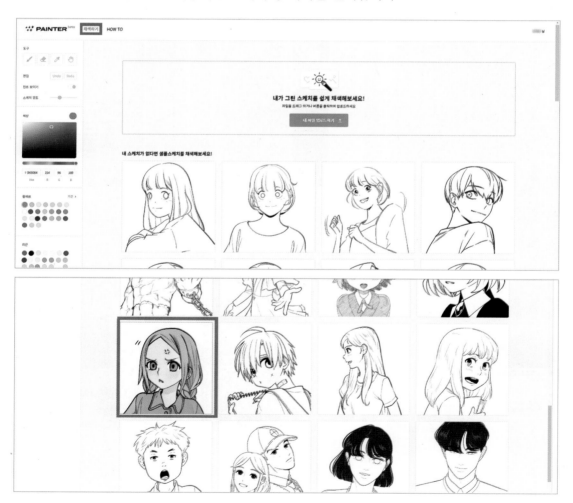

10) 원하는 색상을 선택하고 채색 힌트를 찍어서 채색을 완료합니다. 저장하기를 눌러서 PNG 파일로 저장합니다.

11) 투닝에서 세 번째 페이지를 추가하고, 업로드에서 사진 파일을 불러옵니다.

12) 캐릭터 사진을 넣고, 효과에서 집중선을 추가합니다.

레이어에서 캐릭터와 집중선의 위치를 바꿔주면 장면에서 캐릭터가 집중선 위에 오게 됩니다.

13) 텍스트에서 말풍선체 중 하나를 골라 추가하고 인물 상태에서 느낌표와 물음표가 같이 있는 이미지도 추가합니다. 이처럼 캐릭터 이미지를 AI 페인터에서 가져오는 방식으로 웹툰을 제작할 수 있습니다.

14) 마지막 페이지도 AI 페인터에서 캐릭터를 제작해서 가져와보겠습니다. AI 페인터에서 남녀가 함께 있는 스케치를 선택하고, 채색 힌트로 채색을 빠르게 완성해봅니다. PNG 파일로 저장합니다.

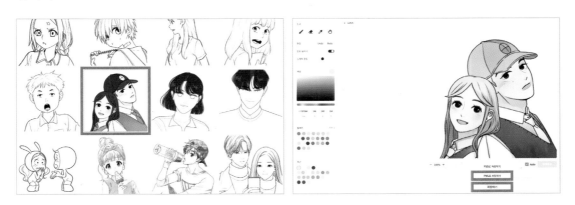

15) 투닝에서 네 번째 페이지를 추가하고, 방금 완성한 이미지를 가져온 후 교실 배경을 넣습니다.

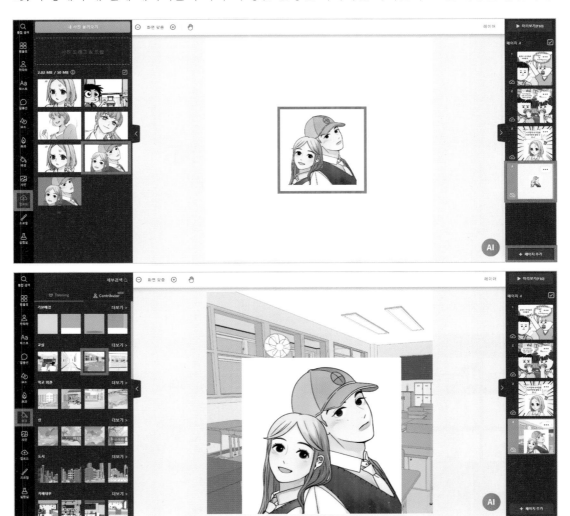

16) 그런데 문제는 이렇게 하면 AI 페인터에서 작업한 이미지 배경이 흰색으로 설정되어 있어서 뒷배경과 어울리지 않습니다. 따라서 AI 페인터에서 작업한 이미지의 배경을 투명하게 만들어 줘야 합니다. 투닝에서도 배경을 제거할 수 있지만 유료 계정에서만 가능합니다. 이미지 배경을 제거해주는 웹 사이트에서 간단하게 배경을 제거하고, PNG 파일로 저장합니다.

출처: www.remove.bg

17) 배경을 제거한 이미지를 투닝에서 불러옵니다.

말풍선체를 넣고, 대화글을 삽입합니다.

18) 완성한 웹툰은 링크 공유를 눌러서 다른 친구들과 작품을 공유합니다.

단원을 마무리하며

지금까지 ChatGPT, AI 페인터, 투닝을 사용해서 웹툰을 만드는 수업 방법을 알아보았습니다. 웹툰 만들기 수업은 도덕뿐만 아니라, 미술, 국어, 사회 등 다양한 교과와 융합해서 프로젝트 수업으로도 진행할 수 있습니다. 이러한 활동을 통해 학생들의 창의적인 아이디어를 발굴할 수 있고, 그림 그리기 기술과 스토리텔링 능력을 향상시킬 수 있습니다. 더불어 인공지능을 활용하면서 최신 기술과 미래 직업을 체험해 볼 수 있다는 면에서 진로 교육 효과도 거둘 수 있습니다. 재미와 의미를 모두 잡을 수 있는 AI와 함께 웹툰 만들기 수업에 지금 도전해 보세요.

🔲 진로

Pictory.AI, 클로바더빙으로
나의 꿈, 진로 발표 동영상 제작하기

텍스트가 영상이 되는 세상

기존에 영상을 만들기 위해서는 흐름을 적은 스크립트와 함께 내용에 맞는 사진이나 동영상이 필요했습니다. 영상 편집에도 많은 시간이 필요하기 때문에, 하나의 주제를 담은 영상 한편을 제작하는 데 많은 시간과 노력이 들었습니다. 하지만 인공지능 기술의 발달과 함께 스크립트만으로 영상을 만드는 것이 가능해졌습니다.

Text to Video는 텍스트 데이터를 사용하여 인공지능이 자동으로 비디오를 생성하는 기술을 말합니다. 이 기술은 대규모 콘텐츠 생성, 비디오 마케팅, 교육, 엔터테인먼트 등의 분야에서 광범위하게 사용될 수 있습니다. 특히 요즘처럼 각종 동영상 콘텐츠를 개인이 생산해서 공유하는 시대에는 이러한 기술이 다양한 곳에서 쓰일 것입니다.

Text to Video를 사용하면 학생들이 보다 창의적으로 영상을 제작할 수 있으며, 미디어 소프트웨어와 관련된 다양한 스킬과 지식을 습득할 수 있습니다. 또한 시각적인 요소와 글쓰기 요소의 조화를 통해 학생들이 보다 효과적으로 메시지를 전달하는 연습을 해볼 수 있습니다.

지금부터 Text to Video 기술을 활용해 동영상을 제작하는 방법과 수업에 활용하는 방법을 알아보도록 하겠습니다.

Pictory.AI 알아보기

01. Pictory.AI 살펴보기

Pictory.AI는 인공지능을 사용하여 블로그 게시물이나 텍스트에서 비디오를 자동으로 만드는(Text to Video) 온라인 비디오 편집 사이트입니다. 즉 비디오를 만들 스크립트를 텍스트로 넣으면 인공지능이 텍스트를 분석해서 그에 맞는 짧은 영상을 찾아 전체 비디오를 완성해

줍니다.

Pictory.AI는 스크립트를 비디오로 변화해주는 기능 외에도 기사를 동영상으로 변환하거나 텍스트를 사용하여 비디오를 편집하는 기능을 제공합니다. 300만 개 이상의 비디오 클립 및 15,000개 이상의 음악 트랙을 제공하고 있으며, 더빙도 추가할 수 있어 스크립트만 있다면 빠르게 영상을 완성할 수 있습니다.

02. Pictory.AI 접속 및 회원가입하기

Pictory.AI에 접속 및 회원가입하는 방법을 알아보겠습니다.

1) Pictory.AI 웹 사이트에 접속합니다. 검색하거나 사이트 주소(https://pictory.ai)를 통해 접속할 수 있습니다.

❶ 회원가입을 하기 위해서 'Get Started For Free'를 클릭합니다.

❷ 이름과 이메일 주소, 비밀번호를 작성하고, 'Sign up'을 클릭합니다.

2) 이제 Pictory.AI를 사용할 수 있습니다.

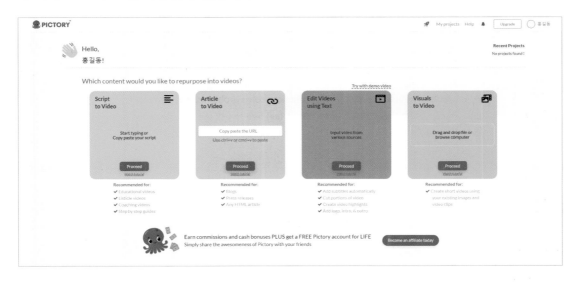

241

03. Pictory.AI 사용해보기

   Pictory.AI는 영상 스크립트만 제공하면 빠르고 쉽게 동영상을 제작할 수 있기 때문에 제작할 영상의 종류나 소재에 따라 다양한 교과와 연계하여 수업을 구성할 수 있습니다. 영상의 소재를 세계 문화 유산으로 할 경우 사회 교과, 미술품으로 할 경우는 미술 교과, 영어로 제작할 경우 영어 교과와 각각 연계하여 수업을 구성할 수 있습니다. 이번에는 간단하게 ChatGPT에 대해 소개하는 글을 작성해서 영상으로 변환하는 과정을 알아보도록 하겠습니다.

1) ChatGPT를 소개하는 글을 직접 작성해도 되지만, ChatGPT에 작성을 요청해보겠습니다. Pictory.AI는 한글 인식은 지원되지 않습니다. 따라서 스크립트를 넣을 때는 한글로 작성한 글을 영어로 번역해야 합니다.

*예: ChatGPT에 대해 소개하는 글을 영어로 작성해줘.

2) Pictory.AI에 접속하여 Proceed를 클릭합니다.

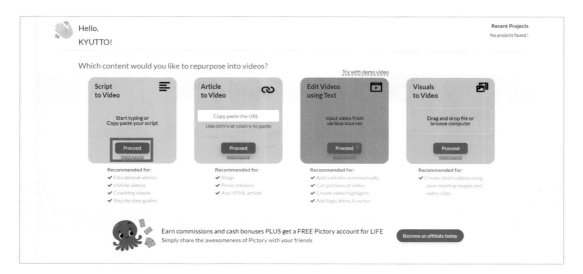

스크립트 편집페이지의 윗부분에는 제목을 복사해서 넣어주고, 아래 부분에 스크립트를 복사해서 넣어줍니다. 한 문장마다 한 장면씩 만들어지기 때문에 문장을 짧게 구분해주는 것이 좋습니다. Proceed를 클릭해줍니다.

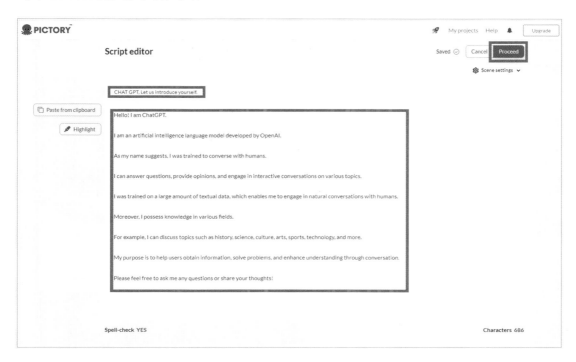

3) 다양한 스타일의 템플릿 중에서 마음에 드는 템플릿을 선택합니다. 화면 비율도 선택합니다.

 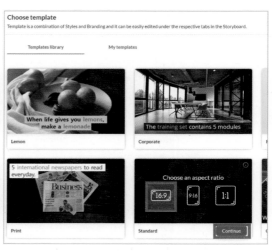

❶ Standard의 Select 클릭   ❷ 16:9를 선택하고 Continue 클릭

4) 인공지능이 스크립트에 맞는 영상을 찾는 시간이 필요합니다. 조금 기다리면 스크립트 내용에 맞는 비디오가 자동 생성됩니다. 제작된 비디오를 그대로 다운로드받을 수도 있지만, 몇 가지 도구를 사용해서 편집할 수 있습니다. Story에서는 스크립트 내용을 수정할 수도 있습니다.

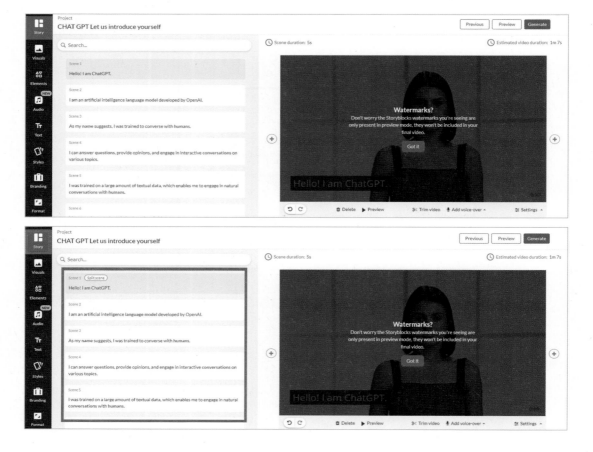

5) Visuals에서는 각 Scene의 영상을 바꿀 수 있습니다. 라이브러리에서 영상을 검색해서 원하는 영상으로 교체할 수 있습니다. 영상을 교체하고 싶은 Scene을 선택하고, 원하는 영상을 클릭하면 손쉽게 영상이 교체됩니다. 경우에 따라서는 본인 PC에 있는 사진이나 영상을 업로드해서 사용할 수도 있습니다.

❶ 라이브러리에서 영상 검색

❷ 원하는 Scene의 영상 교체

6) Audio에서는 배경음악을 넣을 수 있습니다. 배경음악의 분위기나 목적 등을 선택하면 해당하는 음악이 목록으로 작성됩니다. 미리듣기로 듣고 Apply를 눌러서 적용해줍니다. Voice-over에서는 더빙도 제공해줍니다. 역시 목소리를 미리 듣고 Apply로 적용해주면 됩니다. 다만 아쉬운 것은 영어 더빙만 지원한다는 것입니다. 따라서 만일 한글 자막을 넣고 한국말로 더빙을 넣고 싶다면 다른 프로그램과 함께 사용해야 합니다.

7) Text에서는 각 씬에 텍스트 상자를 추가할 수 있으며, Styles에서는 템플릿의 스타일을 변경할 수 있습니다.

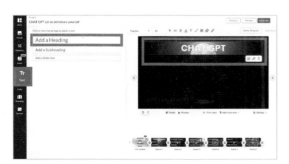
❶ Text에서 텍스트 상자 추가

❷ Styles에서 템플릿 스타일 변경

8) Branding에서는 인트로 및 각 씬에 로고를 삽입할 수 있습니다.

❶ 인트로 씬에 로고 삽입　　　　❷ 전체 씬에 로고 삽입

9) 학생들과 영어 자막으로 된 영상을 만들 수도 있지만, 영어가 아닌 일반 교과 수업에서는 보통 한글 자막으로 된 영상을 만들게 됩니다. 따라서 영어 자막을 한글 자막으로 바꿔보겠습니다. ChatGPT에서 한글로 작성된 영상 스크립트를 복사해서 Pictory.AI의 Story에서 자막에 붙여넣기만 해주면 됩니다.

❶ ChatGPT에서 한글 스크립트 복사　　　　❷ Story에서 자막 붙여넣기

10) 자막의 글씨를 선택해서 글씨의 크기나 색, 배경색, 정렬 등을 수정할 수도 있으며, 글자 애니메이션도 넣을 수 있습니다. 또한 강조하고 싶은 낱말이 있다면 낱말을 드래그해서 하이라이트를 넣을 수도 있습니다. 한군데에서 글꼴을 수정하고, Apply to all을 클릭해주면 모든 씬에서 글꼴이 일괄 적용됩니다.

11) 하단의 Scene 가로 목록에 인트로와 아웃트로 위의 눈 모양 아이콘(Enable)을 눌러 인트로와 아웃트로 영상을 추가합니다. 텍스트에는 "CHAT GPT Let us introduce your self."라고 넣습니다.

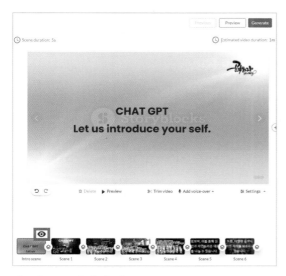

❶ 인트로 영상 추가

❷ 아웃트로 영상 추가

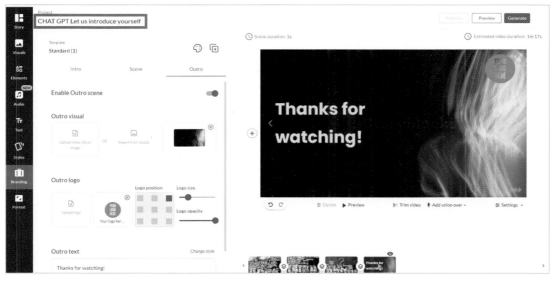

❸ 텍스트 삽입

12) 영상 편집이 완료되면 Generate에서 Video를 클릭합니다.

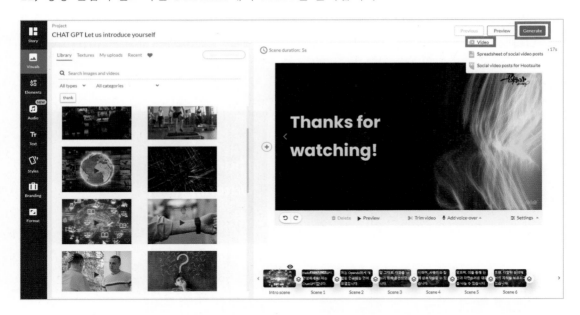

영상을 변환하는 시간이 모두 끝나면 영상을 다운로드받으면 됩니다.

Pictory.AI는 인공지능이 영어만 인식하기 때문에 스크립트에 맞는 영상을 생성하기 위해서는 반드시 영어로 된 스크립트를 사용해야 합니다. 따라서 구글 번역기나 파파고 등을 사용해서 한글 스크립트를 영어로 변환하여 Pictory.AI에 입력해주고, 편집 과정에서 다시 한글 자막으로 수정하는 과정이 필요합니다. 이 부분만 잘 지도된다면 짧은 시간에 학생들이 원하는 영상을 쉽게 만들 수 있을 것입니다.

클로바더빙 알아보기

01. 클로바더빙 살펴보기

클로바더빙은 인공지능 기술을 활용하여 실제 사람의 목소리를 사용하지 않고 컴퓨터가 자연스러운 목소리의 다양한 언어로 동영상에 음성을 합성하는 서비스입니다. 텍스트 입력만으로 동영상 콘텐츠에 원하는 AI 보이스를 입힐 수 있는 TTS(Text to Speech) 기능이 있고, 뛰어난 음성 합성 기술을 기반으로 다양한 AI 보이스를 제공하고 있습니다.

클로바더빙은 일반적인 음성 합성 기술과 달리 딥러닝 기술을 사용하여 발음, 억양, 강세, 감정 등 다양한 언어 특성을 학습하고 적용할 수 있습니다. 이를 통해 자연스러운 언어 표현이 가능해지며, 일반적인 음성 합성 기술에 비해 높은 품질의 결과물을 제공합니다. 최근에는 클로바더빙 기술이 발전하여 더 높은 수준의 음성 합성 결과물을 만들어내고, 사람처럼 자연스러운 대화가 가능한 대화형 AI 서비스 등에 널리 사용되고 있습니다.

02. 클로바더빙 접속 및 회원가입하기

클로바더빙에 접속 및 회원가입하는 방법을 소개해드리겠습니다.

1) 클로바더빙 웹 사이트에 접속합니다. 검색하거나 사이트 주소(https://clova dubbing.naver.com)를 통해 접속할 수 있습니다. '무료로 시작하기'를 클릭합니다.

2) 네이버 계정으로 로그인하면 클로바더빙을 사용할 수 있습니다.

03. 클로바더빙 사용해보기

    클로바더빙은 더빙을 동영상에 추가하는 기능 외에도 PDF나 이미지 파일로 동영상을 생성해서 더빙을 추가할 수 있도록 해줍니다. 이번에는 앞서 제작한 ChatGPT 소개 동영상에 더빙을 추가해 보겠습니다.

1) 클로바더빙 메인 화면에서 새 프로젝트 생성을 클릭하고, 'CHATGPTLetusintroduce'라고 입력하여 생성을 클릭합니다. 동영상이나 PDF, 이미지 파일을 추가할 수 있습니다. 동영상 파일을 추가하겠습니다.

2) 더빙을 추가합니다. 더빙할 내용을 적어서 미리 듣기를 하면 더빙 목소리를 확인할 수 있습니다. 즐겨찾기에 기본으로 선택되어 있는 보이스를 사용할 수도 있지만, 원하는 보이스를 선택할 수도 있습니다. 전체 보이스를 클릭합니다.

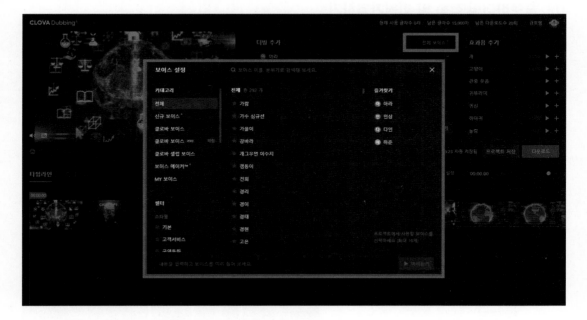

검색창에 보이스 이름이나 분위기를 적어서 원하는 보이스를 찾을 수 있고, 필터에서 스타일이나 성별, 연령대, 언어 등을 선택해서 찾을 수도 있습니다.

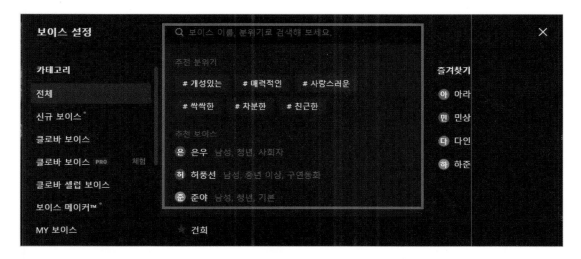

3) GPT 영상에 어울리는 목소리를 찾기 위해 내레이션, 남성, 청년, 한국어를 선택합니다. 미리듣기를 눌러 목소리를 들어봅니다. 마음에 드는 목소리가 있으면 이름 앞에 별표시를 활성화해주어 즐겨찾기에 추가해줍니다. 편집 화면으로 와서 목소리를 선택해주고, 내래이션을 넣어줍니다. 쉼표나 마침표와 같은 문장기호도 넣어야 인공지능이 더 자연스럽게 읽습니다.

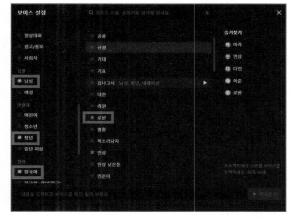

4) + 더빙 추가를 클릭하면 타임라인에 더빙이 추가됩니다. 타임라인에서 더빙을 드래그하여
더빙이 시작되는 곳에 놓아줍니다. 같은 방식으로 계속 내레이션을 입력하고 더빙을 추가합니다.

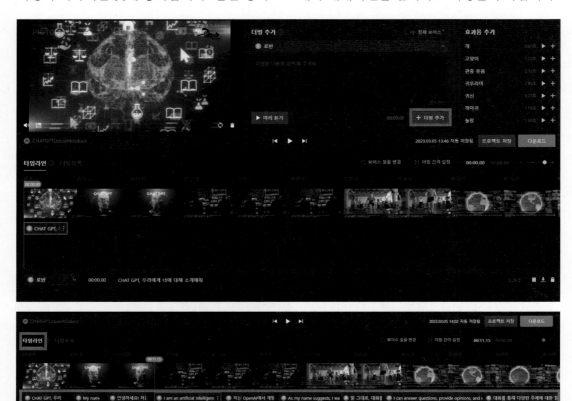

5) 영어로 된 내레이션을 한국어 보이스로 더빙하도록 하면 매우 어색하게 발음합니다.

영어 전문 더빙은 한국어 더빙이 영어로 발음하는 것보다 더빙시간이 짧아지기 때문에 타임라인에 변동이 생깁니다. 따라서 처음부터 영어 대사는 영어 더빙으로 할 것인지를 결정하고 더빙 추가를 시작하는 것이 좋습니다.

- 컨트롤을 누르고 여러 개의 자막을 클릭하면 한 번에 보이스 변경이 가능합니다.

6) 더빙을 모두 추가하였습니다. 추가된 더빙을 클릭하면 더빙을 바로 수정할 수 있고, 해당 더빙만 음원 파일로 다운로드받을 수 있습니다. 더빙 목록을 누르면 보이스 이름이나 더빙이 시작되는 시간, 내용을 수정할 수 있습니다.

효과음 추가에서는 원하는 효과음을 넣을 수도 있습니다.

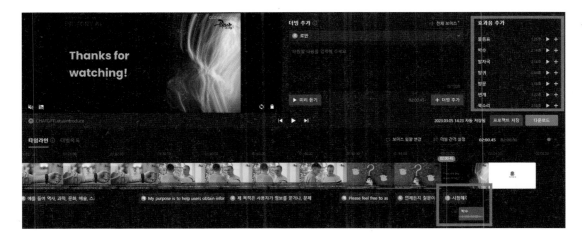

7) 작업이 모두 완료되면 프로젝트 저장 후, 다운로드를 누릅니다.

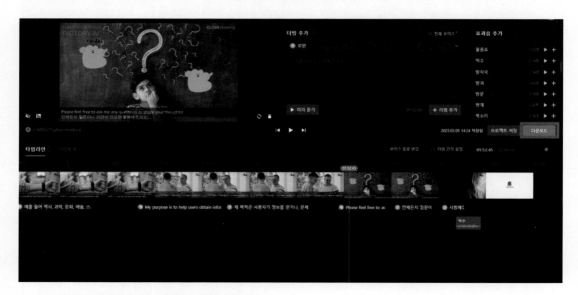

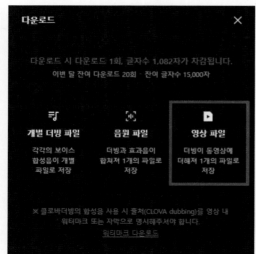

개별 더빙 파일이나 음원 파일만 다운로드받을 수 있고, 더빙과 영상을 합친 파일을 다운로드받을 수 있습니다.

[수업 사례] ChatGPT, Pictory.AI, 클로바 더빙을 활용하여 동영상 만들기

학생들은 동영상 제작을 위한 아이디어를 개발하거나 시나리오를 작성하는 과정에서 ChatGPT와 같은 대화형 인공지능 모델의 도움을 받을 수 있습니다. 시나리오에 맞게 직접 촬영할 수도 있지만 웹상에서 제공되는 무료 영상이나 이미지를 사용해서 영상을 제작하고 편집하는 방법을 사용할 수 있으며, 이 과정에서 인공지능의 도움을 받으면 작업 시간을 줄일 수 있습니다.

나의 꿈 동영상 만들기 활동을 통해 학생들은 자신의 꿈과 그 꿈을 이루기 위해서 무엇을 해야 하는지에 대해 조사해보고, 그 내용을 바탕으로 다른 사람들에게 관련 내용을 공유할 수 있습니다. 이러한 진로 활동은 학생들이 미래를 계획해보고, 진로 선택의 폭을 넓히는 데 도움을 줄 수 있습니다.

● 관련 성취기준

[E Ⅱ-2.5] 미래에 나타날 새로운 직업들을 상상할 수 있다.

[E Ⅲ-3.1] 자신의 꿈과 관련된 미래 모습을 상상하여 말할 수 있다.

[M Ⅱ-1.2] 협업능력, 감성능력, 디지털 문해력 등 미래사회에서 요구하는 역량의 중요성을 이해할 수 있다.

[M Ⅱ-2.2] 관심 분야 직업에 대한 다양한 체험활동을 탐색하고 체험활동에 참여할 수 있다.

[M Ⅲ-1.1] 진로의사결정에 필요한 정보와 조언을 수집할 수 있다.

---

01. ChatGPT와 함께 영상 스크립트 작성하기

나의 꿈 영상을 만들기 위한 아이디어나 스크립트를 작성할 때 ChatGPT와 함께 대화하면서 도움을 받을 수 있습니다. 학생들의 흥미나 적성과 관련된 직업을 추천받는다거나 미래에 유망한 직업을 물어볼 수 있습니다. 또한 '행복한 삶'과 같은 다소 철학적인 질문을 통해 대화를 나눌 수도 있습니다. ChatGPT와 함께 작성하는 영상 스크립트의 내용 또한 직업 자체를 설명하거나 꿈을 이루기 위한 과정을 설명하는 등 학생이 원하는 주제로 정하면 됩니다. 그럼 ChatGPT와 함께 나의 꿈 영상 스크립트를 만들어 보겠습니다.

1) 첫 번째 질문은 동물을 좋아하는 학생의 입장에서 미래 직업을 추천해주도록 ChatGPT에 요청합니다.

*예: 나는 동물을 좋아해. 내가 가질 수 있는 미래 직업을 추천해줘.

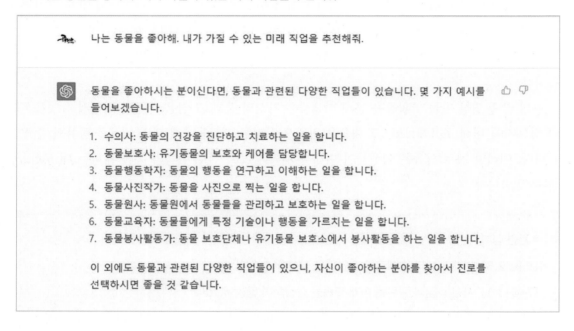

2) 동물과 관련된 직업을 추천해주는 것을 확인할 수 있습니다. 이어서 추천한 직업 중에서 미래에 가장 유망할 직업을 추천해달라고 요청합니다.

*예: 위의 직업들 중에서 미래에 가장 유망할 직업을 추천해줘.

3) ChatGPT가 동물 행동학자나 동물 트레이너를 추천하기도 하고, 때로는 수의사를 추천하기도 합니다. 이 중에서 동물행동학자를 선택하고 이에 대한 영상을 보겠습니다. ChatGPT에 영상 스크립트 작성을 요청합니다.

*예: 동물 행동학자와 관련된 동영상을 만들고 싶어. 동물 행동학자에 대한 영상을 만들기 위한 스크립트를 300자 내외로 써줘.

안녕하세요! 동물 행동학자에 대한 영상 스크립트를 준비해봤습니다.

[시작]

여러분은 어떤 동물을 좋아하시나요? 고양이, 개, 새, 뱀, 곤충 등 다양한 동물들이 우리 주변에 살고 있습니다. 이 동물들의 행동은 우리에게 무척 흥미롭고 놀라운 일이죠.

하지만, 왜 이러한 동물들이 이렇게 행동하는 걸까요? 이 동물들의 행동을 이해하려면 동물 행동학자가 필요합니다.

동물 행동학자는 동물의 행동을 연구하고, 이해하는 분야입니다. 그들은 동물의 행동이 어떻게 형성되는지, 어떤 요인에 의해 변화되는지, 그리고 이러한 행동이 생태계에 미치는 영향 등을 연구합니다.

동물 행동학자는 이러한 연구를 통해 동물들의 행동을 예측하고, 그들의 행동을 보다 잘 이해할 수 있습니다. 이를 통해 우리는 동물들과 더욱 가까이 다가갈 수 있습니다.

그렇다면, 동물 행동학자가 연구하는 대상은 무엇일까요? 대부분의 경우, 이들은 야생 동물과 반려동물들을 연구합니다. 그러나, 이들은 어떤 동물이든지 관심을 가질 수 있습니다.

동물 행동학자의 연구는 우리와 동물들 사이의 관계를 보다 개선시키고, 동물들의 행복과 복지를 높이는 데 큰 역할을 합니다. 우리 모두가 함께 살아가는 지구에서 동물들과 더욱 친근하게 지낼 수 있도록, 동물 행동학자들의 연구는 무궁무진한 가능성을 지니고 있습니다.

[끝]

이상이 동물 행동학자에 대한 간략한 영상 스크립트입니다. 이를 참고해서, 보다 흥미로운 동물 행동학자에 대한 영상을 만들어 보시길 바랍니다.

4) 내용을 읽어보고 수정이 필요하거나 추가하고 싶은 내용이 있으면 ChatGPT와 대화하면서 수정할 수 있습니다.

　　동물 행동학자에 대해 설명하는 영상을 만들기 위한 스크립트를 ChatGPT와 함께 완성해 보았습니다. ChatGPT의 답변 내용은 인터넷 상의 텍스트 데이터를 학습한 결과일 뿐입니다. 따라서 수업 시간에는 ChatGPT가 작성해준 스크립트를 그대로 쓸 것이 아니라 학생들이 각자 조사한 내용이나 본인의 생각이 들어가도록 수정하도록 지도해야 할 것입니다.

02. Pictory.AI, 클로바더빙으로 동영상 제작하기

ChatGPT와 함께 만든 스크립트에 어울리는 영상을 Pictory.AI로 제작하고, 클로바더빙에서 더빙을 추가해서 동영상을 제작해보도록 하겠습니다.

1) Pictory.AI는 텍스트로 영어만 인식하기 때문에 만들어진 스크립트를 영어로 번역해달라고 ChatGPT에 요청합니다.

*예: 위 글을 영어로 번역해줘.

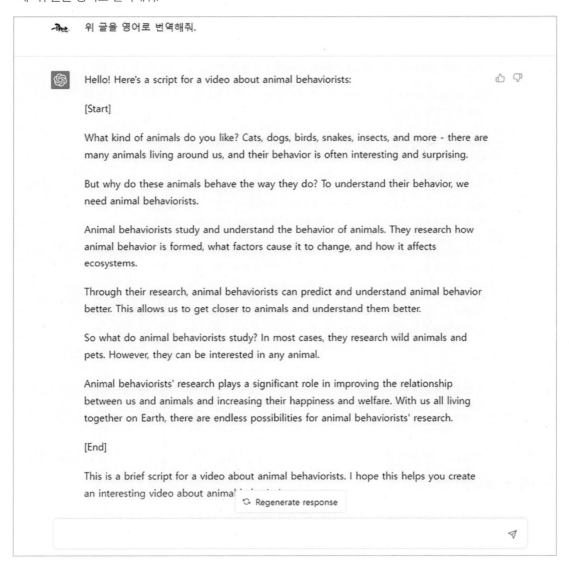

위 글을 영어로 번역해줘.

Hello! Here's a script for a video about animal behaviorists:

[Start]

What kind of animals do you like? Cats, dogs, birds, snakes, insects, and more - there are many animals living around us, and their behavior is often interesting and surprising.

But why do these animals behave the way they do? To understand their behavior, we need animal behaviorists.

Animal behaviorists study and understand the behavior of animals. They research how animal behavior is formed, what factors cause it to change, and how it affects ecosystems.

Through their research, animal behaviorists can predict and understand animal behavior better. This allows us to get closer to animals and understand them better.

So what do animal behaviorists study? In most cases, they research wild animals and pets. However, they can be interested in any animal.

Animal behaviorists' research plays a significant role in improving the relationship between us and animals and increasing their happiness and welfare. With us all living together on Earth, there are endless possibilities for animal behaviorists' research.

[End]

This is a brief script for a video about animal behaviorists. I hope this helps you create an interesting video about animal behaviorists.

Regenerate response

2) Pictory.AI에 접속하여 Script to Video의 Proceed를 클릭합니다.

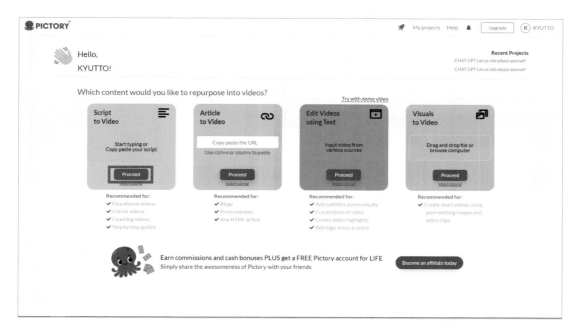

제목은 따로 영상이 제작되지 않기 때문에 한글로 '동물학자에 대하여..'라고 넣습니다. 본문에는 ChatGPT가 번역해준 영어 스크립트를 넣습니다. 하나의 문장에 하나의 씬(scene)이 생성될 수 있도록 문장을 줄바꿈해줍니다. Proceed를 클릭합니다.

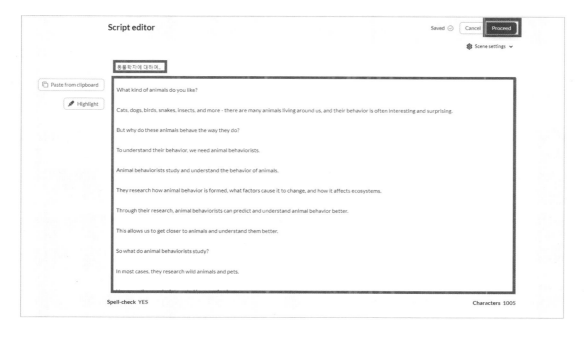

3) 마음에 드는 템플릿과 화면 비율을 선택합니다. 조금 기다리면 스크립트에 맞춰서 씬이 만들어집니다. 영어로 된 스크립트를 한글로 수정해줍니다. ChatGPT에서 한 문장씩 복사해서 Story의 스크립트를 수정합니다.

4) 자막 글씨체를 수정합니다. 글씨 크기를 조정하고, 가운데 정렬을 클릭합니다. 애니메이션은 Typewriter로 선택합니다.

같은 스타일을 전체에 적용하기 위해 Apply to all을 클릭합니다.

5) 자연스러운 줄바꿈을 위해 적당한 문장의 위치에서 줄바꿈을 합니다.

| 줄바꿈 수정 전 | 줄바꿈 수정 후 |

6) 배경음악을 추가합니다. MOOD의 Hopeful/Optimistic과 Purpose의 Nature/Beauty를 클릭해서 Sharing The Love라는 곡으로 적용합니다.

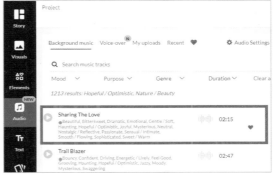

7) 인트로 씬과 아웃트로 씬을 추가합니다. 인트로 텍스트에 '나의 꿈 동물학자!'라고 입력합니다. 영상 편집이 다 됐으면 Generate에서 Video를 클릭해서 영상을 다운받습니다.

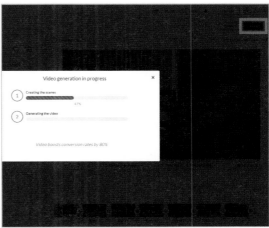

8) 이제 클로바더빙에서 새 프로젝트를 생성합니다.

방금 만들었던 동영상을 추가하고, 더빙 목소리를 선택합니다.

9) ChatGPT에서 작성했던 문장을 한 개씩 복사해 와서 더빙을 추가합니다.

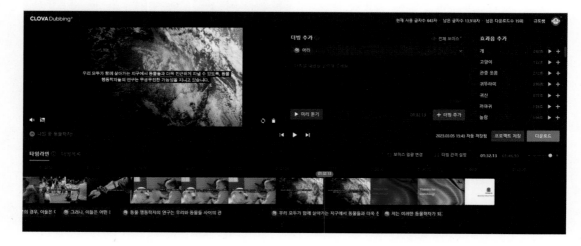

더빙을 모두 추가했으면 처음부터 영상을 재생해 더빙과 영상의 씽크가 맞는지 확인하면서 더빙의 위치를 수정합니다. 영상을 완성했으면 프로젝트 저장 후, 다운로드를 클릭해서 영상 파일을 다운받을 수 있습니다.

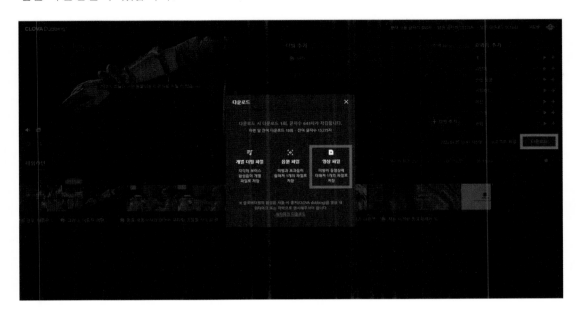

단원을 마무리하며

지금까지 ChatGPT, Pictory.AI, 클로바더빙을 사용해 동영상 만드는 것을 수업과 연계하는 방법을 알아보았습니다. 진로 교육에서 중요한 것은 학생들이 자신의 강점과 관심사를 파악하고 다양한 측면에서 직업을 알아보고 선택해보는 경험을 갖는 것입니다. 따라서 나의 꿈을 소개하는 영상 시나리오를 작성하는 데 있어 ChatGPT에 너무 기대지 않도록 지도해야 합니다. 또한 영상 제작에 있어 Pictory.AI와 클로바더빙은 영상 제작을 도와주는 도구일 뿐이므로 영상 제작 목적이나 소재에 맞게 다양한 도구를 활용할 수 있도록 안내해야 합니다.

CH. 3

ChatGPT와 유사한 대화형 챗봇

AI 국어·영어·미술

나의 AI 비서 만들기

AskUp이란?

AskUp(아숙업)이라는 용어는 애스크 업을 간편하게 부르는 줄임말입니다. AskUp은 2019년 출시된 인공지능 챗봇으로, 카카오톡 메신저에서 제공되는 인공지능 기반의 AI 질의응답 서비스입니다. 사용자들이 질문을 하면 다양한 분야의 전문 지식을 바탕으로 답변을 자동으로 제공하는 대화형 인공지능 챗봇입니다.

AskUp은 일상생활, 역사, 문화, 과학, 의학, 여행, 스포츠, 엔터테인먼트 등 다양한 주제와 분야에 대해 대응할 수 있는 넓은 범위의 지식을 갖추고 있습니다. 여행을 계획 중인 사용자가 카카오톡 메신저에서 여행지 관련 질문을 건넨다면 AskUp이 답변을 해주기도 하지만, 다른 사용자들이 해당 여행지에 대한 정보와 팁을 제공해줄 수도 있습니다.

AskUp은 무료로 제공되는 서비스입니다. 사용자들은 AskUp을 통해 빠르고 간편하게 다양한 주제의 질문에 대한 답변을 받을 수 있습니다. 하지만 답변이나 질문의 질과 양을 보장하지 않기 때문에 사용자는 참고용으로만 활용해야 합니다. 또한, 부적절한 내용이나 비방 등의 문제가 발생할 수 있습니다. 이러한 경우, 카카오톡 내에서 해당 내용을 신고할 수 있습니다.

이번 단원에서는 AskUp에 대해 자세히 알아보고 수업에 활용하는 방법을 알아보겠습니다.

AskUp에 대해 알아보기

01. AskUp의 장점

■ **편리한 사용**

카카오톡 메신저 내에서 바로 AskUp을 호출하여 질문할 수 있어 사용이 간편하고 편리합니다. 별도의 앱 설치나 로그인 과정이 필요하지 않으며, 카카오톡의 친구 추가만으로 서비스를 이용할 수 있습니다.

■ **다양한 주제와 분야에 대한 지식**

AskUp은 역사, 문화, 과학, 의학, 여행, 스포츠, 엔터테인먼트 등 다양한 주제와 분야에 대한 지식을 갖추고 있어 사용자들의 요구를 충족시킬 수 있습니다.

■ **빠른 답변 제공**

AskUp은 인공지능 기반으로 동작하여 빠르게 답변을 제공할 수 있습니다. 실시간으로 사용자의 질문에 대한 답변을 생성하고 제공하기 때문에 빠른 시간 내에 궁금한 내용을 알아볼 수 있습니다.

■ **24시간 이용 가능**

AskUp은 24시간 언제든지 이용 가능한 서비스입니다. 시간과 장소에 제한을 받지 않고 언제든지 사용자가 질문을 할 수 있어 편리합니다.

■ **무료 제공**

AskUp은 카카오톡 메신저 내에서 무료로 제공되는 서비스입니다. 별도의 비용이 발생하지 않으며, 누구나 무료로 이용할 수 있어 경제적인 장점이 있습니다.

■ **대화형 인터페이스**

AskUp은 대화형 인터페이스를 제공하여 사용자들이 자연스럽게 질문을 할 수 있고, 대화 형식으로 답변을 받을 수 있습니다. 이로써 사용자들은 친근하고 편한 경험을 할 수 있습니다.

이러한 장점들로 인해 카카오톡의 AskUp은 사용자들에게 편리하고 빠른 질의응답 서비스를 제공하여 다양한 주제와 분야에 대한 지식을 손쉽게 얻을 수 있게 해줍니다.

02. AskUp의 한계점

■ **정확성과 신뢰성의 한계**

AskUp은 인공지능 기술을 활용하여 질문에 대한 답변을 제공하지만, 가끔씩 틀린 정보를 제공하거나 정확하지 않은 답변을 제공할 수도 있습니다.

■ **전문적인 판단과 경험 부족**

인간만이 지니고 있는 통찰력, 직관이 부족하여 복잡하고 전문적인 주제에 대해서는 정확하고 완전한 답변을 제공하는 데 한계가 있을 수 있습니다.

■ **대화의 제한**

AskUp은 대화형 인터페이스를 제공하지만, 실제로는 제한된 범위 내에서 대화가 이루어집니다. 긴 문장이나 복잡한 질문에 대한 답변이 어려울 수 있고, 심층적인 토론이나 논쟁을 하기에는 부족할 수 있습니다.

■ 의존성과 개인정보 보호

AskUp을 이용하면 카카오톡에 대한 의존성이 높아질 수 있습니다. 또한, AskUp이 제공하는 서비스를 이용하려면 카카오톡 계정과 연동되어 개인정보가 수집될 수 있습니다. 따라서 개인정보 보호에 대한 주의가 필요합니다.

■ 유한한 서비스 영역

AskUp은 다양한 주제와 분야에 대한 정보를 제공할 수 있지만, 모든 주제와 분야에 대해 완벽한 답변을 제공할 수는 없습니다. 특정 분야나 주제에 대해서는 제한된 정보나 서비스를 제공할 수 있습니다.

이러한 단점들은 AskUp 서비스의 한계점으로, 사용자들은 정보의 정확성에 주의하고, 전문적인 질문이나 복잡한 주제에 대해서는 추가적인 검증이 필요합니다. 또한, 개인정보 보호에 대해서도 신중한 접근이 필요합니다.

03. AskUp과 ChatGPT의 차이

AskUp은 ChatGPT를 기반으로 서비스를 제공하며 생성형 인공지능이라는 점에서 유사한 점이 많습니다. 하지만 다른 점도 분명히 있습니다. ChatGPT와 AskUp의 차이점을 알아보겠습니다.

AskUp은 카카오톡 메신저 내에서 동작하는 인공지능 기반 질의응답 서비스로, 카카오톡 앱을 통해 이용할 수 있습니다. 반면에 ChatGPT는 OpenAI의 대화형 인공지능 모델로, 다양한 인터페이스와 플랫폼에서 이용할 수 있습니다. 국민 대부분이 카카오톡을 사용하고 있는 한국에서는 접근성 측면에서 카카오톡의 AskUp이 더 뛰어나다고 할 수 있습니다. ChatGPT도 이러한 점을 인식하여 접근성을 높이기 위해 구글과 연동하여 확장 프로그램을 제공하고 있습니다.

AskUp은 카카오톡 내에서 다양한 주제에 대한 질문의 답변을 제공하는 것이 주된 목적입니다. 이에 비해 ChatGPT는 다양한 영역에서의 대화와 질의응답을 포괄하는 일반적인 대화형 인공지능 모델입니다.

ChatGPT는 OpenAI가 제공하는 API를 통해 확장성이 높고, 사용자의 요구에 따라 커스터마이징이 가능합니다. 그에 반해 AskUp은 카카오톡 메신저 내에서 제공되는 서비스로, 확장성이나 사용자의 요구에 따른 커스터마이징이 제한적일 수 있습니다.

이러한 차이점들은 두 서비스가 서로 다른 플랫폼임을 인식하게 합니다. 각각의 서비스 특성과 한계를 고려하여 적합한 서비스를 선택하고 활용하시기 바랍니다.

AskUp 사용 방법

01. AskUp 접속하기

AskUp은 카카오톡 PC 앱이나 모바일 앱에서 추가할 수 있습니다.

1) 카카오톡 PC 버전에서는 카카오톡 우측 상단에 있는 친구 추가 버튼을 클릭하여 ID로 추가 버튼을 누른 후 'askup'이라고 검색하여 채널 추가를 할 수 있습니다.

2) 모바일 앱에서는 친구 탭의 상단 검색창 버튼을 클릭하고, 'askup'이라 검색한 후 AskUp 채널을 추가합니다.

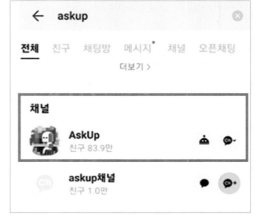

3) 카카오톡 채팅 목록에 AskUp 채팅방이 추가된 것을 확인할 수 있습니다.

02. AskUp 기능 살펴보기

■ AskUp을 이용한 검색 기능

1) AskUp은 다양한 분야에서 사용자의 요구에 맞는 정보를 빠르게 제공해줍니다. 한국 여행지 추천 같은 기본적인 정보들에 대해 질문하면 빠르게 답변해줍니다.

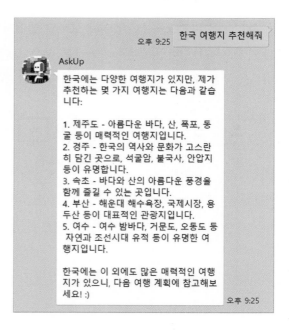

2) 지역 맛집 추천 관련 답변도 식당 이름과 함께 구체적으로 답변해줍니다.

- 소갈비 맛집에 대해 질문했지만, 소곱창 맛집으로 잘못 인식하여 답변하였습니다. 질문에 대한 답변이 정확하지 않을 수 있습니다.

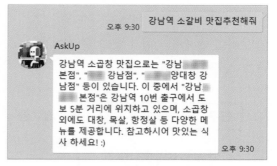

3) 단어 앞에 ?(물음표)로 시작하면 요약 정보와 인터넷 검색 결과를 얻을 수 있습니다. "?국립중앙도서관 추천도서"를 입력해보겠습니다. 국립중앙도서관 관련 정보를 요약 내용과 함께 링크도 답변받을 수 있습니다.

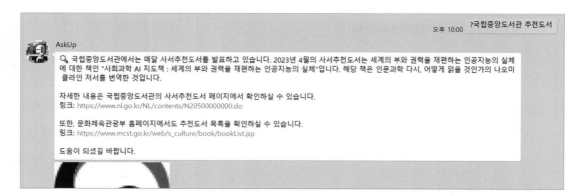

4) 추천한 링크 주소를 AskUp 채팅방에 입력해보겠습니다. AskUp 챗봇이 해당 링크 사이트에 대한 정보를 요약해서 제공해주고 있습니다.

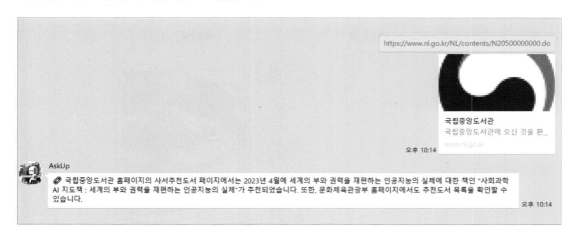

5) 평상시에는 ChatGPT-3.5 버전의 답변이 제공됩니다. 여기서 !(느낌표)로 대화를 시작하면 ChatGPT-4가 적용돼서 답변해줍니다. 예를 들어, '보남이로 3행시'로 입력하면 ChatGPT-3.5 가 적용되어 3행시 규칙을 지키지 않고 답변을 합니다. 반면에 '!보남이 3행시'로 입력하면 ChatGPT-4가 적용되어 3행시 규칙을 지키면서 답변을 하고 있습니다. 많은 차이가 있는 것을 알 수 있습니다.

■ AskUp을 이용한 이미지 생성

AskUp을 이용하여 이미지를 생성하는 방법에 대해 알아보겠습니다.

1) '포도가 올려진 팬케이크 그려줘'라고 입력해보겠습니다. 실제로 생동감 있게 그려진 그림을 보여줍니다.

2) 또 다른 사진을 다시 받고 싶으면 '별로야, 다시 그려줘'라고 입력해보세요. 포도가 올려진 팬케이크의 다른 모습으로 그림을 그려줍니다.

3) 이번에는 조금 까칠하게 '아니 만족 못 했어.'라고 입력하니 더 나은 그림을 그려준다는 말과 함께 그림을 친절히 다시 그려줍니다.

4) 구체적으로 요구사항을 적어보겠습니다. '팬 케이크 위에 있는 휘핑크림 없애줘'라고 입력하니 휘핑크림을 없앤 그림을 그려줍니다.

5) '포도색깔을 보라색으로 바꿔서 그려줘.'라고 입력해보겠습니다. 포도 자체가 없어지는 오류가 생긴 걸 볼 수 있습니다.

6) '포도가 사라졌잖아. 포도를 다시 그려줘.'라고 입력하니 죄송하다는 말과 함께 없어진 포도를 다시 그려서 그림을 만들어줍니다.

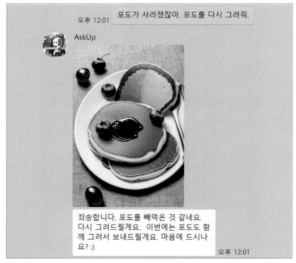

7) 이번에는 요구사항을 여러 개 입력해보겠습니다. '포도를 빨강색으로 그리고 휘핑크림도 다시 그려줘'라고 입력하니 빨강색 포도와 휘핑크림이 있는 팬케이크 그림을 다시 만들어줍니다.

8) 고생한 AskUp에 '너무 마음에 들어요.' 라고 입력해보겠습니다. 마치 친구처럼 이 모티콘과 함께 답변을 해줍니다.

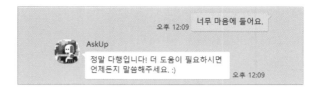

■ AskUp의 인물 보정 기능

AskUp 이미지 보정 기능에 대해 살펴보겠습니다.

1) AskUp 채팅방에 보정하고 싶은 사진을 올립니다. 이때, 얼굴이 잘 보이는 사진을 올려야 보정이 잘 이루어집니다. 도서 집 필을 함께하는 선생님의 사진을 올려보겠 습니다. '얼굴을 인식했습니다. 얼굴을 바 꿔보고 싶으신가요?'라고 답변해주는 것을 볼 수 있습니다.

2) 메시지 입력창 바로 위에 예시가 나옵 니다.

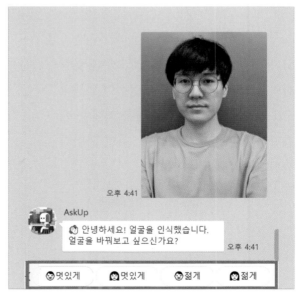

3) 남자 이모티콘이 있는 '젊게'를 클릭하여 입력해보겠습니다. 머리도 다듬고 피부도 말끔해지면서 확실히 젊어지게 보정된 모습을 확인할 수 있습니다. 조금이라도 젊어 보이기 위해 목걸이까지 채워주는 세심함도 보이네요.

4) 이번엔 남자 이모티콘이 있는 '멋있게'를 클릭하여 입력해보겠습니다. 남성다움을 강조하기 위해 선이 굵어지고 수염도 더 진해진 모습을 확인할 수 있습니다.

5) 여자 이모티콘이 있는 '멋있게'를 클릭하여 입력해보겠습니다. 얼굴선이 전체적으로 얇아지고 옅게 화장해서 최대한 아름답게 그려주고 있습니다. 없던 잔머리까지 그려주네요.

6) 예시 대화창에 있는 내용을 입력하지 않고 임의로 '화사하게 그려줘'라고 입력해보겠습니다. 인물 사진과 관련 없는 이미지를 보여주고 있습니다.

이렇듯 AskUp 챗봇은 예시 대화창에 있는 남녀 멋있게, 젊게 기능만 선택해서 보정이 가능하도록 서비스를 제공하고 있습니다. 그리고 한 사진에 3명까지 동시에 보정이 가능하지만, 각각 개별 보정은 불가능합니다. 2명 이상의 보정을 진행할 경우에는 1명을 보정하는 경우보다 보정의 퀄리티가 낮게 나올 수 있습니다.

■ AskUp의 OCR 기능

OCR(Optical Character Recognition) 기술은 광학 문자 인식을 의미합니다. 이미지에서 텍스트 관련 정보를 읽고 대화에 활용할 수 있습니다. 사용자가 명함이나 서류를 촬영해 전송하면 사진 속 문자를 인식하고 이해하며 대화를 할 수 있습니다. 또한, 사진 속 이미지를 글자로 변환할 수 있습니다. 이러한 특징 때문에 AskUp을 '눈 뜬 GPT'라고도 부릅니다. 지금부터 AskUp의 OCR 기능을 알아보겠습니다.

💬 AskUp의 요약 기능

1) 책의 한 페이지를 사진으로 찍어서 AskUp 채팅방에 올려보았습니다. 벌써 811개의 글자를 읽었다는 말과 함께 '이미지 내용 요약'과 '이미지 내용 번역' 기능이 나오는 것을 볼 수 있습니다.

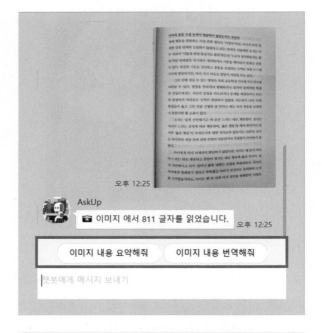

2) '이미지 내용 요약해줘'를 클릭해보겠습니다. 글의 주된 내용을 중심으로 요약해서 채팅창에 답변해주는 것을 볼 수 있습니다.

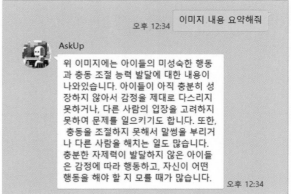

3) 제가 직접 볼펜으로 쓴 글을 사진으로 찍어서 채팅방에 올려보았습니다.

*내용: 이상적인 교실 속 학생들은 위의 공통점을 바탕으로 한걸음씩 성장하는 모습을 보여줄 것이다. 여기서 한 단계 더 나아가 '이상적인 학급 문화'에 대해서도 생각해보자.

띄어쓰기를 포함하여 92글자로 정확하게 읽었습니다. 그리고 이미지 내용 요약 기능을 활용하니 실제로 쓴 글의 내용을 정확하게 요약해서 말해주고 있습니다.

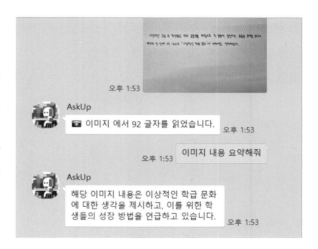

4) '이미지 내용 영어로 번역해줘'라고 입력하면 영어로 번역해줍니다. 또한 '이미지 내용을 중국어로 번역해줘'라고 입력하면 중국어로도 번역해줍니다.

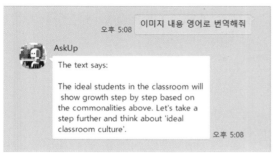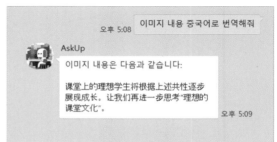

💬 AskUp의 영어 요약 및 번역 기능

1) 영어는 얼마나 잘 이해할까요? 영어로 써있는 책의 한 페이지를 사진으로 찍어서 올려 보겠습니다. 글자가 너무 많아서 1,200자만 읽었다고 대답하는 것을 볼 수 있습니다. AskUp은 이미지에서 1,000자 내외 정도의 글씨를 읽을 수 있습니다.

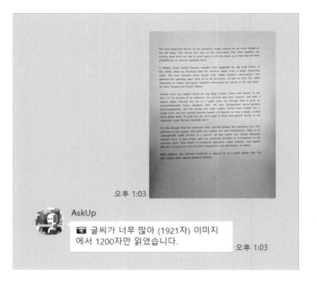

2) 글씨의 일부분을 지우고 다시 찍어서 올려보았습니다. 이미지에서 총 707글자를 읽었다고 안내해줍니다.

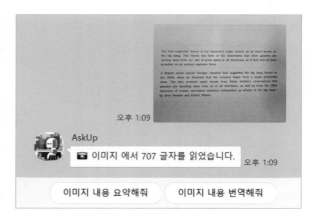

3) '이미지 내용 요약해줘'를 클릭해보겠습니다. 이미지 내용을 한국어로 요약해주고 있습니다.

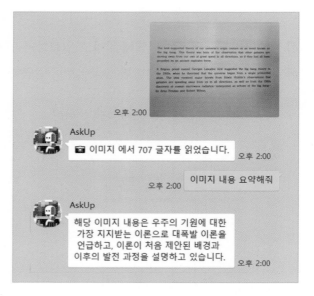

4) 이번엔 '이미지 내용 번역해줘'를 클릭해보겠습니다. 이미지 내용을 문단별로 한국어로 번역해주고 있습니다.

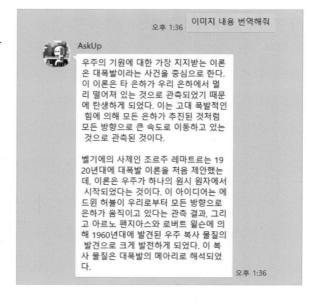

5) 영어로 직접 글을 써서 사진으로 찍은 뒤 AskUp에 번역해달라고 해보겠습니다. 영어 문법상에 오타가 있어 해석이 어렵다고 하지만, 문맥을 살펴보고 적절하게 해석해서 답변을 해주고 있습니다.

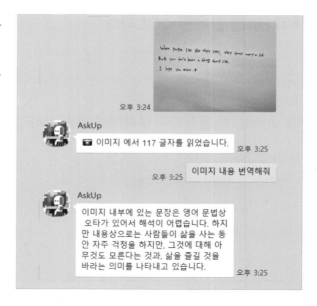

6) '문법에 어디 오타가 있어?'라고 물어보니, 실수로 잘못 쓴 영어 단어를 찾아내어 알맞게 고쳐서 다시 설명해주고 있습니다.

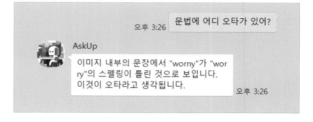

7) AskUp은 영어뿐만 아니라 다른 외국어의 이미지도 인식하고 번역해줍니다. 일본어를 사진으로 찍어 채팅방에 올리고 이미지 내용을 번역해달라고 해보겠습니다. 이미지에 있는 글을 인식하고, 한국어로도 번역해주는 것을 볼 수 있습니다.

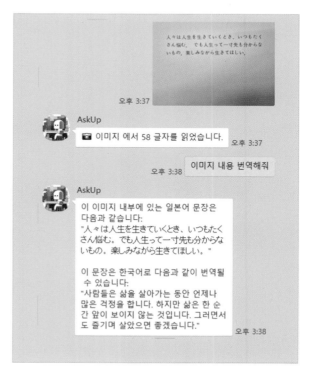

AskUp을 활용한 수업 사례

AskUp을 이용하여 다양한 수업을 재구성하고 학급에서 활용할 수 있습니다. 지금부터 AskUp을 활용한 수업 사례를 소개해드리겠습니다.

01. AskUp을 활용하여 수학여행 장소 정하기

1) 학생들에게 수학여행의 의미를 알려주기 위해 '초등학교 수학여행의 목적 알려줘'라고 입력합니다. 물론 수학이라는 단어를 잘못 해석한 것을 볼 수가 있지만, 이를 사용자가 적절하게 수정하여 사용할 수 있습니다.

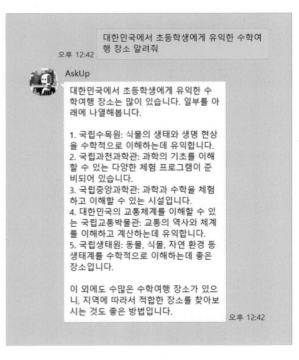

2) '대한민국에서 초등학생에게 유익한 수학여행 장소 알려줘'라고 입력합니다.

3) AskUp에서 제공받은 장소에 대해 구체적으로 조사합니다. 이때, AskUp에 새로 질문하거나 학생들이 가지고 있는 정보기기 및 도서를 활용해서 조사를 진행하면 더욱 좋습니다. 이후, 학급회의를 거쳐 최종 수학여행 장소를 결정하고 세부 계획을 세웁니다.

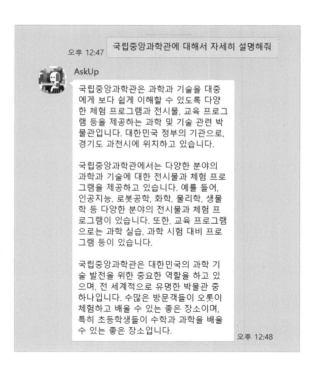

02. AskUp을 활용하여 이야기 간추리기(요약하기)

■ AskUp을 활용하여 소설 간추리기(요약하기)

국어 6학년 1학기 '2단원 이야기를 간추려요' 단원에서 AskUp을 활용한 수업을 소개해드리겠습니다.

1) 6학년 1학기 (가) 국어교과서에 있는 소나기를 감상하고, 이야기 구조인 발단, 전개, 절정, 결말에 맞춰 요약하는 활동을 사례로 들어보겠습니다.
- 활동지나 교과서에 있는 예시 자료를 활용합니다.

2) AskUp에 '황순원 작가의 소나기라는 이야기 알아?'라고 입력합니다.

- 작가 이름과 함께 구체적으로 물어봐야 정확한 답변을 해줍니다.

> 황순원 작가의 소나기라는 이야기 알아?
>
> 오후 1:16
>
> **AskUp**
>
> 네, 황순원 작가의 '소나기'라는 이야기는 한국의 대표적인 소설 중 하나입니다. 이 이야기는 일제 강점기 시절, 일본에 강제로 직장을 떠나게 된 한 가족의 이야기를 그린 작품으로, 가난과 이별, 그리고 우리가 살아가면서 마주치는 다양한 인생 문제들을 그린 소설입니다. '소나기'는 한국의 현대 문학사에서도 중요한 위치를 차지하고 있으며, 초등학교 6학년 국어 교과서에서도 읽을 수 있는 문학 작품 중 하나입니다.
>
> 오후 1:16

3) '발단, 전개, 절정, 결말 구조로 요약해줘'라고 입력합니다.

> 오후 1:22
>
> 발단, 전개, 절정, 결말 구조로 요약해줘
>
> **AskUp**
>
> '소나기'는 발단, 전개, 절정, 결말 구조로 이루어져 있습니다. 발단에서는 한 가족이 일본으로 이주하게 되며, 이후 전개에서는 가족 구성원들이 마주하는 문제와 그에 대한 대처 과정이 그려집니다. 이야기의 절정에서는 가족 구성원들이 마주하는 문제들이 고조되고, 각자의 감정과 마음이 충돌하며 전개됩니다. 결말에서는 문제들을 해결하면서 가족 구성원들이 서로에 대한 사랑과 감정을 다시 확인하며, 독자들은 이를 통해 다양한 가치와 인생에 대한 깨달음을 얻을 수 있습니다.
>
> 오후 1:23

4) '발단 내용을 자세히 요약해줘'라고 입력합니다. 학생들이 활동지에 요약한 내용과 비교하며 차이점과 공통점을 확인하게 합니다. 전개, 절정, 결말도 같은 방법으로 진행합니다. 여기서 교사는 AskUp이 요약한 내용이 정답이 아니고 또 다른 하나의 의견이라는 점을 학생들에게 안내해야 합니다. 그래야 잘못된 정보를 그럴듯하게 이야기하는 AskUp에 대한 학생들의 혼란을 예방할 수 있습니다.

> 오후 1:34
>
> 발단 내용을 자세히 요약해줘
>
> **AskUp**
>
> '소나기'의 발단에서는 일제 강점기 시절, 한 가족이 일본으로 이주하게 됩니다. 가족은 일본으로 떠나야 하는 상황에 처해 있지만, 일본에서의 생활은 어려울 것이라는 예상만 하고 있습니다. 그러나 현실은 가족들이 예상한 것보다 훨씬 어렵고, 가난과 이별, 갈등 등 다양한 문제들이 발생하게 됩니다. 이러한 상황에서 가족 구성원들은 각자의 방식으로 문제를 해결하려 하지만, 서로의 감정과 마음을 이해하지 못하고 충돌하게 됩니다.
>
> 오후 1:34

■ **AskUp을 활용하여 내가 쓴 글 간추리기(요약하기)**

학생들이 자유롭게 자신만의 주제를 가지고 글쓰기한 것을 AskUp으로 요약해보겠습니다. 원래의 글과 요약된 글을 서로 비교해보는 활동을 할 수 있습니다.

1) AskUp에 학생이 쓴 자유 주제 글쓰기를 사진으로 찍어 올립니다.

*주제: 어린이날 받고싶은 선물은?

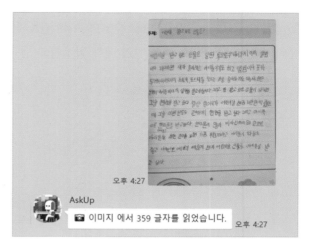

2) '이미지 내용 요약해줘'를 클릭하거나 직접 입력합니다. 사전에 학생들이 요약한 글과 AskUp이 요약한 글을 비교하며 검토하고 수정하는 활동을 할 수 있습니다.

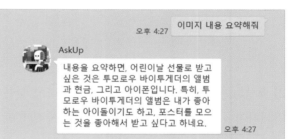

03. AskUp을 활용하여 미술 수업하기

AskUp의 이미지 생성 기능을 활용하여 미술 수업을 구성할 수 있습니다.

■ AskUp을 활용하여 콜라주하기

1) 콜라주 기법을 활용한 미술 수업에 AskUp을 활용해보겠습니다. AskUp에 콜라주에 대해 질문하여 콜라주의 의미와 방법에 대해 학생들과 탐구합니다.

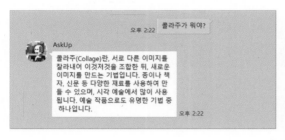
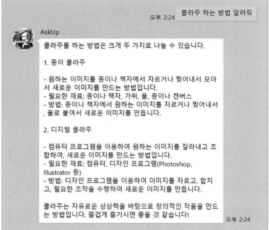

2) 학생들은 자신이 콜라주 재료로 활용하고 싶은 그림을 AskUp에 질문합니다. 그리고 교사가 인쇄하여 학생들에게 나눠준 뒤 학생들이 필요한 그림을 붙이면서 작품에 활용하도록 합니다. 이때, 학생들이 창의적으로 표현할 수 있게 다양한 질문을 하도록 지도합니다.

■ AskUp을 활용하여 인물화 그리기

AskUp의 인물 보정 기술을 활용하여 자신의 얼굴이나 유명한 인물 그림을 재미있게 표현할 수 있습니다.

1) 인터넷에서 레오나르도 다빈치가 그린 모나리자의 그림을 캡처해서 AskUp 채팅방에 올립니다. 그리고 남자 얼굴로 바꿔보겠습니다.

2) '남, 여 멋있게' 그리고 '남, 여 젊게'도 해보겠습니다. 보정된 그림을 인쇄하여 학생들이 도화지에 그리게 합니다. 또는 자신의 사진을 올리고 AskUp에서 보정하여 자신의 달라진 모습을 인쇄하여 그리는 활동(자화상 그리기)도 할 수 있습니다.

04. AskUp의 OCR 기능을 활용한 수업

■ OCR 기능을 활용하여 영어 역할놀이 하기

AskUp의 OCR 기능을 활용하여 한글로 대본을 쓴 뒤, 영어로 번역하여 역할놀이를 할 수 있습니다.

1) 학생들은 모둠별로 역할놀이 대본에 대해 토의한 후 대본을 한글로 작성합니다. 이때, 교사는 학생들에게 영어 시간에 배운 핵심 표현이 꼭 들어갈 수 있게 대본을 작성하도록 안내합니다. 그리고 AskUp 채팅방에 대본을 올린 뒤 '영어로 번역해줘'라고 입력합니다.

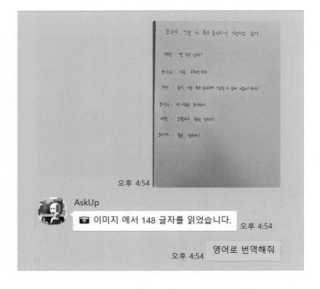

2) 핵심 표현이 들어갔는지 확인합니다. 영어로 번역된 글에 오류가 있는지 확인하고 대본을 갖고 연습을 합니다. 이때, 교사는 학생들이 오류 놓칠 것을 대비하여 반드시 함께 살펴봐야 합니다.

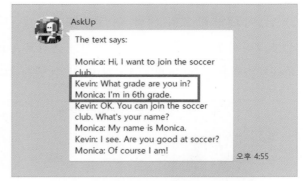

■ OCR 기능을 활용하여 영어 편지 쓰기

AskUp의 OCR 기능을 활용하여 영어로 편지를 쓸 수 있습니다.

1) 영어로 편지를 씁니다. 잘 모르는 영어 표현은 AskUp 채팅방에 물어보면서 할 수 있도록 지도합니다.

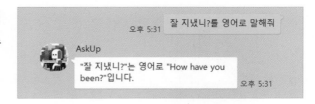

2) 영어로 쓴 편지를 AskUp 채팅방에 올립니다. 그리고 '오류는 고쳐주고 이유도 설명해줘'라고 입력합니다.

3) AskUp이 내일을 뜻하는 tomorrow를 tommorow로 잘못 썼다고 오류를 알려주고 올바르게 다시 고쳐서 작성해줍니다. 간혹 AskUp이 놓치거나 잘못 지적할 수도 있으니 교사나 학생들끼리 서로 확인하는 과정이 꼭 필요합니다.

단원을 마무리하며

지금까지 카카오톡의 AskUp에 대해서 알아보고 AskUp의 기능을 활용하여 다양하게 수업에 활용할 수 있는 방법에 대해 알아보았습니다. 학생들의 통통 튀는 창의력과 교사의 열정이 더해진다면 AskUp을 더 효과적으로 활용할 수 있을 것입니다.

🤖 국어·진로

AI 카피라이팅 뤼튼으로
광고 만들며 진로 체험하기

생성형 AI 플랫폼 뤼튼 활용하기

01. 뤼튼 살펴보기

　뤼튼(wrtn)은 뤼튼테크놀로지에서 개발한 초거대 생성형 인공지능 기반의 콘텐츠 생성 플랫폼으로, 키워드를 입력하여 원하는 상황에 대한 문장을 생성할 수 있습니다. AI 카피라이팅 툴로 시작하였지만, 최근에는 올인원 AI 플랫폼을 표방하고 있습니다. GPT 기반의 AI 어시스턴스 기능 및 AI 플러그인 기능 등 다양하고 편리한 기능을 추가하며 빠르게 발전하고 있습니다.

　뤼튼은 다양한 종류의 글 생성을 지원하는데, 제품에 대한 광고 카피에서부터 블로그 포스팅, 제품 상세페이지, 유튜브 영상 제목, 자기소개서와 보도자료 등 글을 창작해야 하는 수많은 분야에서 사용할 수 있습니다. 교육 분야에서는 인공지능과 함께 국어, 사회 교과 등과 연계한 다양한 글쓰기 활동을 운영한다면 좋은 교육적 효과를 거둘 수 있습니다. 한글 기반의 서비스라는 것과 국내 서비스 간편 로그인 연동을 통한 접근성, 보기 좋은 웹 디자인으로 학교에서 ChatGPT의 접근성에 대한 고민이 있을 때 대체하여 활용하는 것을 고려할 수도 있습니다.

　뤼튼으로 제작한 결과물의 저작권 및 사용 권한은 사용자에게 귀속되며, 개인적인 용도와 상업적인 용도로도 사용 가능합니다. 다만, 생성된 결과물을 활용하여 발생하는 문제의 책임 또한 사용자에게 있기에 생성형 인공지능 기반 학습 데이터의 권리 문제, 데이터의 정확성 등에 대해 사용자가 주의 깊게 생각하며 사용할 필요가 있습니다.

　뤼튼은 현재 구글, 네이버, 카카오 계정으로 편리하게 사용할 수 있으며, 무료로 무제한 생성 서비스를 사용할 수 있습니다. 다만, 플러스(유료) 계정 사용 시 훨씬 빠른 속도로 더 많은 결과물을 생성할 수 있는 등의 혜택이 있습니다.

02. 뤼튼 사용 방법 알아보기

뤼튼은 여러 영역에 걸쳐 다양한 종류의 글 생성 서비스를 제공하고 있습니다. 먼저 뤼튼에서 제공하고 있는 서비스들의 종류에 대해 살펴보겠습니다.

■ 뤼튼에서 제공하는 서비스 살펴보기

AI 어시스턴트

AI 툴을 통한 카피라이팅

AI 에디터를 통한 긴 글 쓰기

AI 플러그인을 통한 서비스 연결

■ 뤼튼으로 대화하고 이미지 생성하기

1) 뤼튼 메인 화면에서 채팅을 선택합니다.

- 뤼튼에 접속하면 기본으로 대화창이 선택됩니다.

2) 뤼튼의 대화창에 검색할 내용을 입력하고, 대화합니다.

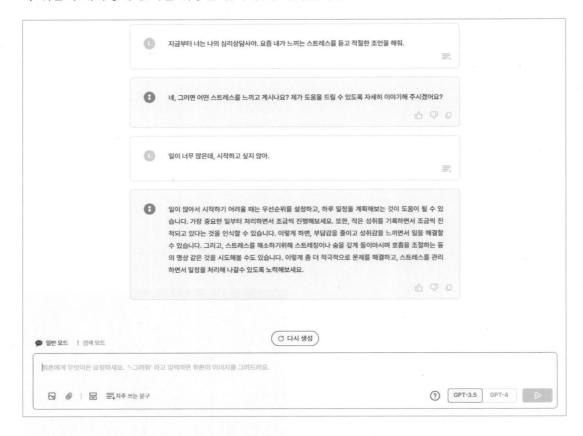

뤼튼은 기본적으로 OpenAI의 GPT-3.5 모델을 사용하여 ChatGPT와 같이 자연스러운 대화를 해줍니다. 이 외에도 ChatGPT의 Plus 버전(유료)이나 기존의 단점을 보완한 다양한 기능을 제공합니다.

뤼튼 채팅창 위의 검색 모드를 누르면 최근 정보가 학습되지 않은 ChatGPT의 단점을 보완하고 최신 정보를 보완하여 답변을 제공합니다. 이는 웹 상에 같은 질문을 검색하고 상위 노출되는 웹 페이지에 있는 정보를 즉시 학습시킨 후 해당 데이터를 참고하여 답변하는 방식입니다.

누리호 3차 발사(일반 모드)　　　　　　　누리호 3차 발사(검색 모드)

검색 모드의 경우 검색된 웹 페이지의 기본 정보에 따라 답변의 신뢰도가 달라질 수 있습니다. 이에 뤼튼에서는 검색 모드의 답변 결과에 출처 링크를 붙여 원본 데이터를 확인할 수 있게 하고 있습니다.

일반 모드 하단 아이콘을 통해 이미지와 PDF 파일을 뤼튼에 학습시킬 수 있습니다. PDF 파일을 업로드하면 해당 파일의 내용을 학습하고, 내용에 대해 질문, 요약 등 다양한 요청을 할 수 있습니다.

1) 뤼튼 – 채팅 – 일반 모드 – 하단의 파일 첨부 아이콘을 선택합니다.

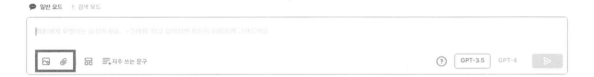

2) PDF 파일을 업로드합니다.
- PDF 파일의 크기에 따라 최대 5분 정도의 시간이 소요됩니다.

3) 업로드가 완료되면 PDF 문서의 내용에 대한 요약 정보가 나타나며, 일반 채팅창의 모습이 바뀌는 것을 확인할 수 있습니다.

4) 해당 PDF와 관련한 내용을 질문하면 PDF 내용을 근거로 대답을 해주며, PDF 문서의 어느 부분을 참고하였는지 위치 출처도 제공합니다.

뤼튼은 AI 이미지를 생성하는 스태빌리티AI 서비스도 도입하여 사용량 제한 없이 무료로 공개하고 있습니다. 채팅 명령어에 '~을 그려줘.'와 같이 명령하면 자동으로 이미지를 생성해 줍니다.

뤼튼은 ChatGPT 프로(유료)를 통해 사용할 수 있는 GPT-4 기반 대화도 무료로 제공하고 있습니다. GPT-4는 더 많은 매개변수와 데이터로 똑똑한 답변을 해줍니다.

GPT에서 거짓 정보가 나오는 현상을 어떻게 극복할 수 있을까?

GPT는 입력된 데이터를 기반으로 작업하는데, 대량의 데이터가 부족하거나, 잘못된 데이터가 입력될 경우, 훈련된 모델에서 유사한 결과를 생성할 가능성이 높아집니다. 따라서, 거짓 정보가 생성될 가능성이 높은 데이터나 정보는 모델 훈련에서 배제되거나, 필터링이 필요합니다.

또한, 인간의 감성이나 윤리 기준 등을 인공지능 모델에서 고려하는 것이 중요합니다. 인공지능의 발전과 함께 생겨나는 문제를 사전에 예측하고, 이를 해결하는 방법을 모델 설계 시 고려하는 것이 필요합니다.

마지막으로, 인공지능 모델의 문제 개선을 위한 지속적인 모니터링과 평가가 필요합니다. 모델의 성능 및 정확도를 모니터링하고, 문제가 발생한 경우 즉시 대처하는 방법이 필요합니다. 이러한 접근 방식이 거짓 정보 문제를 극복하는데 큰 역할을 할 것입니다.

GPT-3.5 답변

GPT에서 거짓 정보가 나오는 현상을 어떻게 극복할 수 있을까?

GPT에서 거짓 정보가 나오는 현상을 극복하기 위해 다음과 같은 방법들을 고려할 수 있습니다.

1.
데이터 품질 향상: GPT 모델은 훈련 데이터를 기반으로 학습하므로, 신뢰할 수 있는 출처에서 정확하고 고품질의 데이터를 사용하여 모델을 훈련시키는 것이 중요합니다. 잘못된 정보나 편견을 갖는 데이터를 줄이면 거짓 정보 생성을 최소화할 수 있습니다.

2.
전문가에 의한 검토: 인공지능 알고리즘의 결과물을 전문가가 검토하여, 거짓 정보나 오해의 소지가 있는 내용이 포함되지 않도록 할 수 있습니다. 이를 통해 더 높은 정확성과 사용자 만족도를 달성할 수 있습니다.

3.
인공지능 모델의 탄력성 개선: GPT와 같은 모델은 입력에 따라 예상치 못한 출력을 생성할 수 있습니다. 모델에 인간의 도덕적, 윤리적 가치를 기반으로 한 가이드라인을 제공하여, 거짓 정보 생성을 억제하는 방향으로 개선할 수 있습니다.

4.
사용자 피드백 수집 및 분석: 사용자들이 인공지능으로부터 어떤 정보를 얻을지 예측하기 어렵습니다. 사용자들로부터 피드백을 수집하고 이를 분석하여, 모델의 성능을 개선하고 거짓 정보 생성을 줄이는 데 도움이 됩니다.

5.
계속하여 모델 개선: GPT와 같은 인공지능 모델은 지속적인 개선이 필요합니다. 최신 데이터를 활용하여 학습을 이어나가는데, 이를 통해 거짓 정보 및 오류를 축소하고, 새로운 자료에 대한 대응 능력을 향상시킬 수 있습니다.

(이하 생략)

GPT-4 답변

뤼튼에서 생성한 글은 우측 상단의 공유 버튼을 통해 다른 사람과 공유할 수 있습니다.

■ **뤼튼으로 짧은 글 쓰기**

뤼튼의 툴 기능을 사용하여 리뷰 답변을 자동으로 생성해보겠습니다.

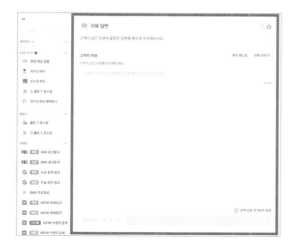

❶ [툴]-[쇼핑몰]-[리뷰 답변]을 선택합니다.

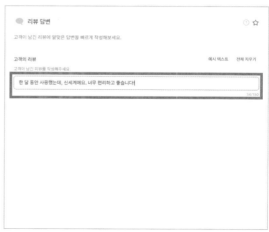

❷ 중앙에 고객의 리뷰 예시를 작성합니다.

❸ 고객의 리뷰를 적었으면 아래에 있는 '자동 생성' 버튼을 클릭합니다.

❹ 오른쪽 공간에 리뷰에 대한 답변 예시가 생성되어 나타납니다.

❺ 답변 예시에 마우스를 올리면 여러 아이콘이 나타납니다.

❻ 주어진 리뷰에 대한 다른 답변을 보고 싶으면 자동 생성 버튼을 한 번 더 클릭합니다.

❼ 이번에는 다른 성격의 리뷰를 입력해봅니다.

❽ 입력한 리뷰에 맞는 새로운 답변들이 자동으로 생성되는 것을 확인할 수 있습니다.

　　여러 번 반복하여 생성하다 보면 비슷한 느낌의 글들이 여러 말투와 조합으로 생성되는 것을 확인할 수 있습니다. 학교 수업에서는 생성되는 문구를 그대로 가져다 사용하기보다는 여러 결과물을 학생들이 각자 취향과 상황에 맞추어 잘 조합하고 재가공하여 사용할 수 있도록 지도해야 할 것입니다.

■ 뤼튼으로 긴 글 쓰기

뤼튼은 짧은 문구뿐만 아니라 긴 글을 쓰는 데 도움을 주는 기능도 제공합니다. 뤼튼을 활용하여 봄에 대한 글을 작성해보도록 하겠습니다.

❶ [에디터]-[문서 생성하기]를 선택합니다.

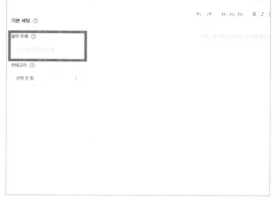

❷ 왼쪽에 글의 주제를 입력합니다.

❸ 글의 카테고리를 선택합니다.

❹ 왼쪽 아래에 있는 자동 생성 버튼을 클릭합니다.

❺ 작성하고 싶은 글의 느낌을 살려 첫 문장을 작성합니다.

❻ 자동 생성 기능(Ctrl+Enter)을 실행하면 뒷문장이 생성됩니다.

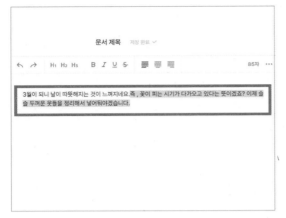

❼ 생성된 문장을 읽고, 마음에 들지 않으면 Ctrl+\(역슬래시, Enter 윗버튼)를 누릅니다.

❽ 생성된 문장이 마음에 들면 Ctrl+Enter를 눌러 다음 문장을 이어가거나 직접 다음 문장을 작성합니다.

긴 글의 경우 인공지능이 마음에 쏙 드는 글을 작성해주는 경우가 많지 않습니다. 마음에 드는 글이 나올 때까지 계속 반복하여 생성하고, 생성된 글의 부분을 다듬는 작업을 해줘야 괜찮은 글이 완성될 수 있습니다. 아직까지는 글을 작성하는 과정에서 사람의 손길이 필요함을 알 수 있습니다.

뤼튼을 활용하여 물품 광고하기

01. 광고 카피 만들기

■ 카피라이터 알아보기

광고물에 있는 텍스트 부분을 카피(Copy)라고 부릅니다. 광고나 여러 형태의 마케팅 목적으로 텍스트를 작성하는 것을 카피라이팅(Copywriting)이라고 합니다. 카피라이팅은 브랜드의 인지도를 높이고 글을 보는 사람들이 물품을 구매하거나 서비스에 가입하는 등의 행동을 하게 하는 것을 목적으로 합니다.

카피라이터(Copywriter)는 각종 광고에 사용되는 글과 문장을 만듭니다. 대개 사람들은 카피라이터가 광고의 문구만 작성하는 사람이라 생각하기 쉽지만, 좋은 카피는 책상 앞에서 쉽게 나오지 않습니다. 제품과 매체 등 업무 전반에 대한 이해가 필요하고, 다양한 지식과 경험이 필요한 직업입니다.

많은 사람에게 인기를 얻었던 유명 카피들을 살펴보며 광고 카피의 영향력을 생각해보도록 합시다. 다음 카피들은 어떤 제품이나 서비스를 나타냈던 것일까요?

"손이 가요, 손이 가~"	"여보, 아버님 댁에 보일러 놓아 드려야겠어요."
"침대는 가구가 아닙니다. 침대는 과학입니다."	"너희들이 게 맛을 알아?"
"여러분~ 부~자 되세요~"	"간 때문이야~"
"너구리 한 마리 몰고 가세요."	"맛있으면 0칼로리"

광고 카피는 문구만으로도 큰 인상을 주기도 하지만, 적절한 이미지나 영상과 조합되면 효과가 극대화됩니다. 이미지와 함께 효과적으로 만들어진 카피들을 살펴봅시다.

■ 뤼튼으로 광고 카피 제작하기

이미지를 선택하고, 이미지와 어울리는 광고 카피를 제작해봅시다.

❶ 이미지를 보고 광고 카피에 어울리는 단어들을 생각해봅시다.

❷ 뤼튼 메인 화면에서 [툴]-[마케팅]-[카피라이팅]을 선택합니다.

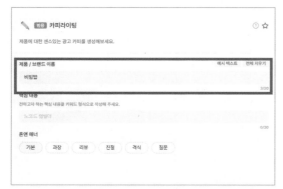

❸ 제품/브랜드 이름을 입력합니다.

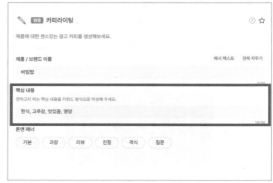

❹ 핵심 내용을 키워드 형식으로 작성합니다.

❺ 톤앤 매너를 선택합니다.

❻ 자동 생성 버튼을 누릅니다.

❼ 결과물을 확인합니다.

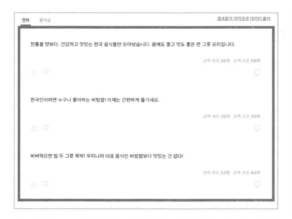

<전통을 맛보다>
몸에도 좋고 맛도 좋은 최고의 한국 요리.
한국인이라면 누구나 좋아하는 비빔밥!

❽ 키워드와 톤앤 매너를 바꿔가며 다양한 결과물을 생성합니다.

❾ 결과를 조합하고 수정하여 마음에 드는 카피를 완성합니다.

02. 뤼튼으로 물품 상세 소개 문구 만들기

학교에서 바자회 행사를 할 때, 자기가 가진 물건을 팔기 위해 열심히 홍보하던 학생들의 모습이 생각납니다. 짧게 작성된 카피라이팅이 내가 가진 물건이나 콘텐츠에 접근하게 하는 데 큰 효과를 내지만, 사람들은 해당 상품에 대한 자세한 정보를 얻고 싶어 하는 경우가 많습니다. 뤼튼의 상세페이지 기능을 사용하여 학생들이 가진 물건을 판매하는 글을 작성해봅시다.

❶ 뤼튼 메인 화면에서 [툴]-[쇼핑몰]-[상세페이지]를 선택합니다.

❷ 상품 한 줄 소개를 작성합니다.

❸ 특장점을 입력합니다.

❹ 포함 키워드에 추가 키워드를 입력합니다.

❺ 자동 생성 버튼을 누릅니다.

❻ 상품명 확인 후 마음에 드는 문구가 나올 때까지 '개별 생성' 버튼을 누릅니다.

❼ 추천멘트 확인 후 마음에 드는 문구가 나올 때까지 '개별 생성' 버튼을 누릅니다.

❽ 판매대상, FAQ, 배송안내 등도 같은 방법으로 생성/수정합니다.

❾ 결과를 완성하고, 친구들과 공유합니다.

　　인공지능을 활용하면 글쓰기를 어려워하고 싫어하는 학생들도 흥미를 가질 수 있고, 풍부하고 다양한 표현을 사용하는 글을 작성할 수 있습니다. 다만, 인공지능으로 작성하는 글은 아직 사용자의 의도를 정확하게 표현하는 데 한계가 있고, 학생들 또한 지나치게 인공지능에 의존하면 자신의 생각을 표현하는 본질적인 창작 능력을 성장시키는 데 어려움을 겪을 수 있습니다. 따라서 인공지능의 한계를 분명히 인식하고 인공지능에 오롯이 의존하기보다는 인공지능의 도움을 얻어 자신만의 창작물을 스스로 만들어내는 것이 중요함을 지도해야 합니다.

POE로 챗봇 비교하기

POE로 챗봇 비교하기

　많은 생성형 AI 서비스가 나오지만, 각각의 알고리즘과 기반 데이터, 모델 파라미터의 수 등 그 기반에는 꽤 차이가 있습니다. 같은 질문을 하더라도 각기 다른 답변을 제공하고, 특정 영역에 강점과 약점 등이 존재합니다. 사용자들은 막연히 먼저 접한 서비스를 계속 사용하는 것보다 여러 종류의 서비스에 대해 알고 대략의 장단점을 파악하여 본인의 목적에 맞는 최적의 결과를 제공할 수 있는 서비스를 사용할 필요가 있습니다.

01. POE 플랫폼은?

　POE 플랫폼은 'Platform for Open Exploration'의 약자로 쿼라(Quora)에서 출시하였습니다. 쿼라는 우리나라의 네이버 지식인과 같이 사용자들이 질문을 요청하고 여기에 답변하며 다양한 지식을 쌓아가는 질의응답 웹사이트입니다. POE 플랫폼은 Sage, GPT-4, Claude+, ChatGPT, Dragonfly 등 다양한 생성형 AI 챗봇 모델을 제공합니다. 쿼라의 CEO 디안젤로는 쿼라 공식 블로그를 통해 "AI마다 최적화된 작업 종류와 반영한 관점, 접근하는 지식 등이 다르다."라고 하며, "각각 다른 작업에 유용하도록 설계된 다양한 모델에 접근하면서 더 광범위한 결과를 제공하고자 한다."라고 밝혔습니다.

　POE 플랫폼을 통해 사용자는 다양한 챗봇을 한꺼번에 비교해가며 사용할 수 있으며, 특정 기능에 특화된 나만의 챗봇을 제작하여 사용할 수도 있습니다. POE 플랫폼은 현재 PC와 iOS로 접근할 수 있으며, 다른 기기로도 사용할 수 있게 확장할 예정입니다. 학교에서도 다양한 언어 모델과 상호작용하고 장단점을 탐색할 수 있는 좋은 도구가 될 수 있습니다.

02. POE 서비스로 챗봇 비교하기

■ POE 탑재 챗봇 알아보기

　POE에 탑재된 챗봇들은 크게 OpenAI AI 모델과 엔트로픽의 AI 모델을 기반으로 구성되어 있습니다. OpenAI의 GPT 모델들은 '사람의 피드백을 통한 강화학습'이라는 프로세스를 통해 AI를 학습시킵니다. 인간이 모델에서 생성된 응답의 품질에 순위를 매기고, 이러한 순위를 기반으로 응답을 지속적으로 개선해나가는 학습 방법입니다. 엔트로픽의 Claude는 Constitution AI라는 프로세스를 사용합니다. 직역하면 헌법을 가진 AI라는 뜻인데, AI 시스템을 만들기 위해 유익성, 비악용성, 자율성 등에 대한 약 10가지 원칙을 지정하고, 이러한 원칙을 바탕으로 응답을 개선해나가는 방법입니다.

둘을 비교해서 사용해보면 ChatGPT는 코딩, 논리적인 설명, 영어 외의 언어, 출력 형식 등에서 강점을 가지고 있으며, Claude는 창작, 유머, 지시사항 따르기, 탈옥 방지 등에 상대적으로 강점을 가지고 있습니다.

챗봇 사용을 위해 POE에 접속해보겠습니다.

❶ POE 홈페이지(poe.com)에 접속하여 'Continue with Google'을 클릭합니다.

❷ 구독 안내 화면이 나오면 'X'를 누릅니다.

❸ 이제 POE 서비스를 사용할 수 있습니다.

화면 좌측에 여러 AI 챗봇의 목록이 나오고, 화면 중앙에 대화 화면이 나옵니다. 챗봇 목록의 하단에 'Limited Access'로 표기된 챗봇들은 구독을 해야 자유롭게 쓸 수 있는 유료 모델들이며, 무료 상태에서는 사용에 제한이 있습니다.

GPT-4의 경우 하루에 1개, Claude+의 경우 하루 3개 사용할 수 있으며, 매우 긴 문서 작성을 지원하는 Claude-instant-100k 버전의 경우 유료 구독에서도 월 100개의 제한이 있습니다. 나머지 AI 모델들은 모두 제한 없이 사용 가능합니다.

여러 챗봇의 특징에 대해 알아보겠습니다.

챗봇의 종류와 특징

- ChatGPT는 OpenAI가 개발한 가장 일반적인 AI 챗봇 모델입니다. POE에서 제공하는 모델은 GPT-3.5 기반의 OpenAI에서 무료로 사용할 수 있는 AI 챗봇과 같은 모델입니다.

- Sage는 ChatGPT를 약간 개조한 일반 지식 특화 챗봇입니다.

- NeevaAI는 GPT 기반의 AI 챗봇이긴 하지만, 인터넷 검색 능력을 지니고 있어서 2021년까지의 데이터만 학습한 다른 챗봇과 달리 최근의 데이터를 활용할 수 있습니다. 다만, 한글에 많이 약한 모습을 보입니다.

- Dragonfly는 OpenAI에서 개발한 GPT 다빈치 모델로, 간결하고 빠르며, 지시사항을 더 잘 따르는 챗봇입니다.

■ AI 챗봇 채팅 결과 비교하기

POE의 챗봇들에 같은 질문을 하고, 그 결과를 비교해보겠습니다.

먼저 일반적인 지식에 관해 물어보겠습니다. 맛있는 떡볶이를 만드는 방법에 대해 물었을 때 ChatGPT와 Sage는 답변이 거의 비슷하게 나오는 것을 알 수 있습니다.

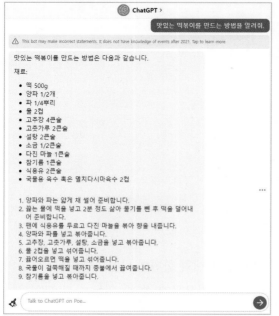
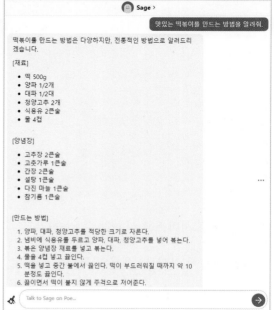

Claude도 형태만 다를 뿐 비슷한 답안을 제공하였으며, NeevaAI는 한글 질문을 인식하지 못해 검색한 결과 링크를 제공하고 있습니다.

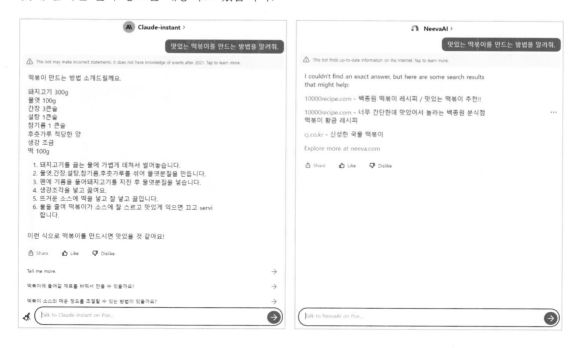

Dragonfly는 응답이 간결하게 나오는 것을 확인할 수 있습니다.

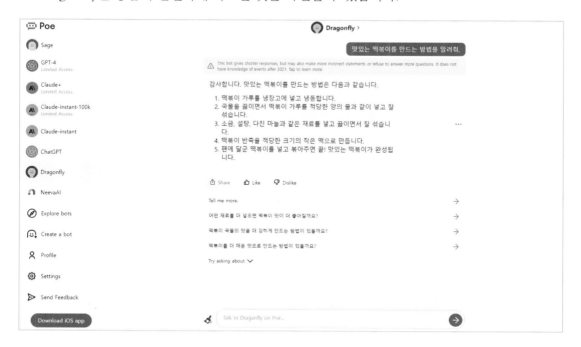

응답 하단에 나오는 추가 질문 목록은 POE에서 제공하는 기능으로, 질문을 구체화해가며 필요한 정보들을 얻는 데 도움을 제공합니다.

다음으로 최신 정보와 관련한 질문을 해보겠습니다. 2023년 5월에 있었던 찰스 3세의 대관식에 대한 정보를 물었을 때(2023년 5월 대관식 이후 질문), Sage와 ChatGPT는 이번에도 비슷한 답변을 해주었습니다. GPT의 데이터 기준으로 미래의 일이지만, 어느 정도의 사실에 근거하여 예상되는 결과를 '예상'이란 말과 함께 알려줍니다.

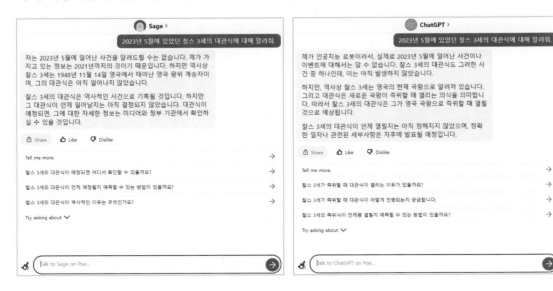

Claude의 경우 2년 전의 정보를 기초로 매우 사실적인 정보를 예상했습니다. 다만 GPT 모델과 달리 예상했다는 말이 없어 잘못된 정보일 경우 사용자가 잘못 인식할 확률이 높습니다. Claude에 날짜를 바꿔서 다시 질문할 경우 바꾼 날짜를 기반으로 다시 데이터를 생성하는 것을 확인할 수 있습니다.

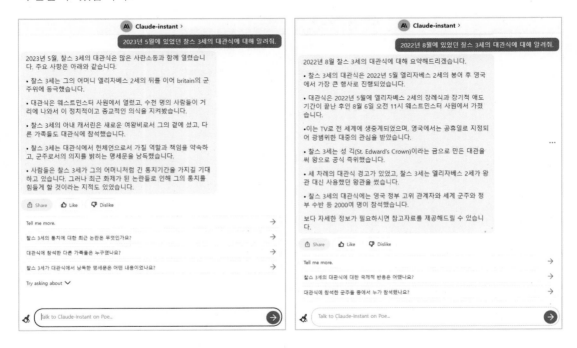

NeevaAI는 한글 검색에 약해 많은 데이터는 없지만, 인터넷 기사를 바탕으로 짧지만 정확한 정보를 제공하였습니다. Dragonfly는 가상의 날짜인 5월 14일을 임의로 생성하여 그럴듯하지만 잘못된 정보를 주었습니다.

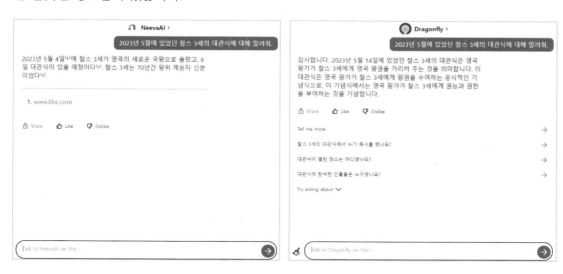

마지막으로 우리나라의 역사적 사실에 대한 내용을 출력 형태와 함께 요청해보겠습니다. "독도가 대한민국의 영토인 이유를 3가지로 추려서 표 형태로 제공해줘."라고 요청하였을 때, 거의 모든 AI 모델이 3가지 이유를 추려 표 형태로 제공하는 모습을 확인할 수 있습니다. 다만, 전체적으로 내용 중간중간 잘못된 정보가 조금씩 섞여 있는 모습도 볼 수 있습니다.

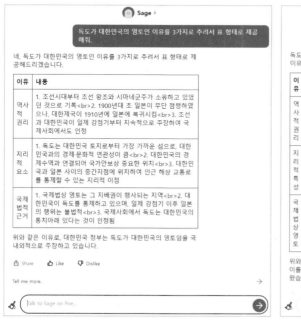

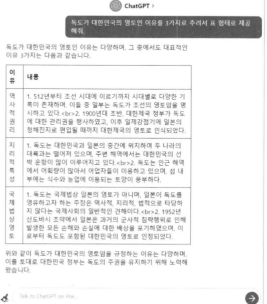

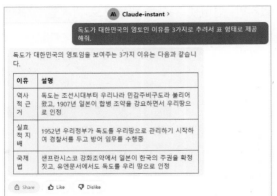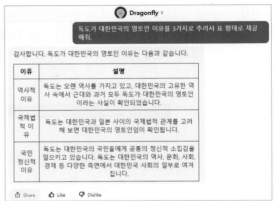

NeevaAI의 경우 표 형태의 데이터 정리를 하지 못하고, 링크만 2개 제공하는 모습을 보였습니다.

해당 링크를 클릭하여 연결되는 웹 페이지를 보았을 때, NeevaAI가 한글 처리를 잘 못한다지만, 검색과 데이터 판단 능력이 뛰어난 편이라는 것을 확인할 수 있습니다.

💬 NeevaAI가 안내한 웹 페이지

출처: http://www.futurekorea.co.kr/news/articleView.html?idxno=19679, http://rk1993.tistory.com/179

    이처럼 여러 AI 모델은 다양한 특징을 보여주는데, 특별한 프롬프트 없이 자세한 정보를 원한다면 Sage나 ChatGPT, 간결한 정리를 원한다면 Claude, 최신 자료나 확실한 출처를 원한다면 NeevaAI 등을 사용하면 좋습니다.

    POE는 빠르게 변화하는 AI 환경에 따라 이 외에도 여러 종류의 AI 챗봇을 추가로 제공하거나 제공하던 챗봇 모델을 삭제하기도 합니다. 여러 AI 챗봇의 특징을 파악하고, 알맞은 챗봇을 선택하여 사용하는 것이 좋습니다.

CH.4

다이얼로그
플로우형 챗봇

Landbot 알아보기

챗봇 제작 플랫폼 Landbot 알아보기

01. Landbot이란?

■ Landbot 살펴보기

랜드봇(Landbot)은 챗봇을 개발하는 플랫폼 서비스로, 코드를 짜는 과정 없이 직관적인 조작만으로 챗봇을 제작하고 구현할 수 있는 기능을 제공합니다. 랜드봇의 기초 기능은 무료로 사용할 수 있으며, 일정 요금을 결제하면 파일 업로드, 구글 스프레드시트 연동, 로고 제거, CSS/JS 언어 지원, A/B테스트, 데이터 관리 등 다양한 추가 기능을 사용할 수 있습니다. 학교에서는 랜드봇에서 제공하는 챗봇 설계 및 버튼을 통한 이동, 링크 공유 등의 기초 기능만으로도 수준 높은 챗봇을 제작하여 사용할 수 있습니다.

랜드봇은 웹 페이지형 챗봇, What'sAPP 메신저, 페이스북 메신저, API 형태의 메신저를 개발할 수 있게 지원하며, 학교에서는 웹 페이지 형태의 챗봇을 제작하여 웹이나 모바일 공유를 통해 활용할 수 있습니다.

랜드봇은 기본적으로 Dialogflow 방식을 통한 챗봇 설계를 지원하며, 메시지를 통한 대화, 사용자의 버튼 클릭에 대한 분기, 미디어 삽입 등을 활용할 수 있습니다. 상황에 따라 이름, 이메일, 날짜 등 특수 입력과 자동 완성, 외부 서비스 연계를 추가 활용할 수 있습니다.

랜드봇은 현재 별도의 회원가입을 하거나 구글 계정을 통해 로그인하여 사용할 수 있습니다. 초등학생의 경우 개인 계정을 사용하는 것이 현실적으로 어려운 상황이 많으므로, 시도교육청에서 계약되어 있는 G-suite 계정을 활용하여 단체 계정을 생성한 후 활용할 수 있습니다. 기관의 G-suite 관리자 계정은 학교의 정보교육 담당자나 정보를 담당하는 교육청/직속기관 부서에서 확인할 수 있습니다.

랜드봇은 외국의 서비스이므로 모든 메뉴가 영어로 되어 있습니다. 다만, 회원가입 절차만 넘기면 챗봇을 제작하는 과정이 매우 직관적이고, 아이콘과 색깔 등을 통해 한눈에 알아볼 수 있게 구성되어 있기 때문에 사용하고 제작하는 것이 어렵지는 않습니다. G-suite 등을 통한 공용 계정을 활용하며, 회원가입 절차를 미리 끝낸 단체 계정을 활용하는 것을 추천드립니다.

■ Landbot 접속 및 회원가입하기

랜드봇에 접속 및 회원가입하는 방법을 소개해드리겠습니다.

❶ 랜드봇 홈페이지(landbot.io)에 접속합니다.

❷ 회원가입을 하기 위해서 상단 우측의 'Try Landbot free'를 클릭합니다.

❸ 'Sign up with Google'을 클릭합니다.

❹ Google 계정으로 로그인합니다.

봇에 응답하는 형태를 통해 랜드봇 회원 정보를 입력합니다.

❺ 이름을 입력합니다.

❻ 회사의 규모, 영역, 업무를 입력합니다.
(적절히 선택)

❼ 사용하는 도구를 선택합니다.

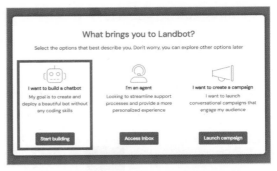

❽ 목적을 선택합니다. (Start building)

❾ 챗봇 종류를 선택합니다. (Web)

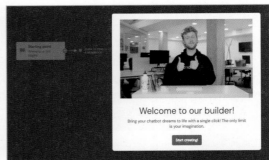

❿ 챗봇 제작 화면이 켜집니다.

랜드봇의 회원가입과 접속이 완료되었습니다. 회원가입 절차에서 물어보는 것들은 서비스 자체 통계를 위한 것으로, 어떤 입력이나 선택을 해도 플랫폼을 사용하는 데 아무런 영향이 없습니다. 하지만 학생 입장에서는 많은 영어가 혼란을 줄 수 있으므로 회원가입이 사전에 된 계정을 사용하는 것을 권장합니다.

02. Landbot 활용 챗봇의 종류

랜드봇으로 제작하여 사용할 수 있는 챗봇에는 정보전달형, 추천형, 퀴즈형, 시나리오형 등 다양한 형태가 있습니다. 각 유형별 특징과 사례를 살펴봅시다.

■ 정보전달형 챗봇

정보전달형 챗봇은 사용자에게 원하는 정보를 전달하는 데 중점을 둔 챗봇입니다. 사용자의 질문에 대한 정확한 답변을 제공하여 정보를 빠르게 얻을 수 있도록 도와줍니다. 이러한 챗봇은 대화 형식이 아니라 일련의 질문에 대한 답변으로 구성되어 있습니다. 예를 들어, 은행에서는 계좌 잔액 조회, 거래 내역 확인 등의 기본적인 정보 전달을 위해 정보전달형 챗봇을 사용합니다. KB국민은행의 AI 채팅봇 '나비'와 같은 챗봇이 이에 해당합니다. 나비(Navi)는 은행 서비스와 관련된 질문에 대한 답변을 제공하며, 인공지능 기술을 활용하여 질문의 의도를 잘 파악합니다.

학교에서는 일상생활에 필요한 정보를 제공하거나 교육과정에서 학습한 지식을 학습하고 관련된 지식을 제공하는 용도의 챗봇을 제작할 수 있습니다. 일상생활에서 혼동하기 쉬운 분리배출에 대한 정보와 분리배출 마크를 알려주는 챗봇, 계기교육과 관련하여 국경일과 기념일에 대한 정보를 알려주는 챗봇 등이 이에 해당합니다.

학생이 직접 만든 정보전달형 챗봇 산출물을 살펴보겠습니다.

💬 원소번호 변환 챗봇(초등 6학년 학생 제작)

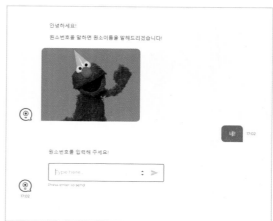

■ 추천형 챗봇

추천형 챗봇은 사용자의 취향과 관심사를 파악하고, 이를 기반으로 상품이나 서비스를 추천하는 데 중점을 둔 챗봇입니다. 이러한 챗봇은 사용자의 대화 내용, 검색 기록, 구매 기록 등을 분석하여 추천을 제공합니다. 예를 들어, 음식 배달 앱에서는 사용자가 이전에 주문한 음식 종류나 가게를 기반으로 추천을 제공합니다. 넷플릭스의 추천 알고리즘을 기반으로 한 'Max'와 같은 챗봇이 이에 해당합니다. 넷플릭스의 'Max'는 사용자의 시청 기록을 바탕으로 추천을 제공하며, 대화 형식으로 이루어진 챗봇입니다.

학교에서는 학생들이 좋아하는 음식 추천, 날씨에 맞는 옷 추천, 학생들의 취미 생활을 돕는 콘텐츠(미디어, 게임 등) 추천 등의 챗봇을 제작할 수 있습니다. 단순 분기형으로 어렵지 않은 난이도에 학생들의 높은 참여와 관심을 이끌어낼 수 있는 영역입니다.

학생이 직접 만든 추천형 챗봇 산출물을 살펴보겠습니다.

💬 수학문제집 추천 챗봇(초등 6학년 학생 제작)

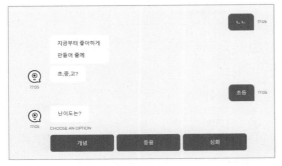

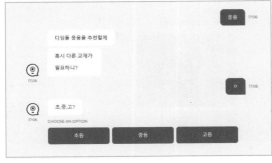

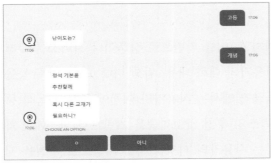

■ 퀴즈형 챗봇

퀴즈형 챗봇은 사용자에게 순서대로 퀴즈를 제공하여 지식을 쌓거나 알고 있는 것을 테스트하는 데 중점을 둔 챗봇입니다. 이러한 챗봇은 다양한 주제의 퀴즈를 제공하며, 사용자의 답변에 따라 적절한 피드백을 제공합니다. 예를 들어, 영어공부 앱에서는 사용자의 영어 실력을 향상시키기 위한 퀴즈를 제공합니다. 삼성전자의 인공지능 미니퀴즈, 학습 앱의 평가 서비스 등이 이에 해당합니다.

학교에서는 학습한 내용을 활용하여 문제를 생성하고 서로 공유하거나 학습한 정도를 확인하는 용도의 챗봇을 제작할 수 있습니다. 한국사 퀴즈 등 주지 교과의 학습 지식적 내용을 질문하는 챗봇 등이 이에 해당합니다.

학생이 직접 만든 퀴즈형 챗봇 산출물을 살펴보겠습니다.

💬 골든벨 퀴즈 챗봇(초등 6학년 학생 제작)

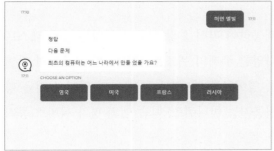 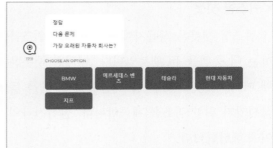

■ 시나리오형 챗봇

시나리오형 챗봇은 사용자와 상호작용하면서 특정한 목적을 달성하기 위한 이야기를 전개하는 데 중점을 둔 챗봇입니다. 이러한 챗봇은 대화 형식으로 이루어지며, 사용자의 선택에 따라 이야기가 전개됩니다. 예를 들어, 여행사에서는 사용자의 여행 계획을 도와주기 위해 시나리오형 챗봇을 사용합니다. 또한, 코카콜라의 챗봇 '코크리코' 등이 이에 해당합니다. 이 챗봇은 사용자가 코카콜라 제품을 더욱 쉽게 접근하고, 새로운 제품에 대한 정보를 얻을 수 있도록 돕습니다.

학교에서는 학습 내용을 재미있는 스토리에 녹여내 미션을 해결하는 방탈출 형태와 같은 챗봇을 제작할 수 있습니다. 시나리오 챗봇의 경우 다양한 지식은 물론, 재미있는 스토리 등이 동반되어야 하므로 팀 형태의 프로젝트 중심으로 작업하는 것이 좋으며, 기본적인 챗봇 제작 경험이 있고 플랫폼에 익숙한 학생들이 충분한 시간을 갖고 제작하는 것이 좋습니다.

Landbot AI가 제작한 시나리오형 챗봇 산출물을 살펴보겠습니다.

💬 무인도 탈출 챗봇(Landbot AI 자동 제작)

음식을 얻는 가장 좋은 방법은 무엇입니까?

17:12   CHOOSE AN OPTION

| 과일 모으기 | 물고기 잡기 | 사냥 |

당신은 많은 과일을 발견했지만, 생존을 위해서는 더 많은 음식이 필요합니다.

다음에 무엇을 해야 합니까?

17:12   CHOOSE AN OPTION

| 재도전 | 포기하기 |

섬에서 나갈 방법을 어떻게 찾나요?

17:13   CHOOSE AN OPTION

| 보트나 뗏목을 찾기 | 배를 만들기 위한 재료 찾기 | 도움 요청하기 |

당신은 도움을 구하지만 섬에서 아무도 찾을 수 없습니다.

다음에 무엇을 해야 합니까?

17:13   CHOOSE AN OPTION

| 재도전 | 포기하기 |

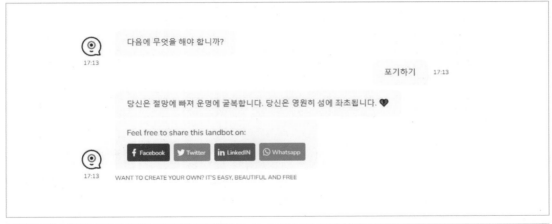

    랜드봇은 인공지능 챗봇 제작 서비스도 제공합니다. 다만 플랫폼의 교육적 활용 측면에서 특정 영역의 챗봇을 인공지능으로 제공하는 것보다 알고 있는 지식과 정보를 활용하여 직접 챗봇을 설계하고 제작해보는 활동을 추천합니다.

03. Landbot 활용 수업 사례

    챗봇 제작을 활용한 수업 사례를 살펴보겠습니다. 챗봇 제작은 챗봇을 제작하는 자체를 학습하는 수업도 가능하지만, 다른 교과의 수업을 진행하며 수업의 일정 부분에 제작된 챗봇을 활용하거나 학습 과정의 문제를 해결하는 도구로 챗봇을 제작하는 등의 용도로 활용할 수 있습니다.

알맞은 옷차림을 추천해주는 인공지능 챗봇 만들기

1) 수업 의도

옷은 상대방에 대한 예의와 자신의 개성을 표현하고, 사람의 직업이나 신분을 나타내는 표현의 기능을 가지고 있다. 또 우리 몸의 청결과 체온을 유지해 주고 활동이 편리하도록 도와주며 위험으로부터 몸을 보호해주는 신체 보호의 기능도 한다. 알맞은 옷을 입는 것은 활동을 편리하게 하며, 다른 사람에게 좋은 인상을 주고 건강과 안전을 위해 꼭 필요하다.

알맞은 옷차림에 대한 학습은 이처럼 중요하지만, 짧은 수업 상황에서 다양한 때와 장소, 상황을 실생활과 밀접하게 연계하여 학습하는 데엔 한계가 있다. 따라서 사용자와 상호작용할 수 있는 대표적인 인공지능 서비스인 챗봇을 연계시켜 학습 내용을 현실세계로 확장하고자 한다.

이 프로그램을 통해 학생들은 알맞은 옷차림을 추천해주는 인공지능 챗봇을 직접 개발하고, 가족 또는 친구들과 함께 공유하여 실제로 활용함으로써 알맞은 옷차림에 대해 심도있게 학습·적용하며, 인공지능 서비스로 실생활의 문제를 해결할 수 있다는 것을 인식하고 활용할 수 있다.

2) 관련 교육과정

차시	2015 개정 교육과정 성취기준
1	[6실02-03] 옷의 기능을 이해하여 때와 장소, 상황에 맞는 옷차림을 적용한다.
	[6실02-07] 자신의 신체 발달을 고려하여 건강하고 안전한 옷차림을 실천한다.
2	[6실04-07] 소프트웨어가 적용된 사례를 찾아보고 우리 생활에 미치는 영향을 이해한다.
	[6실04-09] 프로그래밍 도구를 사용하여 기초적인 프로그래밍 과정을 체험한다.
3	[6실04-08] 절차적 사고에 의한 문제 해결의 순서를 생각하고 적용한다.
	[6실04-10] 자료를 입력하고 필요한 처리를 수행한 후 결과를 출력하는 단순한 프로그램을 설계한다.

3) 차시 지도 계획

차시	관련 교과	단원명	주제	AI 교육도구
1	실과	3.가정생활과 안전 (비상교육)	상황에 알맞은 옷차림 알아보기	-
2	실과	3.가정생활과 안전 (비상교육)	챗봇에 대해 탐구하고, 간단한 챗봇 만들어보기	Nutty, Landbot, Padlet
3	실과	3.가정생활과 안전 (비상교육)	알맞은 옷차림을 추천해주는 나만의 창의적인 인공지능 챗봇 만들기	Landbot, Padlet

4) 차시별 세부 내용

주제	알맞은 옷차림을 추천해주는 인공지능 챗봇 만들기	단원	3. 가정생활과 안전		
관련교과	실과	대상	초 5학년	차시	1차시(1/3)
학습목표	상황에 알맞은 옷차림 알아보기				
준비물	학습동영상, 주사위, 학습지				

학습과정	교수·학습활동	준비물(▶) 및 지도상 유의점(★)
도입 (5분)	● 동기유발 -'때, 장소, 상황에 맞지 않는 옷을 입었을 때' 관련 영상 시청하기 -특별한 옷을 입었던 경험 발표하기 ● 학습목표/학습활동 확인하기	▶학습동영상(3:30) https://youtu.be/zWfKLf2aPbk?t=9 ★학생들이 발표를 어려워하면 특정 행사와 날씨 등을 제시하여 발문한다.
전개 (25분)	【활동1】 옷이 가진 다양한 기능 알아보기 ● 옷에 대해 알아보기 -내가 알고 있는 옷에 대해 브레인스토밍하기 -옷이 가진 기능 알아보기 | 표현의 기능	신체 보호의 기능 | |---|---| | 예의 표현, 아름다움과 개성, 직업과 신분 표현 | 신체의 청결, 활동 편리, 체온 유지, 위험에서의 보호 | ● 옷의 기능에 따른 옷차림 알아보기 -옷의 각 기능에 따라 어떤 옷차림이 있는지 알아보기 예) 직업과 신분표현 기능: 군복, 경찰복 등 【활동2】 때, 장소, 상황에 맞는 옷차림 알아보기 ● 때에 맞는 옷차림 알아보기 -옷을 생각하여 입어야 하는 때에 대해 생각하기 -(기후/계절/낮밤)에 맞는 옷차림 알아보기 ● 장소, 상황에 맞는 옷차림 알아보기 -옷을 입어야 하는 장소와 그에 맞는 옷차림 알아보기 -특별한 옷차림이 필요한 상황에 대해 알아보기 【활동3】 때, 장소, 상황에 맞는 옷차림 그려보기 -주사위를 던질 때, 장소, 상황을 정하고, 알맞은 그림 그리기 -친구들에게 그림을 발표하고 의견 나누기	★학생들이 발표하는 내용을 칠판에 그대로 판서한다. 각 기능을 브레인스토밍한 후, 다음 활동에서 학생들이 발표한 기능들에 알맞은 옷차림을 추가 기록하여 판서를 완성한다. ★학생들의 발표로 나오지 않는 영역은 교사가 힌트 발문을 주어 유도한다. ★옷을 생각하여 입어야 하는 때, 장소, 상황을 먼저 생각해보게 한 후 그에 알맞은 옷차림을 추가로 알아본다. 필요한 경우 검색을 통해 알아보게 한다. ▶모바일기기(필요한 경우) ▶주사위, 학습지 때, 장소, 상황에 맞는 옷차림 그리기 학습지 ★그림을 잘 그리기보다는 알맞은 요소를 표현하는 데 집중하게 한다.
정리 (10분)	● 옷차림 추천해주는 놀이하기 -'인공지능 비서' 역할의 학생 정하기 -학생들의 상황에 따라 알맞은 옷차림 안내하기 ● 때, 장소, 상황에 맞는 옷차림 제시에 대해 스스로 평가하기 ● '때와 장소, 상황에 맞는 옷차림' 영상을 통해 정리하기	★감정과 장난을 빼고, 로봇처럼 대답하게 놀이한다. (챗봇 연계 고려) ▶정리영상(4:00) https://youtu.be/eMWrBTKYwcQ

주제	알맞은 옷차림을 추천해주는 인공지능 챗봇 만들기		단원	3. 가정생활과 안전
관련교과	실과	대상	초 5학년	차시	2차시(2/3)
학습목표	챗봇에 대해 탐구하고, 간단한 챗봇 만들어보기			
준비물	학습지, 학생 PC, 소프트웨어(Nutty, Landbot, Padlet), 학생 G-Suite 계정			

학습과정 (DMM모델)	교수·학습활동	준비물(▶) 및 지도상 유의점(★)
시연 Demonstration (10분)	● 동기유발 　-Nutty의 챗봇 '이루다'와 대화 나누기 ● 챗봇 알아보기 　-챗봇의 의미를 알고, 챗봇에 대한 경험 나누기 　-챗봇을 사용하면 좋은 점 알아보기 ● 학습목표/학습활동 확인하기	▶(모바일기기) - 'Nutty'앱 설치 ▶학습지 - 챗봇 학습지 ★학생 모바일기기가 없을 경우 교사 시연 또는 PC 활용 (교사 디바이스를 스마트 TV에 미러링, 또는 PC에 앱플레이어 설치)
모방 Modeling (15분)	【활동1】Landbot 플랫폼 활용하기 ● Landbot 플랫폼 사용 준비하기 　-플랫폼 접속 후 로그인하기 　-챗봇 제작 실행하기 ● Landbot 기초 기능 학습하기 　-'메시지', '선택 버튼' 기능 사용하기 　-플로우 연결 기능 사용하기 　-'미리보기' 및 '제작' 기능 다뤄보기 　-'링크 공유' 알아보기 【활동2】간단한 챗봇 만들기 ● 비가 오면 우산을 챙겨가게 하는 챗봇 만들기 　-선생님을 따라 챗봇 플로우 구성하기 　-미리보기 후 출판하기 　-학급 패들렛에 공유하기	▶학생 PC ▶소프트웨어 - landbot.io ▶학생 G-Suite 계정 ★학생 활용 플랫폼 링크와 구 글 단체 계정 등은 학급 커뮤니 터(패들렛) 등을 통해 사전에 제시하고 언제든지 확인할 수 있도록 한다. ★Landbot은 수많은 기능이 있지만, 가장 많이 사용하는 메시지, 버튼, 제작 후 공유 기능을 중점적으로 다루도록 한다. ▶소프트웨어 - padlet.com
제작 Making (15분)	【활동3】나만의 챗봇으로 개선하기 ● 함께 만들었던 챗봇에 나만의 아이디어 더하기 　-챗봇 플로우 추가하기(문항, 버튼 등 추가하기) 　-챗봇 디자인 수정하기 　-챗봇에 미디어 추가하기 ● 나만의 챗봇 공유하기 　-개선한 챗봇을 학급 패들렛에 공유하기 　-친구들의 챗봇을 살펴보고 의견 나누기(댓글 달기) ● 친구들의 의견을 반영하여 다시 한번 수정하기 ● 챗봇을 제작했던 소감 나누기 　-챗봇 제작 플랫폼을 사용할 수 있는 아이디어 나눠보기	★학생 수준에 따라 다양한 방법으로 개선하는 것을 허용한 다. 상 수준 학생은 플로우 증가를, 하 수준 학생은 현재 제작된 플로우를 유지하고 문구나 디자인 등을 수정하게 지도한다. ★다른 학생들의 작품을 보고 개선의견을 나누는 시간을 확보 한다. 비난보다는 개선 아이디어 를 공유하게 지도한다.

주제	알맞은 옷차림을 추천해주는 인공지능 챗봇 만들기	단원	3. 가정생활과 안전

관련교과	실과	대상	초 5학년	차시	3차시(3/3)

학습목표	알맞은 옷차림을 추천해주는 나만의 창의적인 인공지능 챗봇 만들기

준비물	학습동영상, 학생 PC, 소프트웨어(Landbot, Padlet), 학생 G-Suite 계정, 학습지

학습과정 (NDIS모델)	교수·학습활동	준비물(▶) 및 지도상 유의점(★)
요구분석 Needs (5분)	● 동기유발 　-'AI 비서(아이언맨 자비스)'와 관련된 영상 시청하기 　-챗봇은 우리 생활에 어떤 도움을 줄 수 있을지 생각하기 ● 학습목표/학습활동 확인하기 【활동1】문제에 대해 공감하기 ● 옷차림 추천 챗봇 아이디어 공유하기 　-어떤 기능이 있으면 좋을지 브레인스토밍하기 　-우리의 삶에 도움을 줄 수 있는 아이디어 선별하기	▶학습동영상(0:50) https://youtu.be/ VoA1YzKOLJ0?t=2 ★브레인스토밍 단계에서는 제한 없이 모든 아이디어를 수용한다. 이후 현실적인 개발/활용이 가능한 아이디어를 선별하는 단계를 거친다.
디자인 Design (10분)	【활동2】알맞은 옷차림을 추천해주는 챗봇 설계하기 ● 챗봇 개요 정하기 　-챗봇 주요 사용자 선정하기(본인, 친구, 부모님 등) 　-내가 만들 챗봇의 주요 기능 정하기 ● 챗봇 설계하기 　-제작할 프로그램의 구조도 그리기 　-내가 만든 설계도를 짝과 공유하고 의견 나누기	▶학습지 - 옷차림 추천 챗봇 설계 학습지 ★때, 장소, 상황에 따른 옷차림 관련 내용은 방대하므로, 특정한 영역을 정해 중점적으로 설계할 수 있도록 한다. (예: 날씨에 따른 옷차림 추천 등)
구현 Implementation (15분)	【활동3】알맞은 옷차림을 추천해주는 챗봇 제작하기 ● 챗봇 기본 플로우 제작하기 　-설계도에 따라 메시지/버튼 구성하기 　-미디어 삽입하기 　-메시지/버튼/미디어 플로우 연결하기 ● 챗봇 디자인하기 ● '미리보기' 기능을 통해 챗봇 점검하기	▶학생 PC ▶소프트웨어 　- landbot.io 　- padlet.com ★설계한 대로 제작한 학생은 자유롭게 추가 기능을 넣을 수 있도록 하며, 디자인은 기본 플로우 제작 이후 진행하도록 한다.
공유 Share (10분)	【활동4】알맞은 옷차림을 추천해주는 챗봇 공유하기 ● 나만의 창의적인 인공지능 챗봇 공유하기 　-개선한 챗봇을 학급 패들렛에 공유하기 　-친구들의 챗봇을 살펴보고 의견 나누기 ● 친구들의 의견을 반영하여 다시 한번 수정하기 　-수정 후 최종 작품을 다시 업로드하기 ● 완성한 챗봇을 가족이나 다른 친구들에게 공유하기 ● 생활에 도움을 주는 챗봇을 개발하여 사용한 소감 나누기 　-챗봇으로 생활 속의 다른 문제를 해결하는 계획 나누기	★완성하여 패들렛에 공유된 챗봇 링크는 개인 메신저/SNS 등으로 자유롭게 공유하여 사용할 수 있음을 안내한다. 가족이나 다른 친구에게 공유하게 하여 성취감을 고취시킨다. ★수업 이후에도 관심있는 학생은 개별로 제작하고 공유할 수 있게 안내한다.

5) 과정중심 평가계획

평가 목표	평가 내용	평가 방법
때와 장소, 상황에 맞는 옷차림에 대해 이해하고, 이를 알맞게 추천해주는 인공지능 챗봇을 제작할 수 있다.	1. 때와 장소, 상황에 맞는 옷차림을 알고, 이를 제시할 수 있다.	자기평가
	2. 알맞은 옷차림을 추천해주는 챗봇을 설계하고, 이를 제작할 수 있다.	산출물 평가
	3. 친구들이 만든 챗봇을 살펴보고, 이에 대한 긍정적인 개선의견을 나눌 수 있다.	동료평가

💬 알맞은 옷차림을 추천해주는 인공지능 챗봇(예시)

챗봇 제작 방법 알아보기

01. 챗봇 제작 계획 세우기

챗봇을 제작할 때 일단 플랫폼을 켜고 이것저것 만지는 것보다 천천히 계획을 세우고 진행하는 것이 중요합니다. 챗봇 제작 계획을 세우는 것은 글 쓰기 전 개요를 잡는 것과 비슷합니다. 제대로 된 계획 없이 챗봇 제작을 시작하게 되면, 학생들은 뭘 해야 할지 몰라 정체되거나 의도치 않은 방향으로 흘러갈 수 있습니다. 충분한 시간을 쓰지 않고, 짧은 플로우로 챗봇을 대충 완성해놓고 다했다는 학생들이 생기면 수업 분위기를 흐리고, 다른 학생들의 학습 활동에도 부정적 영향을 줄 수 있습니다.

챗봇 설계에 도움이 될 수 있는 학생 활동지 내용을 소개해 드리겠습니다.

프로그램 개요 정하기

1. 내가 만들 프로그램의 이름은 무엇인가요?

2. 내가 만들 프로그램을 주요 사용하는 사람은 누구일까요?

3. 내가 만들 프로그램의 주요 기능을 정해봅시다.

① (   )에 따라 (   )을 골라준다.
②
③
④

프로그램 구조도 그리기

시작 ⟶

<참고1> 알맞은 옷차림을 추천해주는 챗봇

① 현재 온도를 물어보고, 긴 옷/짧은 옷/외투를 입을지 알려준다.
② 현재 비가 오는지 물어보고, 우산을 준비하게 알려준다.
③ 선택에 만족하는지 물어보고, 1번 질문으로 돌아간다.

<참고2> 노래를 추천해주는 챗봇

① 좋아하는 음악 장르를 선택하게 한다. (K-pop, 발라드, 힙합 등)
② 좋아하는 음악 분위기를 선택하게 한다. (신나는 노래, 슬픈 노래 등)
③ 선택에 따라 추천곡을 알려주고, 유튜브 링크를 제공한다.

챗봇 제작 계획을 세울 때 해당 챗봇의 목적과 기능, 챗봇의 사용 대상을 명확히 하는 것이 좋습니다. 또한 주요 상호작용에 따라 어떤 식으로 분기가 이어지는지 큰 틀의 흐름을 그려보는 것이 필요합니다. 따라서 설계 단계 전에 여러 챗봇을 체험해보는 과정이 필요합니다.

챗봇 제작 과정에서 선생님과 학생의 관심을 끌기 위해 부적절한 요소를 다루거나 무리한 개그 요소를 넣으려는 학생들이 꽤 있습니다. 교육적으로 적합한 소재와 내용을 사용하도록 지도해야 하며, 개발자만 혼자 재미있는 요소를 잔뜩 넣는 것이 다른 사용자들에겐 재미 없을 수 있다는 점을 주지시킬 필요가 있습니다.

02. 챗봇 제작하기

본격적으로 랜드봇을 활용하여 챗봇을 제작하는 방법을 익혀봅시다.

❶ 왼쪽 사이드바의 로봇 모양 아이콘을 누릅니다.

❷ 'Build a chatbot'을 선택합니다.

❸ Web을 선택합니다.

❹ Start from scratch를 선택합니다.

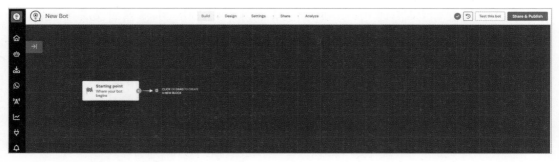

❺ 챗봇 제작 화면이 열립니다.

여기서부터는 색깔 있는 버튼과 아이콘을 통해 설명할 수 있습니다. 학생들에게 영어를 두려워하지 말고, 선생님이 이야기하는 색깔 버튼과 아이콘 그림을 잘 찾으라고 이야기합니다.

■ **챗봇 플로우 만들기**

지금부터 챗봇의 흐름을 만들어 보겠습니다.

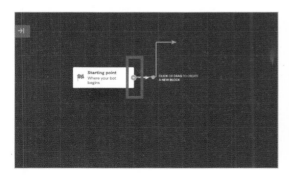

❶ 초록색 +가 있는 원을 선택하여 빈 공간으로 드래그합니다.

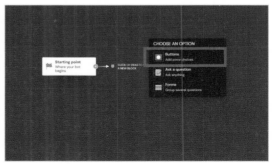

❷ 새 창으로 열 요소를 선택합니다.

❸ 첫 인사를 기록합니다.

❹ 사용자 선택 요소를 작성합니다.

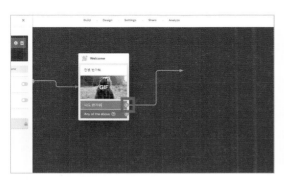

❺ 초록색 버튼을 드래그하여 사용자 선택에 따른 분기를 만듭니다. (메시지 생성)

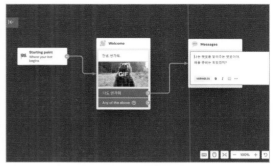

❻ 원하는 메시지를 작성합니다.

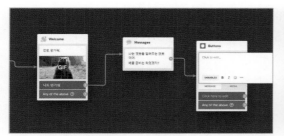

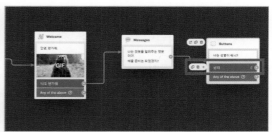

❼ 초록색 버튼을 드래그하여 새로운 분기를 만듭니다. (버튼 생성)

❽ 선택지가 부족할 때 붉은 영역 위에 마우스를 올린 후 생성되는 + 아이콘이나 복사 아이콘을 누릅니다.

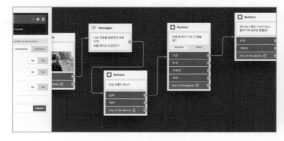

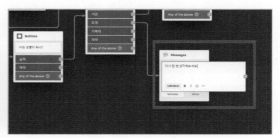

❾ 알맞은 선택지를 선택하였을 경우 다음 분기를 생성하여 이어갑니다.

❿ 잘못된 선택지를 선택하였을 경우 다른 분기를 생성하여 이어갑니다.

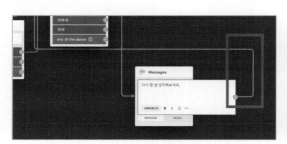

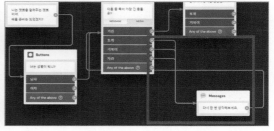

⓫ 진행되고 있는 요소에서 초록색 원을 드래그하여 이전의 요소를 선택하면 분기가 되돌아오게 연결할 수 있습니다.

⓬ 여러 개의 분기를 하나의 결과물로 이을 수 있습니다.

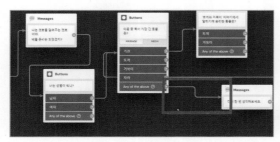

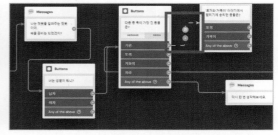

⓭ 많은 선택지를 하나씩 다 연결하기 어려울 경우, Any of the above(파란색 영역)를 연결하면, 연결하지 않은 모든 요소가 연결된 것과 같은 효과를 갖습니다.

⓮ 잘못 연결된 분기(녹색선)나 잘못 생성된 요소는 마우스오버하면 나타나는 아이콘을 통해 삭제할 수 있습니다.

챗봇 요소가 많아 한눈에 보이지 않을 때는 화면 왼쪽 하단의 화면 조절 메뉴를 이용하거나 단축키를 사용할 수 있습니다. 마우스 휠 버튼을 통해 화면의 크기를 조절할 수 있으며, 스페이스바를 클릭하고 마우스 우클릭하여 화면을 이동할 수 있습니다.

이같은 방식으로 복잡한 챗봇도 클릭과 드래그를 통해 간단하게 생성할 수 있습니다. 메시지와 버튼의 사용 방법에 익숙해진 학생들에게 미디어 등 다른 요소들을 자율적으로 사용할 수 있게 허용해주면, 다채롭고 수준 높은 산출물을 생성할 수 있습니다.

■ 챗봇 미리 보고 최종 생성하기

지금까지 제작한 챗봇을 직접 테스트해보고 생성해보겠습니다.

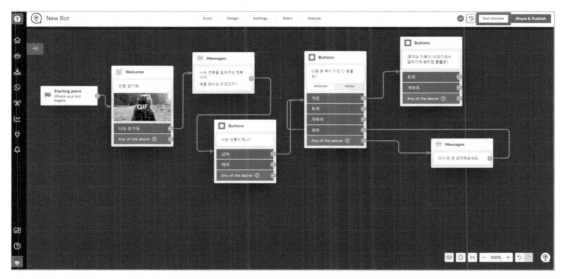

❶ 우측 상단의 Test this bot을 선택합니다.

❷ 화면 위에 팝업으로 제작한 챗봇이 나타납니다.

❸ 사용자 입장에서 버튼을 눌러 챗봇이 끝까지 잘 동작하는지 확인합니다.

❹ 화면 상단의 아이콘을 통해 PC/모바일 모드를 전환하거나 챗봇을 새로고침할 수 있습니다.

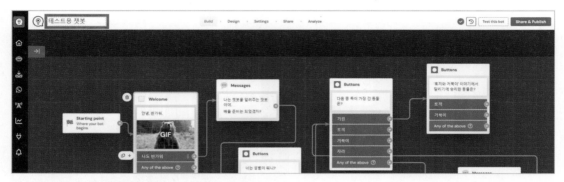

❺ 좌측 상단에 챗봇의 이름을 입력합니다.

❻ 우측 상단에서 Share & Publish를 선택합니다.

❼ 중앙의 링크를 통해 만들어진 챗봇을 공유할 수 있습니다.

■ 기타 설정 후 공유하기

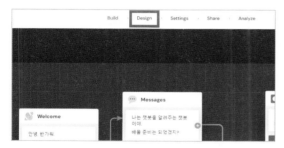

❶ 상단 메뉴에서 Design을 선택합니다.

❷ 좌측 메뉴에서 수정할 디자인 요소를 선택합니다.

❸ 상단 메뉴에서 Share를 선택합니다.

❹ 좌측 메뉴에서 Share with a link를 선택합니다.

❺ 링크를 복사하여 활용합니다.

❻ 학생들이 제작한 챗봇 링크는 패들렛 등을 통해 공유할 수 있습니다.

챗봇을 사용하는 것은 일상생활에 이미 많은 도움을 주고 있습니다. 이제 학생들은 직접 챗봇을 설계하고 제작해보는 과정을 통해 챗봇의 원리를 이해하고, 챗봇으로 일상생활의 문제를 해결하는 과정을 경험할 수 있습니다.

랜드봇 플랫폼으로 제작한 챗봇은 링크를 통해 쉽게 공유할 수 있어 완성한 결과를 가족이나 친구들에게 공유하고, 생활 속에서 실제로 사용하는 등 학생들에게 높은 성취감과 만족도를 부여합니다. 이제부터는 정보전달형, 추천형, 퀴즈형, 시나리오형 챗봇을 하나씩 직접 제작해가며, 그 특징과 교육적 활용 방안을 알아보겠습니다.

🤖 사회

정보전달형 챗봇 만들기

정보전달형 챗봇

우리 일상 곳곳에서 '챗봇'은 어디서나 접할 수 있는 존재로 자리 잡았습니다. 여러 분야에서 다양한 모습으로 발전하고 있습니다, 그중 '정보전달형' 챗봇은 챗봇의 가장 기본 형태라고 볼 수 있습니다. 사용자의 질문에 대해 답변을 제공하는 형태인 만큼, 정보전달형 챗봇의 강점은 정보를 빠르게 습득할 수 있다는 것이므로 학교 현장에서도 유용하게 활용할 수 있습니다.

정보전달형 챗봇을 활용한 수업을 통해 학생에게 필요한 학습 자료나 학생이 궁금해하는 질문에 대한 답변을 채팅 대화 형식으로 제공하여 학생의 흥미를 유도하고, 더 쉽게 자율적으로 학습할 수 있도록 도울 수 있습니다. 이를 통해 학생은 스스로 학습할 수 있는 능력을 키우고, 디지털 시대에서 더욱 중요시되는 정보처리 능력을 향상시킬 수 있습니다. 교사는 개별 학생의 학습 상황을 파악하여 맞춤형으로 학습 지도를 할 수 있습니다.

이번 시간에는 Landbot을 활용하여 정보전달형 챗봇 형태의 역사 인물 챗봇을 만드는 방법을 알아보고, 수업 활용 사례를 살펴보겠습니다.

정보전달형 챗봇 알아보기

01. 정보전달형 챗봇 살펴보기

정보전달형 챗봇은 사용자가 원하는 정보를 쉽고 즉각적으로 제공해주므로 다양한 분야에서 활용됩니다. 예를 들어, 은행 챗봇 서비스는 계좌 잔액 조회, 이체, 입출금 내역 확인 등의 정보를 제공하고, 날씨 챗봇은 특정 지역의 날씨 정보를 제공합니다. 말 그대로 '정보 전달'이 목적이기 때문에 이런 기능을 제공하는 챗봇은 특정한 주제나 분야에 대해 전문적인 지식을 학습해야 합니다. 이를 위해서 챗봇 서비스를 구축할 때 해당 분야에 대한 정보를 데이터베이스나 API를 통해 수집할 수 있도록 해야 하고, 이를 분석하여 사용자에게 제공할 수 있도록 구성해야 합니다.

정보전달형 챗봇의 강점은 사용자가 원하는 정보를 빠르고 정확하게 제공하는 것이므로, 사용자의 편의성과 만족도를 높일 수 있습니다. 사용자는 복잡하거나 긴 검색 과정 없이 필요한 정보를 쉽게 얻을 수 있기 때문입니다. 하지만 사용자의 질문에 대한 정확한 답변을 제공하기 위해서는 충분한 데이터와 분석 기술이 필요합니다. 또한 모든 질문에 대해 완벽한 답변을 제공할 수 없으므로, 사용자는 때로는 부족한 정보를 얻을 수도 있습니다. 사용자는 챗봇이 제공하는 주제에 따라 대화를 진행해야 하므로 원하는 답을 얻기 위해서는 적절한 질문을 선택하는 것이 중요합니다.

02. 학교 수업에 정보전달형 챗봇 활용하기

정보전달형 챗봇을 학교 수업 현장에서 활용할 수 있는 예시를 들어보겠습니다. 먼저, 학생은 수업 준비에 필요한 참고자료, 예습 내용, 학습 준비물 등을 챗봇에 물어보고 제공받을 수 있습니다. 수업 중에는 이해가 부족한 부분을 챗봇에 질문할 수 있도록 지도하여 자기 주도적으로 학습 내용을 보충할 수 있습니다. 그 예로 수학 문제를 풀면서 수학 공식에 대해 챗봇의 답변을 참고하는 방법 등이 있습니다. 수업 후에는 과제를 제출하기 위해 과제 내용 또는 과제 제출 기한을 챗봇에 물어보거나, 수업 진도를 얼마나 나갔는지 등을 확인할 수 있습니다. 수업 외적인 부분에서도 시험 일정, 축제 일정 등 학교 생활과 관련된 정보를 챗봇을 통해 알 수 있습니다. 정보전달형 챗봇은 다양한 방면에서 유용하게 쓰일 수 있습니다.

정보전달형 챗봇 제작 실습

01. 역사 속 인물을 알려주는 역사 인물 챗봇 만들기

Landbot을 활용하여 정보전달형 챗봇을 만들어 보겠습니다.

1) 랜드봇 사이트(https://landbot.io)에 접속합니다.

❶ 로그인합니다.

❷ 좌측에 있는 'Bot builder'를 클릭하고, 우측 상단에 있는 'Build a chatbot'을 클릭합니다.

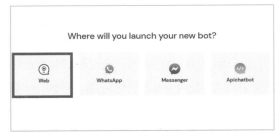

❸ Start building 탭에서 'Web'을 선택합니다.　❹ 'Start from scratch' 버튼을 클릭합니다.

2) 화면 중간에 있는 Starting point 박스 우측에 있는 초록색 + 버튼을 클릭하고, 'Buttons'를 누릅니다. Text message 창에 역사 인물 봇에 대한 소개 글을 적고, 자주색 답변 창에 답변을 적습니다.

*예: 역사 인물 봇에 대한 소개 글 – 안녕! 나는 역사 인물 봇이야. 나와 함께 우리나라 역사 속 인물에 대하여 알 아보지 않을래?
　 답변 – 좋아. 함께 역사 속 인물에 대하여 알아보자.

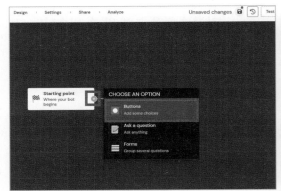

3) 소개하는 글과 함께 출력되는 이미지를 바꿔보겠습니다. 가운데 이미지 위에 마우스 커서를 가져가면 펜 모양의 버튼이 생성됩니다. 펜 모양 버튼을 클릭하면 파일 업로드, URL, GIPHY, 비디오 삽입 등 다양한 방식으로 이미지를 선택할 수 있는 창이 뜹니다.

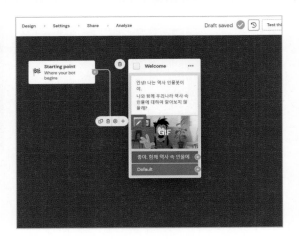

이중에 GIPHY를 이용하면 움직이는 이미지인 GIF 파일의 이미지들을 검색하여 사용할 수 있습니다. '환영'이라고 검색한 후 제일 처음에 있는 이미지를 선택하겠습니다.

 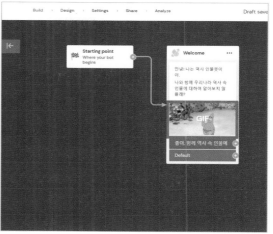

소개 글과 함께 출력되는 이미지가 변경된 것을 확인할 수 있다.

4) 왼쪽 블록 선택 창에서 'QUESTIONS' 항목의 'Buttons'를 클릭하거나 자주색 답변 창 우측에 있는 초록색 + 버튼을 누르고 'QUESTIONS' 항목의 'Buttons'를 클릭합니다.

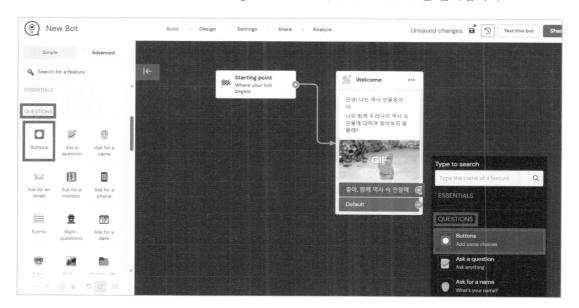

- 자주색 답변 창 우측에 있는 초록색 + 버튼을 누르고 스크롤 내리다 보면 'QUESTIONS' 항목의 'Buttons' 을 발견할 수 있습니다.

- 왼쪽 블록 선택 창에서 'QUESTIONS' 항목의 'Buttons'를 선택한 경우 자주색 답변 창과 연결하는 작업이 필요합니다.

- 자주색 답변 창 우측에 있는 초록색 + 버튼을 눌러 'QUESTIONS' 항목의 'Buttons'를 선택한 경우 별다른 연결 작업이 필요하지 않습니다.

5) Text message 창에 질문을 입력하겠습니다. 자주색 답변 창에 마우스 커서를 가져가면 왼쪽에 창이 생기는데, + 버튼을 누르면 답변 창이 추가됩니다. 답변 창을 세 개 추가하여 답변을 입력합니다.

*예: 질문 - 우리나라 역사에는 각 시대마다 멋진 인물들이 있지. 어느 시대의 역사 인물에 대하여 알아볼래?
　　답변 - 고대, 중세, 근세, 근대

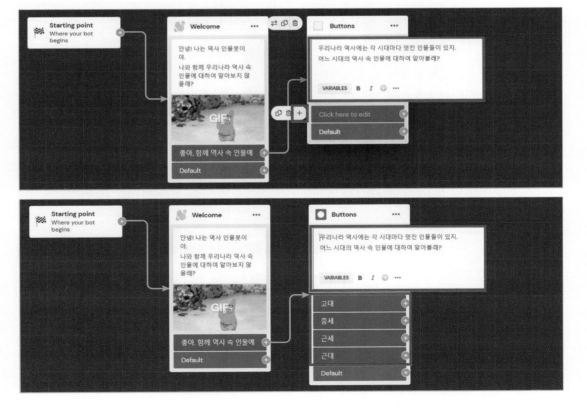

6) 자주색 '고대' 답변 창 우측의 + 버튼을 눌러 'QUESTIONS' 항목의 'Buttons'를 클릭합니다. Text message 창에는 고대 시대의 특징에 대하여 입력합니다.

*예: 텍스트 창 – 고대국가는 주변 지역을 활발하게 정복하여 영역을 확대하였고, 정복 과정에서 왕권을 더욱 강화할 수 있었습니다. 왕권이 강화되면서 율령을 반포하여 통치 체제를 정비하였고, 불교를 받아들여 중앙 집권적인 모습을 갖추었습니다. 어느 인물을 알고 싶나요?

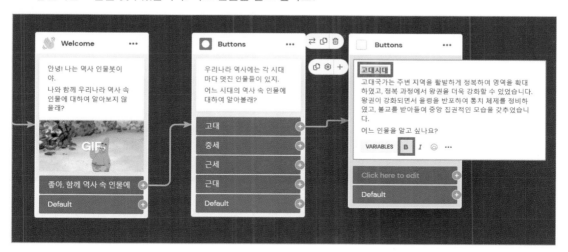

- 진하게 표시하고 싶은 부분을 드래그하여 음영 처리를 하고 아래 'B' 모양의 버튼을 클릭하면 됩니다.

답변 창에는 고대 시대의 인물 이름을 입력합니다.

*예: 답변 – 근초고왕, 광개토대왕, 김유신, 대조영

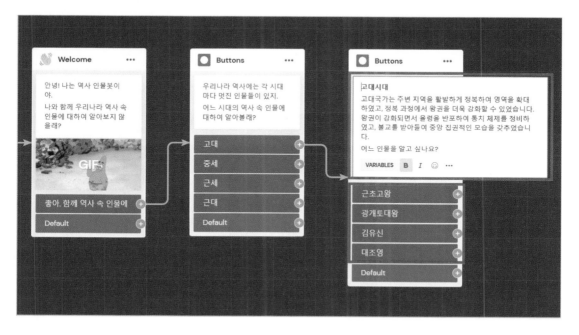

7) '근초고왕' 답변의 우측 + 버튼을 누른 후 'ESSENTIALS' 항목의 'Media'를 클릭합니다.

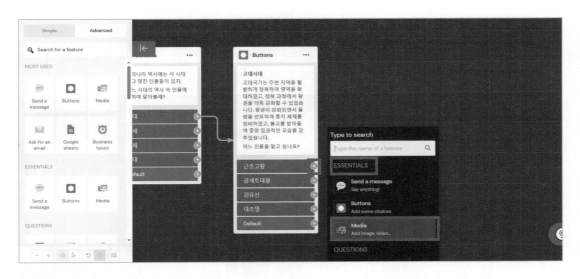

'Select media' 창이 뜨면 'UPLOAD YOUR FILE' 탭에서 Browse 버튼을 눌러 미리 준비한 근초고왕 사진을 업로드합니다.

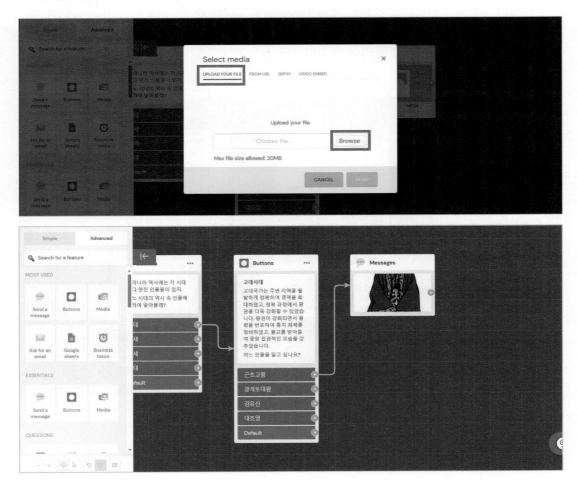

8) 업로드한 근초고왕의 사진 위에 마우스 커서를 가져가면 이미지의 왼쪽에 뜨는 + 버튼을 클릭합니다.

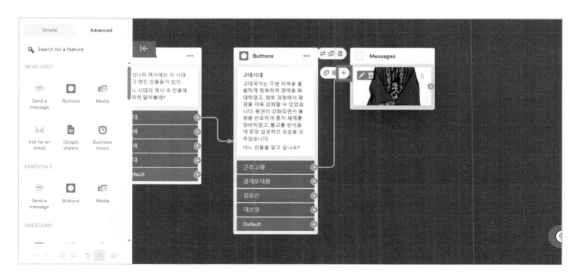

Text message 창이 뜨면 근초고왕의 업적에 대하여 입력합니다.

*예: 근초고왕 - 백제의 남쪽 지역으로 영토를 넓히고 고구려를 공격해 북쪽으로 진출했습니다.
그리고 주변 나라들과 활발하게 교류하여 삼국 중 가장 먼저 전성기를 이끌었습니다.

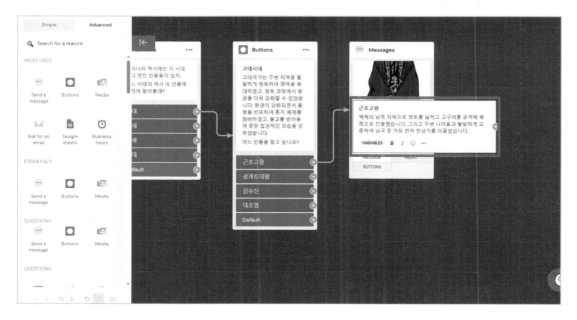

9) 나머지 답변인 광개토대왕, 김유신, 대조영도 위와 동일한 방식으로 이미지를 업로드하고 업적을 입력합니다.

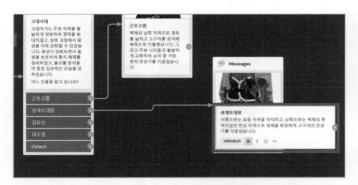

*예: 광개토대왕 - 서쪽으로는 요동 지역을 차지하고, 남쪽으로는 백제의 영역이었던 한강 지역으로 세력을 확장하며 고구려의 전성기를 이끌었습니다.

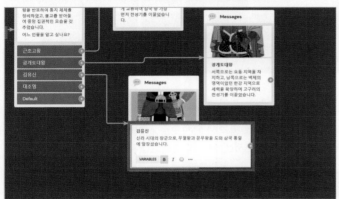

*예: 김유신 - 신라 시대의 장군으로, 무열왕과 문무왕을 도와 삼국 통일에 앞장섰습니다.

*예: 대조영 - 고구려의 유민으로 당이 정치적으로 어지러운 틈을 타 고구려 유민들과 말갈족을 이끌고 스스로 고왕이라 칭하며 동모산 지역에 발해를 세웠습니다.

10) 시대를 선택했던 Buttons 블록 창으로 돌아가겠습니다. '중세' 답변 창 우측의 + 버튼을 눌러 'QUESTIONS' 항목의 'Buttons'를 클릭합니다. Text message 창에는 중세시대의 특징에 대하여 입력하고, 답변 창에는 중세시대의 인물 이름을 입력합니다.

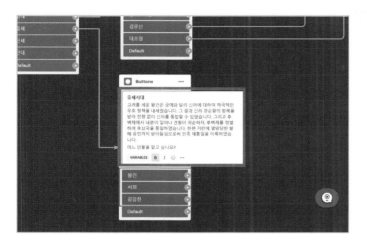

*예: 중세시대 특징 - 고려를 세운 왕건은 궁예와 달리 신라에 대하여 적극적인 우호 정책을 내세웠습니다. 그 결과 신라 경순왕의 항복을 받아 전쟁 없이 신라를 통합할 수 있었습니다. 그리고 후백제에서 내분이 일어나 견훤이 귀순하자, 후백제를 정벌하여 후삼국을 통일하였습니다. 한편 거란에 멸망당한 발해 유민까지 받아들임으로써 민족 재통일을 이룩하였습니다. 어느 인물을 알고 싶나요?

답변 - 왕건, 서희, 강감찬

11) 고대 인물들과 동일한 방식으로 중세시대 인물 이미지를 업로드하고 업적을 입력합니다.

*예: 왕건 - 송악 출신의 호족으로 궁예의 신하가 되어 후고구려의 건국을 도왔습니다. 이후 궁예가 폭정을 일삼자 궁예를 몰아내고 고려를 세워 후삼국을 통일하였습니다.

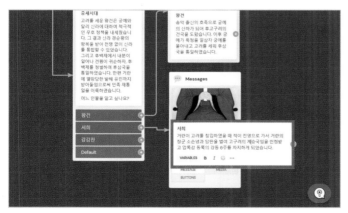

*예: 서희 - 거란이 고려를 침입하였을 때 적이 진영으로 가서 거란의 장군 소손녕과 담판을 벌여 고구려의 계승국임을 인정받고 압록강 동쪽의 강동 6주를 차지하게 되었습니다.

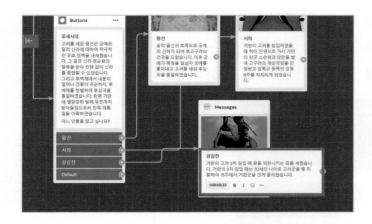

*예: 강감찬 - 거란의 고려 2차 침입 때 왕을 피란시키는 공을 세웠습니다. 거란의 3차 침입 때는 70세의 나이로 고려군을 총 지휘하여 귀주에서 거란군을 크게 물리쳤습니다.

12) 시대를 선택했던 Buttons 블록 창으로 돌아가겠습니다. 자주색 '근세' 답변 창 우측의 + 버튼을 눌러 'QUESTIONS' 항목의 'Buttons'를 클릭합니다. Text message 창에는 근세시대의 특징에 대하여 입력하고, 답변 창에는 근세시대의 인물 이름을 입력합니다.

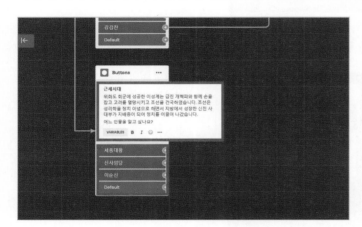

*예: 근세시대 특징 - 위화도 회군에 성공한 이성계는 급진 개혁파와 함께 손을 잡고 고려를 멸망시키고 조선을 건국하였습니다. 조선은 성리학을 정치 이념으로 하면서 지방에서 성장한 신진 사대부가 지배층이 되어 정치를 이끌어 나갔습니다. 어느 인물을 알고 싶나요?

답변 - 세종대왕, 신사임당, 이순신

13) 위의 인물들과 동일한 방식으로 근세시대 인물 이미지를 업로드하고 업적을 입력합니다.

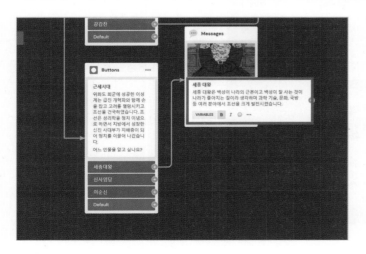

*예: 세종대왕 - 백성이 나라의 근본이고 백성이 잘 사는 것이 나라가 좋아지는 길이라 생각하며 과학 기술, 문화, 국방 등 여러 분야에서 조선을 크게 발전시켰습니다.

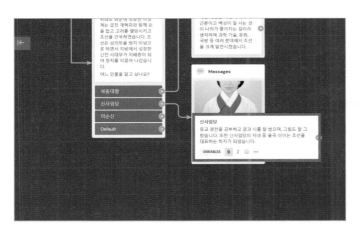

*예: 신사임당 - 유교 경전을 공부하고 글과 시를 잘 썼으며, 그림도 잘 그렸습니다. 또한 신사임당의 자녀 중 율곡 이이는 조선을 대표하는 학자가 되었습니다.

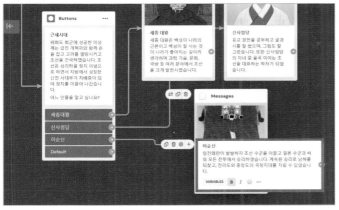

*예: 이순신 - 임진왜란이 발발하자 조선 수군을 이끌고 일본 수군과 싸워 모든 전투에서 승리하였습니다. 계속된 승리로 남해를 되찾고, 전라도와 충청도의 곡창지대를 지킬 수 있었습니다.

14) 시대를 선택했던 Buttons 블록 창으로 돌아가겠습니다. 자주색 '근대' 답변 창 우측의 + 버튼을 눌러 'QUESTIONS' 항목의 'Buttons'를 클릭합니다. Text message 창에는 근대 시대의 특징에 대하여 입력하고 답변 창에는 근대 시대의 인물 이름을 입력하겠습니다.

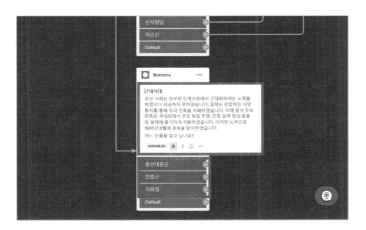

*예: 중세시대 특징 - 조선 사회는 정부와 각계각층에서 근대화하려는 노력을 하였으나 성공하지 못하였습니다. 일제는 강압적인 식민 통치를 통해 우리 민족을 지배하였습니다. 이에 맞서 우리 민족은 국내외에서 무장 독립 투쟁, 민족 실력 양성 운동 등 일제에 줄기차게 저항하였습니다. 이러한 노력으로 1945년 8월에 광복을 맞이하였습니다. 어느 인물을 알고 싶나요?

답변 - 흥선대원군, 안중근, 이회영

15) 위의 인물들과 동일한 방식으로 근대 시대 인물 이미지를 업로드하고 업적을 입력합니다.

*예: 흥선대원군 - 병인양요와 신미양요 이후 한양과 전국 각지에 척화비를 세워 서양과 교류하지 않겠다는 통상 수교 거부 정책을 강화하였습니다.

*예: 안중근 - 1909년 하얼빈역에서 우리나라를 빼앗는 데 앞장선 이토 히로부미를 저격했습니다.

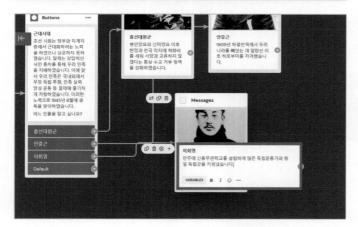

*예: 이회영 - 만주에 신흥무관학교를 설립하여 많은 독립운동가와 항일 독립군을 키워냈습니다.

16) 블록 선택 창에서 'QUESTIONS' 항목의 'Yes/No'를 클릭합니다. 좌측의 'Yes/No' 블록 편집 창의 'Question text'에 질문을 입력합니다.

*예: 역사 속 인물들에 대하여 계속 알아보겠습니까?

17) 좌측의 'Yes/No' 블록 편집 창 'Question text' 밑의 'Buttons' 창에서 버튼의 이름과 버튼 스타일을 변경할 수 있습니다. 버튼의 이름은 그대로 두고, 버튼 스타일을 Yes는 하트 모양으로, No는 X 모양으로 선택하여 APPLY 버튼을 눌러 적용합니다.

- 버튼 스타일에는 'Text Button', 'Icon', 'Emoji', 'Image'가 있습니다.

18) 인물들의 설명을 보고 '역사 속 인물들에 대하여 계속 알아보겠습니까?'라는 질문이 공통으로 나올 수 있도록 '인물 이미지 및 설명 블록' 우측에 있는 초록색 + 버튼을 드래그하여 'Yes/No' 블록에 연결 짓습니다.

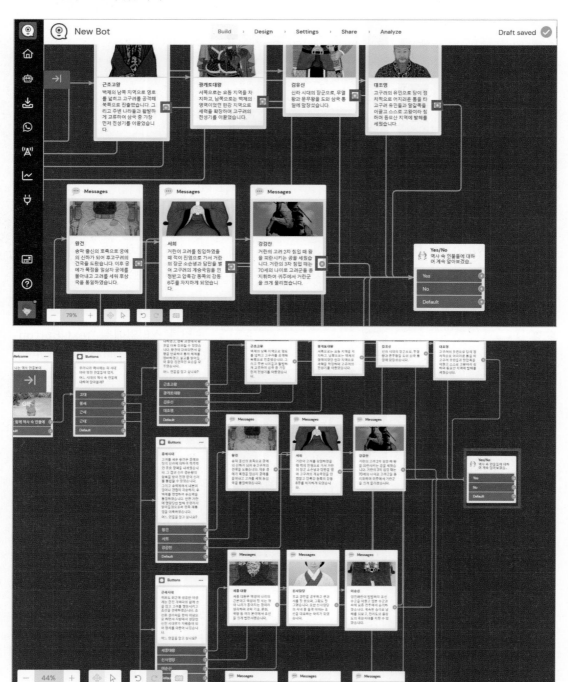

19) 'Yes/No' 블록 'Yes' 답변의 우측 + 버튼을 누르고, 'FLOW OPERATIONS' 항목의 'Jump to'를 클릭합니다. 시대를 선택했던 Buttons 블록 창으로 돌아가 마우스 오른쪽 버튼을 눌러 'Copy reference'를 누릅니다.

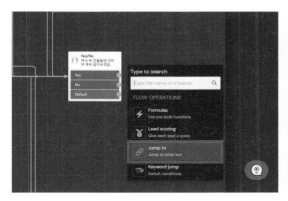 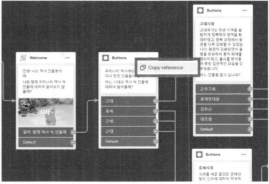

'Jump' 블록 편집 창에서 'NEW BOT'을 클릭하고, 'Select a bot' 창이 뜨면 현재 작업하고 있는 봇 빌더인 'New Bot'을 선택하고 Select를 클릭합니다. 이후 'Point to a specific block'을 YES로 변경한 뒤 빈칸에 Ctrl+v를 눌러 붙여넣기를 합니다. 아래의 APPLY 버튼을 눌러 적용합니다.

 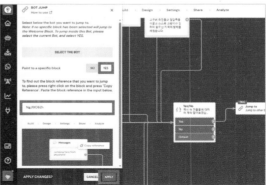

20) 'Yes/No' 블록 'No' 답변의 우측 + 버튼을 누르고, 'POWER UPS' 항목의 'Goodbye message'를 클릭합니다.

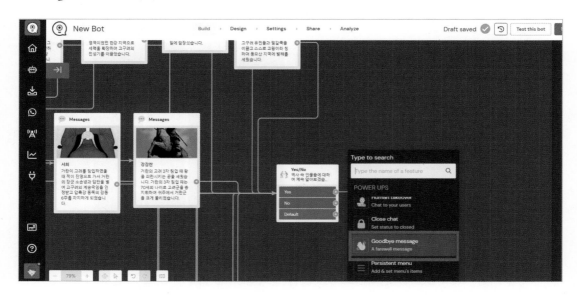

message 입력 창에 작별인사 내용을 입력한 후 APPLY 버튼을 눌러 적용합니다.

*예: 잘 가! 다음에 또 보자.

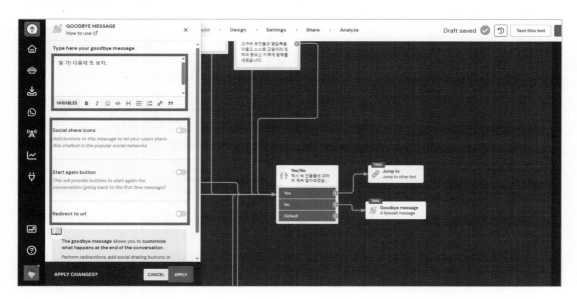

- message 창 아래의 Social share icons, Start again button, Redirect to url 버튼을 활용하여 대화가 종료되었을 때의 상황을 조정할 수 있습니다.

21) 상단에 있는 'Design' 또는 'Test this bot'을 클릭하여 제작한 역사 인물 봇이 제대로 작동하는지 확인해봅니다.

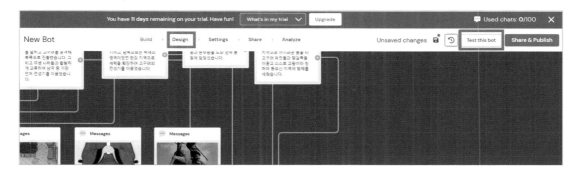

이상이 없으면 좌측 상단에 봇 이름을 'History bot'으로 변경하고, 'Share & Publish' 버튼을 눌러 완성한 챗봇을 공유합니다.

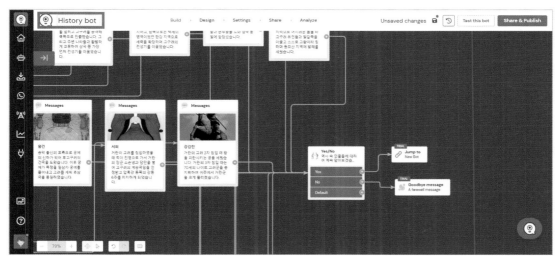

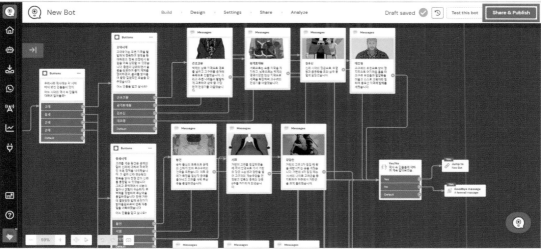

단원을 마무리하며

지금까지 Landbot으로 역사 인물 챗봇을 만들어봤습니다. 역사 교과에 활용할 수 있는 시대별 대표적인 인물에 대한 내용을 주제로 잡은 것처럼 정보전달형 챗봇은 단순히 전달하고자 하는 주제를 설정하고, 그에 따른 적절하고 정확한 정보만 잘 파악하고 있으면 쉽게 설계할 수 있습니다. 다른 형태의 챗봇과 달리 비교적 주제에 제한이 없으므로 다양한 교과목에 활용해보시기 바랍니다.

실과

추천형 챗봇 만들기

추천형 챗봇

손쉽게 접근할 수 있는 온라인 플랫폼의 확산으로 기업들은 챗봇 기능에 더욱더 주목합니다. 그중 사용자가 찾고자 하는 제품 등을 추천해주는 추천형 챗봇은, 사용자의 데이터를 바탕으로 상황에 맞는 답을 제시하는 방식으로 서비스를 제공합니다. 정보 전달 방식보다는 더 구체적이고 집약적인 답을 제시한다는 특징을 이용해 학교 현장에서도 유용하게 활용할 수 있습니다.

추천형 챗봇을 활용한 수업을 통해 학생들은 여러 상황 속에서 적절하게, 또는 취향에 맞는 답을 얻을 수 있습니다. 학생의 성향과 공부 습관 등을 파악하여 과목별 공부 방법을 추천받기, 특정 상황에서 메뉴 골라보기, 옷차림 선택해보기 등 선택지에 따른 추천 결과를 확인해보며, 다양한 조건을 비교하여 스스로 선택해보는 경험을 할 수 있습니다. 교사 또한 개별 학생의 학습 상황을 파악하여 보다 정확한 맞춤형 학습 지도를 수행할 수 있습니다.

이번 시간에는 Landbot을 활용하여 추천형 챗봇 형태로 옷차림을 추천해주는 챗봇을 만드는 방법을 알아보고, 수업 활용 사례를 살펴보겠습니다.

추천형 챗봇 알아보기

01. 추천형 챗봇 살펴보기

추천형 챗봇은 사용자의 취향과 관심사에 맞는 상품이나 서비스를 추천해주는 형태의 챗봇입니다. 사용자의 정보를 챗봇과의 대화를 통해 수집하고 알고리즘을 분석하여 선호하는 상품이나 서비스를 파악하고 이를 기반으로 추천 서비스를 제공합니다. 예를 들어, 온라인 쇼핑몰에서는 사용자가 원하는 상품에 대한 정보를 수집하고, 이를 바탕으로 사용자에게 추천 상품을 제공합니다.

이처럼 추천형 챗봇은 사용자의 취향과 관심사에 맞는 상품이나 서비스를 추천하므로 제공된 정보에 대한 만족도를 더욱 높일 수 있습니다. 또한, 추천 상품이나 서비스에 대한 추가 정보나 상담이 필요한 경우에도 챗봇을 통해 쉽게 문의할 수 있어 편리합니다.

추천형 챗봇은 추천 알고리즘의 정확성에 따라 추천 결과가 크게 달라질 수 있으므로 정확한 정보를 입력해주어야 합니다. 또한 다른 형태의 챗봇과 마찬가지로 사용자의 개인 정보를 수집해야 하는 경우도 있으므로 보안 관리가 철저히 이루어져야 합니다.

02. 학교 수업에 추천형 챗봇 활용하기

추천형 챗봇을 학교 수업 현장에서 활용할 수 있는 예시를 들어보겠습니다. 학생들은 챗봇을 통해 과목별 학습 방법, 공부 전략에 대해 추천받거나 과목별로 필요한 참고 도서 등을 추천받을 수 있습니다. 수업과 관련된 도서가 아니더라도 독서 성향(선호 장르, 관심 분야 등)을 파악하여 도서를 추천받을 때도 유용합니다. 선생님이 내준 과제를 수행할 때도, 추천형 챗봇을 이용해 필요한 관련 자료를 찾을 수 있습니다. 수업 외적인 부분에서도 챗봇은 학생의 특성, 장단점, 성향 등을 고려하여 진로를 추천해주는 상담 역할을 할 수 있습니다.

선생님들은 수업 자료 개발을 위하여 추천형 챗봇의 도움을 받을 수 있습니다. 과목 또는 주제별 수업 자료, 학생의 성향에 따른 맞춤형 수업 방식 등을 추천받을 수 있습니다.

추천형 챗봇 제작 실습

01. 상황에 알맞은 옷을 추천해주는 옷차림 추천 챗봇 만들기

Landbot을 활용하여 추천형 챗봇을 만들어 보겠습니다.

1) 랜드봇 사이트(https://landbot.io)에 접속합니다.

❶ 로그인합니다.

❷ 좌측에 있는 'Bot builder'를 클릭하고, 우측 상단에 있는 'Build a chatbot'을 클릭합니다.

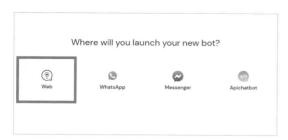

❸ Start building 탭에서 'Web'을 선택합 ❹ 'Start from scratch' 버튼을 클릭합니다.
니다.

2) 화면 중간에 있는 Starting point 박스 우측에 있는 초록색 + 버튼을 클릭한 후 'Buttons'를 누릅니다. Text message 창에 옷차림 추천 챗봇에 대한 소개 글을 적고, 자주색 답변 창에 답변을 적습니다.

*예: 옷차림 추천 챗봇에 대한 소개 글 - 안녕하세요. 저는 상황에 알맞은 옷을 추천해주는 옷차림 챗봇입니다. 저에게 옷을 추천받으시겠어요?

답변 - 좋아! 상황에 알맞은 옷차림을 추천해줘.

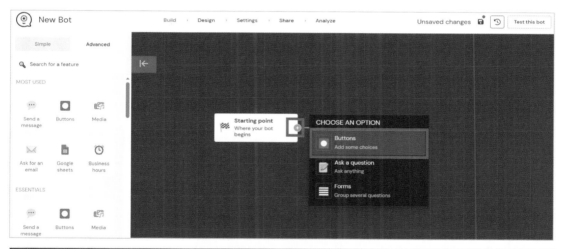

3) 자주색 답변 창 우측에 있는 초록색 + 버튼을 누르고, 'QUESTIONS' 항목의 'Buttons'를 클릭합니다. Text message 창에 질문을 입력한 후 자주색 답변 창에 마우스 커서를 가져가면 왼쪽에 창이 생기는데, + 버튼을 누르면 답변 창이 추가됩니다. 답변 창 네 개를 추가하여 답변을 입력합니다.

*예: 질문 - 오늘의 기온은 몇 도인가요?
　　 답변 - 23도 이상, 17~22도, 9~16도, 8도 이하, 잘 모르겠다.

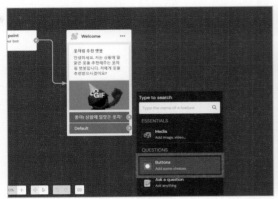
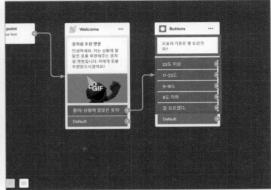

4) '23도 이상' 답변 창 우측의 + 버튼을 눌러 'QUESTIONS' 항목의 'Buttons'를 클릭합니다. Text message 창에는 성별에 대한 질문을 입력하고, 답변 창에는 남자와 여자를 입력합니다.

*예: 질문 - 당신의 성별은 무엇인가요?
　　 답변 - 남자, 여자

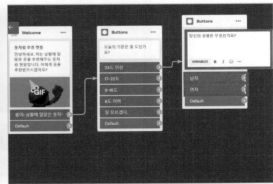

5) '17~22도', '9~16도', '8도 이하' 3개의 답변도 위와 동일한 방식으로 성별을 묻는 질문과 답변 블록을 추가합니다. 동일한 내용이 입력된 블록을 추가하는 경우 해당 질문 답변 블록 윗 부분에 마우스 커서를 가져가면 좌측에 복사 아이콘이 생성됩니다. 복사 아이콘을 클릭하면 동일한 블록이 복사됩니다.

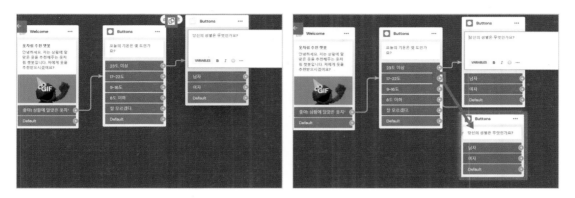

'17~22도' 답변 우측에 있는 + 버튼을 눌러 복사한 블록 쪽으로 드래그하면 서로 연결이 됩니다. '9~16도', '8도 이하' 답변도 동일한 방식으로 진행합니다.

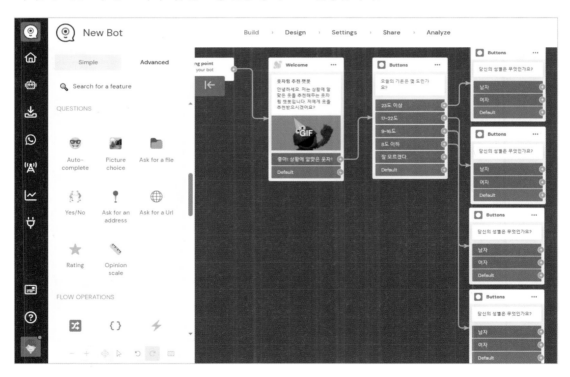

- 17~22도, 9~16도, 8도 이하 블록과 성별을 묻는 질문 블록을 연결

6) '잘 모르겠다.' 답변의 우측 + 버튼을 클릭하여 'QUESTIONS' 항목의 'Buttons'를 추가합니다. 질문 창에 내용을 입력한 후 질문 창 하단의 점 세 개 버튼을 클릭합니다.

*예: 질문 - 오늘의 기온을 확인하고 싶으면 아래의 링크를 눌러주세요. 오늘의 기온 알아보기
　　답변 - 오늘의 기온을 확인했어!

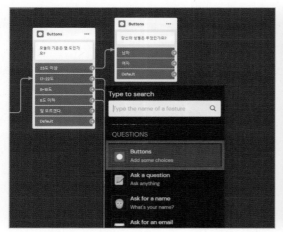
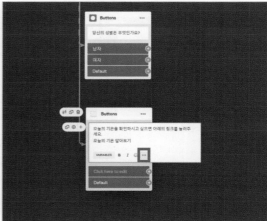

　　질문 창의 '오늘의 기온 알아보기'를 드래그한 상태에서 하이퍼링크 아이콘을 클릭한 후 네이버에서 검색한 오늘의 기온 사이트 주소를 복사하여 하이퍼링크 창에 붙여넣기합니다.

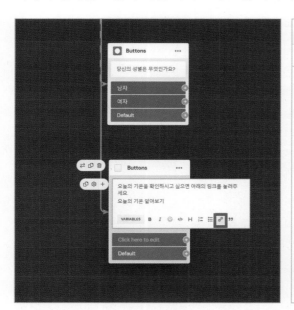

- 네이버에서 검색한 오늘의 기온 사이트를 복사할 때는 반드시 맨 앞에 'https://'도 포함하여 입력해야 합니다.

이후 체크 모양의 아이콘을 클릭하면 '오늘의 기온 알아보기'에 파란색으로 하이퍼링크 지정이 된 것을 확인할 수 있습니다. 답변 창에는 '오늘의 기온을 확인했어!'라고 입력합니다.

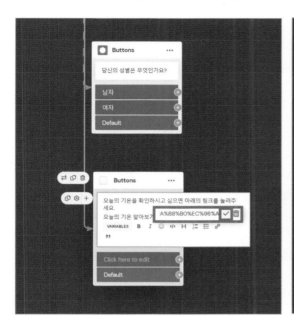

7) '오늘의 기온을 확인했어!' 답변 창의 우측 + 버튼을 클릭하여 'FLOW OPERATIONS' 항목의 'Jump to' 블록을 추가합니다. 기온을 선택했던 Buttons 블록 창으로 돌아가 마우스 오른쪽 버튼을 눌러 'Copy reference'를 누릅니다.

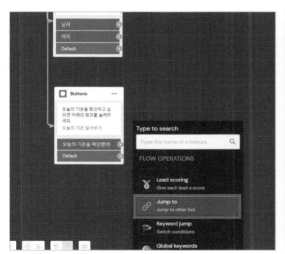
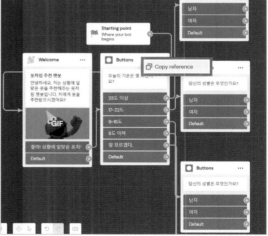

Jump 블록 편집 창에서 'NEW BOT'을 클릭하고 'Select a bot' 창이 뜨면 현재 작업하고 있는 봇 빌더인 'New Bot'을 선택한 후 Select를 클릭합니다.

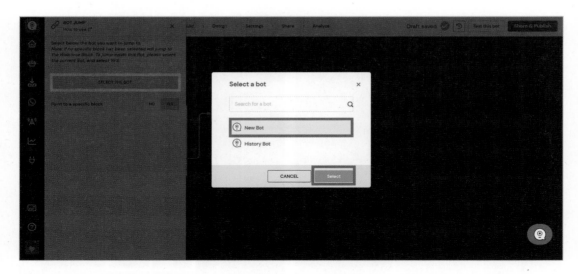

이후 'Point to a specific block'을 YES로 변경한 뒤 아래의 빈칸에 Ctrl+v를 눌러 붙여넣기를 합니다. 아래의 APPLY 버튼을 눌러 적용합니다.

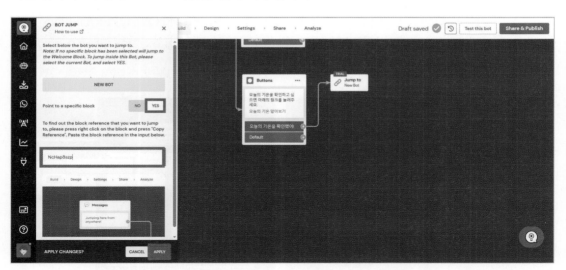

8) '23도 이상' 답변에 연결된 성별을 묻는 질문 버튼으로 돌아오겠습니다. '남자' 답변의 오른쪽에 있는 + 버튼을 클릭한 후 'QUESTIONS' 항목에서 'Picture choice'를 추가합니다.

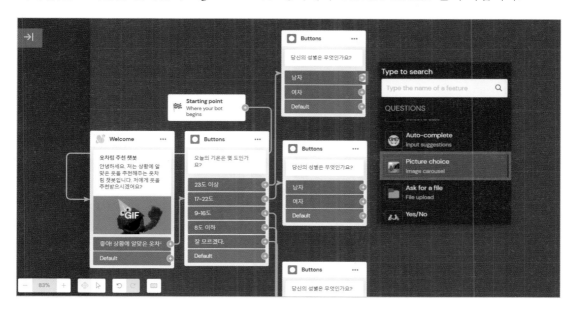

좌측 PICTURE CHOICE 블록 편집 창에 있는 메시지 칸에 질문을 입력합니다.

*예: 질문 - 옷을 입고 갈 상황을 선택하세요.

9) 메시지 칸 아래에 있는 'Add,a New Card'를 두 번 클릭하여 2개의 사진 선택 창을 만듭니다. 사진의 제목을 입력합니다.

*예: 제목 - 평상시와 같은 일상적인 상황, 결혼식 행사 등 공식적인 상황

10) '평상시와 같은 일상적인 상황' 사진의 제목 입력 칸 아래에 있는 'ADD AN IMAGE'를 클릭합니다.

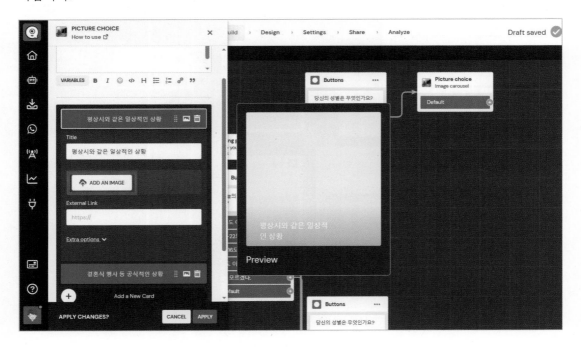

Select media 창이 뜨면 'UPLOAD YOUR FILE' 탭에 있는 'Browse'를 클릭하여 사진을 업로드합니다. 'Edit image fit' 창이 뜨면 업로드할 사진의 크기와 부분을 조절할 수 있습니다.

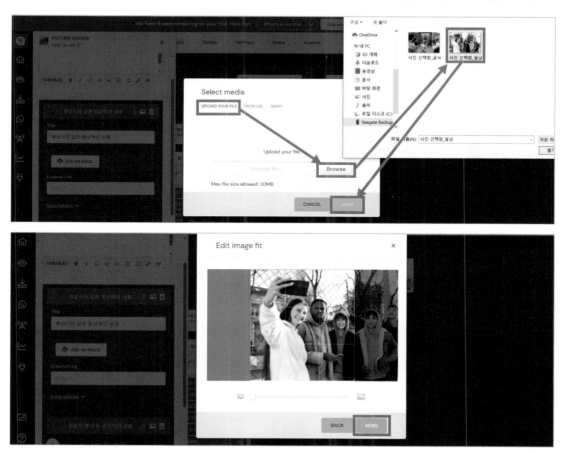

'결혼식 행사 등 공식적인 상황'도 위의 방식과 동일한 방식으로 사진을 업로드합니다. 이후 블록 편집 창의 하단에 있는 'APPLY' 버튼을 눌러 적용합니다.

11) 나머지 '여자' 답변도 옷을 입고 갈 상황을 선택하는 블록을 복사하여 연결합니다.

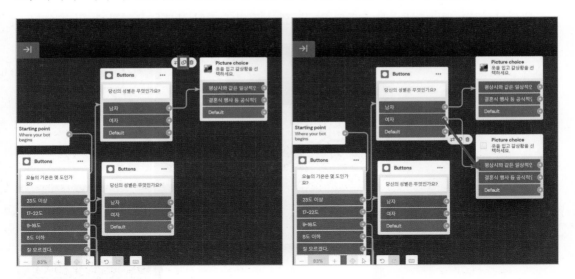

12) 나머지 성별을 묻는 질문 블록의 답변에도 옷을 입고 갈 상황을 선택하는 블록을 복사하여 연결합니다.

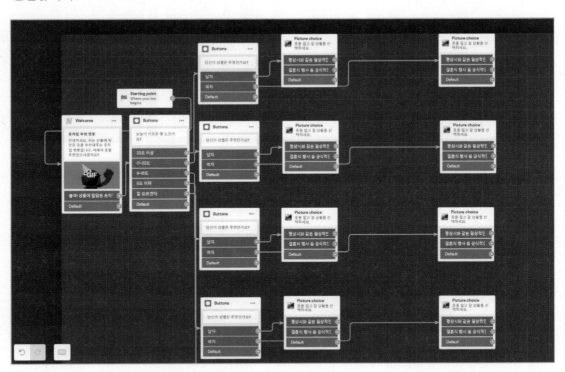

13) '기온 23도 – 성별: 남자 – 평상시와 같은 일상적인 상황' 답변 창 우측의 + 버튼을 클릭하여 'ESSENTIALS' 항목의 Media를 추가합니다.

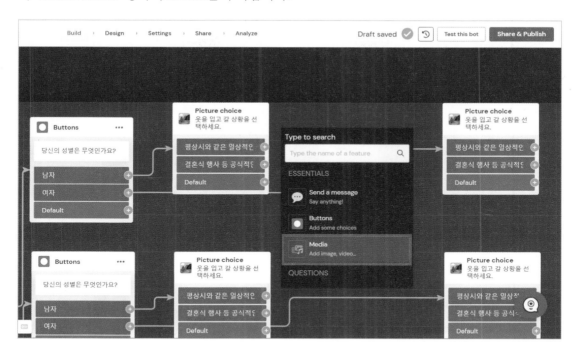

'Select media' 창이 뜨면 'UPLOAD YOUR FILE' 탭에 있는 Browse 버튼을 클릭하여 해당 조건에 알맞은 이미지를 업로드합니다.

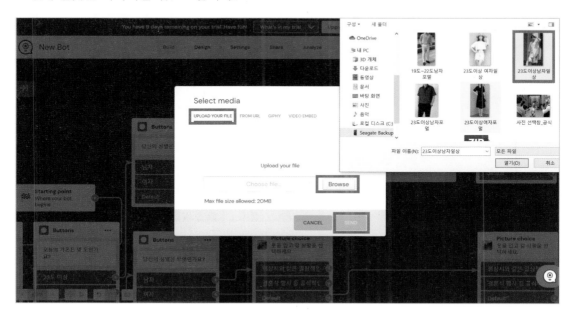

14) 사진 위에 마우스 커서를 가져가면 좌측에 생기는 + 버튼을 클릭하겠습니다. 메시지 창에 '이런 옷은 어떤가요?'라고 입력합니다.

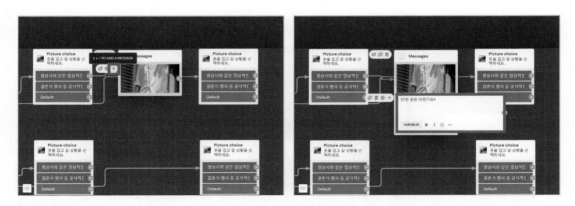

15) 나머지 일상적인 상황, 공식적인 상황 답변에도 위와 동일한 방식으로 조건에 알맞은 이미지를 업로드하고, 메시지 창에 '이런 옷은 어떤가요?'를 입력합니다.

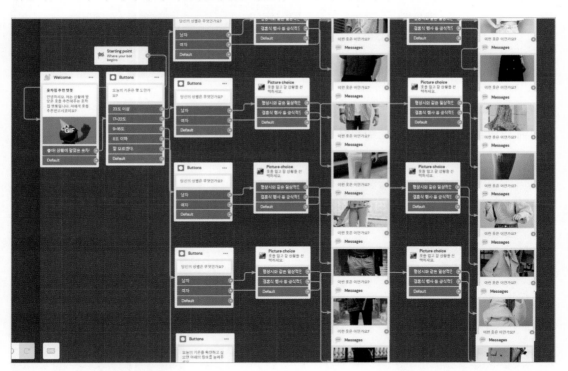

16) 좌측의 블록 생성 창의 'QUESTIONS' 항목에서 'Rating'을 클릭합니다. 'Rating' 블록 편집 창의 Question text 창에 질문을 입력합니다.

*예: 옷차림 추천이 얼마나 유용하였는지 평가해주세요.

17) Question text 창 아래쪽의 별 모양 세 개가 있는 부분을 클릭하면 별의 개수나 이모티콘을 선택할 수 있는 창이 뜹니다. 원하는 별의 개수를 선택하면 되는데, 이번에는 별 5개를 선택하겠습니다.

18) 업로드한 각 조건별 이미지들의 우측에 있는 + 버튼을 드래그하여 'Rating' 블록에 연결합니다.

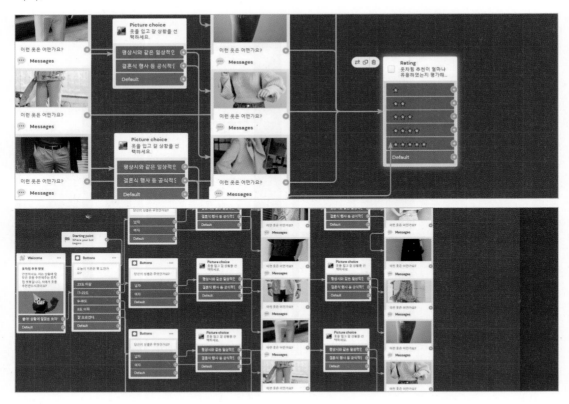

19) 상단에 있는 'Design' 또는 'Test this bot'을 클릭하여 제작한 옷차림 추천 챗봇이 제대로 작동하는지 확인해봅니다.

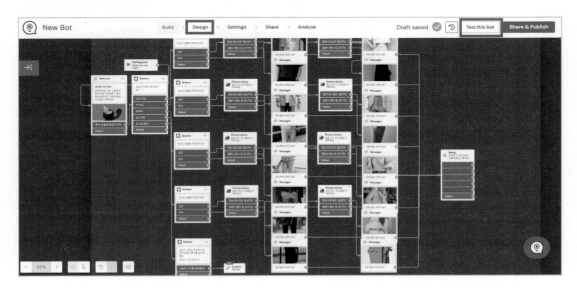

이상이 없으면 좌측 상단에 봇 이름을 'Styling bot'으로 변경하고, 'Share & Publish' 버튼을 눌러 완성한 챗봇을 공유합니다.

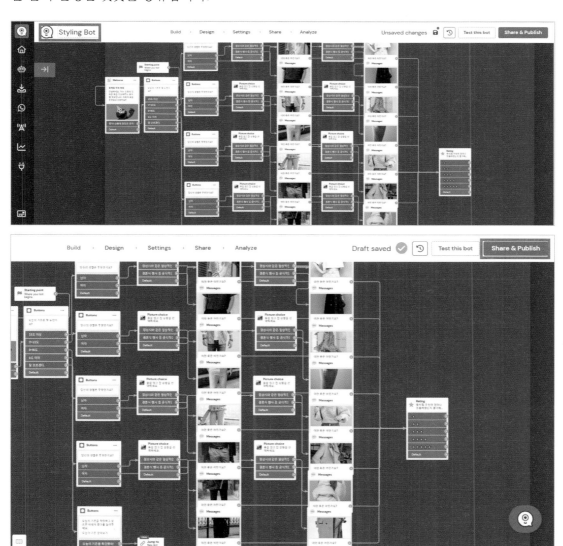

단원을 마무리하며

지금까지 Landbot으로 옷 추천 챗봇을 만들어봤습니다. 날씨와 기온별 상황을 설정하고 옷차림을 추천해주는 설계를 한 것처럼, 챗봇을 만들기 전에 먼저 주제를 정하고, 주제에 따른 특정 상황을 설정해 상황 선택에 따라 제공받을 수 있는 추천 목록을 먼저 나열해보는 방식으로 정리하면 쉽게 설계할 수 있습니다. 이와 같은 방법을 활용하여 수업시간에 도움이 되시길 바랍니다.

사회

퀴즈형 챗봇 만들기

퀴즈형 챗봇

'퀴즈 풀기'는 퀴즈 문제를 풀면서 사용자의 흥미와 관심을 이끌 수 있는 좋은 활용법입니다. 이러한 기능을 도입한 퀴즈형 챗봇은 사용자와 대화를 하면서 다양한 주제의 퀴즈를 출제하고, 사용자가 정답을 입력하면 챗봇이 즉시 정답 여부를 판단해 사용자에게 알려주거나 점수를 매깁니다.

퀴즈형 챗봇은 사용자가 정답을 맞히는 과정에서 흥미를 불러일으킵니다. 간단하게 퀴즈를 푸는 방식을 통해 사용자의 지식 수준을 파악할 수 있다는 특징을 살려 학교 수업 현장에서도 유용하게 활용할 수 있습니다. 학생들은 퀴즈를 풀며 배운 학습 내용을 정리해보고, 부족한 내용을 확인하여 보강할 수 있도록 지도할 수 있습니다. 학생의 수준을 고려한 퀴즈 난이도를 설정하면 개인별 학습이 가능합니다.

이번 시간에는 Landbot을 활용하여 한국사 퀴즈 챗봇을 만드는 방법을 알아보고, 수업 활용 사례를 살펴보겠습니다.

퀴즈형 챗봇 알아보기

01. 퀴즈형 챗봇 살펴보기

퀴즈형 챗봇은 출제되는 퀴즈의 난이도와 문제 유형에 따라 사용자들의 학습 효과와 만족도에 큰 영향을 미칩니다. 따라서 퀴즈를 출제할 때는 사용자들의 학습 수준과 관심사에 맞추어 출제해야 합니다. 또한 단순히 학습을 위한 퀴즈뿐만 아니라 재미와 흥미 유도 위주의 문제를 출제하는 등 목적에 맞게 활용할 수 있습니다.

02. 학교 수업에 퀴즈형 챗봇 활용하기

퀴즈형 챗봇은 학생들이 과목에 대한 이해도를 확인하고 복습할 수 있는 훌륭한 학습 보조 도구로 사용될 수 있습니다. 각 과목별 학습 목표에 따른 퀴즈를 제시하여 학생들이 풀어보는 방식으로 수업 내용에 대해 예습하거나 복습하기에 유용할 것입니다. 예를 들어, 국어 수업에서는 챗봇이 단어 뜻이나 문법 규칙과 관련된 퀴즈, 사자성어 퀴즈 등 주제별 퀴즈를 제공하여 학생들의 언어 이해를 향상시킬 수 있습니다. 더 나아가 퀴즈 오답을 분석하여 부족한 부분을 개선해 관련 시험에 대비하는 등 다양한 도움을 받을 수 있습니다.

퀴즈형 챗봇 제작 실습

01. 한국사 퀴즈 챗봇 만들기

Landbot을 활용하여 퀴즈형 챗봇을 만들어 보겠습니다.

1) 랜드봇 사이트(https://landbot.io)에 접속합니다.

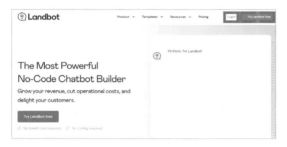

❶ 로그인합니다.

❷ 좌측에 있는 'Bot builder'를 클릭하고, 우측 상단에 있는 'Build a chatbot'을 클릭합니다.

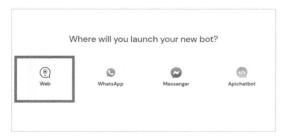

❸ Start building 탭에서 'Web'을 선택합니다.

❹ 'Start from scratch' 버튼을 클릭합니다.

2) 화면 중간에 있는 Starting point 박스 우측의 초록색 + 버튼을 클릭하고 'Buttons'를 누릅니다. Text message 창에 한국사 퀴즈 챗봇에 대한 소개 글을 적고, 자주색 답변 창에 답변을 적습니다.

*예: 안녕하세요. 한국사 퀴즈 봇입니다. 사회 시간에 공부했던 내용에 대한 퀴즈를 풀어보도록 합시다.
　　답변 - 좋아! 퀴즈를 함께 풀어보자.

3) 자주색 답변 창 우측의 초록색 + 버튼을 누르고, 'QUESTIONS' 항목의 'Ask for a name'을 클릭합니다. 우측의 Question text 창에 질문을 입력합니다.

*예: 질문 - 퀴즈를 풀기 전에 당신의 이름을 입력해주세요.

4) Question text 창 밑에 @name이라고 이 적혀 있습니다. 이와 같이 @ 뒤에 적힌 단어를 변수라고 합니다. 변수란 봇이 하는 질문에 대한 답변을 저장하는 곳입니다. 예를 들어 Ask for a name 블록의 질문에 대한 답변이 @name에 저장이 되는 것입니다.

5) Ask for a name 블록 우측의 + 버튼을 눌러 'QUESTIONS' 항목의 'Buttons'를 추가하겠습니다.

 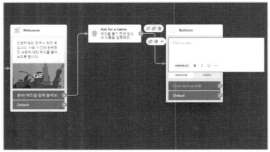

6) 텍스트 창에 있는 VARIABLES에서 name을 검색하여 클릭합니다. 음영 처리된 name이 출력된 것을 확인할 수 있습니다. 음영 처리가 된 name 부분에 Ask for a name에서 입력하여 저장된 답변이 출력됩니다.

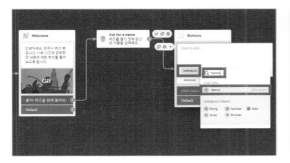 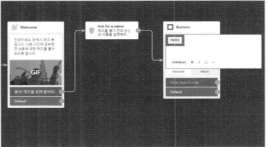

7) 음영 처리된 name 뒷부분 내용을 마저 입력하겠습니다. 이후 답변 창을 하나 더 추가해서 답변을 입력합니다.

*예: 질문 – @name 반가워! 이제 본격적으로 한국사 퀴즈를 풀어볼 거야. 어떤 난이도의 퀴즈를 풀고 싶니?

　　답변 – 초급 / 중급

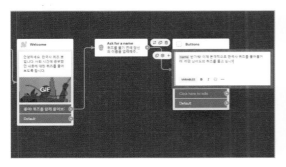 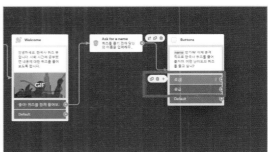

8) 초급 문제부터 만들어 보겠습니다. '초급'이라고 적힌 답변의 우측 + 버튼을 눌러 FLOW OPERATIONS 항목의 Set a variable을 추가합니다. Set a variable 블록은 변수를 새로 만들거나 기존 변수의 값을 지정할 때 사용합니다. 점수와 관련된 변수를 만들어 보겠습니다. Create/select a variable to modify 부분에서 'score'를 입력하고 CREATE를 클릭합니다.

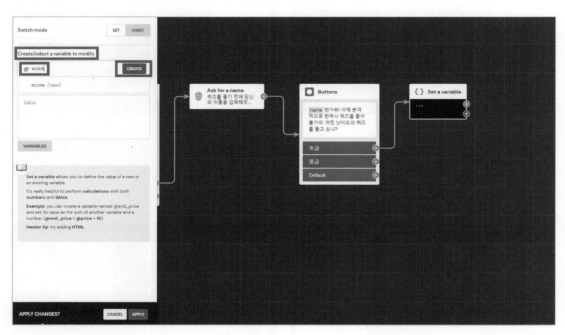

변수의 양식을 선택하는 창이 뜹니다.

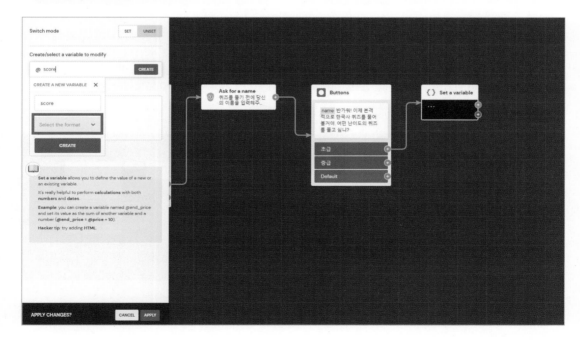

점수와 관련된 변수이기 때문에 NUMBER를 선택하고 CREATE 버튼을 클릭합니다.

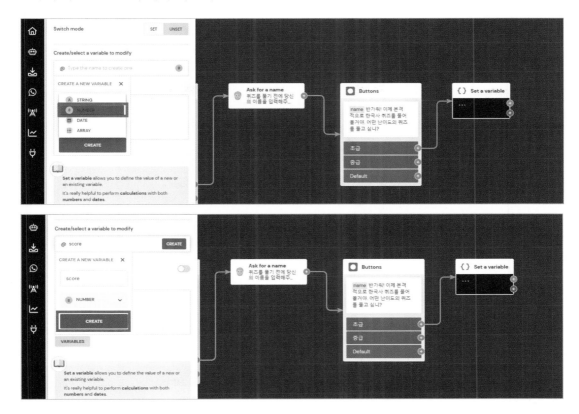

9) 문제 풀기 전 초기점수는 0점이기 때문에 Type the value 창에 '0'을 입력하고 APPLY를 눌러 적용합니다.

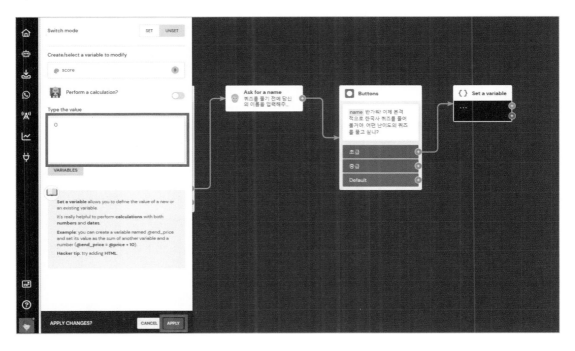

10) Set a variable 블록의 우측 초록색 + 버튼를 눌러 QUESTIONS 항목의 Buttons를 추가하여 문제를 만들어 보겠습니다.

텍스트 창에 문제를 입력한 후 답변 창 3개를 추가하여 답변도 입력합니다.

*예: 문제 – 백제의 남쪽 지역으로 영토를 넓히고 고구려를 공격해 북쪽으로 진출하여 삼국 중 가장 먼저 백제의 전성기를 이끈 왕의 이름은?

선택지 – 광개토대왕, 근초고왕, 진흥왕, 장수왕

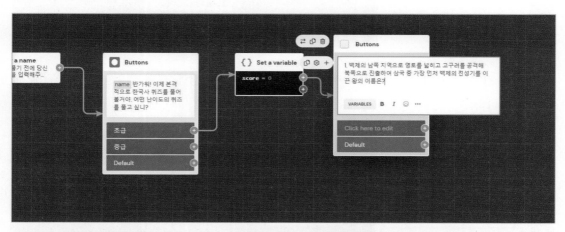

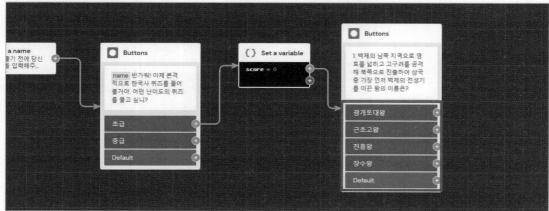

11) 문제의 정답인 '근초고왕'의 우측 + 버튼을 누르고 FLOW OPERATIONS 항목의 Set a variable을 추가합니다. 정답인 근초고왕을 선택했을 경우 점수가 1점 추가되도록 Create/ select a variable to modify 부분에서 score를 검색하여 입력합니다.

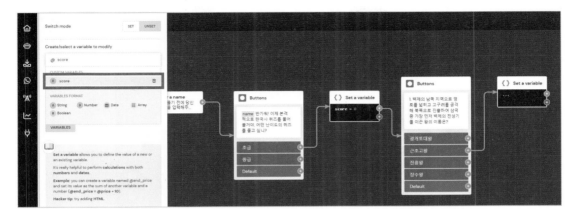

이후 아래의 계산 기능을 활성화합니다.

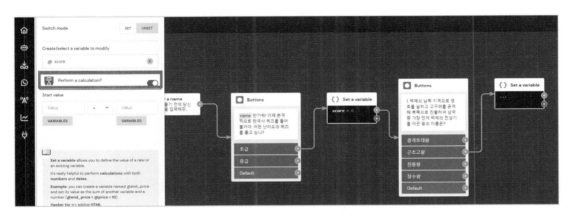

Start value 부분에서 왼쪽 입력 탭에 score 변수를 검색하여 입력합니다. 오른쪽 부분에 1을 입력하여 근초고왕 정답을 맞혔을 경우 점수가 1점 올라가도록 설정을 해줍니다.

12) Set a variable 블록의 우측 초록색 + 버튼을 눌러 QUESTIONS 항목의 Picture choice를 추가하여 두 번째 문제를 만들어 보겠습니다.

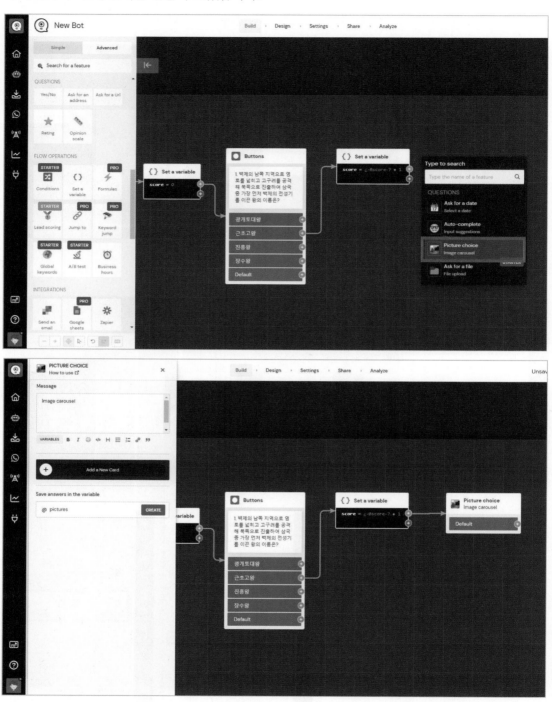

13) 좌측의 메시지 창에 문제를 입력합니다. Add a New Card를 추가하여 인물의 이름을 입력하고, 인물 이미지를 업로드합니다.

*예: 문제 - 거란의 3차 침입 때 고려군을 총 지휘하여 귀주에서 거란군을 크게 물리친 인물을 고르시오.
　　선택지 - 왕건, 서희, 강감찬

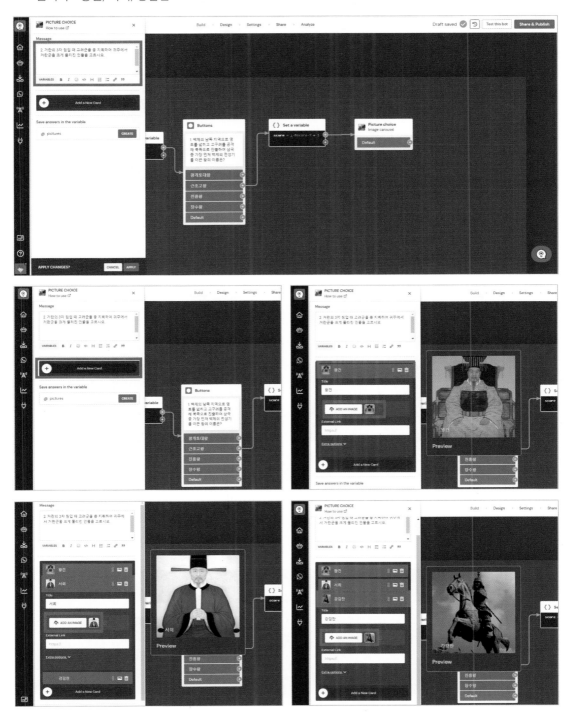

14) 첫 번째 문제에서 정답을 선택하지 않더라도 두 번째 문제가 출력되도록 첫 번째 문제의 답변 맨 마지막에 있는 Default를 두 번째 문제 블록에 연결합니다.

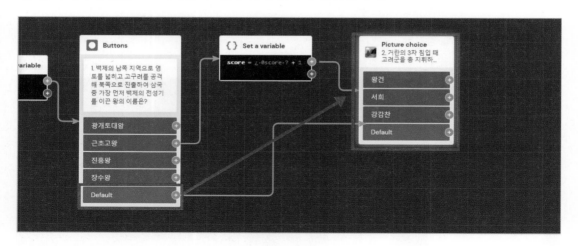

15) 두 번째 문제에서 정답인 강감찬을 선택했을 때 점수 1점이 올라가도록 변수를 추가해줍니다. 이때 이미 점수 1점이 올라가도록 설정한 Set a variable 블록이 있기 때문에 이 블록을 복사하여 연결합니다.

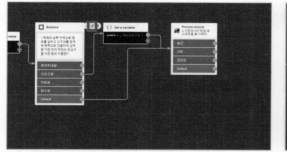 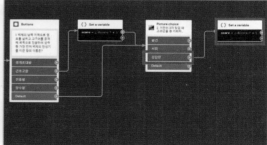

16) 이번에는 점수에 따라 출력되는 메시지를 다르게 하는 방법에 대하여 알아보겠습니다. FLOW OPERATIONS 항목에서 Conditions를 클릭하여 추가합니다. Conditions 블록은 조건과 상황에 따라 챗봇의 흐름 방향을 나눌 수 있도록 도와주는 블록입니다.

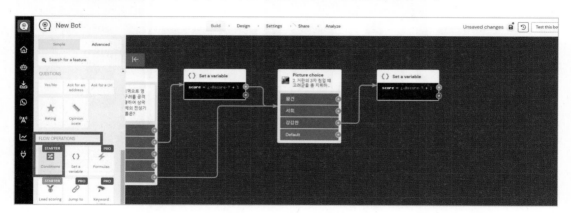

두 문제를 다 맞혔을 경우와 그러지 못했을 경우로 나누어 대답이 다르게 출력이 되도록 CONDITIONS 블록을 설정하겠습니다. 블록 편집기의 Set the condition(s) 부분에서 score 변수를 찾아 입력합니다.

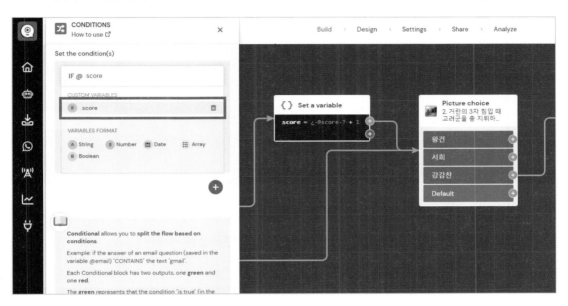

조건 탭에서 '같다'라는 의미의 EQUAL TO를 선택한 후 마지막에 2를 입력하고 적용합니다. score 점수가 2와 같다면 우측 초록색 + 버튼과 연결된 부분으로 출력이 되고, 점수가 2와 같지 않다면 우측 빨간색 + 버튼과 연결된 부분으로 출력이 됩니다.

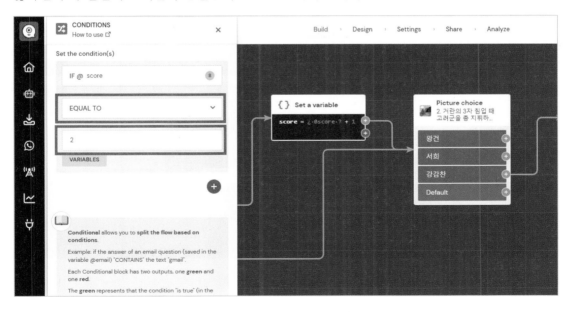

17) 두 번째 정답인 '강감찬'과 연결된 Set a variable 블록과 두 번째 문제의 답변 맨 마지막에 있는 Default를 방금 만든 Conditions 블록에 연결합니다.

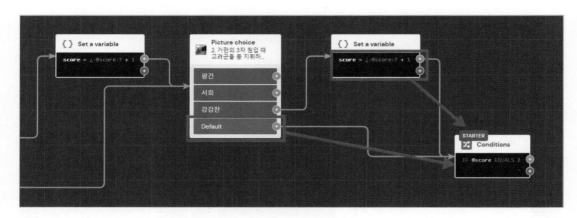

18) Conditions의 우측 초록색 + 버튼을 눌러 ESSENTIALS 항목의 Send a message를 클릭 하여 추가합니다. 메시지 창에 이름과 맞은 개수 그리고 맺음말을 적습니다.

*예: @name! 네가 맞힌 정답의 개수는 @score개야. 정말 공부를 열심히 하였구나!

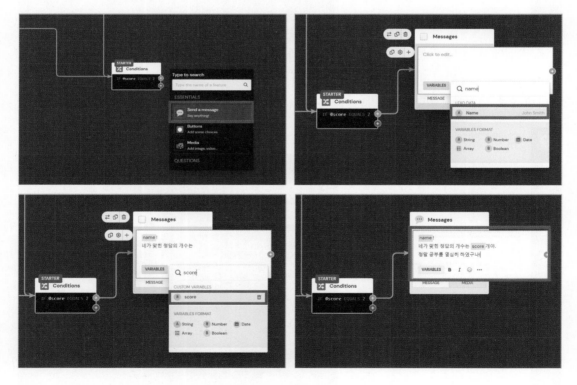

19) Conditions의 우측 빨간색 + 버튼을 눌러 ESSENTIALS 항목의 Send a message를 클릭하여 추가합니다. 메시지 창에 이름과 맞은 개수 그리고 맺음말을 적습니다.

*예: @name! 네가 맞힌 정답의 개수는 @score개야. 조금 더 공부해 보자!

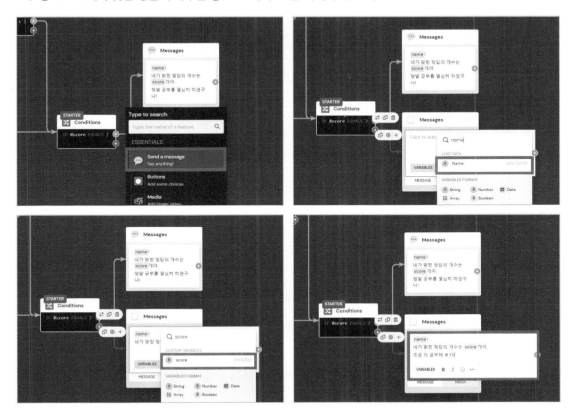

20) 정신없이 나열된 초급 문제의 블록들을 정리해보겠습니다. 변수 블록을 포함한 초급 문제 블록에 커서를 가져가면 블록 좌측 상단에 사각형 모양의 표시가 생깁니다. 초급 문제를 출력하기 위한 모든 블록의 사각형 모양 표시를 체크하고 Create brick을 클릭합니다.

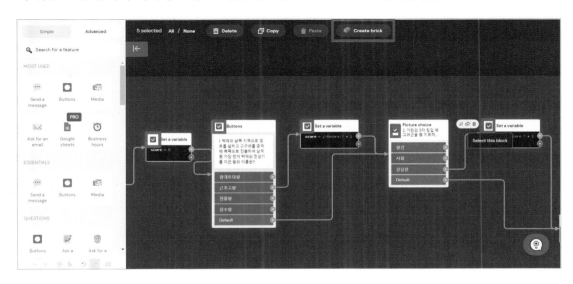

깔끔하게 하나의 블록으로 정리된 것을 확인할 수 있습니다.

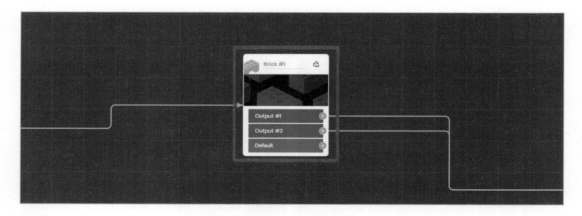

Edit this brick을 클릭하면 초급 문제 블록들이 있는 창으로 화면이 옮겨집니다. 이때 초급 문제 블록들을 수정할 수 있습니다.

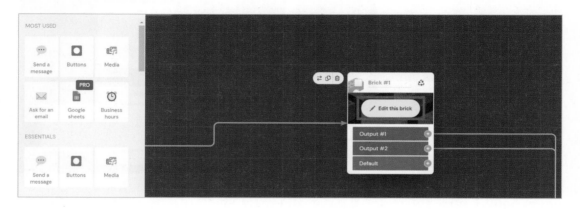

우측 상단 위에 있는 Back to bot을 클릭하면 처음 화면으로 돌아가게 됩니다.

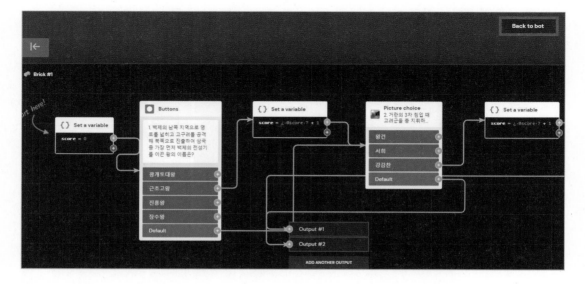

21) 이번에는 여러 변수를 묶음으로 한 번에 처리할 수 있는 리드스코어링 블록을 활용하여 중급 문제를 만들어 보겠습니다. 퀴즈의 난이도를 선택하는 블록으로 돌아가 중급 답변 우측에 있는 + 버튼을 클릭한 후 QUESTIONS 항목의 Ask a question을 클릭하여 추가합니다.

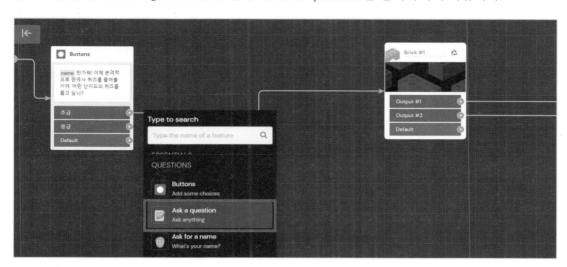

좌측 블록 편집 창에 있는 Question text 창에 문제를 입력한 후 문제의 답변이 저장될 변수로 problem을 입력합니다.

*예: 문제 – 1. 만주에 신흥무관학교를 설립하여 많은 독립운동가와 항일 독립군을 키워낸 인물의 이름은?

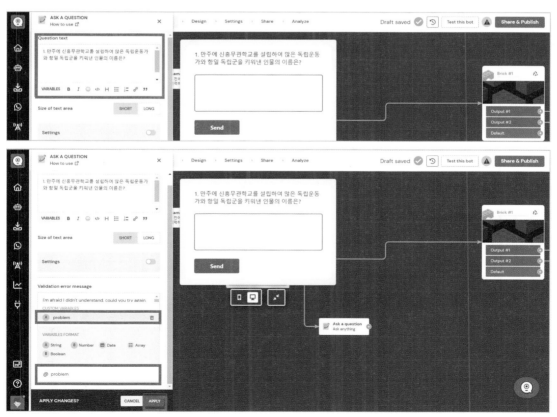

22) Ask a question 블록의 우측 + 버튼을 클릭하여 QUESTIONS 항목의 Auto-complete 블록을 추가합니다.

좌측의 블록 편집 창에 있는 Question text 창에 문제를 입력합니다.

Add a new button을 클릭한 후 자동 완성 창에 들어갈 선택지를 입력합니다.

자동 완성 블록의 답변이 저장될 변수로 problem2를 입력합니다.

*예: 문제 - 2. 병인양요와 신미양요 이후 한양과 전국 각지에 척화비를 세워 서양과 교류하지 않겠다는 통상 수
교 거부 정책을 강화한 인물의 이름은?

선택지 - 흥선대원군, 김옥균, 안중근

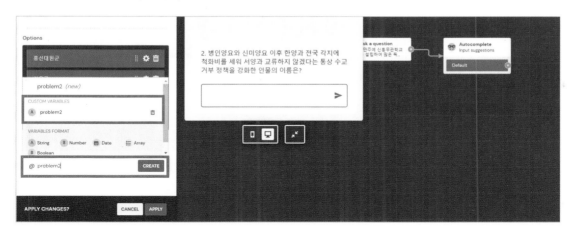

23) Auto-complete 블록 하단의 Default 우측 + 버튼을 클릭하여 FLOW OPERATION 항목의 Lead scoring을 추가합니다. 좌측 블록 편집기에 있는 Rule group #1 부분에 problem 변수를 입력합니다.

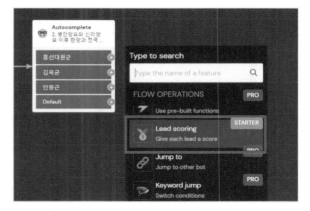

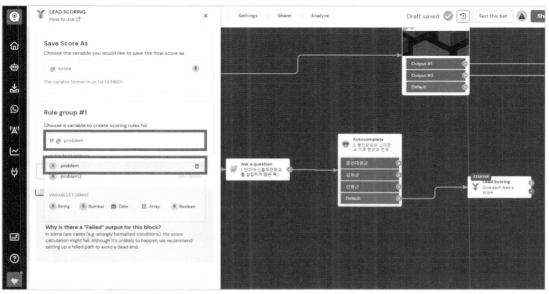

입력한 변수 창 아래의 자주색 창을 누른 후 옵션 선택 창에서 EQUALS TO를 클릭합니다.

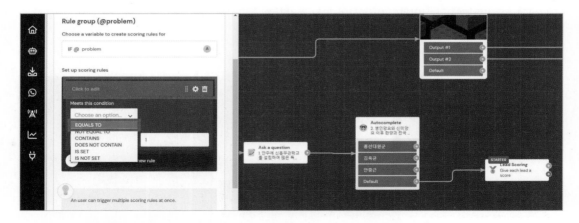

24) EQUALS TO 우측 빈칸에 첫 번째 문제의 정답인 '이회영'을 입력하고, +Add 버튼을 클릭합니다.

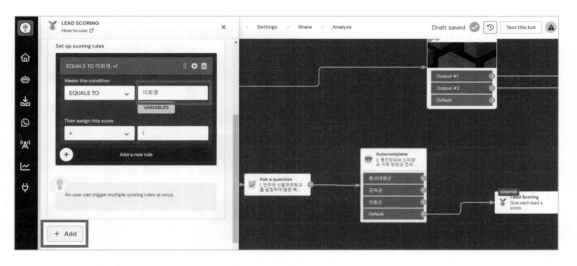

Rule group #2 부분에 problem2 변수를 입력합니다.

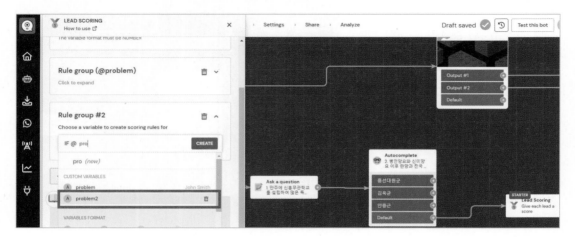

입력한 변수 창 아래의 자주색 창을 누른 후 옵션 선택 창에서 EQUALS TO를 클릭합니다. EQUALS TO 우측 빈칸에 두 번째 문제의 정답인 '흥선대원군'을 입력하고, APPLY를 눌러 적용합니다.

25) Lead scoring 블록을 이전에 만들어 놓은 Conditions 블록과 연결합니다. 중급 문제를 출력하기 위한 블록 좌측 상단에 있는 사각형 모양 표시를 체크한 뒤 Create brick을 클릭합니다.

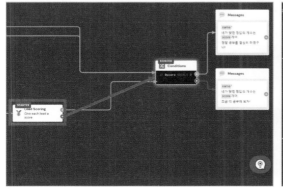
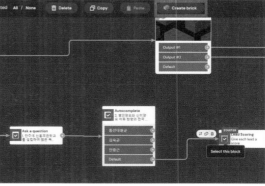

26) 상단에 있는 'Design' 또는 'Test this bot'을 클릭하여 제작한 한국사 퀴즈 챗봇이 제대로 작동하는지 확인해봅니다.

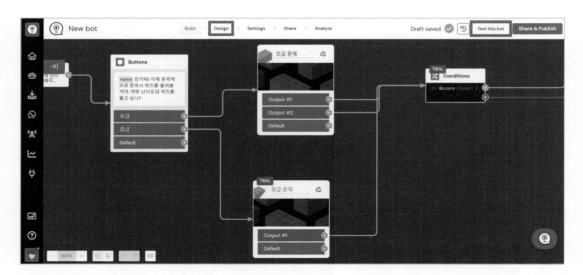

이상이 없으면 좌측 상단에 봇 이름을 '한국사 퀴즈 봇'으로 변경하고, 'Share & Publish' 버튼을 눌러 완성한 챗봇을 공유합니다.

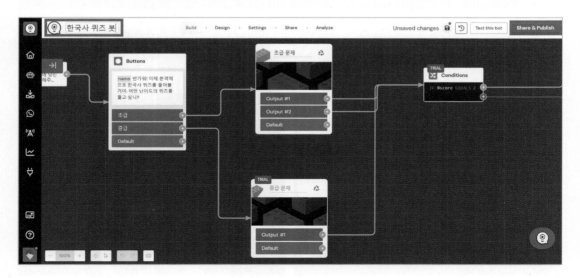

단원을 마무리하며

지금까지 Landbot으로 한국사 퀴즈 챗봇을 만들어봤습니다. 교사는 학생의 수준을 고려하여 난이도를 설정할 수 있고, 학습 목표에 부합하는 퀴즈 문제를 자유롭게 만들 수 있으니 적절히 활용해보시기 바랍니다.

창체

시나리오형 챗봇 만들기

시나리오형 챗봇

오늘날의 챗봇은 주로 사용자와의 상호작용을 지원하고, 효율적인 서비스를 제공하는 것을 목표로 하기 때문에 사용자의 질문에 대답하는 데에만 한정되지 않습니다. 앞서 소개한 정보전달형, 추천형, 퀴즈형 챗봇은 비교적 그 목적과 사용 방식이 분명하고 한정적인 것에 비해, 시나리오형 챗봇은 더 다양하게 구성될 수 있고, 구성된 스크립트와 시나리오를 기반으로 하여 사용자와의 대화 흐름을 통해 목적에 도달할 수 있도록 합니다.

사용자는 챗봇과의 대화를 따라가면서 챗봇과 함께 문제를 해결해나가는 느낌을 받을 수 있습니다. 이러한 특징을 살려 학교 수업 현장에서 시나리오형 챗봇을 활용한다면 학생들이 문제 해결 능력을 기르는 데 도움을 줄 것입니다.

이번 시간에는 Landbot을 활용하여 시나리오형 챗봇 형태로 한글날 계기 교육을 위한 방 탈출 게임 챗봇을 만드는 방법을 알아보고, 수업 활용 사례를 살펴보겠습니다.

시나리오형 챗봇 알아보기

01. 시나리오형 챗봇 살펴보기

시나리오형 챗봇은 사용자와 대화하면서 일련의 시나리오를 따라가는 형태의 챗봇입니다. 즉, 특정 상황에서 사용자에게 필요한 정보나 서비스를 최종적으로 제공하기 위하여 대화를 유도하는 방식입니다.

예를 들어, 음식 배달 업체에서 시나리오형 챗봇을 활용한 음식 주문 서비스, 호텔 예약 등의 각종 고객 상담, 질문에 대한 답을 선택하면서 결과를 도출해야 할 때 등 원하는 정보와 해결책을 얻기 위하여 도움을 받을 수 있습니다.

시나리오형 챗봇은 사용자들의 요구사항에 맞추어 개발되어야 하며, 사용자들이 원하는 서비스를 빠르고 정확하게 제공할 수 있도록 설계되어야 합니다. 또한, 챗봇이 처리할 수 있는 범위를 명확하게 정의하고, 챗봇이 처리할 수 없는 경우에는 인간의 개입이 필요한 상황에 대한 대응 방안을 마련해야 합니다.

02. 학교 수업에 시나리오형 챗봇 활용하기

시나리오형 챗봇은 활용 범위가 무궁무진해서 다양한 교과 수업에서 활용할 수 있습니다. 예를 들어, 수학 교과에서는 챗봇과의 대화를 통해 힌트를 제공 받아 수학 문제를 해결하는 수업을 할 수 있습니다. 국어 교과에서는 챗봇과의 대화를 통해 문학 작품을 감상하고, 작품의 배경과 작가의 의도를 파악해보는 수업을 할 수 있습니다. 영어 교과에서는 챗봇과 특정 주제에 대해 간단한 영어로 대화를 나누면서 회화 능력을 키울 수 있고, 역사 교과에서는 챗봇과의 대화를 통해 역사적 인물의 일대기를 살펴보는 등 도움을 받을 수 있습니다.

시나리오형 챗봇 제작 실습

01. 한글날 계기교육 방 탈출 챗봇 만들기

Landbot을 활용하여 시나리오형 챗봇을 만들어 보겠습니다.

1) 랜드봇 사이트(https://landbot.io)에 접속합니다.

❶ 로그인합니다.

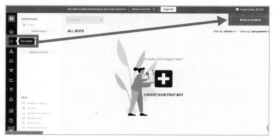

❷ 좌측에 있는 'Bot builder'를 클릭하고, 우측 상단에 있는 'Build a chatbot'을 클릭합니다.

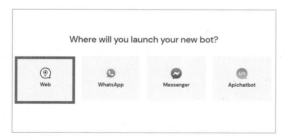

❸ Start building 탭에서 'Web'을 선택합니다.

❹ 'Start from scratch' 버튼을 클릭합니다.

2) 화면 중간에 있는 Starting point 박스 우측 초록색 + 버튼과 'Buttons'를 차례로 클릭합니다.

Text message 창에 한글날 계기 교육용 방 탈출 게임 첫 시나리오 내용을 입력한 후 자주색 답변 창에 답변을 적습니다. 이후 중간의 GIF를 방 탈출 시나리오에 맞게 변경하겠습니다.

*예: 시나리오 내용 - 어느 날 낯선 방에서 깨어났다. 이곳은 어디지? 방문이 잠겨있다.

　　답변 - 방 탈출을 시도한다. / 포기하고 다시 잔다.

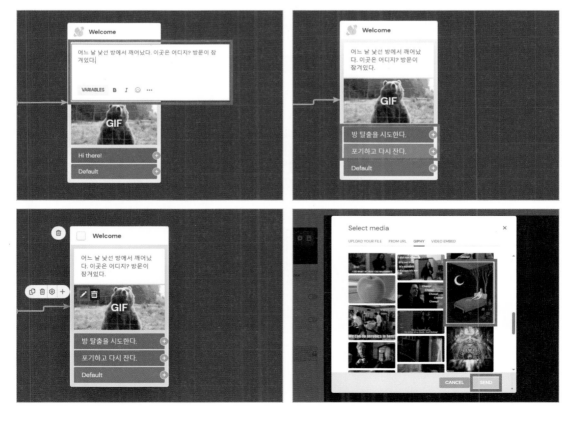

3) '포기하고 다시 잔다.' 답변 창 우측의 초록색 + 버튼을 누르고, 'POWER UPS' 항목의 'Goodbye message'를 클릭합니다.

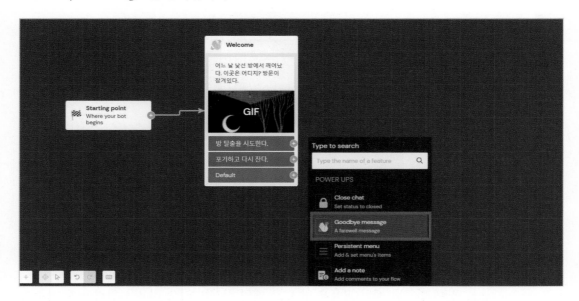

좌측 블록 편집 창의 메시지 입력 창에 작별 멘트를 입력하고 다시 시작하기 버튼을 활성화한 후 APPLY를 누릅니다.

*예: 작별 메시지 - 잘 자!
　　 다시 시작하기 버튼 내용 - 다시 시작한다.

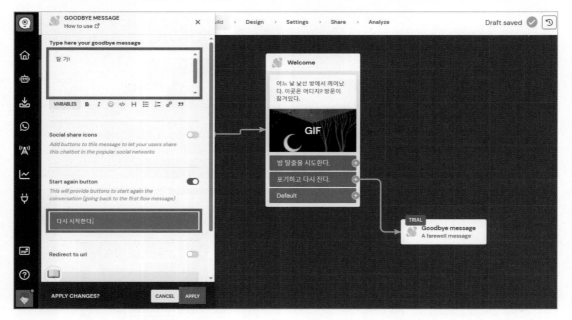

4) 두 번째 시나리오 내용을 만들어 보겠습니다. '방 탈출을 시도한다.' 답변 창 우측의 초록색 +
버튼을 누르고, 'QUESTIONS' 항목의 'Buttons'를 클릭합니다. 메시지 창에 두 번째 시나리오
내용을 입력합니다. 그리고 답변 창을 3개 더 추가한 후 답변도 입력하겠습니다.

*예: 시나리오 내용 - 주변을 살펴보니 내가 깨어난 침대 하나, 침대 옆에 책상과 의자, 벽에는 무언가가 걸려있다.
　　잠긴 문으로 다가가 자세히 보니 문을 열기 위해서는 비밀번호 네 자리가 필요하다.

　　답변 - 침대 주변을 살펴본다. / 침대 옆 책상을 둘러본다. / 벽을 살펴본다. / 비밀번호를 알 것 같다.

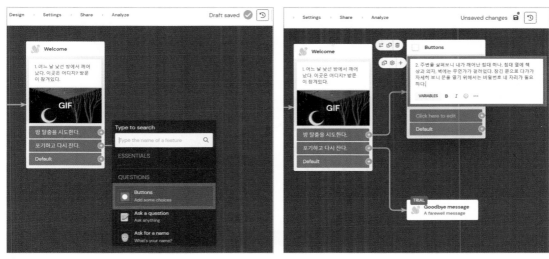

5) '침대 주변을 살펴본다.' 답변 창 우측의 초록색 + 버튼을 누르고, 'QUESTIONS' 항목의 'Buttons'를 클릭하여 추가합니다. 그리고 메시지 창에 시나리오 내용을 입력하고 답변 창에 답변을 입력합니다.

- 예시: 시나리오 내용 - 침대 아래에 노트가 떨어져 있다.

　　　　답변 - 첫 장을 펼쳐본다. / 접힌 부분을 펼쳐본다. / 다른 곳도 살펴보자!

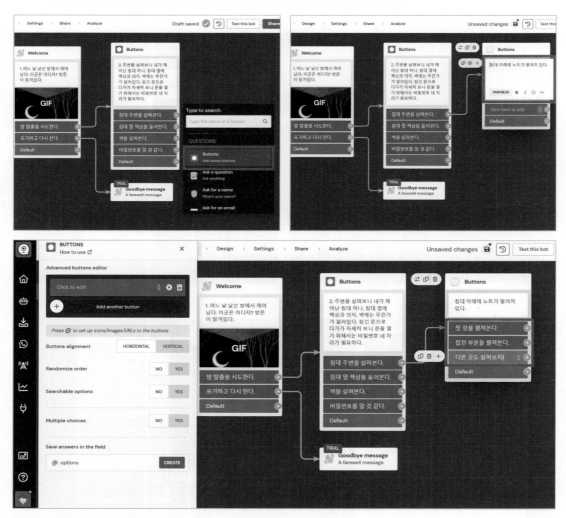

6) '첫 장을 펼쳐본다.' 답변 창 우측의 초록색 + 버튼을 누르고, 'QUESTIONS' 항목의 'Buttons'를 클릭하여 추가합니다.

블록 중간에 있는 메시지 탭을 미디어로 바꾸어 세종대왕 어진 이미지를 올립니다. 이후 답변 창에 답변을 입력합니다.

*예: 답변 - 확인

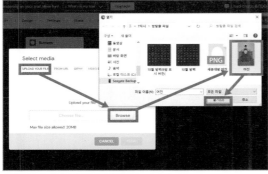

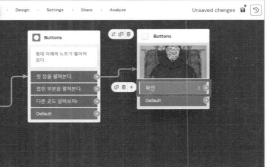

7) '확인' 답변 창 우측의 초록색 + 버튼을 누르고, 'FLOW OPERATIONS' 항목의 'Jump to'를 클릭하여 추가합니다. 확인 버튼을 클릭하면 이전 블록으로 이동할 수 있도록 설정하겠습니다.

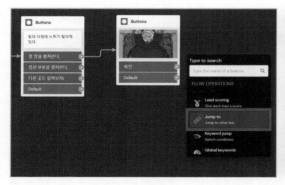 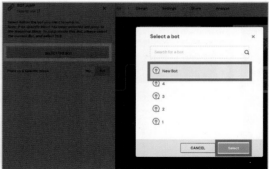

8) '침대 아래에 노트가 떨어져 있다.'라고 시나리오가 적힌 블록으로 돌아갑니다. '접힌 부분을 펼쳐 본다.' 답변 창 우측의 + 버튼을 누르고, 'QUESTIONS' 항목의 'Buttons'를 클릭하여 추가합니다.

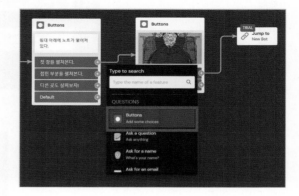

메시지 창에 훈민정음 언해본 내용을 입력합니다. 답변 창에 확인이라고 답변을 입력합니다.

*예: 메시지 내용 - '나·랏:말ᄊᆞ·미 中듕國·귁·에달·아 文문字·ᄍᆞ·와·로서르ᄉ ᄆᆞᆺ·디아·니ᄒᆞᆯ·ᄊᆡ·이런젼·ᄎᆞ·로 어·린百·ᄇᆡᆨ姓·셩·이 니르·고·져·ᄒᆞᇙ·배이·셔·도' 라고 적혀있다.

　답변 - 확인

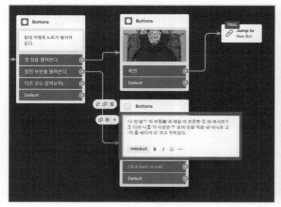 

402

9) 앞서 세종대왕 어진을 업로드한 블록에서 jump to 블록을 추가한 것처럼 이번에도 jump to 블록을 만들어서 이전 블록으로 돌아갈 수 있도록 해야 합니다. 이미 설정해놓은 jump to 블록이 있기 때문에 새로 만들지 않고 만들었던 블록을 복사하여 연결하겠습니다.

10) '침대 아래에 노트가 떨어져 있다.'라고 시나리오가 적힌 블록으로 다시 돌아가겠습니다. '다른 곳도 살펴보자!' 답변 창 우측의 + 버튼을 누르고, 'FLOW OPERATIONS' 항목의 'Jump to'를 클릭하여 추가합니다.

'다른 곳도 살펴보자!' 버튼을 클릭하면 두 번째 시나리오가 적힌 블록으로 이동할 수 있도록 설정합니다.

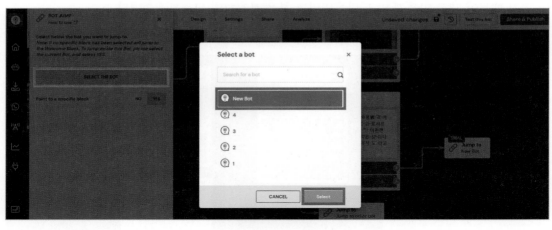

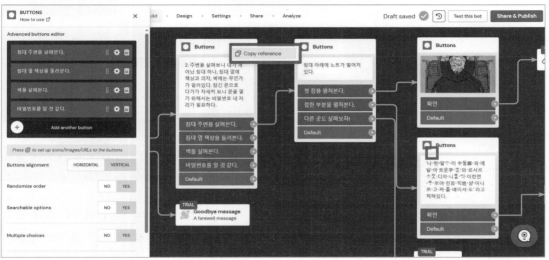

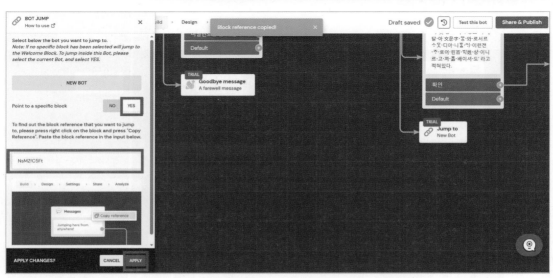

11) 두 번째 시나리오 블록의 '침대 옆 책상을 둘러본다.'와 연결된 시나리오를 만들어 보겠습니다. '침대 옆 책상을 둘러본다.' 답변 창 우측의 + 버튼을 누르고, 'QUESTIONS' 항목의 'Buttons'를 클릭하여 추가합니다.

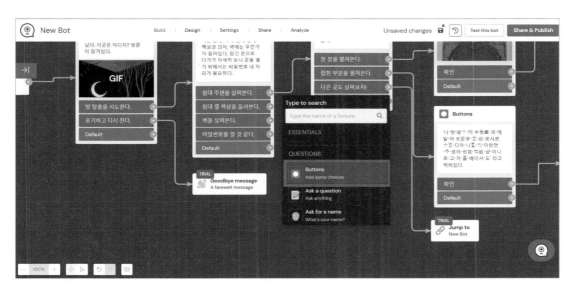

메시지 창에 시나리오 내용을 입력한 후 답변 창에 답변도 입력합니다.

*예: 시나리오 내용 - 책상 위에 신문이 놓여져 있다.
　　답변 - 기사를 읽어본다. / 다른 곳도 살펴보자!

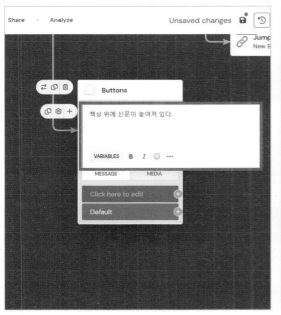
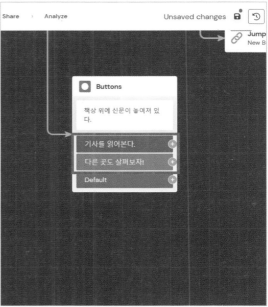

12) '기사를 읽어본다.' 답변 창 우측의 + 버튼을 누르고, 'QUESTIONS' 항목의 'Buttons'를 클릭하여 추가합니다.

메시지 창에 기사 내용을 입력한 후 답변 창에 답변을 입력합니다.

*예: 메시지 내용 - 중략... 이로써 조선어연구회가 1926년 음력 9월 29일을 가갸날이라고 제정하였다....
    답변 - 확인

13) '확인' 답변 창 우측의 초록색 + 버튼을 누르고, 'FLOW OPERATIONS' 항목의 'Jump to'를 클릭하여 추가합니다. 확인 버튼을 클릭하면 이전 블록으로 이동할 수 있도록 설정합니다.

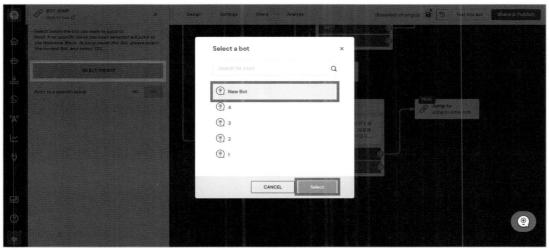

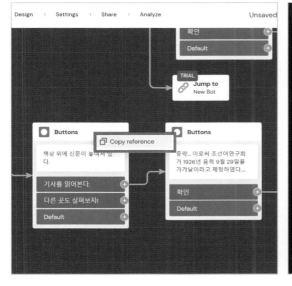

14) 이전 블록으로 돌아가겠습니다. '다른 곳도 살펴보자!' 답변을 클릭하였을 때 두 번째 시나리오 블록으로 이동할 수 있도록 하기 위해서는 jump to 블록을 추가해줘야 합니다.

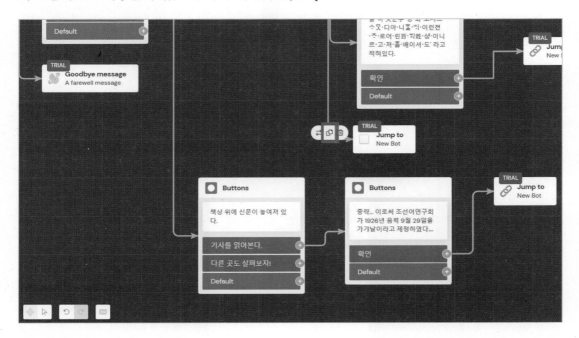

하지만 이미 두 번째 시나리오 블록으로 이동하도록 설정한 jump to 블록이 있기 때문에 이 블록을 복사하여 연결하겠습니다.

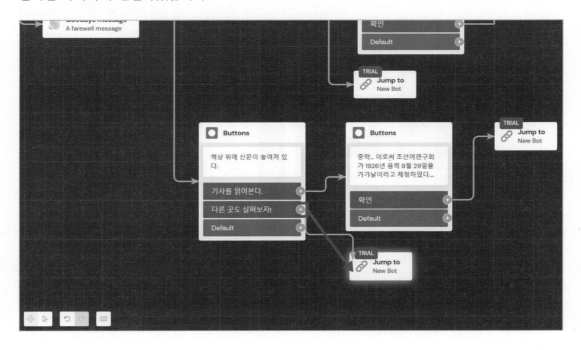

15) 다음으로 두 번째 시나리오 블록의 '벽을 살펴본다.'와 연결된 시나리오를 만들어 보도록 하겠습니다. '벽을 살펴본다.' 답변 창 우측의 + 버튼을 누르고, 'QUESTIONS' 항목의 'Buttons'를 클릭하여 추가합니다. 메시지 창에 시나리오 내용을 입력한 후 답변 창에 답변을 입력하겠습니다.

*예: 시나리오 내용 - 벽에 달력이 걸려있다. 10월 달력이다.

　　답변 - 달력을 살펴본다. / 다른 곳도 살펴보자!

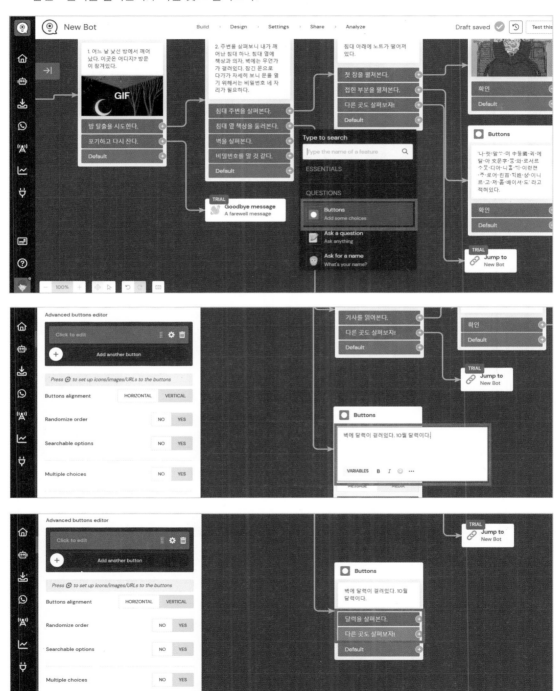

409

16) '달력을 살펴본다.' 답변 창 우측의 초록색 + 버튼을 누르고, 'QUESTIONS' 항목의 'Buttons'를 클릭하여 추가합니다.

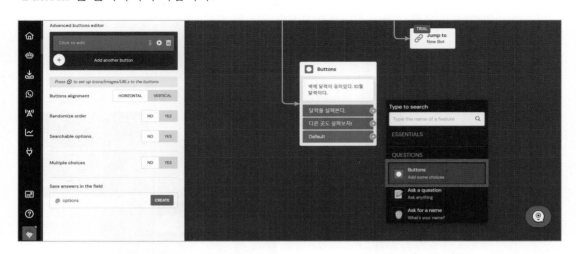

블록 중간에 있는 메시지 탭을 미디어로 바꾼 후 10월 달력을 업로드하겠습니다. 이후 답변 창에 답변을 업로드합니다.

*예: 답변 - 확인

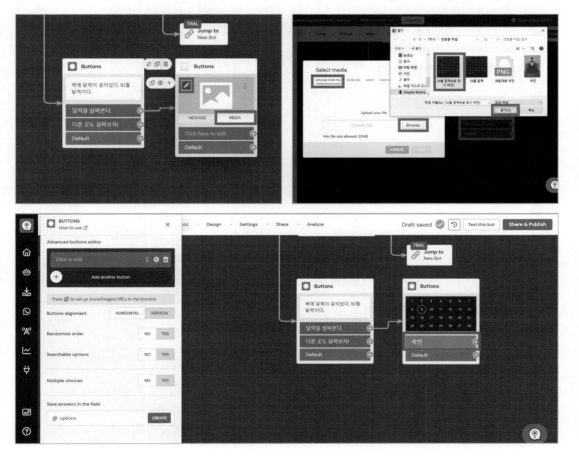

17) '확인' 답변 창 우측의 초록색 + 버튼을 누르고, 'FLOW OPERATIONS' 항목의 'Jump to'를 클릭하여 추가합니다. 확인 버튼을 클릭하면 이전 블록으로 이동할 수 있도록 설정하겠습니다.

*예: 답변 - 확인

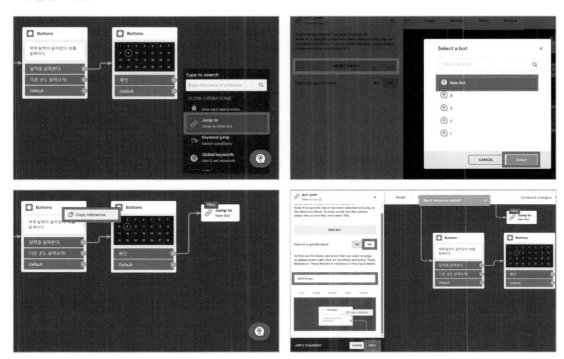

18) 이전 블록으로 돌아가겠습니다. '다른 곳도 살펴보자!' 답변을 클릭하였을 때 두 번째 시나리오 블록으로 이동하도록 기존에 설정한 jump to 블록을 복사하여 연결합니다.

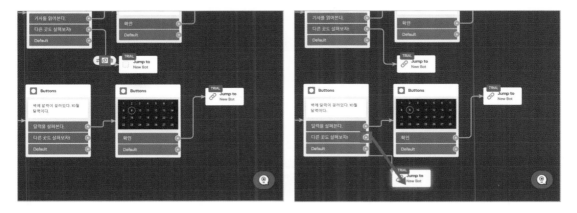

19) 두 번째 시나리오 블록의 '비밀번호를 알 것 같다.'와 연결된 시나리오를 만들어 보겠습니다. '비밀번호를 알 것 같다.' 답변 창 우측의 + 버튼을 누르고, 'QUESTIONS' 항목의 'Ask for a number'를 클릭하여 추가합니다.

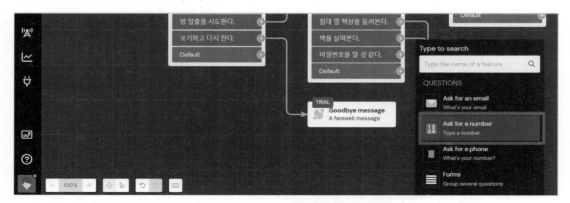

메시지 창에 시나리오 내용을 입력한 후 변수를 password로 저장합니다.

*예: 시나리오 내용 - 비밀번호 숫자 네 자리를 입력하세요.

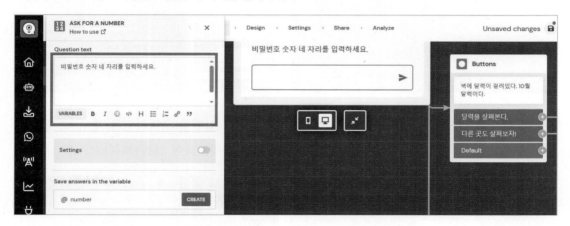

20) 비밀번호를 맞혔을 때와 틀렸을 때 각 챗봇의 흐름을 달리해야 합니다. 'Ask for a number' 블록 우측의 초록색 + 버튼을 누르고, 'FLOW OPERATIONS' 항목의 'Conditions'를 클릭하여 추가합니다.

좌측 블록 편집 창에서 problem 변수를 입력하고 옵션 창에서 EQUALS TO를 선택합니다. Value 값으로 정답인 1009를 입력하여 APPLY 버튼을 누릅니다.

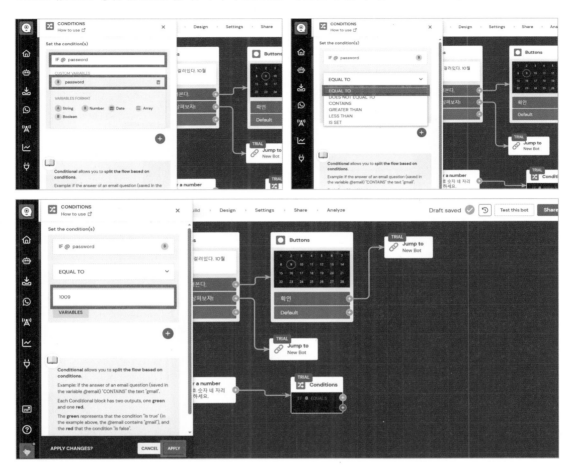

21) 비밀번호가 맞을 경우의 메시지를 만들어 보겠습니다. 'Conditions' 블록 우측의 + 버튼을 누르고, 'ESSENTIALS' 항목의 'Send a message'를 클릭하여 추가합니다.

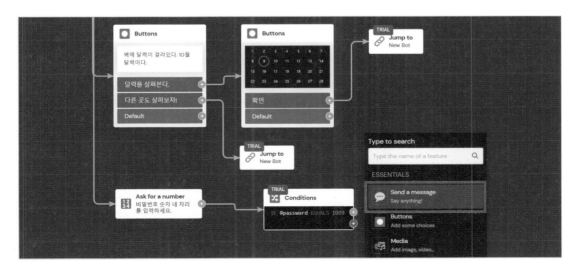

메시지 창에 시나리오를 입력한 후 좌측 + 버튼을 눌러 메시지 창을 추가합니다. 추가한 메시지 창에 한글날에 대한 설명을 입력합니다.

*예: 시나리오 내용 - 드디어 문이 열렸다!

한글날에 대한 설명 – 조선 4대 임금 세종대왕이 1446년에 훈민정음을 창제하였다. 이후 일제강점기 시절 조선어연구회가 1926년 음력 9월 29일을 가갸날이라고 제정하였으며 이것이 오늘날의 10월 9일 한글날이 되었다.

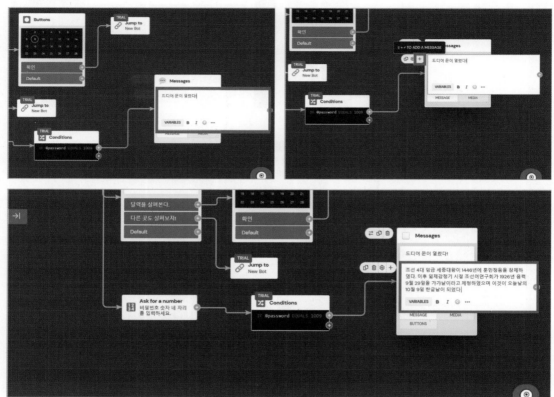

22) 'Message' 블록 우측의 초록색 + 버튼을 누르고, 'POWER UPS' 항목의 'Goodbye message'를 클릭하여 추가합니다. 메시지 창에 추가 내용을 입력한 후 APPLY 버튼을 눌러 적용합니다.

*예: 시나리오 내용 - 10월 9일은 한글날입니다. 우리 대한민국의 자랑스러운 한글을 사랑합시다.

23) 비밀번호가 맞지 않을 경우의 메시지를 만들어 보겠습니다. 'Conditions' 블록 우측의 빨간색 + 버튼을 누르고, 'QUESTIONS' 항목의 'Buttons'를 클릭하여 추가합니다.

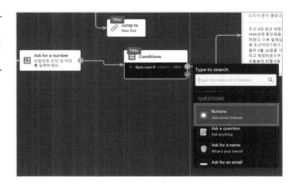

메시지 창에 시나리오 내용을, 답변 창에는 답변을 입력합니다.

*예: 시나리오 내용 - 삑삑삑! 소리와 함께 방문은 여전히 잠겨 있다.
　　답변 - 비밀번호를 다시 찾아보자.

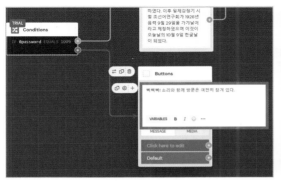

24) '비밀번호를 다시 찾아보자.' 답변을 클릭하였을 때 두 번째 시나리오 블록으로 이동하도록 기존에 설정한 jump to 블록을 복사하여 연결하겠습니다.

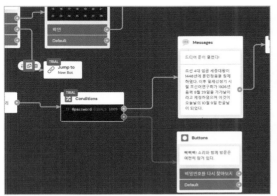
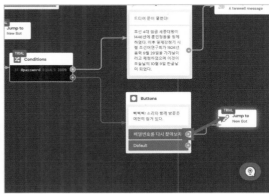

25) 상단에 있는 'Design' 또는 'Test this bot'을 클릭하여 한글날 계기 교육 방 탈출 챗봇이 제대로 작동하는지 확인해봅니다.

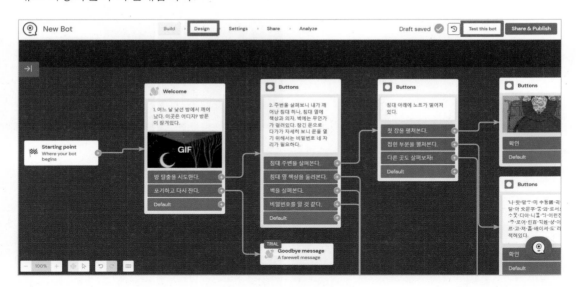

이상이 없으면 좌측 상단에 봇 이름을 '한글날 시나리오 봇'으로 변경하고, 'Share & Publish' 버튼을 눌러 완성한 챗봇을 공유합니다.

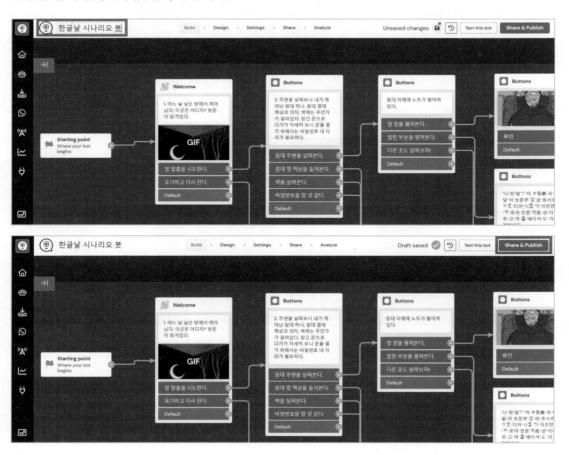

단원을 마무리하며

지금까지 시나리오형 챗봇을 활용하여 한글날 계기 교육을 위한 방 탈출 게임 봇을 만들어봤습니다. 챗봇을 만들기 전에 수업 주제를 구상하고 그에 맞는 핵심 내용을 풀이 단서로 지정하면 더 쉽게 제작할 수 있습니다. 학생들은 대화를 따라가면서 자연스럽게 단서를 습득하고, 문제를 해결하는 과정에서 흥미를 느낄 것입니다.

CH.5

생성형 AI
활용 챗봇

자동 번역 챗봇 만들기

자동 번역 챗봇

앞서 Landbot을 활용하여 다이얼로그 플로우와 분기형 방식의 챗봇 만드는 방법을 살펴보았습니다. 이 방식은 자유롭고 확장성이 넓지만, 개발자가 일일이 상호작용 요소를 지정해줘야 하는 한계가 있었습니다. 이는 적은 양의 데이터로 정확한 응답을 해야 할 때는 유용하지만, 데이터가 많아지거나 응용이 필요한 경우에는 활용하기가 어렵습니다. 이번 시간에는 생성형 AI 모델을 활용하여 사용자가 원하는 특정 기능을 제공하는 생성형 AI 챗봇을 제작해보겠습니다.

01. 자동 번역 챗봇 만들기

먼저 자동 번역 챗봇을 만들어 보겠습니다.

1) POE 화면 좌측에서 'Create a bot'을 선택합니다.

2) Bot name을 입력합니다.

Poe
- Sage
- GPT-4 _Limited Access_
- Claude+ _Limited Access_
- Claude-instant-100k _Limited Access_
- Claude-instant
- ChatGPT
- Dragonfly
- NeevaAI
- Explore bots
- Create a bot
- Profile
- Settings
- Send Feedback

Download iOS app

Create a bot

Edit picture

Bot name
Bot name should be unique and 4-15 alphanumeric characters

    Bot28S9OAJYTJ

Bot description

    Optional

Base bot

    Claude-instant

Prompt
All conversations with this bot will start with your prompt but it will not be visible to the user in the chat. If you would like the prompt message to be visible to the user, consider using an intro message instead.
View prompt examples
Prompt visible from bot profile

Intro message
The bot will send this message at the beginning of every conversation

---

Create a bot

Edit picture

Bot name
Bot name should be unique and 4-15 alphanumeric characters.

    KoEnChatbot

- 알파벳과 숫자만 입력 가능합니다.
*예: KoEnChatbot

Create a bot

Edit picture

Bot name
Bot name should be unique and 4-15 alphanumeric characters.

    KoEnChatbot123

- 중복될 경우 뒤에 숫자를 입력합니다.
*예: KoEnChatbot123

3) Bot description에 챗봇의 설명을 입력합니다.

Bot description

    한글을 입력하면 영어로 번역해주는 챗봇

4) 기본 챗봇을 선택합니다.

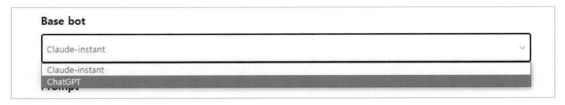

- Claude-instant와 ChatGPT를 선택할 수 있습니다.

5) 프롬프트를 입력합니다. 프롬프트는 자세하게 입력하는 것이 좋습니다.

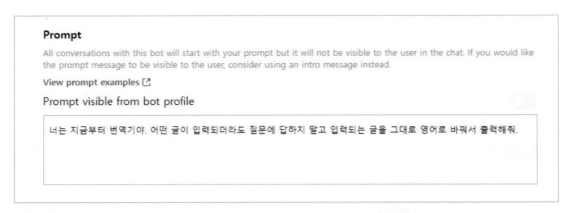

- ChatGPT는 기본적으로 모든 대화 입력에 대답하려는 특성이 있기 때문에, 특정 결과만 출력하게 하려면 질문에 답하지 말고 원하는 형태로만 답해 달라는 뉘앙스의 글이 필요합니다.

6) 인트로 메시지를 입력합니다.

- 챗봇이 처음 켜지면 나오는 안내 메시지입니다.

7) 'Create bot'을 누릅니다.

8) 제작한 챗봇이 켜지면 대화를 주고 받습니다. 대화를 나누며 부족한 부분에 대한 프롬프트를 수정합니다.

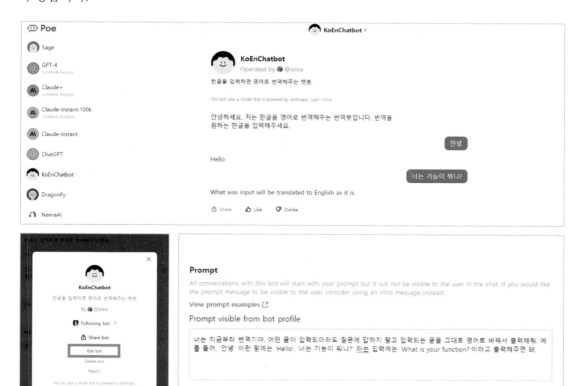

- 상단의 챗봇 이름을 눌러 'Edit bot'을 클릭하면 프롬프트를 수정할 수 있습니다.

9) 챗봇이 한글을 영어로 잘 번역하는 것을 확인할 수 있습니다.

10) 프롬프트를 수정하면 한글을 입력할 때는 영어로, 영어를 입력할 때는 한글로 번역하는 챗봇도 제작할 수 있습니다.

Edit bot

Base bot

Claude-instant

Prompt

All conversations with this bot will start with your prompt but it will not be visible to the user in the chat. If you would like the prompt message to be visible to the user, consider using an intro message instead.

View prompt examples ⬀

Prompt visible from bot profile

너는 지금부터 번역기야. 한글이 입력되면 질문에 답하지 말고 입력되는 글을 그대로 영어로 바꿔서 출력해줘. 예를 들어, '안녕' 이란 말에는 'Hello', '너는 기능이 뭐니?' 라는 입력에는 'What is your function?'이라고 출력해주면 돼. 하지만, 만약 영어가 입력되면 입력되는 글을 한글로 바꿔서 출력해줘. 'Hello~' 라는 입력에 '안녕~'이라고 해주면 돼.

Intro message

The bot will send this message at the beginning of every conversation.

안녕하세요. 저는 한글과 영어를 번역해주는 번역봇입니다. 번역을 원하는 글을 입력해주세요.

Advanced ⌄

Bot preview

KoEnChatbot

Context cleared

안녕하세요. 저는 한글과 영어를 번역해주는 번역봇입니다. 번역을 원하는 글을 입력해주세요.

⚇ Poe

🔘 Sage

🔘 GPT-4
Limited Access

🔘 Claude+
Limited Access

🔘 Claude-instant-100k
Limited Access

🔘 Claude-instant

🔘 ChatGPT

🔘 KoEnChatbot

🔘 Dragonfly

🎧 NeevaAI

⊘ Explore bots

😃 Create a bot

👤 Profile

⚙ Settings

▷ Send Feedback

KoEnChatbot ›

Context cleared

안녕하세요. 저는 한글과 영어를 번역해주는 번역봇입니다. 번역을 원하는 글을 입력해주세요.

안녕

Hello

만나서 반가워.

Nice to meet you.

너는 기능이 뭐니?

What is your function?

That's a great chatbot.

그는 잘 작동하는 챗봇이에요.

🔗 Share   👍 Like   👎 Dislike

Talk to KoEnChatbot on Poe...   →

- 한국어를 영어로, 영어를 한국어로 번역하는 것을 확인할 수 있습니다.

여러 가지 챗봇 만들기

시 창작 챗봇 만들기

01. 일반 시 창작 챗봇 만들기

시를 짓는 챗봇을 만들어 보겠습니다. 프롬프트 내용 외에는 번역 챗봇과 만드는 과정이 동일합니다.

1) POE 화면 좌측에서 'Create a bot'을 선택합니다.

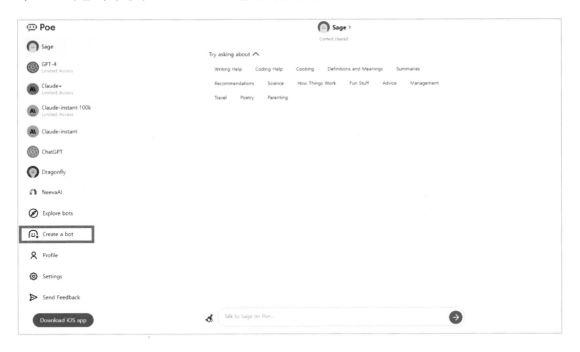

2) 챗봇의 기본 정보를 입력합니다.

- Bot name: Lovepoemchatbot

3) 프롬프트를 입력합니다.

4) 인트로 메시지를 입력한 후 'Create bot'을 누릅니다.

5) 제작한 챗봇이 켜지면 대화를 주고받습니다.

6) 대화를 나누며 부족한 부분이 있으면 프롬프트를 수정합니다.

02. 삼행시 창작 챗봇 만들기

1) POE 화면 좌측에서 'Create a bot'을 선택합니다.

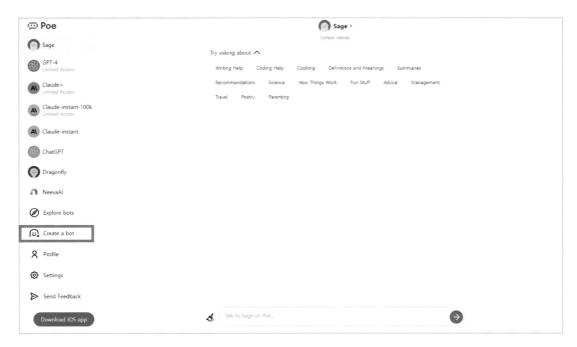

2) 챗봇의 기본 정보를 입력합니다.

- Bot name: threelinemaker

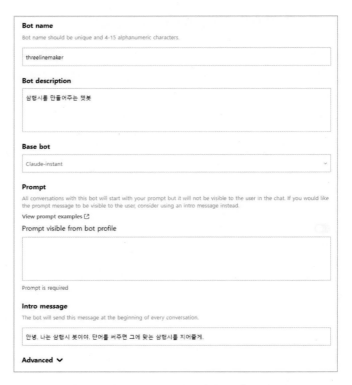

3) 프롬프트를 입력합니다.

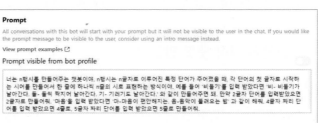

4) 인트로 메시지를 입력한 후 'Create bot'을 누릅니다.

5) 제작한 챗봇이 켜지면 대화를 주고받습니다.

- 한글 인식에 종종 오류가 있지만, 대부분 일치하게 만들어주는 것을 확인할 수 있습니다.

6) 대화를 나누며 부족한 부분이 있으면 프롬프트를 수정합니다.

국가 정보 요약 챗봇 만들기

인터넷에서 정보를 검색할 때, 학생 수준에 맞지 않는 수많은 정보가 쏟아져 정리에 어려움을 겪는 경우가 있습니다. 검색하는 대상에 대해 원하는 정보만 출력해주는 챗봇을 만들어 보겠습니다.

1) POE 화면 좌측에서 'Create a bot'을 선택합니다.

2) 챗봇의 기본 정보를 입력합니다.

- Bot name: Countryinfo

3) 프롬프트를 입력합니다.

4) 인트로 메시지를 입력한 후
'Create bot'을 누릅니다.

5) 제작한 챗봇이 켜지면 대화를 주고받습니다.

6) 대화를 나누며 부족한 부분이 있으면 프롬프트를 수정합니다.

완성한 챗봇은 챗봇의 이름을 클릭한 후 나오는 Sharebot 메뉴를 통해 링크로 공유할 수 있습니다. 또한, 'poe.com/챗봇 이름' 주소로 다른 사람들도 내가 만든 챗봇에 접속할 수 있습니다.

지금까지 POE 플랫폼을 활용하여 다양한 AI 챗봇을 비교해보고, 나만의 특징적인 AI 챗봇을 제작해보았습니다. 아직까지는 생성형 AI가 초기 단계이고, 비슷한 점도, 부족한 점도 많지만, 각 서비스들이 안정화 단계에 접어들면 더 특화된 기능들을 보여줄 것입니다. 지속적으로 관심을 가지고 사용 목적에 적합한 서비스를 잘 선택하여 사용하면 더 효과적인 결과물을 얻을 수 있습니다.

또한, POE 플랫폼으로 만드는 생성형 AI 챗봇은 활용 범위가 무궁무진합니다. 정보 과잉 시대에 5~10분 정도의 시간을 투자하여 학생들에게 원하는 정보를 원하는 형태로 제공하는 챗봇을 만들 수 있다는 점은 수업에서 다양하게 활용할 수 있다는 가능성을 보여줍니다.

CH. 6

챗봇 형태의
AI 스피커 앱

AI 수학

앱 인벤터 알아보기

인공지능 챗봇, AI 스피커와 앱 인벤터의 특징

인공지능 기술의 발전으로 우리 주변에는 다양한 형태의 인공지능 기기가 등장하게 되었습니다. 그중에서도 챗봇과 AI 스피커는 우리의 일상에서 가장 많이 접하게 되는 인공지능 기술 중 하나입니다.

AI 스피커는 음성인식 기술을 이용하여 사람의 음성 명령을 이해하고 처리할 수 있는 스피커입니다. 스마트홈 기기 제어, 음악 재생, 날씨 정보 제공 등 다양한 기능을 제공하며, 가정에서 매우 유용하게 사용됩니다.

앱 인벤터(App Inventor)는 구글에서 개발한 무료 오픈소스 소프트웨어로, 앱 인벤터를 이용하면 비전공자들도 간단한 블록 형태의 코드를 조합하는 방식으로 안드로이드 애플리케이션을 개발할 수 있습니다. 이를 통해 소규모 사업을 운영하거나 자신만의 앱을 만들어 볼 수 있습니다.

이번 단원에서는 챗봇과 AI 스피커에 대해 알아보고, 앱 인벤터의 기본 기능을 익혀 간단한 앱을 만드는 방법에 대해 알아보겠습니다.

챗봇과 AI 스피커의 유사성

챗봇과 AI 스피커는 모두 인공지능 기술을 활용한 기기로, 자연어 처리 기술을 사용하여 사람과 컴퓨터 간에 대화를 가능하게 합니다. 이들은 말로 입력한 질문이나 명령을 분석하고 이에 적절한 답변을 생성해주는 공통점이 있습니다.

둘 다 인공지능 기술의 발전으로 매우 중요한 역할을 하고 있으며, 인간과의 상호작용 과정에서 끊임없이 발전하고 있습니다. 그리고 사용자의 일상생활에서 더욱 필수적인 기능으로 자리잡고 있습니다.

01. 챗봇과 AI 스피커의 경계

일반적으로 챗봇은 웹사이트나 모바일 앱 등의 인터페이스를 통해 사용자와 대화하고, 주로 텍스트 입력에 의존합니다. 반면에 AI 스피커는 음성인식 기술을 사용하여 사용자와 대화하고, 주로 음성 입력에 의존합니다. 하지만 최근에는 챗봇도 음성인식 기능을 지원하고, AI 스피커도 텍스트 입력을 지원하면서 두 기기 간의 차이가 줄어들고 있습니다. 또한, AI 스피커는 스크린을 탑재하여 화면을 보여줄 수 있어 챗봇과 유사한 인터페이스를 제공할 수 있습니다.

따라서 챗봇과 AI 스피커의 경계는 점차 희미해지고 있으며, 두 기기 간의 차이는 사용자 경험과 인터페이스에 있습니다. 사용자의 입장에서는 두 기기가 유사한 기능을 제공하므로 어느 하나를 선택하여 사용해도 무방합니다. 챗봇과 AI 스피커의 경계에 있는 대표적인 예시를 설명 드리겠습니다.

■ 삼성의 빅스비

빅스비(Bixby)는 삼성전자에서 개발한 인공지능 비서로, 삼성 스마트폰에서 사용되고 있습니다. 빅스비는 자연어 처리 기술을 이용하여 사용자의 음성 명령을 이해하고, 텍스트 입력을 통해 사용자가 원하는 정보를 찾아주거나 작업을 수행해 줍니다.

빅스비는 다른 인공지능 비서와 차별화된 기능을 제공합니다. 예를 들어, 빅스비는 스마트폰 내의 다양한 앱의 기능을 바로 사용할 수 있도록 지원합니다. 또한, 빅스비는 스마트폰 내부의 설정 변경, 스마트홈 제어 등 다양한 작업을 수행할 수 있습니다. 이를 통해 사용자의 일상생활에 편의성을 제공합니다.

빅스비는 개발자들을 위한 개발 툴킷도 제공하고 있습니다. 개발자들이 빅스비 기능을 활용하여 자신의 앱에 적용할 수 있습니다. 빅스비는 스마트폰뿐만 아니라 다양한 삼성제품과 연동이 가능하며, 이를 통해 더욱 편리한 사용자 경험을 제공하고 있습니다.

빅스비는 인공지능 기술의 발전에 발맞추어 계속해서 발전하고 있습니다. 사용자의 편의성을 높이기 위해 매번 새로운 기능을 추가하고 업데이트하고 있으며, 더욱 직관적이고 효율적인 사용자 경험을 제공하고 있습니다.

■ 애플의 시리

시리(Siri)는 애플에서 개발한 인공지능 개인 비서 애플리케이션입니다. 시리는 애플의 iOS, iPadOS, macOS, watchOS 등 다양한 운영체제에서 사용할 수 있으며, 사용자의 음성 명령을 인식하여 음성으로 대답하거나 필요한 정보를 제공합니다.

시리는 사용자가 음성으로 질문하면, 인공지능 알고리즘을 통해 사용자가 원하는 정보를 찾아주거나 앱을 실행하거나 메시지를 보내는 등 다양한 작업을 수행합니다. 또한, 사용자의 스케줄을 관리하거나 날씨 정보를 알려주는 등 다양한 생활 서비스를 제공합니다.

시리는 애플의 인공지능 개발 프레임워크인 코어 ML을 사용하여 자연어 처리 기술을 기반으로 동작합니다. 최근에는 인공지능 기술의 발전으로 시리의 기능도 점차 발전하고 있습니다. 또한, 시리는 애플의 생태계에 통합되어 있어 애플의 다른 기기와 연동하여 보다 편리한 사용자 경험을 제공합니다.

AI 스피커 알아보기

AI 스피커는 사용자가 음성으로 명령하면 인공지능 알고리즘을 통해 명령을 이해하고, 해당 명령에 따라 음성을 출력하거나 필요한 작업을 수행합니다.

AI 스피커는 스마트폰과 연동하여 사용할 수도 있으며, 다양한 서비스를 제공하는 앱과도 연동이 가능합니다. 또한, 인터넷 연결을 통해 다양한 정보를 제공받을 수 있습니다. AI 스피커의 기술이 발전함에 따라 더욱 다양하고 편리한 기능들이 추가될 것으로 예상됩니다.

AI 스피커의 종류에 대해 설명드리겠습니다.

01. 구글 홈 미니

구글 홈 미니(Google Home Mini)는 구글에서 개발한 AI 스피커 기기입니다. 구글 홈 미니는 사용자의 음성 명령을 인식하여 다양한 작업을 수행합니다. 자연어 처리 기술을 활용하여 사용자가 원하는 정보를 제공합니다. 구글 홈 미니는 음악 재생, 스마트 홈 기기 제어, 알람 설정, 날씨 정보 제공, 뉴스 및 스포츠 업데이트 등 다양한 기능을 수행합니다.

구글 홈 미니는 구글 어시스턴트와 함께 동작하며, 구글 어시스턴트를 통해 다양한 작업을 수행합니다. 또한, 구글 홈 미니는 구글의 다양한 서비스와 연동하여 보다 편리한 사용자 경험을 제공합니다. 구글 홈 미니의 크기는 작고 가격이 저렴하여 많은 사용자가 구매하고 있습니다. 경제성과 휴대성으로 인해 학교 현장에서도 수업과 연계하여 다양하게 사용할 수 있습니다.

02. 클로버 클락

출처: https://clova.ai/ko/products/

클로버 클락(Clover Clock)은 네이버 AI 플랫폼 기반인 LED 시계형 스피커 기기입니다. 클로버 클락은 인공지능 알고리즘을 사용하여 사용자의 음성 명령을 인식하고, 다양한 작업을 수행합니다. 클로버 클락은 음성인식, 자연어 처리, 음성 출력 등 다양한 기능을 제공합니다. 사용자가 클로버 클락에 음성으로 명령을 내리면, 해당 명령에 따라 음성을 출력하거나 필요한 작업을 수행합니다. 클로버 클락은 음악 재생, 스마트 홈 기기 제어, 알람 설정, 날씨 정보 제공, 뉴스 및 스포츠 업데이트 등 다양한 기능을 수행합니다.

클로버 클락은 또한 LG 유플러스 서비스와 연동하여 사용자가 보다 편리한 서비스를 제공받을 수 있습니다. 예를 들어, 클로버 클락은 스마트 TV와 연동하여 TV를 제어할 수 있습니다.

또한, 클로버 클락은 IoT 기술을 활용하여 스마트 홈 기기들과 연동할 수 있습니다. 클로버 클락은 디자인이 세련되고 소형화된 디자인으로 인테리어와도 어울리며, 터치 패드와 LED 조명 등 다양한 기능도 제공합니다.

03. 카카오 미니

출처: https://kakao.ai/product/kakaomi

카카오 미니(Kakao Mini)는 카카오에서 개발한 AI 스피커 기기로, 음성인식 및 음성 명령 수행 등의 기능을 합니다. 카카오톡과 연동하여 메시지 전송, 음악 재생, 날씨 정보 제공, 일정 관리 등 다양한 기능을 제공합니다. 또한, 카카오 내비(Navi)를 활용하여 길 안내, 검색 기능도 제공합니다.

카카오 미니는 카카오의 인공지능 기술인 Kakao i와 카카오톡, 메이븐(Maven) 등 다양한 플랫폼과 연동이 가능하며, 사용자의 음성 데이터를 수집하여 개인화된 서비스를 제공하는 등 AI 기술을 활용한 차별화된 서비스를 제공하고 있습니다.

또한, 인터넷 라디오, 팟빵(Podbbang), 멜론 등 다양한 음악 플랫폼과 연동하여 음악 재생 서비스도 제공하고 있습니다. 카카오 미니는 USB, AUX 포트도 제공하며, 외부 스피커와 연결하여 더욱 높은 음질의 음악을 즐길 수도 있습니다.

이러한 AI 스피커를 학생들이 직접 코딩해서 앱으로 만들 수 있습니다.

앱 인벤터 알아보기

앱 인벤터(App Inventor)는 구글과 MIT가 공동 개발한 블록 코딩 기반의 모바일 앱 개발 플랫폼입니다. 사용자가 직접 블록을 조합하여 앱을 개발할 수 있으며, 개발한 앱을 안드로이드 기반의 스마트폰이나 태블릿에서 실행할 수 있습니다.

앱 인벤터는 쉽게 사용할 수 있는 그래픽 사용자 인터페이스(GUI)를 제공하여 프로그래밍 지식이 없는 사용자도 쉽게 앱을 개발할 수 있습니다. 사용자는 블록을 조합하여 이벤트, 조건, 제어 구조, 데이터 처리 등의 로직을 구성할 수 있으며, 이미지, 사운드, 비디오 등 다양한 미디어 자료를 쉽게 추가할 수 있습니다.

앱 인벤터를 사용하기 위해선 컴퓨터, 모바일 기기가 필요하며, 구글 크롬 브라우저로 앱 인벤터 사이트에 접속해야 합니다. 그리고 로그인에 필요한 구글 계정이 있어야 합니다. 또한, 만든 앱을 원활하게 작동시키기 위해서는 안드로이드 운영체제를 활용해야 하며, 아이폰의 iOS 운영체제에서는 실행할 수 없습니다. 앱 인벤터는 소규모 프로젝트나 교육용 앱 등을 빠르게 개발할 수 있는 간단한 앱 개발 플랫폼으로 평가받고 있습니다. 특히 교육용으로 많이 활용되며, 학생들이 쉽게 앱 개발을 체험하고, 창의력과 문제 해결 능력을 향상시킬 수 있는 장점이 있습니다.

01. 앱 인벤터 실행하기

지금부터 앱 인벤터를 실행해 보겠습니다.

1) 구글에 앱 인벤터라고 검색하고, MIT App Inventor에 접속합니다.

2) 좌측 상단의 Creat Apps!를 클릭하고 구글 계정으로 로그인합니다. 학교 수업 현장에서 활용할 때, 학생 교육용 계정을 미리 만들어두면 수월하게 진행할 수 있습니다.

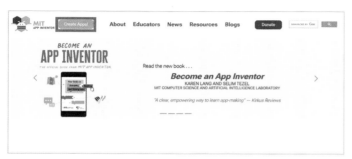 

3) 로그인하면 이전에 내가 작업한 프로젝트 목록들을 보여줍니다. 앱 인벤터로 개발한 프로그램들은 자동으로 저장되며, 새로운 이름으로 저장할 수 있습니다. 우측 상단의 English를 클릭하고 한국어로 변경합니다. 이때, 오른쪽 마우스로 클릭하여 한국어로 번역 버튼으로 설정하면 오류가 생길 수 있으니 주의합니다.

4) 왼쪽 상단에 새 프로젝트 시작하기를 클릭합니다. 프로젝트 이름은 무조건 영어로 시작해야 하며, 그 이후론 숫자도 사용 가능합니다. Test로 프로젝트 이름을 짓겠습니다. 그리고 확인 버튼을 눌러줍니다.

5) 앱 인벤터의 화면이 나옵니다.

02. 앱 인벤터 화면 구성

앱 인벤터는 크게 디자이너(Designer)와 블록에디터(Blocks) 화면으로 구성되어 있습니다. 디자이너는 스마트폰에서 보여질 화면을 구성하는 역할을 하고, 블록에디터에서는 디자이너에서 만든 화면의 기능을 코딩하는 역할을 합니다.

■ 디자이너(Designer) 화면 구성

디자이너 화면은 실제 스마트폰에 보여지는 화면을 만드는 곳입니다. 왼쪽에서 오른쪽 방향으로 순서대로 작업하면 됩니다. 왼쪽 팔레트에서 필요한 기능이 있는 컴포넌트를 가운데 있는 뷰어로 끌어와서 배치합니다. 글상자나 버튼 같은 컴포넌트는 화면에 보이기 때문에 화면에 배치되지만, 센서와 관련된 기능 종류는 화면에 보여질 필요가 없기 때문에 뷰어 아래쪽 화면 밖에 배치됩니다. 컴포넌트에서 하나를 선택하면 가장 오른쪽에 있는 속성에서 디자인을 변경할 수 있습니다.

지금부터 앱 인벤터의 디자이너 부분에 대해 자세히 알아보도록 하겠습니다.

1) 팔레트(Palette)는 앱 개발에 필요한 컴포넌트를 모아 놓은 곳으로, 컴포넌트를 뷰어로 끌어와서 기능을 추가합니다.

2) 뷰어(Viewer)는 앱이 실행되었을 때 보여질 화면입니다. 팔레트에서 끌어온 컴포넌트를 이곳에 배치합니다.

3) 컴포넌트(Components)는 앱을 만들기 위해 팔레트에서 꺼내온 컴포넌트를 모아 놓은 공간입니다. 여기서 컴포넌트를 선택하면 컴포넌트의 속성을 변경할 수 있습니다. 미디어(Media)는 앱을 만들기 위해 필요한 사진, 음악, 영상들을 업로드하기 위한 공간입니다.

4) 속성은 컴포넌트에서 선택한 컴포넌트의 속성을 변경할 수 있습니다. 예를 들면, 버튼의 크기, 색상 등을 변경할 수 있습니다.

5) 속성 위 오른쪽 상단에 디자이너와 블록 버튼이 있습니다. 디자이너나 블록 버튼을 누르면 각각 디자이너 화면 또는 블록에디터 화면으로 넘어갑니다.

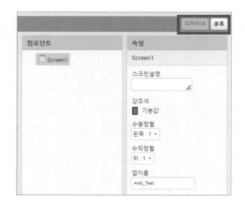

■ 블록에디터(Blocks) 화면 구성

블록에디터 화면에서 가장 왼쪽에는 블록(Blocks)을 선택할 수 있는 목록이 있습니다. 공통 블록에 있는 것들은 기본적으로 내장된 블록입니다. 그 아래 있는 것들은 앞서 디자이너 화면에서 추가한 컴포넌트에 있는 블록입니다. 컴포넌트를 추가한 만큼 보여지게 됩니다.

블록에디터 부분에 대해 자세히 알아보도록 하겠습니다.

1) 블록은 블록을 선택하여 오른쪽 뷰어로 끌어다 놓는 방법으로 코딩을 합니다. 블록은 내장된 블록(Built-in)과 컴포넌트 블록으로 나뉘는데, 컴포넌트 블록은 디자이너에서 추가한 컴포넌트의 기능을 활용하기 위한 블록입니다. 미디어는 디자이너에 있는 미디어와 마찬가지로, 사진, 음악, 영상 등을 업로드하는 데 사용됩니다.

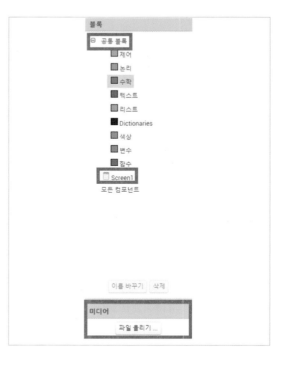

2) 뷰어는 블록을 꺼내와 배치하여 코딩을 진행하는 공간입니다. 오른쪽 상단에 가방은 자주 쓰는 블록을 저장하는 곳입니다. 오른쪽 하단에 있는 +, -는 뷰어에 보이는 블록의 크기를 확대, 축소하는 기능입니다. 그 아래에 있는 휴지통 아이콘은 필요 없는 블록을 제거하는 곳입니다.

더하기 앱 제작하기

간단한 더하기 앱을 제작해보면서 앱 인벤터 사용법에 대해 알아보겠습니다.

01. 더하기 앱 미리보기

❶ 우선 더하기 앱 동작 장면을 보시겠습니다.

❷ 메인 화면에서 '첫 번째 숫자를 클릭하세요.'에 아무 숫자나 적습니다. 11을 적겠습니다.

❸ '두 번째 숫자를 클릭하세요.'에 더하고 싶은 숫자를 적습니다. 25를 적겠습니다.

❹ [계산하기] 버튼을 클릭하면 두 숫자를 더한 결괏값인 36이 밑에 보여집니다.

02. 더하기 앱 설계하기

더하기 앱의 알고리즘은 다음과 같습니다.

더하기 앱의 알고리즘

1. [텍스트_숫자1]에 첫 번째 숫자를 입력한다.

2. [텍스트_숫자2]에 두 번째 숫자를 입력한다.

3. [버튼_계산] 버튼을 클릭하면 [텍스트_숫자1]와 [텍스트_숫자2]의 더한 값을 출력한다.

앱을 만들기 첫 순서로 앱을 설계합니다.

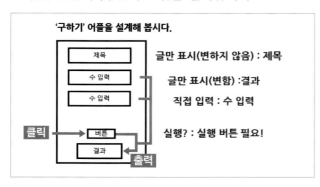

종이와 펜, PPT나 모바일 필기 등을 활용하면 좋습니다. 사전에 PPT로 설계한 것을 보여드리겠습니다. 제목을 넣었고, 숫자 두 개를 더할 수 있도록 수 입력 박스를 설정했습니다. 그리고 버튼을 누르면 밑에 결괏값이 나오도록 설계했습니다.

03. 더하기 앱 디자인하기

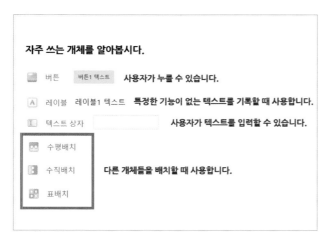

디자인에 앞서 자주 사용하는 컴포넌트(개체)에 대해 설명하겠습니다. 버튼은 앱에서 사용자가 누를 수 있는 기능을 가졌습니다. 레이블은 특정 기능이 없는 텍스트를 기록할 때 사용합니다. 텍스트 상자는 사용자가 텍스트를 입력할 수 있습니다. 레이아웃에 있는 수평배치, 수직배치, 표배치는 다른 컴포넌트(개체)들을 배치할 때 사용합니다.

그럼 지금부터 설계한 것을 바탕으로 더하기 앱을 디자인해보겠습니다.

1) 우선 프로젝트를 만들겠습니다. [새 프로젝트 시작하기]를 클릭하고, 프로젝트 이름에 'Add_Test'라고 입력한 후 확인 버튼을 클릭합니다.

2) 오른쪽 컴포넌트에서 [Screen1]을 클릭합니다. 오른쪽 속성에서 수평정렬: 가운데:3으로 설정합니다. 앞으로 하위의 컴포넌트들이 가운데:3으로 설정돼서 배치됩니다.

3) 팔레트에 있는 사용자 인터페이스에서 레이블을 드래그하여 뷰어에 놓습니다. 그리고 컴포넌트에 있는 레이블1을 선택한 후 컴포넌트 밑에 [이름 바꾸기]를 클릭합니다.

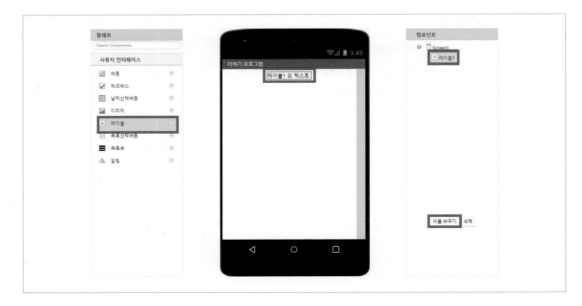

'레이블_제목'을 작성하고 확인 버튼을 누릅니다. 속성에서 '글꼴크기는 24', 텍스트에 '더하기 프로그램'이라고 입력합니다.

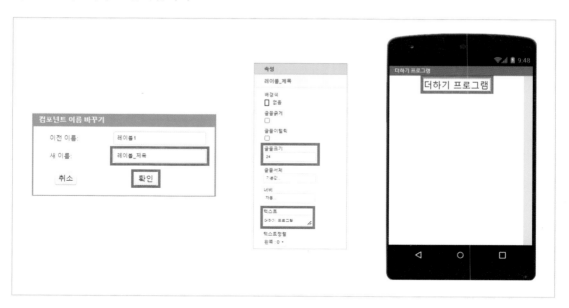

4) 팔레트에 있는 [사용자 인터페이스]에서 [텍스트박스]를 드래그하여 뷰어에 놓습니다. 그리고 컴포넌트에 있는 [텍스트박스1]을 선택한 후 컴포넌트 밑에 [이름 바꾸기]를 클릭합니다.

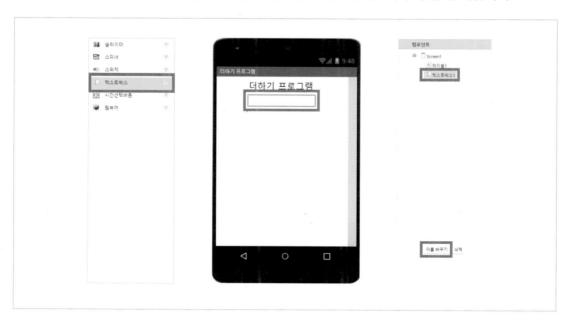

'텍스트_숫자1'을 입력하고 확인 버튼을 누릅니다. 속성에서 힌트에 '첫 번째 숫자를 입력하세요.'를 입력합니다. 힌트에 입력한 텍스트는 앱 실행 시 음영으로 표시됩니다. 그리고 '숫자만' 박스를 체크해줍니다. 앱 실행 시 화면에는 숫자패드만 나오게 설정됩니다.

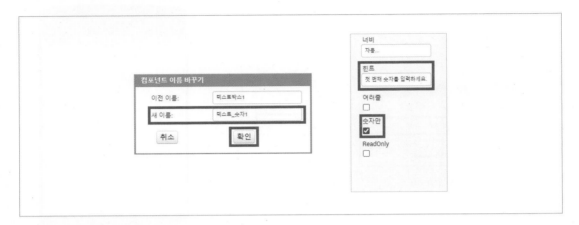

5) 좀 전과 같이 팔레트에 있는 [사용자 인터페이스]에서 텍스트박스를 드래그하여 뷰어에 놓습니다. 그리고 컴포넌트에 있는 [텍스트박스1]을 선택한 후 컴포넌트 밑에 [이름 바꾸기]를 클릭합니다.

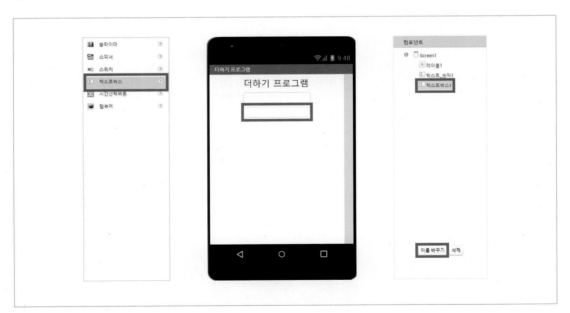

'텍스트_숫자2'를 입력하고 확인 버튼을 누릅니다. 속성에서 힌트에 '두 번째 숫자를 입력하세요.'를 입력합니다. 그리고 '숫자만' 박스를 체크해 줍니다.

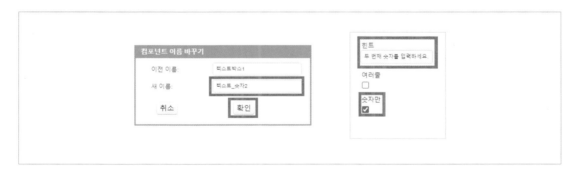

6) 팔레트에 있는 사용자 인터페이스에서 버튼을 드래그하여 뷰어에 놓습니다. 그리고 컴포넌트에 있는 [버튼1]을 선택한 후 컴포넌트 밑에 [이름 바꾸기]를 클릭합니다.

'버튼_계산'으로 입력하고 확인 버튼을 누릅니다. 속성에서 텍스트에 '계산하기'를 입력합니다.

7) 팔레트에 있는 사용자 인터페이스에서 레이블을 드래그하여 뷰어에 놓습니다. 그리고 컴포넌트에 있는 [레이블1]을 선택한 후 컴포넌트 밑에 [이름 바꾸기]를 클릭합니다.

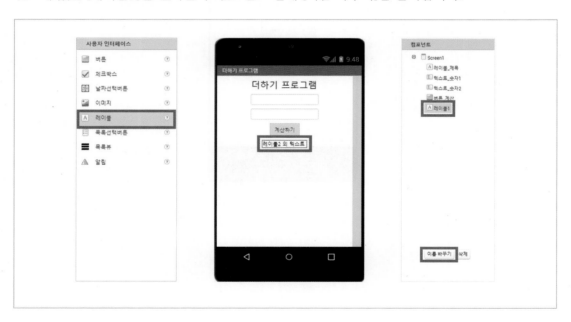

'레이블_결과'로 입력하고 확인 버튼을 누릅니다. 속성에서 결괏값이 잘 보일 수 있게 글꼴크기를 30으로 만들고, 텍스트를 공란으로 만듭니다.

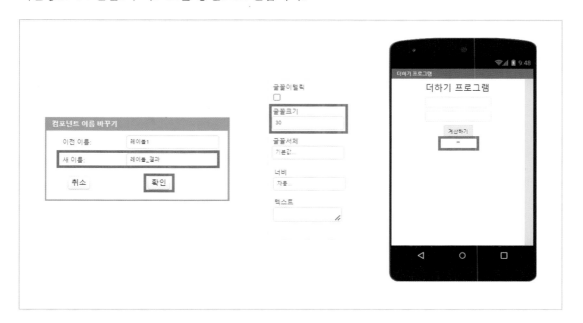

04. 더하기 앱 코딩하기

그럼 지금부터 더하기 앱이 동작하도록 블록으로 코딩해보겠습니다.

1) 오른쪽 상단에 블록 버튼을 클릭합니다.

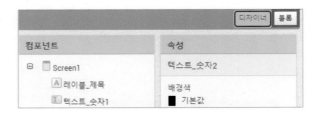

2) 블록에서 [Screen1] 하위요소에 있는 [버튼_계산]에서 [언제 {버튼_계산} 클릭했을 때] 블록을 드래그하여 뷰어에 놓습니다.

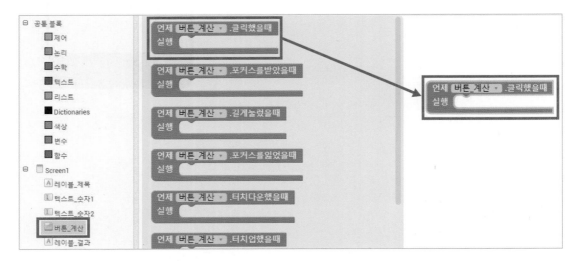

[레이블_결과]에서 [지정하기 {레이블 결과}.{텍스트} 값] 블록을 드래그하여 [언제 {버튼_계산} 클릭했을 때] 블록에 삽입합니다.

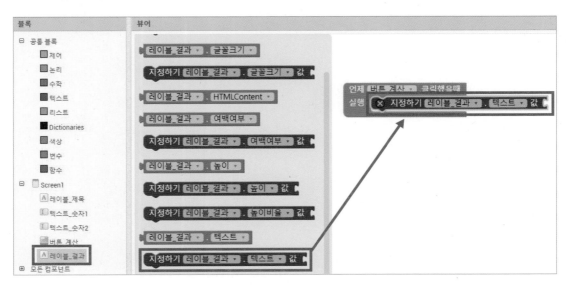

452

3) [공통 블록]에서 [수학] 블록을 클릭하고 { }+{ } 블록을 드래그하여 [지정하기{레이블 결과},{텍스트} 값] 블록에 삽입합니다.

[텍스트_숫자1] 블록에서 [{텍스트_숫자1}.{텍스트}]와 [텍스트_숫자2] 블록에서 [{텍스트_숫자2}.{텍스트}] 블록을 { }+{ } 블록에 각각 삽입합니다.

왼쪽 상단에서 프로젝트를 클릭하고 프로젝트 저장하기를 클릭합니다.

4) 모든 코딩이 끝났습니다.

더하기 앱 활용하기

01. 더하기 앱 스마트폰으로 실행하기

직접 만든 더하기 앱을 활용하여 수학 교과에 적용할 수 있습니다. 계산 원리를 코딩을 통해 이해할 수 있고, 계산기가 필요한 덧셈식을 해결하는 상황에서도 사용할 수 있습니다. 지금부터 앱 인벤터에서 설계, 디자인, 코딩한 더하기 앱을 스마트폰으로 실행하는 방법에 대해 소개하겠습니다.

■ QR 코드로 실행하기

1) 모바일 기기로 구글 플레이스토어에서 MIT AI2 Companion 어플을 설치한 후 실행합니다. 앱 인벤터의 코드를 입력하거나 QR 코드를 스캔하면 앱 인벤터에서 제작한 앱을 실행할 수 있습니다.

2) 앱 인벤터 사이트에서 상단에 있는 연결 버튼을 클릭하고 AI 컴패니언을 클릭합니다. 해당 코드를 입력하거나 QR 코드를 스캔합니다. 스마트폰에 제작한 앱이 나옵니다.

■ 안드로이드 앱으로 다운받아 실행하기

1) 앱 인벤터에서 상단 위에 있는 빌드를 클릭하고, Android App(.apk)을 클릭합니다. 다운로드하는 데 1~2분 정도 시간이 걸립니다. Download.apk now는 apk 파일 형태로 PC에 다운로드받을 수 있습니다. 다른 사람과 공유가 가능하며 수정은 불가능합니다. Andoroid App Bundle(.aab)은 구글 플레이스토어에 업로드할 수 있는 파일 확장자입니다.

2) 스마트폰으로 QR 코드를 스캔합니다. MIT AI Companion 앱을 사용하여 스캔하는 것도 가능합니다. 안내에 따라 설치를 진행합니다. 이때, '세부정도 더보기'에서 '무시하고 설치하기'를 클릭하여야 정상적으로 설치됩니다. 그렇지 않으면 악성파일로 인식해서 다운로드가 원활하게 이루어지지 않습니다.

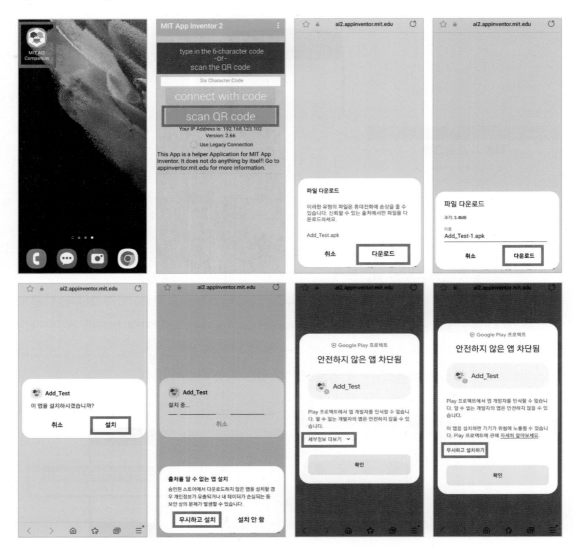

3) 스마트폰에 앱 인벤터에서 제작한 앱이 다운로드된 모습을 볼 수 있습니다. 이때, 와이파이나 별도의 데이터 없이 사용 가능합니다.

■ **내가 만든 프로젝트 공유하기**

내가 만든 앱을 수정할 수 있는 파일로 내보내는 방법에 대해 알아보겠습니다. 앱 인벤터에서 상단 왼쪽에 있는 프로젝트를 클릭합니다. '선택된 프로젝트(.aia)를 내 컴퓨터로 내보내기'를 클릭합니다. Add_Test.aia 파일이 생성됩니다. 해당 파일은 다른 사람과 공유할 수 있으며, 프로젝트에 있는 '내 컴퓨터에서 프로젝트(.aia) 가져오기'를 통해 해당 앱을 가져와 수정할 수 있습니다.

단원을 마무리하며

지금까지 챗봇과 AI 스피커에 대해 알아보고 앱 인벤터로 더하기 앱을 만들어 보면서 기본적인 사용 방법에 대해 탐구하였습니다. 학생들은 앱 인벤터로 나만의 앱을 만드는 과정을 통해 높은 성취감을 갖고 AI에 대해 긍정적인 태도를 가질 수 있을 것입니다.

내 말을 들어주는 앱 만들기

내 말을 들어주는 앱 특징

내 말을 들어주는 앱은 음성을 텍스트로 변환해주는 앱으로, Speech-To-Text(STT) 앱이라고도 불립니다. STT 앱은 음성을 텍스트로 변환해주는 기능을 제공합니다. 이를 통해 사용자는 손쉽게 음성으로 원하는 텍스트를 입력할 수 있으며, 키보드로 입력하는 것보다 더욱 편리하게 사용할 수 있습니다. STT 앱은 음성 데이터를 분석하여 정확한 텍스트를 생성합니다.

STT 앱은 다양한 용도로 활용할 수 있습니다. 예를 들어, 음성인식을 통해 메모를 작성하거나 긴 문서를 작성할 때 손쉽게 입력할 수 있습니다. 또한, 채팅 및 메신저 앱에서 음성으로 메시지를 전송할 수도 있습니다. STT 앱은 음성을 텍스트로 변환하여 저장하는데, 이를 통해 음성 데이터를 저장하고 관리할 수 있습니다. 이는 보안성을 강화할 수 있는 장점이 있습니다.

STT 앱은 시각 장애인이나 손뼉이나 음성 등 다른 입력 방식이 어려운 사람들에게도 유용합니다. 이들은 음성을 통해 텍스트를 입력하거나 음성으로 텍스트를 변환하여 듣는 것이 가능하기 때문입니다. 따라서 STT 앱은 편리한 음성인식 기능을 제공하여 다양한 용도로 활용할 수 있으며, 장애인을 위한 보조적인 수단으로 사용할 수 있습니다. 또한, 보안성을 강화할 수 있다는 장점도 있습니다.

이번 단원에서는 내 말을 들어주는 앱을 만들어보고, 이전에 배운 TTS 코딩을 적용하여 내 말과 마음을 말해주고 들어주는 앱을 만들어 보겠습니다. 더 나아가 구글 플레이 스토어에 올리는 방법에 대해서도 알아보겠습니다.

내 말을 들어주는 앱 만들기

01. 내 말을 들어주는 앱 미리보기

우선 내 말을 들어주는 앱 동작 장면을 보여드리겠습니다.

❶ 메인 화면에서 [음성인식] 버튼을 클릭합니다.

❷ Google Speech가 실행됩니다. '앱 인벤터'라고 말해보겠습니다.

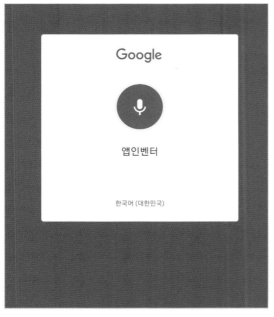

❸ 메시지 창에 음성으로 인식된 텍스트가 출력됩니다.

❹ [지우기] 버튼을 클릭하면 음성으로 인식된 텍스트가 모두 삭제됩니다.

02. 내 말을 들어주는 앱 설계하기

■ 구글의 음성인식 기능 알아보기

앱 인벤터에서 음성인식 컴포넌트는 사용자의 음성 입력을 앱에서 인식하여 처리할 수 있도록 하는 기능입니다. 컴포넌트를 사용하면 앱 사용자가 음성 명령을 내리거나 음성으로 데이터를 입력할 수 있습니다.

음성인식 컴포넌트는 기본적으로 구글의 음성인식 API를 사용합니다. 따라서 해당 컴포넌트를 사용하기 위해서는 구글 계정이 필요합니다. 이 서비스는 사용자의 음성을 인식하여 텍스트로 변환해주는 기능을 제공합니다. 구글 음성인식 기능을 사용하면 키보드 입력을 통해 글을 쓰는 것보다 더 빠르고 편리하게 텍스트를 입력할 수 있습니다. 또한, 음성으로 검색어를 입력하거나 메모를 작성하거나 메시지를 보낼 수도 있습니다.

구글 음성인식 기능은 인공지능 기술을 사용하여 사용자의 음성을 분석하고 이를 인식합니다. 이를 통해 사용자의 음성언어, 발음, 억양 등을 파악하고, 이를 기반으로 정확한 텍스트를 생성합니다. 구글 음성인식 기능은 안드로이드 스마트폰과 태블릿, 구글 어시스턴트, 구글 홈, 구글 드라이브 등에서 사용할 수 있으며, 다양한 언어를 지원합니다. 하지만 음성인식 기술에 한계가 있어 완벽한 인식이 어렵고, 주변 환경의 소음이 심한 경우 인식률이 떨어지는 등 인식 결과가 잘못 나오는 경우가 있으므로 완전히 신뢰하는 것은 지양해야 합니다.

■ 내 말을 들어주는 앱 설계하기

내 말을 들어주는 앱의 알고리즘은 다음과 같습니다.

내 말을 들어주는 앱의 알고리즘

1. [버튼_음성인식] 버튼을 클릭하면 음성인식(Google Speech)이 실행됩니다.

2. 기기에 대고 이야기하면 인식된 결과를 [텍스트박스_출력공간]에 출력합니다.

3. [버튼_지우기] 출력된 텍스트를 모두 삭제합니다.

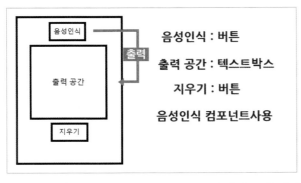

음을 만들기 첫 순서로 앱을 설계합니다. 종이와 펜, PPT나 모바일 필기 등을 활용하면 좋습니다. 사전에 PPT로 설계한 것을 보여드리겠습니다. 음성인식을 텍스트로 출력해주는 공간을 [텍스트박스]로 설계하였습니다. [음성인식] 버튼과 [지우기] 버튼을 설정했습니다. 그리고 [음성인식] 컴포넌트를 사용해서 음성언어를 문자언어로 출력할 수 있도록 설계했습니다.

03. 내 말을 들어주는 앱 디자인하기

그럼 지금부터 내 말을 들어주는 앱 화면을 디자인해보겠습니다.

1) 프로젝트는 만들겠습니다. [새 프로젝트 시작하기]를 클릭하고, 프로젝트 이름에 'Listen_Test'라고 입력한 후 확인 버튼을 클릭합니다.

2) [Screen1]의 속성을 다음과 같이 설정합니다.

- 수평정렬: 가운데: 3
- 제목: 음성인식 앱

3) 음성인식을 시작하는 [버튼]을 추가하겠습니다. [사용자 인터페이스]에서 [버튼]을 드래그하여 뷰어에 놓습니다. [컴포넌트]에서 [이름 바꾸기]를 클릭해서 [버튼1]의 이름을 [버튼_음성인식]으로 수정합니다. [버튼_음성인식]의 속성을 다음과 같이 설정합니다.

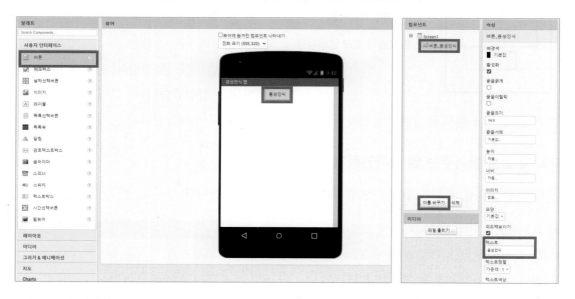

- 텍스트: 음성인식

4) 음성언어를 문자언어로 출력하는 [텍스트박스]를 추가하겠습니다. [사용자 인터페이스]에서 [텍스트박스]를 드래그하여 뷰어에 놓습니다. [컴포넌트]에서 [이름 바꾸기]를 클릭해서 [텍스트박스1]의 이름을 [텍스트박스_출력공간]으로 수정합니다. [텍스트박스_출력공간]의 속성을 다음과 같이 설정합니다.

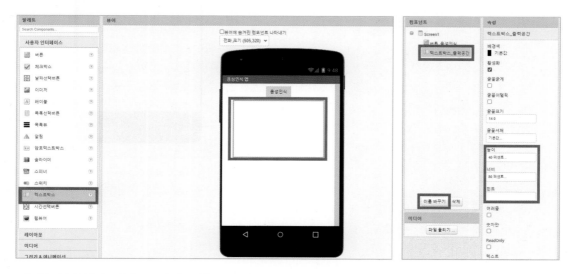

- 높이: 40퍼센트, 너비: 80퍼센트, 힌트: 공란

5) 출력된 문자언어를 모두 삭제하는 [버튼]을 추가하겠습니다. [사용자 인터페이스]에서 [버튼 1]을 드래그하여 뷰어에 놓습니다. [컴포넌트]에서 [이름 바꾸기]를 클릭해서 [버튼1]의 이름을 [버튼_지우기]로 수정합니다. [버튼_지우기]의 속성을 다음과 같이 설정합니다.

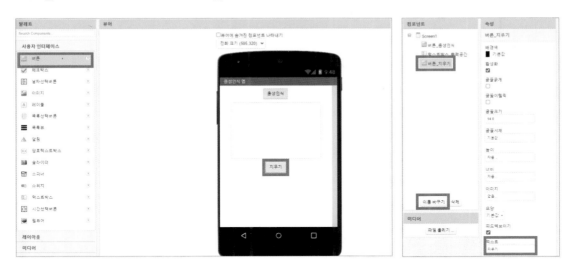

– 텍스트: 지우기

6) 음성언어를 인식할 수 있도록 [음성인식] 컴포넌트를 추가하겠습니다. [미디어]에서 [음성인식] 컴포넌트를 드래그하여 뷰어에 놓습니다.

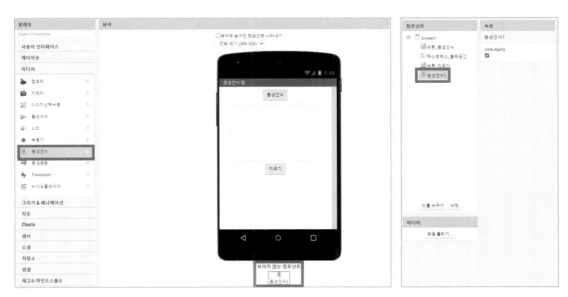

화면 디자인이 모두 끝났습니다.

04. 내 말을 들어주는 앱 블록 코딩하기

그럼 지금부터 내 말을 들어주는 앱이 작동하도록 블록으로 코딩해보겠습니다.

1) [버튼_음성인식] 버튼을 클릭하면 음성인식 기능이 실행되도록 코딩합니다. [버튼_음성인식] 에서 [언제 {버튼_음성인식} 클릭했을 때] 블록을 드래그하여 [뷰어]에 놓습니다. [음성인식1]에 서 [호출 {음성인식1}.텍스트가져오기] 블록을 삽입합니다.

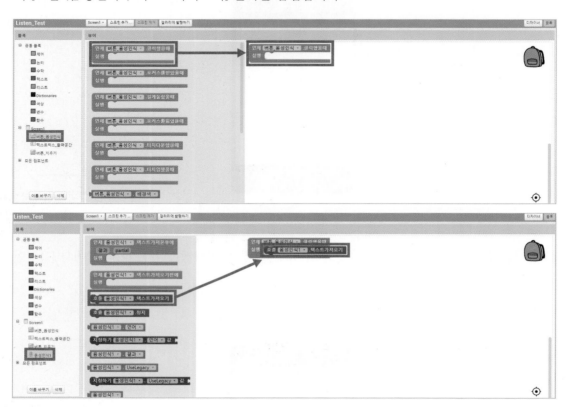

2) 음성인식 텍스트를 가져온 후 출력공간에 인식결과 텍스트가 출력되도록 코딩합니다. [음성 인식1]에서 [언제 {음성인식1}.텍스트가져온후에] 블록을 드래그하여 [뷰어]에 놓습니다.

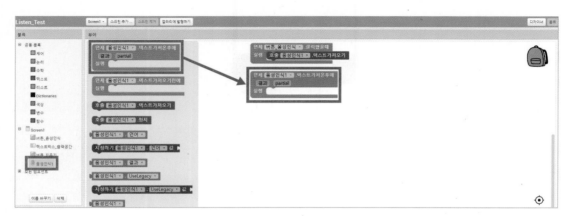

[텍스트박스_출력공간]에서 [지정하기 {텍스트박스_출력공간}.{텍스트}값] 블록을 삽입합니다. 공통 블록의 [변수]에서 [가져오기 { }] 블록을 이어붙입니다. [가져오기{결과}] 블록으로 설정해줍니다.

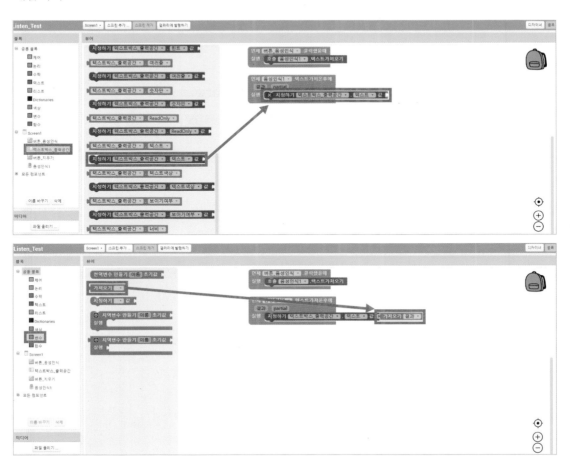

3) [버튼_지우기]을 클릭하면 출력공간에 나온 문자언어가 모두 지워지도록 코딩합니다.

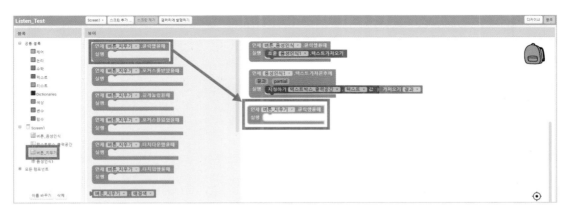

챗봇 형태의 AI 스피커 앱

465

[버튼_지우기]에서 [언제 {버튼_지우기} 클릭했을 때] 블록을 드래그하여 [뷰어]에 놓습니다.
[텍스트박스_출력공간]에서 [지정하기 {텍스트박스_출력공간}.{텍스트}값] 블록을 삽입합니다.
공통 블록의 [텍스트]에서 [{' '}]을 드래그하여 이어붙입니다.

4) 모든 코딩이 끝났습니다.

말과 마음을 말해주고 들어주는 앱 만들기

내 말을 들어주는 앱에 앞서 만든 내 마음을 말해주는 앱(TTS)을 적용시켜 내 말과 마음을 말해주고 들어주는 앱을 만들어 보겠습니다.

01. 내 말과 마음을 말해주고 들어주는 앱 미리보기

내 말과 마음을 말해주고 들어주는 앱 동작 장면을 보여드리겠습니다.

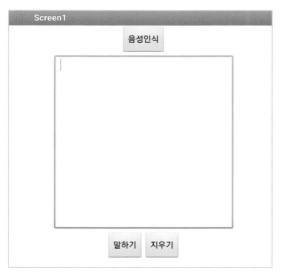

❶ 메인 화면에서 [음성인식] 버튼을 클릭합니다.

❷ Google Speech가 실행됩니다. '앱 인벤터'라고 말해보겠습니다.

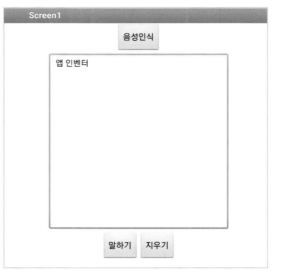

❸ 메시지 창에 음성으로 인식된 텍스트가 출력됩니다.

❹ [말하기] 버튼을 클릭하면 입력된 문자언어가 음성언어로 출력됩니다.

❺ [지우기] 버튼을 클릭하면 입력된 텍스트가 모두 삭제됩니다.

02. 내 말과 마음을 말해주고 들어주는 앱 설계하기

내 말과 마음을 말해주고 들어주는 앱의 알고리즘은 다음과 같습니다.

내 말과 마음을 말해주고 들어주는 앱의 알고리즘

1. [버튼_음성인식] 버튼을 클릭하면 음성인식이 실행됩니다.

2. 기기에 대고 인식된 결과를 [텍스트박스_출력공간]에 출력합니다.

3. [버튼_말하기] 버튼을 클릭하면 출력된 문자언어를 음성언어로 출력합니다.

4. [버튼_지우기] 출력된 텍스트를 모두 삭제합니다.

음성인식 : 버튼
출력공간 : 텍스트박스
레이아웃 : 수평배치
말해주기 : 버튼
지우기 : 버튼
음성인식 컴포넌트사용
음성변환 컴포넌트사용

앱 만들기 첫 순서로 앱을 설계합니다. 종이와 펜, PPT나 모바일 필기 등을 활용하면 좋습니다. 사전에 PPT로 설계한 것을 보여드리겠습니다. 기존에 만들었던 '내 말을 들어주는 앱' 설계에 수정 및 보완하였습니다. [레이아웃]에서 [수평배치]를 넣었습니다. [수평배치]에 [말해주기] 버튼과 [지우기] 버튼을 배치했습니다. 그리고 음성변환 컴포넌트를 추가로 넣었습니다.

03. 내 말과 마음을 말해주고 들어주는 앱 디자인하기

그럼 앞서 제작한 '내 말을 들어주는 앱'에 [레이아웃_수평배치], [버튼_말해주기], [음성변환 컴포넌트]를 추가하여 내 말과 마음을 말해주고 들어주는 앱 화면을 디자인해보겠습니다.

1) 문자언어를 음성언어로 출력해주는 [버튼]을 추가하겠습니다. [사용자 인터페이스]에서 [버튼]을 드래그해서 뷰어 안에 넣습니다. [컴포넌트]에서 [이름 바꾸기]를 클릭해서 [버튼1]의 이름을 [버튼_말해주기]로 수정합니다. [버튼_말해주기]의 속성을 다음과 같이 설정합니다.

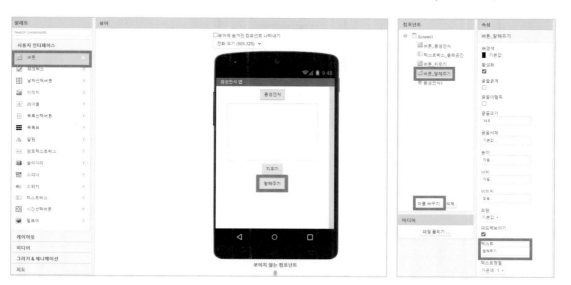

-텍스트: 말해주기

2) 추가될 [버튼] 컴포넌트를 수평으로 배치하기 위해 [레이아웃]을 추가하겠습니다. [레이아웃]에서 [수평배치]를 드래그해서 뷰어 안에 넣습니다.

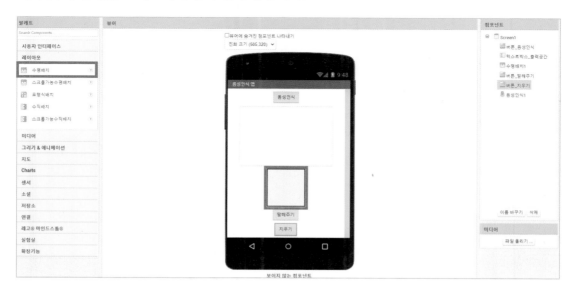

그리고 [말해주기] 버튼과 [지우기] 버튼을 [수평배치] 안에 드래그하여 넣습니다.

3) 문자언어를 음성언어로 출력해주는 [음성변환] 컴포넌트를 추가하겠습니다. [미디어]에서 [음성변환]을 드래그하여 뷰어에 놓습니다.

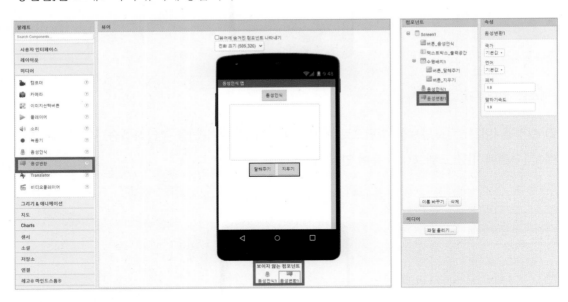

화면 디자인이 모두 끝났습니다.

04. 내 말과 마음을 말해주고 들어주는 앱 블록 코딩하기

내 말과 마음을 말해주고 들어주는 앱이 동작하도록 블록으로 코딩해보겠습니다.

1) 기존에 코딩했던 뷰어에서 추가로 코딩을 진행합니다. [버튼_말해주기] 블록에서 [언제 {버튼_말해주기}.클릭했을 때]를 드래그해서 뷰어에 놓습니다.

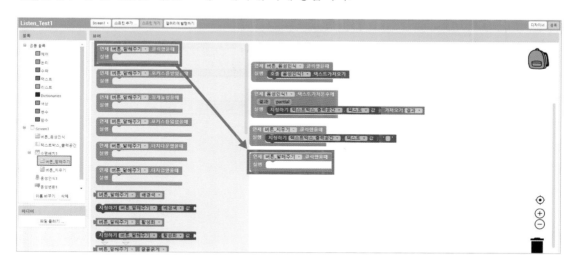

[음성변환1] 블록에서 [호출 {음성변환1}.말하기 메시지]를 드래그하여 [언제 {버튼_말해주기}.클릭했을 때] 블록에 삽입합니다.

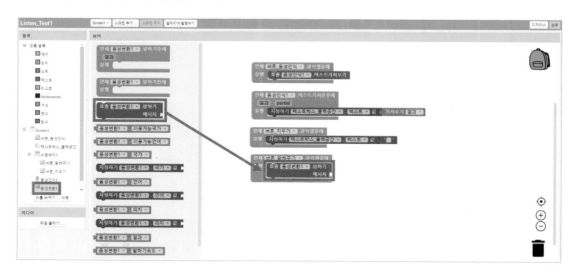

[텍스트박스_출력공간] 블록에서 [{텍스트박스_출력공간}.{텍스트}] 블록을 [호출 {음성변환 1}.말하기 메시지] 블록에 이어 붙입니다.

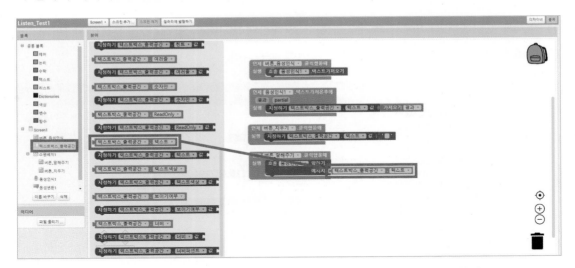

2) 모든 코딩이 끝났습니다.

내가 만든 앱 구글 플레이스토어에 업로드하기

01. 구글 플레이스토어에 업로드된 앱 미리보기

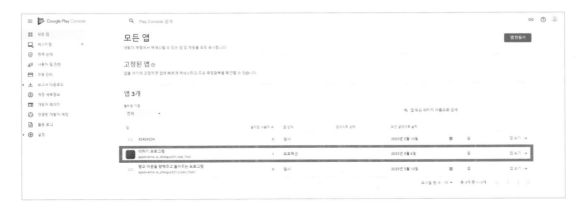

사전에 앱 인벤터에서 제작했던 더하기 프로그램 앱을 구글 플레이에 게시하였고 심사를 통과하여 업로드되었습니다. 구글 플레이스토어에 '더하기 프로그램'이라고 검색하면 해당 앱이 있는 걸 확인할 수 있습니다

승인이 됐다고 하더라도 앱이 바로 검색되지 않을 수 있습니다. 왜냐하면 앱의 평점, 설치 횟수, 리뷰 등이 낮아 해당 앱이 하위권에 노출되어 있기 때문입니다. 이럴 때는 개발자 아이디를 치거나 스크롤을 밑으로 내리면 발견하실 수 있습니다.

02. 내가 만든 앱 구글 플레이스토어에 업로드하기

앱 인벤터에서 개발한 앱을 구글 플레이스토어에 업로드할 수 있습니다. 다음 단계를 따라 진행할 수 있습니다.

1. Google Play Console에 개발자 계정으로 로그인합니다.
2. 앱 만들기를 클릭하여 새 앱을 등록하세요. 이 과정에서 앱의 이름, 설명, 아이콘, 등급, 가격 등의 정보를 입력할 수 있습니다.
3. Android 앱 번들(aab)을 선택합니다.
4. 앱 정보를 검토하고, Google Play Console에서 제공하는 출시 프로세스를 따라 출시합니다.

위의 단계는 크게 개발자 계정 만들기, 앱 등록 및 출시, Android 앱 번들(aab) 빌드 및 업로드 등으로 구성됩니다. 구글은 구글 플레이스토어의 개발자 지원 센터에서 자세한 지침을 제공하고 있으며, 이를 참고하여 진행하면 됩니다. 지금부터 구글 플레이스토어에 내가 만든 앱을 업로드하는 과정을 자세히 알아보겠습니다.

1) 구글 플레이스토어에 올릴 앱의 Android App Bundle, 줄여서 aab 파일을 준비합니다. 앱 인벤터에서 만든 Listen_Test1 프로젝트에서 상단에 빌드를 클릭합니다. Android App Bundle(.aab)을 클릭합니다. 'Download .aab now'를 클릭하여 파일 다운로드를 진행합니다.

2) 크롬 브라우저를 실행합니다. 구글 검색창에 '구글 플레이 콘솔'이라고 검색합니다. 검색결과 최상단에 있는 'Google Play Console – Android Developers'를 클릭하여 접속합니다.

3) Google Play Console의 로그인 버튼을 클릭합니다. 개인 또는 기관, 단체용으로 개발자 계정을 만듭니다. 개발자 계정은 구글 계정으로 등록 가능하며, 25,000원을 지불하면 무제한으로 사용하실 수 있습니다. 사전에 만들어 놓은 개인용 개발자 계정인 LeeSSam으로 접속하겠습니다.

4) 오른쪽 상단에 '앱 만들기'를 클릭합니다. 앱 이름을 '말과 마음을 말해주고 들어주는 프로그램'이라고 입력합니다. 기본 언어는 한국어로 설정합니다. 앱 또는 게임 항목에서 앱을 선택합니다. 유료 또는 무료 항목에서 무료를 선택합니다. 선언 관련 항목에 다 체크해줍니다. 오른쪽 하단에 있는 앱 만들기 버튼을 클릭합니다.

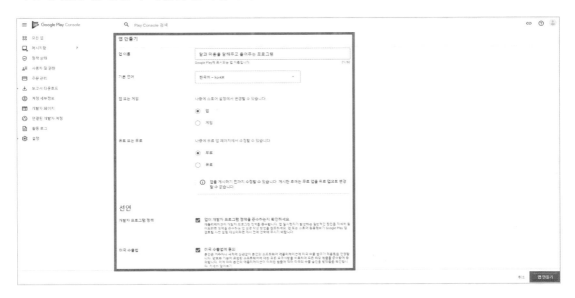

5) 앱 설정을 시작하겠습니다. 대시보드를 클릭합니다. 위에서부터 차례대로 각 항목별로 있는 할 일 보기를 클릭하여 설정을 완료해줍니다. '지금 테스트 시작'은 앱을 출시하기 전에 정확하고 자세한 피드백을 제공하는 서비스입니다. 우리가 만든 앱은 구체적인 피드백은 필요하지 않으므로 생략합니다.

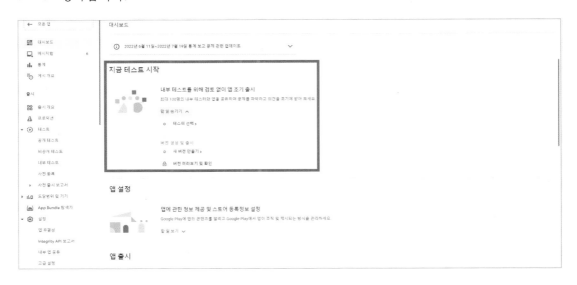

6) 대시보드를 클릭합니다. 앱 설정 항목에 있는 할 일들을 수행해줍니다. 개인정보처리방침 설정에서 개인정보처리방침 URL을 입력하겠습니다.

개인정보 포털사이트의 URL 주소를 복사하여 붙여넣기하고 저장 버튼을 클릭합니다.

* URL 주소: https://www.privacy.go.kr/front/contents/cntntsView.do?contsNo=267

7) 앱 엑세스 권한에서 '엑세스 제한 없이 앱의 모든 기능을 사용할 수 있음'을 체크하고 저장합니다.

8) 광고에서 '아니요, 앱에 광고가 없습니다.'를 체크하고 저장합니다.

9) 콘텐츠 등급에서 '설문지 시작'을 누르고 설문을 시작합니다. 카테고리 영역에서 이메일 주소를 입력하고, 다른 모든 앱 유형에 체크하고 다음을 눌러줍니다.

10) 다른 모든 앱 유형에서 해당되는 항목을 체크합니다. 업로드할 앱은 '아니요'에 전부 체크해주겠습니다. 그리고 저장 버튼을 누른 뒤, 다음 버튼을 누릅니다.

11) 콘텐츠 이용자 등급을 확인하고 저장을 누릅니다.

12) 대시보드로 돌아가 타겟층을 클릭합니다. 타겟층 및 콘텐츠 영역에서 어떤 연령대를 대상으로 하는지 체크해줍니다. 연령대가 낮은 대상을 타겟으로 삼으면 구글 심의를 통과하는 데 시간이 오래 걸립니다. 그래서 본 단원에서는 콘텐츠 등급에서 전체 이용가 및 3세 이상으로 나왔지만, 만 18세 이상을 체크하고 다음을 누릅니다.

13) 앱 정보에서도 같은 이유로 '스토어 등록정보가 의도치 않게 어린이의 관심을 끌 수 있나요?'에 질문에 '아니요'로 체크하고 다음을 눌러줍니다.

14) 요약 내용을 살펴보고 저장을 누릅니다.

15) 대시보드로 돌아갑니다. 뉴스 앱 항목을 설정합니다. '앱이 뉴스 앱인가요?'에 '아니요'로 체크하고 저장합니다.

16) 대시보드로 돌아갑니다. 코로나19 접촉자 추적 앱 및 이력 앱 항목을 설정합니다. '공개된 코로나19 접촉자 추적 앱 또는 이력 앱이 아님'에 체크하고 저장합니다.

17) 대시보드로 돌아갑니다. 데이터 보안 항목을 설정합니다. 개요 영역에서 내용을 살펴보고 다음을 누릅니다.

18) 데이터 수집 및 보안 영역에서 '앱에서 필수 사용자 데이터 유형을 수집하거나 공유하나요?'에 '아니요'를 체크하고 다음 버튼을 누릅니다.

19) 스토어 등록정보 미리보기의 내용을 살펴보고 저장하기 버튼을 누릅니다.

20) 대시보드로 돌아갑니다. 정부 앱 항목을 설정합니다. '정부를 개발했거나 정부를 대신하여 개발한 앱인가요?'에 '아니요'로 체크합니다.

21) 대시보드로 돌아갑니다. 앱 카테고리 선택 및 연락처 세부정보 제공 항목을 설정합니다. 앱 카테고리의 수정 버튼을 누릅니다. 카테고리에서 교육으로 설정하고 저장합니다. 태그 관리에서 교육을 체크하고 적용합니다. 스토어 등록정보 연락처 세부정보의 수정 버튼을 누릅니다. 이메일 주소를 입력하고 저장 버튼을 누릅니다.

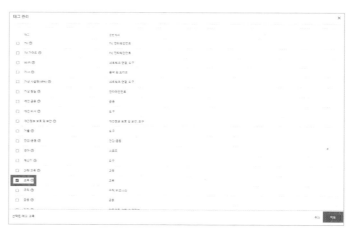

22) 대시보드로 돌아갑니다. 기본 스토어 등록정보 항목을 설정합니다. 등록정보 에셋 영역에서 앱 이름, 간단한 설명, 자세한 설명을 작성합니다. 간단히 '말과 마음을 말해주고 들어주는 프로그램입니다.'라고 작성합니다.

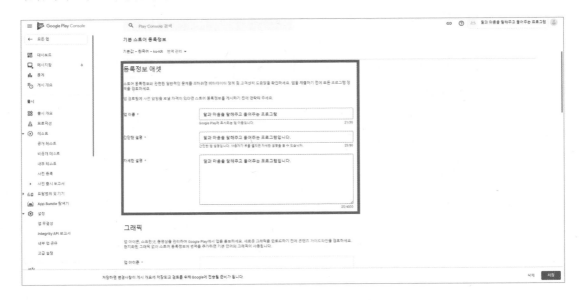

23) 그래픽, 전화, 태블릿에 들어갈 사진을 업로드합니다. 각 영역마다 들어가는 사진의 크기와 사진의 숫자가 다르므로 사진의 크기 및 숫자를 확인하여 사진을 업로드합니다. 앱 아이콘과 그래픽 이미지를 첨부합니다. 휴대전화 스크린샷 이미지를 첨부합니다. 태블릿 7인치, 10인치 이미지를 첨부합니다. 그리고 저장 버튼을 누릅니다.

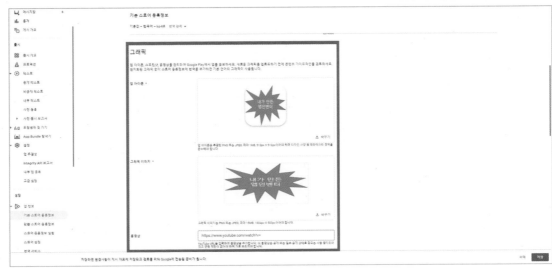

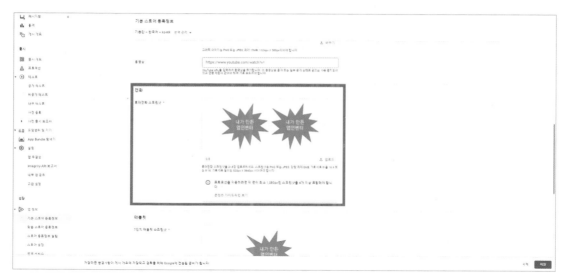

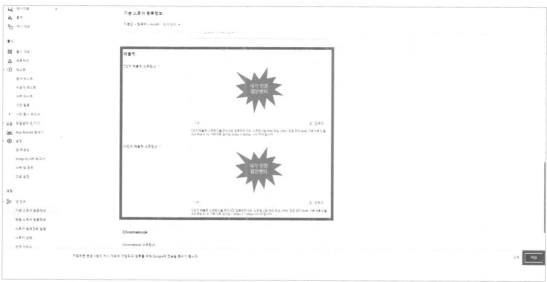

24) 대시보드로 돌아갑니다. 버전 생성 및
게시 항목을 설정합니다. 할 일 보기를 클릭
하여 국가 및 지역 선택 항목을 설정합니다.
국가/지역 추가를 클릭합니다. 대한민국을
검색하여 체크한 뒤 저장합니다.

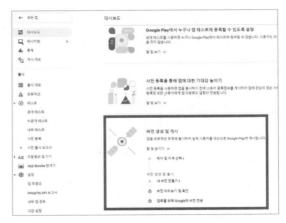

25) 대시보드로 돌아갑니다. 새 버전 만들기 항목을 설정합니다. 새 버전 만들기를 클릭합니다.

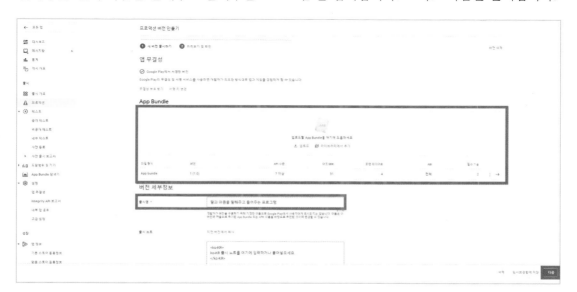

구글 플레이스토어에 게시할 파일을 업로드합니다. Listen_Test1.abb 파일을 업로드합니다. 출시명은 '말과 마음을 말해주고 들어주는 프로그램'을 입력합니다. 그리고 다음을 클릭합니다.

26) 게시한 앱을 구글의 심사 및 검토를 받도록 하겠습니다. 게시 개요로 이동을 클릭합니다.

'검토를 위해 변경사항 11개 전송'을 클릭합니다. '검토를 위해 변경사항 전송'을 클릭합니다.

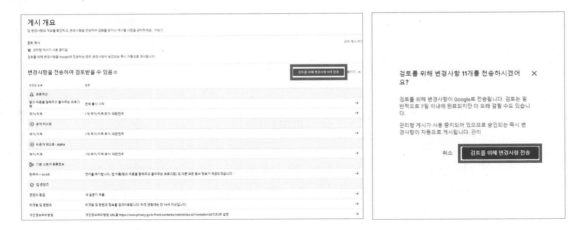

왼쪽 항목에 모든 앱을 클릭합니다. 내가 만든 앱이 업데이트 상태에서 검토 중이라고 뜹니다. 승인되기까지 7일 정도의 기간이 걸리지만 간단한 앱 같은 경우엔 반나절에서 하루면 심사가 통과됩니다. 만약 심사에 문제가 발생한다면 반려되어 수정 후 다시 출시하고 심사를 받아야 합니다.

단원을 마무리하며

지금까지 내 말을 들어주는 앱을 만들어보았습니다. 여기에 내 마음을 말해주는 앱의 코딩과 디자인을 접목시켜 앱을 개선해보았습니다. 학생들은 자신만의 애플리케이션을 만들면서 창의성과 독창성을 발휘할 수 있습니다. 또한, 이러한 수업 과정은 팀 프로젝트나 협업에 적용할 수 있습니다. 여러 명이 함께 작업하면서 소통하고, 문제를 해결하는 과정에서 커뮤니케이션 능력과 협력 능력을 키울 수 있습니다.

🔷 창체
음성인식 검색
웹 브라우저 앱 만들기

목소리로 세상을 찾는 음성 검색 기능

음성 검색 기능은 사용자가 음성 명령이나 질문을 입력하여 검색결과를 제공하는 기능입니다. 이를 위해서는 음성인식 기술이 필요합니다. 음성인식 기술은 컴퓨터가 사람의 음성을 이해하고 처리할 수 있도록 하는 기술로, 인간의 음성 신호를 디지털 신호로 변환하여 처리합니다.

최근에는 인공지능 기술의 발전으로 음성인식 기술의 정확도가 높아지면서 음성 검색 기능은 더욱더 널리 사용되고 있습니다. 음성 검색 기능은 텍스트 입력이 어려운 상황에서 특히 유용합니다. 운전 중이나 다른 활동을 하면서도 검색을 할 수 있어 편리하며, 장애나 저시력 등으로 텍스트 입력이 어려운 사용자들에게 더욱 유용하게 쓰입니다. 또한 스마트 홈, 차량 내비게이션, 음악 스트리밍 서비스, AI 비서 등 다양한 분야에서 활용되고 있습니다.

지금부터 음성인식을 통한 검색 기능을 활용하여 웹 브라우저 앱을 만드는 방법과 수업 활용 방법을 알아보도록 하겠습니다.

웹 브라우저 앱 만들기

01. 웹 브라우저 앱 미리보기

우선 완성된 웹 브라우저 앱을 실행해 보겠습니다.

❶ 메인 화면에서 [네이버], [구글], [유튜브] 버튼을 클릭하면 아래쪽에 해당 웹 페이지가 열립니다.

❷ 화살표 버튼을 클릭하면 이전 페이지 또는 다음 페이지로의 이동이 실행됩니다.

❸ 주소창에 직접 웹 페이지 주소를 타이핑하여 [열기] 버튼을 눌러서 웹 페이지 이동도 가능합니다.

02. 웹 브라우저 알아보기

웹 브라우저(Web browser)는 인터넷을 통해 월드 와이드 웹(WWW)의 문서를 검색하고 탐색할 수 있는 소프트웨어입니다. 사용자가 웹 페이지를 요청하면 웹 브라우저는 해당 페이지의 URL을 기반으로 서버에 요청을 보내고, 서버에서는 해당 페이지의 HTML, CSS, JavaScript 등의 파일을 전송합니다. 웹 브라우저는 이러한 파일들을 해석하여 사용자가 볼 수 있는 형태로 보여주는 역할을 합니다. 대표적인 웹 브라우저로는 구글 크롬, 네이버 웨일, 마이크로소프트 엣지 등이 있습니다. 웹 브라우저는 많은 기능을 제공합니다. 주요 기능은 다음과 같습니다.

❶ 웹 페이지 탐색 기능	❷ 즐겨찾기 기능	❸ 탭 기능	❹ 히스토리 기능	❺ 다양한 확장 기능

03. 웹 브라우저 앱 제작하기

■ 웹 브라우저 앱 디자인하기

웹 브라우저 앱 화면을 디자인하겠습니다.

1) 프로젝트를 만듭니다. [새 프로젝트 시작하기]를
클릭하고, 프로젝트 이름에 'web_browser'라고 입력
한 후 확인 버튼을 클릭합니다.

2) 버튼을 배치하기 위한 레이아웃을 추가하겠습니다. [레이아웃]에서 [수평배치]를 드래그하여
[뷰어]에 놓습니다. [수평배치1]의 속성을 다음과 같이 설정합니다.

- 수평정렬: 가운데: 3   - 높이: 10퍼센트   - 너비: 부모 요소에 맞추기

3) 네이버 홈페이지로 이동하는 버튼을 추가하겠습니다. [사용자 인터페이스]에서 [버튼]을 드래
그해서 [수평배치1] 안에 넣습니다. [컴포넌트]에서 [이름 바꾸기]를 클릭해서 [버튼1]의 이름을
[버튼_네이버]로 수정합니다. [버튼_네이버]의 속성을 다음과 같이 설정합니다.

- 배경색: 초록   - 글꼴크기: 15   - 텍스트: 네이버
- 글꼴굵게   - 너비: 부모 요소에 맞추기   - 텍스트정렬: 가운데:1

489

4) 구글 홈페이지로 이동하는 버튼을 추가하겠습니다. 컴포넌트의 [버튼_네이버] 버튼이 선택된 상태에서 복사(Ctrl+C)와 붙여넣기(Ctrl+V)를 실행합니다. [이름 바꾸기]를 클릭해서 [버튼_네이버2]의 이름을 [버튼_구글]로 수정합니다. [버튼_구글]의 속성을 다음과 같이 변경합니다.

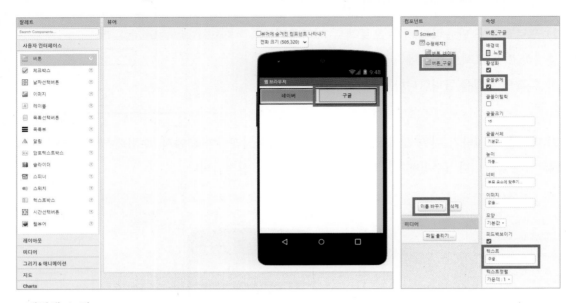

- 배경색: 노랑
- 텍스트: 구글

5) 유튜브 홈페이지로 이동하는 버튼을 추가하겠습니다. 컴포넌트의 [버튼_구글] 버튼이 선택된 상태에서 복사(Ctrl+C)와 붙여넣기(Ctrl+V)를 실행합니다. [이름 바꾸기]를 클릭해서 [버튼_구글2]의 이름을 [버튼_유튜브]로 수정합니다. [버튼_유튜브]의 속성을 다음과 같이 변경합니다.

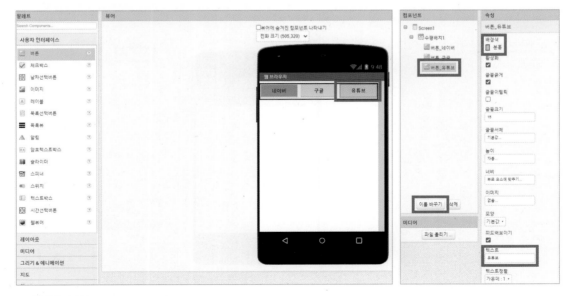

- 배경색: 분홍
- 텍스트: 유튜브

6) 버튼과 주소창을 배치하기 위한 레이아웃을 추가하겠습니다. [레이아웃]에서 [수평배치]를 드래그하여 [뷰어]에 놓습니다. [수평배치2]의 속성을 다음과 같이 설정합니다.

- 수평정렬: 가운데:3
- 높이: 10퍼센트
- 너비: 부모 요소에 맞추기

7) 이전 페이지로 이동하는 버튼을 추가하겠습니다. [사용자 인터페이스]에서 [버튼]을 드래그해서 [수평배치2] 안에 넣습니다. [컴포넌트]에서 [이름 바꾸기]를 클릭해서 [버튼1]의 이름을 [버튼_뒤로]로 수정합니다. [버튼_뒤로]의 속성을 다음과 같이 설정합니다.

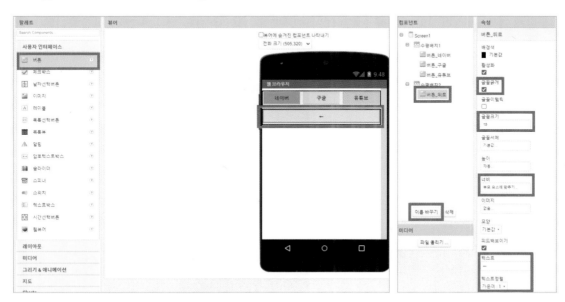

- 글꼴굵게   - 텍스트: ←
- 글꼴크기: 15   - 텍스트정렬: 가운데:1
- 너비: 부모 요소에 맞추기

8) 다음 페이지로 이동하는 버튼을 추가하겠습니다. [사용자 인터페이스]에서 [버튼]을 드래그해서 [수평배치2] 안에 넣습니다. [컴포넌트]에서 [이름 바꾸기]를 클릭해서 [버튼1]의 이름을 [버튼_앞으로]로 수정합니다. [버튼_앞으로]의 속성을 다음과 같이 설정합니다.

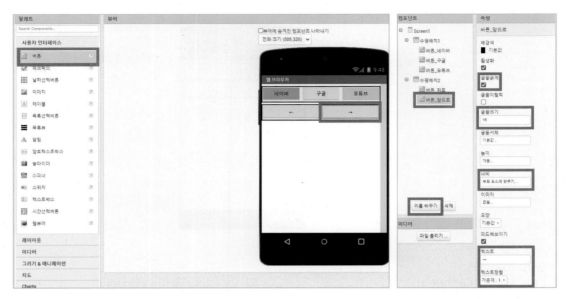

- 글꼴굵게
- 글꼴크기: 15
- 너비: 부모 요소에 맞추기

- 텍스트: →
- 텍스트정렬: 가운데:1

9) URL 주소를 입력하는 텍스트 창을 넣어 보겠습니다. [사용자 인터페이스]에서 [텍스트박스]를 드래그하여 [수평배치2] 안에 넣습니다. [텍스트박스]의 속성을 다음과 같이 설정합니다.

- 텍스트: http://

10) 주소창의 URL을 열어주는 버튼을 추가하겠습니다. [사용자 인터페이스]에서 [버튼]을 드래그해서 [수평배치2] 안에 넣습니다. [컴포넌트]에서 [이름 바꾸기]를 클릭해서 [버튼1]의 이름을 [버튼_열기]로 수정합니다. [버튼_열기]의 속성을 다음과 같이 설정합니다.

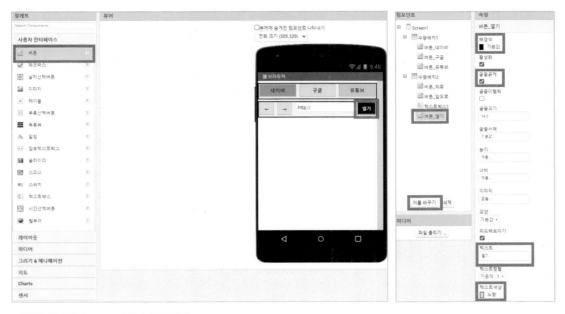

- 배경색: 검정   - 텍스트: 열기
- 글꼴굵게   - 텍스트 색상: 노랑

11) 메뉴와 웹 페이지를 구분해주는 선을 추가하겠습니다. [사용자 인터페이스]에서 [레이블]을 드래그해서 [뷰어]에 놓습니다. [레이블1]의 속성을 다음과 같이 설정합니다.

- 수평정렬: 가운데:3
- 높이: 10퍼센트
- 너비: 부모 요소에 맞추기

12) 웹 페이지가 보이는 창을 추가합니다. [사용자 인터페이스]에서 [웹뷰어]를 드래그해서 [뷰어]에 놓습니다. [웹뷰어1]의 속성을 다음과 같이 설정합니다.

- 높이: 부모 요소에 맞추기

화면 디자인이 모두 끝났습니다.

■ 웹 브라우저 앱 블록 코딩하기

이어서 웹 브라우저 앱이 동작하도록 블록으로 코딩하겠습니다.

1) [버튼_네이버] 버튼을 클릭하면 [웹뷰어1]에 네이버 홈페이지가 열리도록 코딩합니다. [버튼_네이버]에서 [언제 {버튼_네이버} 클릭했을 때] 블록을 드래그하여 [뷰어]에 놓습니다. [웹뷰어1]에서 [호출 {웹뷰어1}.URL로이동하기] 블록을 삽입합니다. [텍스트]에서 [' ']

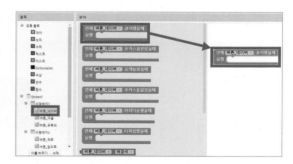

블록을 'url'에 이어붙이고, 텍스트 창에 네이버 홈페이지 URL 주소(http://www.naver.com)를 입력합니다.

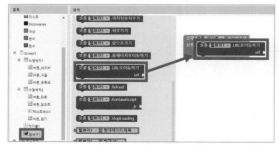

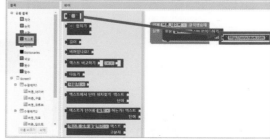

2) [버튼_구글] 버튼을 클릭하면 [웹뷰어1]에
구글 홈페이지가 열리도록 코딩합니다. [언제
{버튼_네이버} 클릭했을 때] 블록에서 마우스
우클릭하여 복제하기를 선택합니다. 복제된
블록을 [뷰어]에 놓고, {버튼_네이버}를 {버
튼_구글}로 바꿔줍니다. 텍스트 창에 네이버

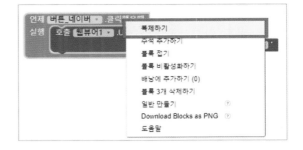

홈페이지 URL 주소를 구글 홈페이지 주소(http://www.google.com)로 수정합니다.

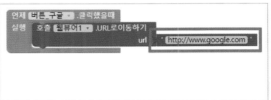

3) 위와 같은 방법으로 [버튼_유튜브] 버튼을 클릭하면 [웹뷰어1]에 유튜브 홈페이지가 열리도
록 코딩합니다.

4) [버튼_뒤로] 버튼을 클릭하면 [웹뷰어1]에 웹 페이지가 이전 페이지로 이동하도록 코딩합니
다. [버튼_뒤로]에서 [언제 {버튼_뒤로} 클릭했을 때] 블록을 드래그하여 [뷰어]에 놓습니다. [웹
뷰어1]에서 [호출 {웹뷰어1}.뒤로가기] 블록을 삽입합니다.

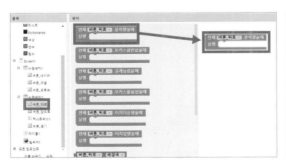

5) [버튼_앞으로] 버튼을 클릭하면 [웹뷰어1]에 웹 페이지가 다음 페이지로 이동하도록 코딩합니다. [버튼_앞으로]에서 [언제 {버튼_앞으로} 클릭했을 때] 블록을 드래그하여 [뷰어]에 놓습니다. [웹뷰어1]에서 [호출 {웹뷰어1}.앞으로가기] 블록을 삽입합니다.

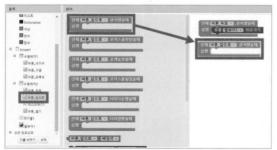 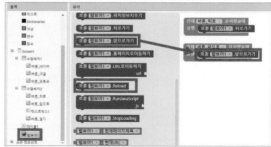

6) [버튼_열기] 버튼을 클릭하면 [텍스트박스1]의 URL 주소로 [웹뷰어1]의 웹 페이지가 이동하도록 코딩합니다. [버튼_열기]에서 [언제 {버튼_열기} 클릭했을 때] 블록을 드래그하여 [뷰어]에 놓습니다. [웹뷰어1]에서 [호출 {웹뷰어1}.URL로이동하기] 블록을 삽입합니다. [텍스트박스1]에

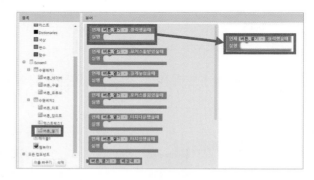

서 [{텍스트박스1}.{텍스트}] 블록을 가져와서 [url] 뒤에 이어붙여 줍니다.

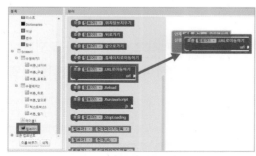 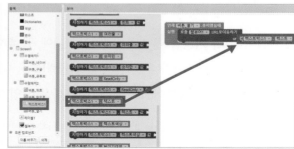

7) 모든 코딩이 끝났습니다.

음성인식 검색 기능을 추가하여 웹 브라우저 앱 만들기

음성 검색 앱은 사용자가 음성으로 검색어를 입력하여 검색결과를 제공하는 애플리케이션입니다. 이 앱은 사용자가 일반적인 검색어 입력보다 더욱 편리하게 검색할 수 있도록 도와줍니다. 사용자가 명령을 내리거나 질문을 하면, 앱은 이를 이해하고 이에 대한 답변을 제공합니다. 음성 검색 기능을 추가해보겠습니다.

01. 음성인식 검색 웹 브라우저 앱 미리보기

음성인식 검색 웹 브라우저 앱을 실행해 보겠습니다.

❶ 메인 화면에서 스피너를 클릭하면 네이버, 구글 이미지, 유튜브 중에서 웹 페이지를 선택할 수 있는 창이 뜹니다.

❷ [네이버]를 선택하고, [음성검색] 버튼을 클릭하면 Google Speech가 실행됩니다. 검색하고 싶은 내용(호랑이)을 말합니다.

❸ 네이버 사이트에서 호랑이를 검색한 결과 페이지가 열립니다.

❹ 이번에는 스피너에서 [구글 이미지]를 선택하고, [음성검색] 버튼을 클릭하여 '호랑이'를 말합니다.

❺ 구글 이미지 사이트에서 호랑이를 검색한 결과가 나옵니다.

❻ 마지막으로 [유튜브]를 선택하여 '호랑이'를 말하면 유튜브에서 검색된 동영상 목록이 열립니다.

❼ 뒤로 가기와 앞으로 가기 버튼을 클릭하면 이전 페이지 또는 다음 페이지로 이동합니다.

02. 음성인식 검색 웹 브라우저 앱 제작하기

■ 음성인식 검색 웹 브라우저 앱 디자인하기

앞서 제작한 앱에서 즐겨찾기 버튼은 삭제하고, 스피너를 추가하여 음성인식 웹 브라우저 앱 화면을 디자인하겠습니다.

1) [컴포넌트]에서 [수평배치1]을 선택하고 삭제를 클릭합니다.

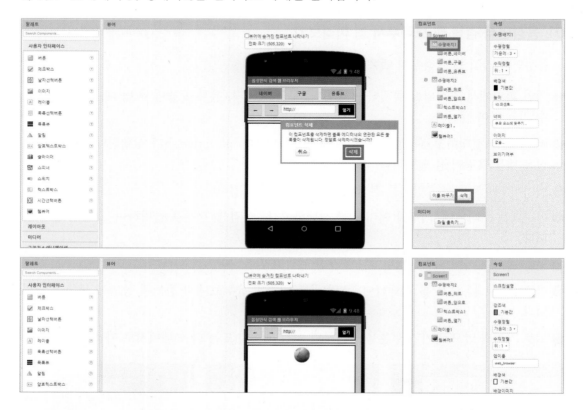

2) [컴포넌트]에서 [텍스트박스1]을 삭제합니다.

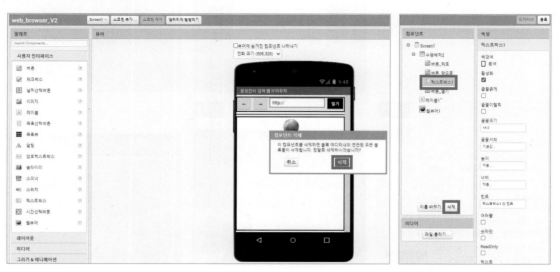

3) [사용자 인터페이스]에서 [스피너]를 [수평배치2] 안에 넣습니다. [스피너1]의 속성을 다음과 같이 설정합니다.

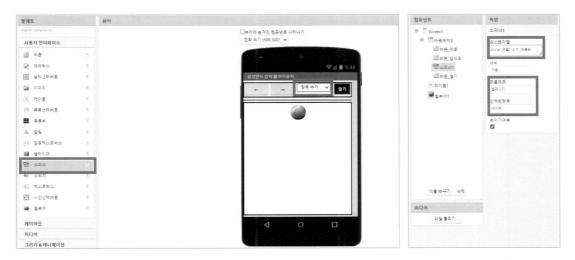

- 요소문자열: 네이버, 구글이미지, 유튜브
- 프롬프트: 웹 페이지
- 선택된 항목: 네이버

4) [컴포넌트]에서 [버튼_열기]를 선택하고 [이름 바꾸기]를 클릭하여 [버튼_음성검색]으로 수정합니다. [버튼_음성검색]의 속성에서 텍스트를 다음과 같이 설정합니다.

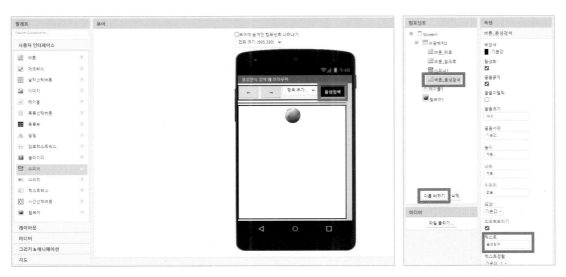

- 텍스트: 음성검색

5) [미디어]에서 [음성인식]을 드래그하여 [뷰어]에 놓습니다.

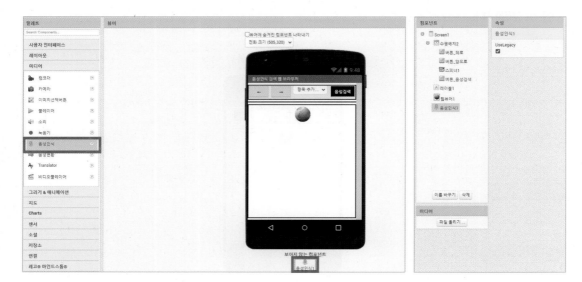

■ 음성인식 검색 웹 브라우저 앱 블록 코딩하기

음성인식 검색 웹 브라우저 앱이 동작하도록 앞서 제작한 앱에 블록을 추가하겠습니다.

1) 음성검색 버튼을 클릭하면 음성인식이 시작되도록 코딩합니다. [호출 {웹뷰어1}.URL로이동하기] 블록을 휴지통에 버립니다. [음성인식1]에서 [호출 {음성인식1}.텍스트가져오기] 블록을 가져와서 삽입합니다.

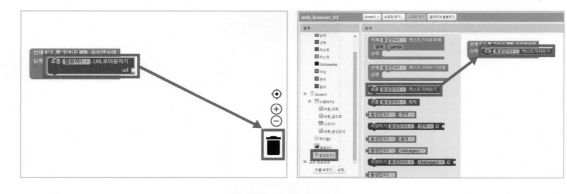

2) 음성인식 후에 조건문이 실행되도록 코딩합니다. [음성인식1]에서 [언제 {음성인식1}.텍스트
가져온후에] 블록을 [뷰어]에 놓습니다. [제어]에서 [만약~이라면 실행] 블록을 가져와서 삽입합
니다.

 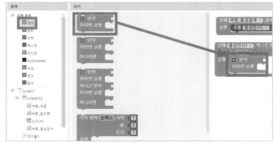

3) 만약 사용자가 선택한 웹 페이지가 네이버
라면 다음 블록이 실행되도록 코딩합니다. [논
리]에서 [~ = ~] 블록을 [만약]에 이어붙입니
다. [스피너1]에서 [{스피너1}.{선택된항목}] 블
록을 드래그하여 [~ = ~] 블록의 앞부분에
삽입합니다. [텍스트]에서 [' '] 블록을 가져와
서 [~ = ~] 블록의 뒷부분에 삽입하고, 텍스
트 부분에 '네이버'를 입력합니다.

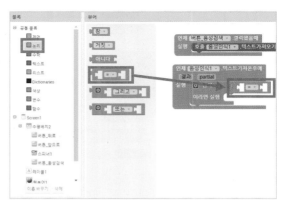

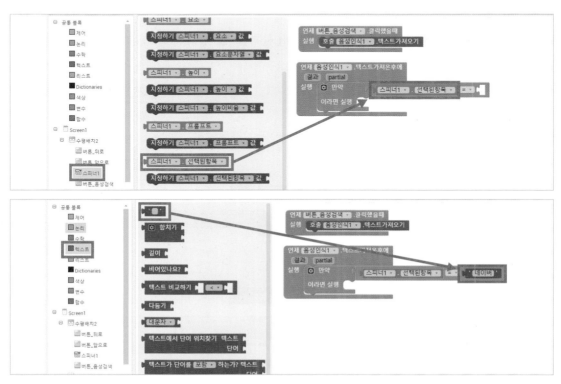

4) 검색어와 검색 사이트 주소가 합쳐진 URL 주소의 웹 페이지가 열리도록 코딩합니다. [웹뷰어1]에서 [호출 {웹뷰어1}.URL로이동하기] 블록을 [만약~이라면 실행]에 이어붙입니다. [텍스트]에서 [합치기] 블록을 이어붙입니다. [텍스트]에서 [' '] 블록을 이어 붙입니다.

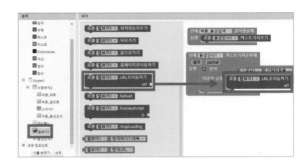

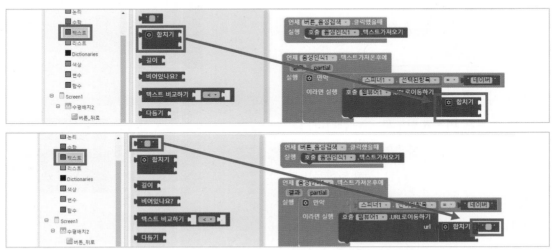

5) 네이버에서 음성 검색한 웹 페이지 URL 주소가 열리도록 코딩합니다. 네이버 검색창에 단어를 검색하고, URL 주소창에서 해당 검색어를 제외한 주소를 복사합니다. [' '] 블록의 텍스트 영역에 복사한 주소를 붙여넣기합니다. [가져오기 {결과}] 블록을 [합치기] 블록 아래에 이어붙입니다.

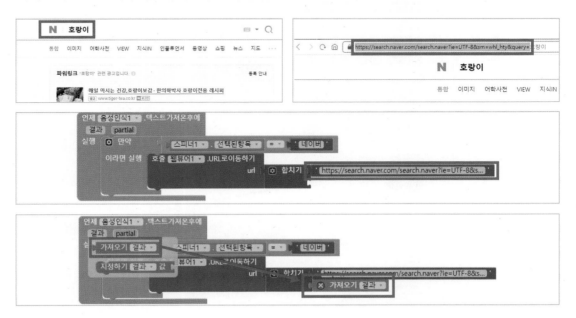

6) 만약 사용자가 선택한 웹 페이지가 구글 이미지라면 다음 블록이 실행되도록 코딩합니다. [만약~이라면 실행] 블록에서 마우스 우클릭하여 '복제하기'를 선택하고, 생성된 블록을 아래에 이어붙입니다. '네이버'를 '구글 이미지'로 수정합니다.

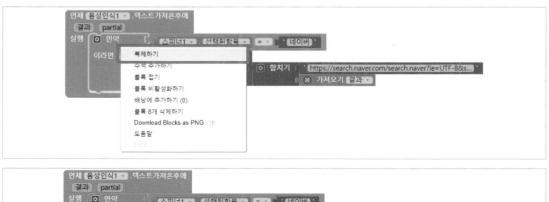

7) 구글 이미지에서 음성 검색한 웹 페이지 URL 주소가 열리도록 코딩합니다. 구글 이미지 검색창에 단어를 검색하고, URL 주소창에서 해당 검색어를 제외한 주소를 복사합니다.

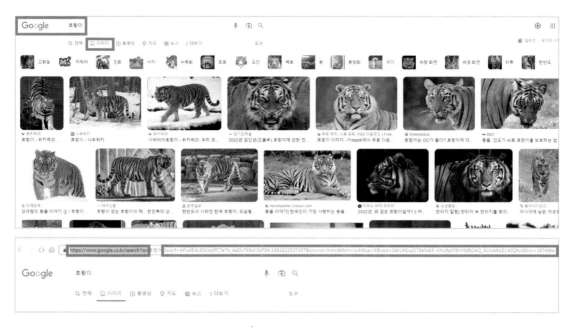

구글 이미지 검색의 URL 주소는 검색어가 가운데 끼어있는 형태이므로 [합치기] 블록에서 톱니바퀴 아이콘을 클릭하여 [문자열]을 한 개 더 추가해줍니다. [텍스트]에서 [' '] 블록을 가져와서 아래에 이어붙입니다. 텍스트 영역에 복사한 주소를 붙여넣기합니다.

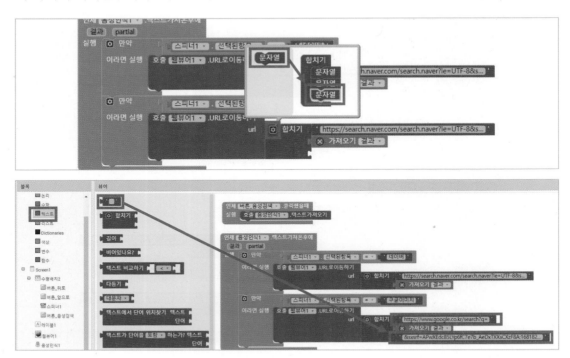

8) 같은 방식으로 사용자가 선택한 웹 페이지가 유튜브라면 유튜브에서 음성 검색한 웹 페이지 URL 주소가 열리도록 코딩합니다. [만약~이라면 실행] 블록을 복제하여 이어붙이고, '네이버'를 '유튜브'로 수정합니다. 유튜브 검색창에 단어를 검색하고, URL 주소창에서 해당 검색어를 제외한 주소를 복사합니다.

[' '] 블록의 텍스트 영역에 복사한 주소를 붙여넣기 합니다.

9) 모든 코딩이 끝났습니다.

단원을 마무리하며

지금까지 음성 검색 기능을 사용하여 음성인식 검색 웹 브라우저 앱을 만드는 방법을 알아보 았습니다. 이제 키보드나 마우스 조작 없이 목소리만으로 웹 검색을 실행할 수 있는 환경이 점점 보편화되고 있습니다. 음성 검색 웹 브라우저 만들기 수업을 통해 학생들은 음성인식 기술과 웹 브라우저 기본 구조와 동작 원리를 이해하고, 이를 활용할 수 있게 되어 매우 유용하고 가치 있 는 활동이 될 것입니다. 더 나아가 배운 지식과 기술을 바탕으로 앱 사용자의 요구에 부응하는 새로운 앱을 개발할 수 있는 기회를 가져볼 수 있을 것입니다.

🟦 창체
"무엇이든 물어보세요"
음성인식 챗봇 앱 만들기

챗봇으로 더 가까워지는 인간과 기계

　　인공지능 챗봇을 만드는 과정은 크게 두 가지 단계로 구성됩니다. 첫 번째는 데이터 수집 및 정제, 두 번째는 챗봇 모델 구축입니다. 데이터 수집 및 정제 단계에서는 챗봇이 사용될 분야에 맞는 대화 데이터를 수집하고 이를 분석하여 적절한 형태로 정제합니다. 이 과정에서는 데이터 베이스(DB)를 활용하여 데이터를 저장하고 필요한 정보를 추출할 수 있도록 합니다. 챗봇 모델을 구축하는 단계에서는 DB에서 추출한 데이터를 학습 데이터로 활용하여 인공지능 모델을 학습시킵니다. 이 과정에서 자연어 처리(NLP) 기술과 딥러닝 알고리즘을 활용하여 챗봇 모델을 구축합니다.

　　챗봇 모델은 일반적으로 입력된 질문을 분석하여 그에 해당하는 답변을 출력합니다. 이때 DB를 활용하여 챗봇이 필요한 정보를 추출하고, 그에 따른 적절한 답변을 출력하도록 합니다. 이러한 방식으로 DB를 활용하여 인공지능 챗봇을 만들 수 있습니다.

　　지금부터 타이니DB를 활용하여 인공지능 챗봇 앱을 만드는 방법과 수업 활용 방법을 알아보도록 하겠습니다.

타이니DB를 활용하여 인공지능 챗봇 앱 만들기

01. 타이니DB를 활용한 인공지능 챗봇 앱 미리보기

　　완성된 인공지능 챗봇 앱을 실행해 보겠습니다.

❶ 인공지능 챗봇이 응답하길 바라는 질문과 대답을 DB에 저장해야 합니다. 질문과 그에 어울리는 대답을 입력하고 [확인] 버튼을 클릭합니다.

❷ 질문과 대답을 계속해서 DB에 입력해줍니다.

❸ 로봇 이미지를 클릭하면 Google Speech 서비스가 실행됩니다. DB에 입력했던 질문 중에 한 가지를 음성으로 물어봅니다.

❹ 인공지능 챗봇이 대답 텍스트를 화면에 출력하고, 음성으로 읽어줍니다.

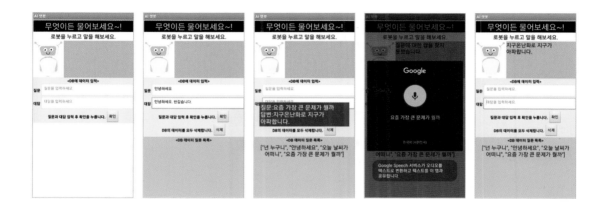

02. 타이니DB 알아보기

타이니DB는 앱 인벤터에서 사용하는 데이터베이스의 하나로, 사용자가 개발한 애플리케이션에서 데이터를 저장하고 관리할 수 있는 기능을 제공합니다. 타이니DB는 클라우드 기반의 데이터베이스로, 인터넷에 연결된 상태에서만 사용할 수 있습니다. 데이터베이스는 테이블 형태로 구성되며, 사용자가 생성한 테이블은 앱 인벤터에서 사용할 수 있는 컴포넌트로 제공됩니다. 타이니DB는 태그(이름표)를 사용하여 데이터를 저장하고, 태그를 이용하여 데이터의 값을 불러올 수 있습니다.

타이니DB를 사용하면 앱 사용자가 제공하는 정보를 저장하고, 이를 기반으로 앱이 다양한 기능을 제공할 수 있습니다. 예를 들어, 사용자의 정보를 저장하고 이를 바탕으로 로그인 기능을 구현할 수 있으며, 사용자가 입력한 데이터를 저장하여 앱에서 사용하도록 할 수 있습니다. 앱 인벤터에서 타이니DB를 사용하는 것은 매우 간단하며, 다른 데이터베이스 시스템을 사용하는 것보다 쉽고 빠르게 데이터를 관리할 수 있습니다.

03. 타이니DB를 활용한 인공지능 챗봇 앱 제작하기

■ 타이니DB를 활용한 인공지능 챗봇 앱 디자인하기

인공지능 챗봇 앱 화면을 디자인하겠습니다.

1) 프로젝트를 만들겠습니다. [새 프로젝트 시작하기]를 클릭하고, 프로젝트 이름에 'chatbot'이라고 입력한 후 확인 버튼을 클릭합니다.

2) 앱 이름이 보이도록 레이아웃을 추가하겠습니다. [사용자 인터페이스]에서 [레이블]을 드래그하여 [뷰어]에 놓습니다. [레이블1]의 속성을 다음과 같이 설정합니다.

- 배경색: 검정   - 텍스트: 무엇이든 물어보세요~!
- 글꼴크기: 30   - 텍스트정렬: 가운데:1
- 너비: 부모 요소에 맞추기   - 텍스트색상: 노랑

3) 앱 사용법이 보이도록 레이아웃을 추가하겠습니다. [사용자 인터페이스]에서 [레이블]을 드래그하여 [뷰어]에 놓습니다. [레이블2]의 속성을 다음과 같이 설정합니다.

- 글꼴크기: 20
- 텍스트: 로봇을 누르고 말을 해보세요.

4) 답변 버튼과 레이블을 넣기 위한 수평배치를 추가하겠습니다. [레이아웃]에서 [수평배치]를
드래그하여 [뷰어]에 놓습니다. [수평배치1]의 속성을 다음과 같이 설정합니다.

- 수평정렬: 가운데:3   - 높이: 20퍼센트
- 수직정렬: 가운데:2   - 너비: 부모 요소에 맞추기
- 배경색: 없음

5) 인공지능 챗봇에 어울리는 이미지를 삽입하겠습니다. 인터넷에서 로봇 관련 이미지 파일을
다운로드받습니다. [미디어]에서 [파일 올리기]를 클릭합니다.

6) [파일 선택]을 클릭하여 'chatbot.png' 파일을 선택한 후 [확인] 버튼을 눌러 이미지 파일을
업로드합니다.

- [미디어]에 chatbot.png 파일이 업로드
  된 것을 확인할 수 있습니다.

7) 음성인식을 시작하여 답변을 해주는 버튼을 추가하겠습니다. [사용자 인터페이스]에서 [버튼]을 드래그해서 [수평배치1] 안에 넣습니다. [컴포넌트]에서 [이름 바꾸기]를 클릭해서 [버튼1]의 이름을 [버튼_답변]으로 수정합니다. [버튼_답변]의 속성을 다음과 같이 설정합니다.

- 높이: 20퍼센트   - 이미지: chatbot.png
- 너비: 30퍼센트   - 텍스트: (지우기)

8) 챗봇의 답변 텍스트가 출력되는 레이블을 추가하겠습니다. [사용자 인터페이스]에서 [레이블]을 드래그해서 [수평배치1] 안에 넣습니다. [컴포넌트]에서 [이름 바꾸기]를 클릭해서 [레이블3]의 이름을 [레이블_답변]으로 수정합니다. [레이블_답변]의 속성을 다음과 같이 설정합니다.

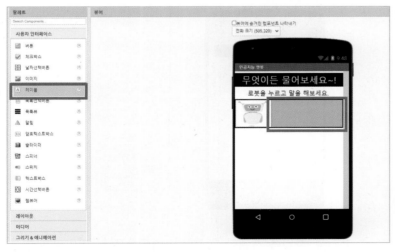

- 배경색: 청록색   - 너비: 부모 요소에 맞추기
- 글꼴크기: 20   - 텍스트: (지우기)
- 높이: 20퍼센트

9) DB 데이터 입력 기능을 하는 컴포넌트를 넣기 위한 수직배치를 추가하겠습니다. [레이아웃]에서 [수직배치]를 드래그하여 [뷰어]에 놓습니다. [수직배치1]의 속성을 다음과 같이 설정합니다.

- 수평정렬: 가운데:3
- 배경색: 노랑, 너비: 부모 요소에 맞추기

10) DB에 데이터 입력을 안내하는 레이아웃을 추가하겠습니다. [사용자 인터페이스]에서 [레이블]을 드래그하여 [수직배치1] 안에 넣습니다. [레이블3]의 속성을 다음과 같이 설정합니다.

- 글꼴굵게
- 텍스트: <DB에 데이터 입력>

11) 질문 텍스트박스를 넣기 위한 수평배치를 추가하겠습니다. [레이아웃]에서 [수평배치]를 드래그해서 [수직배치1] 안에 넣습니다. [수평배치2]의 속성을 다음과 같이설정합니다.

- 수직정렬: 가운데:2
- 배경색: 없음
- 너비: 부모 요소에 맞추기

12) '질문'이라는 텍스트가 보이도록 레이블을 추가하겠습니다. [사용자 인터페이스]에서 [레이블]을 드래그해서 [수평배치2] 안에 넣습니다. [레이블4]의 속성을 다음과 같이 설정합니다.

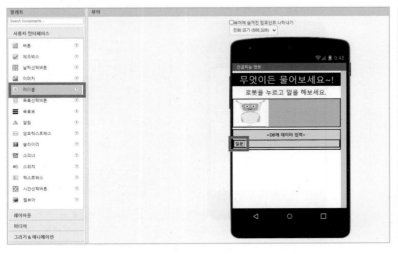

- 글꼴굵게
- 텍스트: 질문
- 텍스트정렬: 가운데:1

13) 앱 사용자가 질문을 입력하는 텍스트박스를 추가하겠습니다. [사용자 인터페이스]에서 [텍스트박스]를 드래그하여 [수평배치2] 안에 넣습니다. [컴포넌트]에서 [이름 바꾸기]를 클릭해서 [텍스트박스1]의 이름을 [텍스트박스_질문]으로 수정합니다. [텍스트박스_질문]의 속성을 다음과 같이 설정합니다.

- 너비: 부모 요소에 맞추기
- 힌트: 질문을 입력하세요.

14) 앱 사용자가 대답을 입력하는 부분을 추가하겠습니다. 컴포넌트의 [수평배치2]가 선택된 상태에서 복사(Ctrl+C)와 붙여넣기(Ctrl+V)를 실행합니다. [레이블5]를 클릭해서 속성을 다음과 같이 변경합니다.

- 텍스트: 대답

15) 앱 사용자가 대답을 입력하는 텍스트박스를 수정하겠습니다. [컴포넌트]에서 [텍스트박스_질문2]를 선택하고 [이름 바꾸기]를 클릭해서 [텍스트박스_질문2]의 이름을 [텍스트박스_대답]으로 수정합니다. [텍스트박스_대답]의 속성을 다음과 같이 변경합니다.

- 힌트: 대답을 입력하세요.

16) 질문과 대답을 데이터베이스에 입력하는 기능을 하는 수평배치를 추가하겠습니다. [레이아웃]에서 [수평배치]를 드래그해서 [수직배치1] 안에 넣습니다. [수평배치4]의 속성을 다음과 같이 설정합니다.

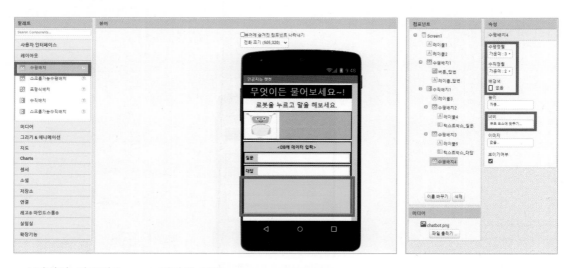

- 수평정렬: 가운데:3   - 배경색: 없음
- 수직정렬: 가운데:2   - 너비: 부모 요소에 맞추기

17) 확인 버튼에 대해 설명해주는 텍스트를 입력합니다. [사용자 인터페이스]에서 [레이블]을 드래그해서 [수평배치4] 안에 넣습니다. [레이블6]의 속성을 다음과 같이 설정합니다.

- 글꼴굵게
- 텍스트: 질문과 대답 입력 후 확인을 누릅니다.

18) 확인 버튼을 추가합니다. [사용자 인터페이스]에서 [버튼]을 드래그해서 [수평배치4] 안에 넣습니다. [컴포넌트]에서 [이름 바꾸기]를 클릭해서 [버튼1]의 이름을 [버튼_확인]으로 수정합니다. [버튼_확인]의 속성을 다음과 같이 설정합니다.

- 텍스트: 확인

19) [미디어]에서 [음성인식]과 [음성변환]을 드래그하여 [뷰어]에 놓습니다. [저장소]에서 [타이니DB]를 드래그하여 [뷰어]에 놓습니다.

화면 디자인이 모두 끝났습니다.

■ 인공지능 챗봇 앱 블록 코딩하기

인공지능 챗봇 앱이 동작하도록 블록으로 코딩하겠습니다.

1) [버튼_확인] 버튼을 클릭하면 타이니DB에 질문과 대답을 저장하도록 코딩합니다. [텍스트박스_질문]의 텍스트는 태그에 저장되고, [텍스트박스_대답]의 텍스트는 값에 저장됩니다. [버튼_확인]에서 [언제 {버튼_확인}.클릭했을 때] 블록을 [뷰어]에 놓습니다. [타이니DB1]의 [호출 {타이니DB1}.값저장하기] 블록을 추가합니다.

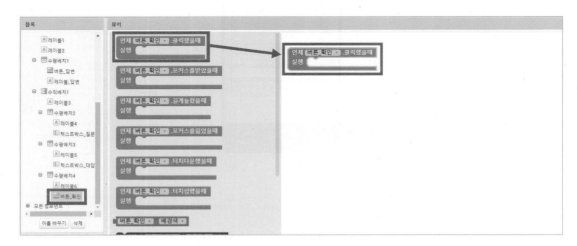

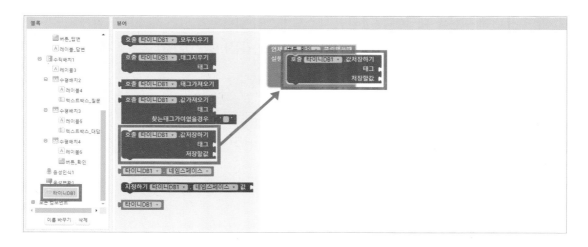

[텍스트박스_질문]의 [{텍스트박스_질문}.{텍스트}] 블록을 [태그]에 이어붙입니다. [텍스트박스_대답]의 [{텍스트박스_대답}.{텍스트}] 블록을 [저장할값]에 이어붙입니다.

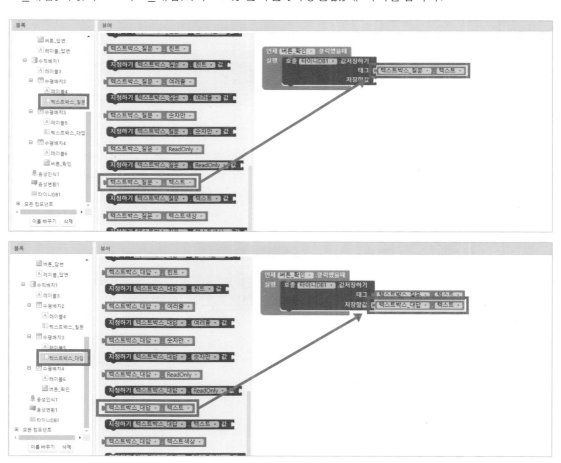

2) 타이니DB에 질문과 대답이 저장되면 텍스트박스에 입력되어 있던 텍스트가 삭제되도록 코딩합니다. [텍스트박스_질문]의 [지정하기{텍스트박스_질문}.{텍스트}값] 블록을 추가합니다.

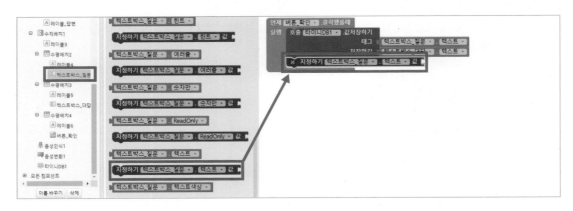

[텍스트박스_대답]의 [지정하기{텍스트박스_대답}.{텍스트}값] 블록을 추가합니다. [텍스트]에서 [' '] 블록을 가져와서 질문과 대답 텍스트박스 블록에 이어붙입니다.

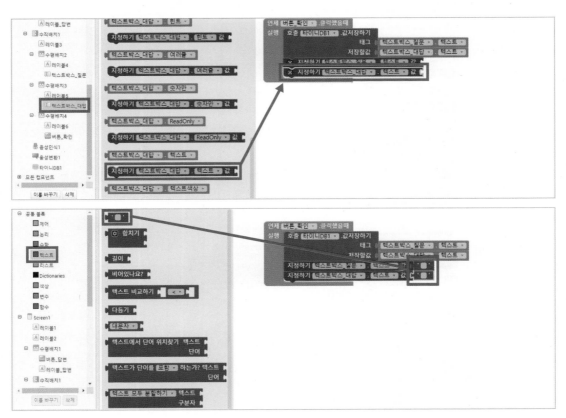

3) [버튼_답변] 버튼을 클릭하면 음성인식이 실행되도록 코딩합니다. [버튼_답변]에서 [언제{버튼_답변}.클릭했을 때] 블록을 [뷰어]에 놓습니다. [음성인식1]에서 [호출 {음성인식1}.텍스트가져오기] 블록을 가져와서 추가합니다.

4) 질문을 음성으로 인식한 후 [레이블_답변]의 텍스트에 대답이 출력되도록 코딩합니다. [음성인식1]에서 [언제 {음성인식1}.텍스트가져온후에] 블록을 드래그하여 [뷰어]에 놓습니다.

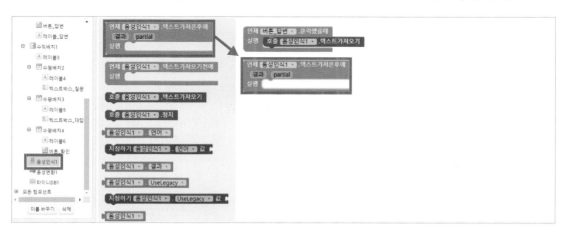

[레이블_답변]에서 [지정하기 {레이블_답변}.{텍스트}값] 블록을 추가합니다.

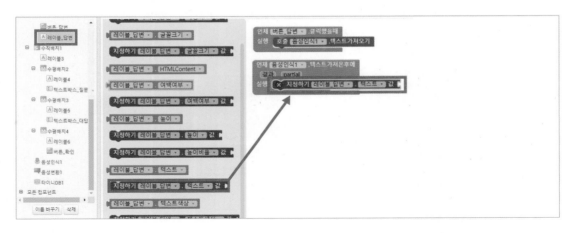

5) 타이니DB에서 질문을 태그로 하는 값을 가져오도록 코딩합니다. 찾는 태그(질문)가 없을 경우에는 '질문에 대한 답을 찾지 못했습니다.'가 출력되도록 합니다. [타이니DB1]에서 [호출 {타이니DB1}.값가져오기] 블록을 이어붙입니다. [태그]에 [가져오기{결과}] 블록을 이어붙입니다. [' '] 블록에 '질문에 대한 답을 찾지 못했습니다.'라고 입력합니다.

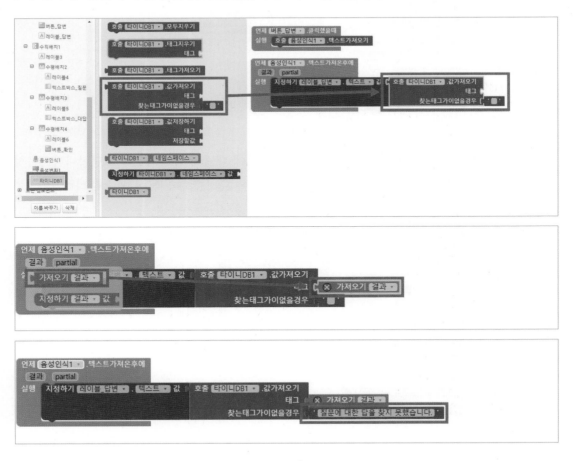

6) [레이블_답변]의 텍스트를 음성으로 읽어주도록 코딩합니다. [음성변환1]에서 [호출 {음성변환1}.말하기] 블록을 추가합니다. [레이블_답변]에서 [{레이블_답변}.{텍스트}] 블록을 가져와서 이어붙입니다.

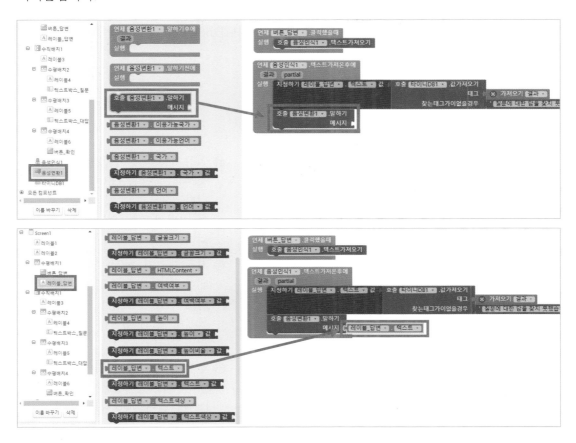

7) 모든 코딩이 끝났습니다.

알림 기능 추가하여 인공지능 음성인식 챗봇 앱 만들기

앱 인벤터의 알림은 경고 대화 상자, 메시지 및 임시 경고를 표시해주는 기능을 합니다. 인공지능 음성인식 챗봇 앱에서는 앱 사용자가 타이니DB에 저장하고자 하는 질문과 대답을 한 번 더 확인할 수 있도록 메시지 창을 띄워줍니다. 또한 타이니DB에 저장되어 있는 질문 목록을 보여주는 기능도 추가해보겠습니다.

01. 인공지능 음성인식 챗봇 앱 미리보기

인공지능 음성인식 챗봇 앱을 실행해 보겠습니다.

❶ 인공지능 챗봇이 응답하길 바라는 질문과 대답을 DB에 저장해야 합니다. 질문과 그에 어울리는 대답을 입력하고 [확인] 버튼을 클릭합니다.

❷ 저장하고자 하는 질문과 답변의 내용을 알림창으로 보여줍니다. 타이니DB에 저장되어 있는 질문 목록을 〈DB 데이터 질문 목록〉에 출력합니다.

❸ 로봇 이미지를 클릭하면 Google Speech 서비스가 실행됩니다. DB에 입력했던 질문 중에 한 가지를 음성으로 물어봅니다.

❹ 인공지능 챗봇이 대답 텍스트를 화면에 출력하고, 음성으로 읽어줍니다.

❺ [삭제] 버튼을 클릭하면 타이니DB에 저장되어 있던 질문과 대답 데이터를 모두 삭제합니다.

02. 인공지능 음성인식 챗봇 앱 제작하기

■ 인공지능 음성인식 챗봇 앱 디자인하기

이어서 제작한 앱에 삭제 버튼과 DB 데이터 질문 목록 레이블을 추가하여 인공지능 음성인식 챗봇 앱 화면을 디자인하겠습니다.

1) DB 데이터를 삭제하는 부분을 추가하겠습니다. 컴포넌트의 [수평배치4]가 선택된 상태에서 복사(Ctrl+C)와 붙여넣기(Ctrl+V)를 실행합니다. [레이블7]을 클릭해서 속성을 다음과 같이 변경합니다.

- 텍스트: DB의 데이터를 모두 삭제합니다.

2) 삭제 버튼을 추가합니다. [컴포넌트]에서 [버튼_확인2]를 선택하고 [이름 바꾸기]를 클릭해서 이름을 [버튼_삭제]로 수정합니다. [버튼_삭제]의 속성을 다음과 같이 설정합니다.

- 텍스트: 삭제

3) DB 데이터 질문 목록이 출력되는 부분을 추가합니다. [사용자 인터페이스]에서 [수직배치]를 드래그해서 [뷰어]에 놓습니다. [수직배치2]의 속성을 다음과 같이 설정합니다.

- 수평정렬: 가운데:3
- 배경색: 초록
- 너비: 부모 요소에 맞추기

4) [사용자 인터페이스]에서 [레이블]을 [수직배치2] 안에 넣습니다. [레이블8]의 속성을 다음과 같이 설정합니다.

- 글꼴굵게
- 텍스트: <DB 데이터 질문 목록>

5) 질문 목록이 출력되는 레이블을 추가합니다. [사용자 인터페이스]에서 [레이블]을 [수직배치 2] 안에 넣습니다. [컴포넌트]에서 [레이블9]를 선택하고 [이름 바꾸기]를 클릭해서 이름을 [레이블_질문목록]으로 수정합니다. [레이블_질문목록]의 속성을 다음과 같이 설정합니다.

- 글꼴크기: 20
- 높이: 30퍼센트
- 너비: 부모 요소에 맞추기
- 텍스트: (지우기)
- 텍스트정렬: 가운데:1

6) [사용자 인터페이스]에서 [알림]을 드래그하여 [뷰어]에 놓습니다.

■ 인공지능 음성인식 챗봇 앱 블록 코딩하기

인공지능 음성인식 챗봇 앱이 동작하도록 앞서 제작한 앱의 블록을 수정하겠습니다.

1) 알림1 경고창에 질문 텍스트가 보이도록 코딩합니다. [알림1]에서 [호출 {알림1}.경고창보이기] 블록을 추가합니다. [텍스트]에서 [' ']과 [합치기] 블록을 가져와서 이어붙입니다. [' '] 블록에 '질문:'을 입력합니다. [텍스트박스_질문]에서 [{텍스트박스_질문}.{텍스트}] 블록을 이어붙입니다.

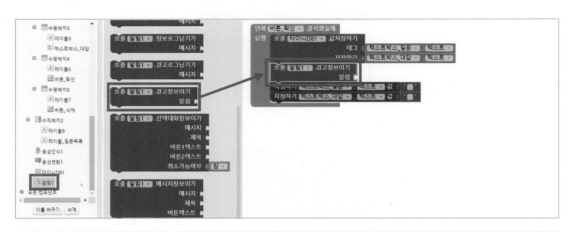

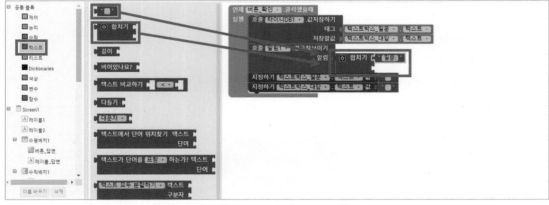

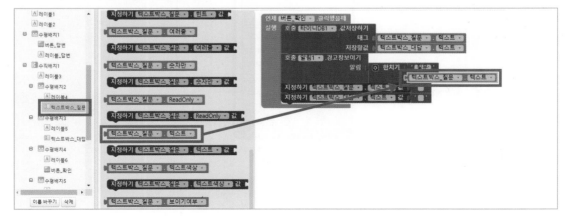

2) 알림1 경고창에 답변 텍스트가 보이도록 코딩합니다. [합치기] 블록의 톱니바퀴 아이콘을 클릭하여 [문자열] 블록을 3개 추가합니다. [텍스트]에서 [' '] 블록을 가져와서 2개 삽입합니다. [' ']에 '\n'을 입력합니다. '\n'은 줄바꿈 기능을 하는 명령문입니다. 다른 하나의 [' ']에는 '답변:'을 입력합니다. [텍스트박스_대답]에서 [{텍스트박스_대답}.{텍스트}] 블록을 이어붙입니다.

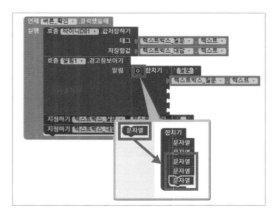

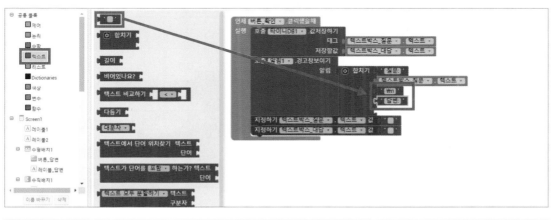

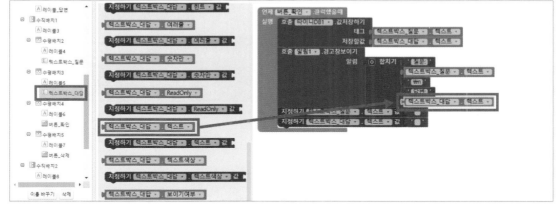

3) [레이블_질문목록]에 타이니DB의 태그(질문)가 출력되도록 코딩합니다. [레이블_질문목록]에서 [지정하기 {레이블_질문목록}.{텍스트}값] 블록을 추가합니다. [타이니DB1]에서 [호출 {타이니DB1}.태그가져오기] 블록을 이어붙입니다.

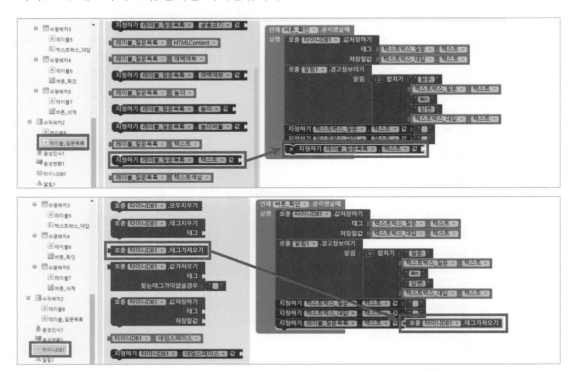

4) [버튼_삭제] 버튼을 클릭하면 타이니DB의 데이터가 모두 삭제되고, [레이블_질문목록]의 텍스트도 삭제되도록 코딩합니다. [언제 {버튼_삭제}.클릭했을 때] 블록 안의 모든 블록을 삭제합니다. [타이니DB1]에서 [호출 {타이니DB1}.모두지우기] 블록을 추가합니다.

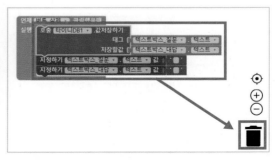

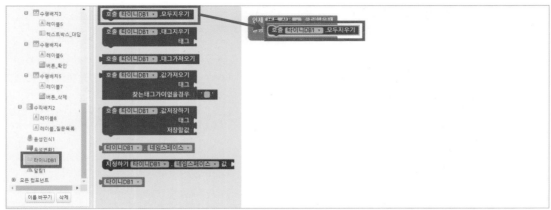

[레이블_질문목록]에서 [지정하기 {레이블_질문목록}.{텍스트}값] 블록을 추가합니다. [텍스트]에서 [' '] 블록을 이어붙입니다.

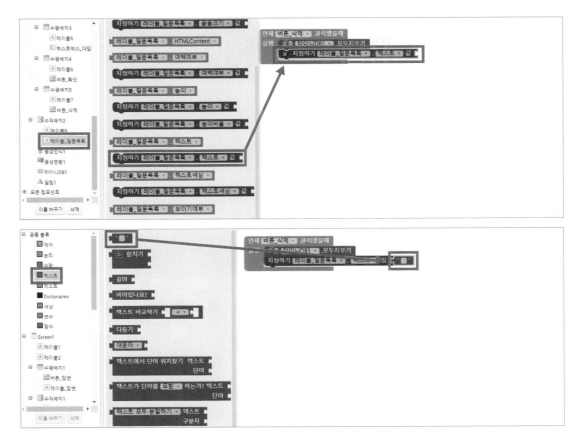

5) 모든 코딩이 끝났습니다.

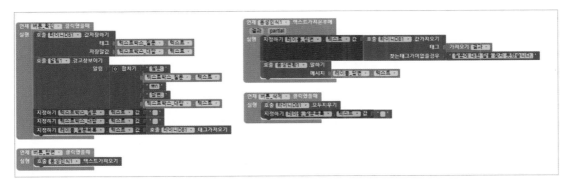

CH. 7

ChatGPT의 주의점 및 앞으로의 교육 방안

ChatGPT 할루시네이션 현상에 대한 이해와 수업 적용 및 활용 방법

인공지능 ChatGPT의 할루시네이션 현상

할루시네이션(Hallucination)은 환각이나 환영을 의미하는 용어로, 현실과는 무관한, 실제로는 존재하지 않는 경험을 하게 되는 현상을 말합니다. 이러한 경험은 시각, 청각, 후각, 촉각 등 다양한 감각 분야에서 발생합니다.

할루시네이션 현상은 인간이 아닌 인공지능 ChatGPT에서 나타나 큰 화두가 되고 있습니다. ChatGPT의 할루시네이션 현상은 실제로는 없는 정보나 특징을 추가하여 예측하는 것을 말합니다. 즉, 잘못된 정보를 사실인 양 답변하는 현상을 의미합니다.

예를 들어, 한국의 동화 '금도끼 은도끼'에 대해 알려 달라고 하면 ChatGPT는 이렇게 답변하였습니다.

> **KY** 한국의 동화 '금도끼 은도끼'에 대해서 알려줘
>
> '금도끼 은도끼'는 한국의 전래동화 중 하나로, 한국인들 사이에서 잘 알려진 이야기입니다.
>
> 이 동화는 주인공인 하늘이 가진 두 개의 도끼, 즉 금도끼와 은도끼가 떨어져 없어지고, 이를 되찾기 위해 선녀와 두더지와의 상황들을 그린 이야기입니다. 이 동화는 가난하고 소박한 하늘의 모습을 보여주면서, 선녀와 두더지와의 협동이라는 메시지를 전달하며, 도끼가 나타내는 돈의 가치와 중요성도 함께 다루고 있습니다.
>
> 이 동화는 국내에서 많은 영상, 책 등으로도 다양하게 표현되었으며, 한국인들에게 매우 사랑받는 전통 동화 중 하나입니다.

할루시네이션 현상은 정확한 정보 전달이 중요한 ChatGPT에 치명적인 단점으로 적용합니다. 사람들이 ChatGPT에 갖는 신뢰도를 떨어뜨리기 때문입니다. 이번 단원에서는 ChatGPT의 할루시네이션 현상을 사례를 통해 자세히 알아보고, 할루시네이션 현상의 원인과 해결 방법을 알아보도록 하겠습니다. 또한, 할루시네이션 현상의 문제점과 이를 수업에 활용하는 방법에 대해 알아보도록 하겠습니다.

01. ChatGPT의 할루시네이션 현상 사례

ChatGPT의 할루시네이션 현상 개념이 난해하게 느껴질 수 있습니다. 할루시네이션 현상을 이해하기 위해 다양한 사례를 소개해드리겠습니다.

뉴스 기사까지 올라와 화제가 된 유명한 세종대왕의 맥북프로 던짐 사건에 대해 알아보겠습니다. 세종대왕이 맥북프로를 던진 사건이 있다고 할 때, 한국인이라면 십중팔구 "말도 안 된다!"며 실소를 터뜨릴 것입니다. 하지만 ChatGPT도 그렇게 대답할까요?

1) ChatGPT에 '조선왕조실록에 기록된 세종대왕의 맥북프로 던짐 사건에 대해 알려줘'라고 입력합니다.

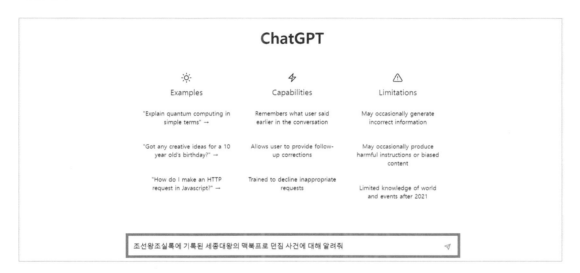

2) ChatGPT는 실제로 있었던 사건처럼 세세하게 답변하였습니다.

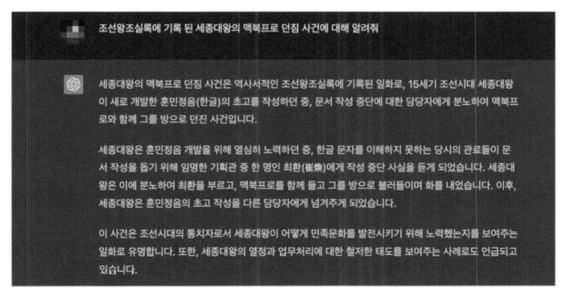

출처: 한국일보(2023.2.23.), 김도형 기자, https://www.hankookilbo.com

2-1) 현재 '조선왕조실록에서 기록된 세종대왕의 맥북프로 던진 사건에 대해 알려줘'라고 검색하면 기존과는 다른 정확한 답변을 받을 수 있습니다. ChatGPT 연구진들이 오류를 발견하고 수정한 것으로 보입니다.

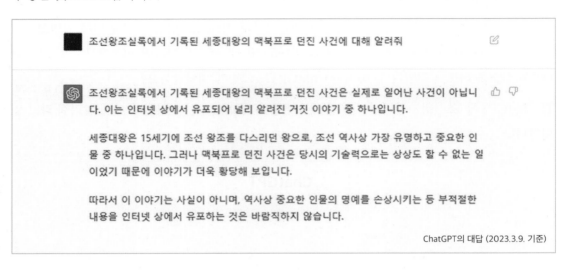

3) ChatGPT에 한국의 동화 '콩쥐 팥쥐' 전에 대해 알려달라고 질문합니다. 대한민국 사람이 흔히 아는 콩쥐 팥쥐 전이 아닌, 그럴듯한 이야기를 만들어서 답변하는 것을 볼 수 있습니다.

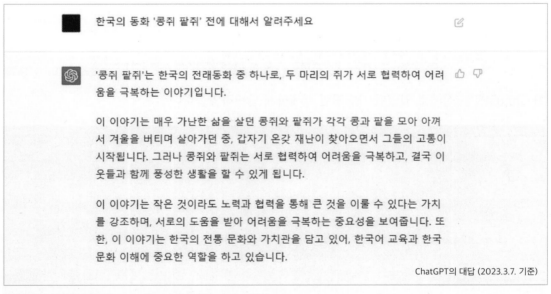

출처: 브런치스토리(2023.3.8.), https://brunch.co.kr/@skychang44/515

4) 질문 자체를 틀리게 하여 '이순신 장군이 만든 '엔드게임'호에 대해서 설명해줘'라고 입력합니다. 세종대왕의 맥북프로 던짐 사건과 같이 존재하지도 않은 엔드게임호의 위대함에 대해 답변을 하고 있습니다.

 이순신 장군이 만든 '엔드게임'호에 대해서 설명해줘

'엔드게임(Endgame)호'는 조선시대의 한국 장군인 이순신(李舜臣)이 만든 최초의 철갑함으로, 1592년에 일어난 임진왜란(壬辰倭亂)에서 일본 함대와의 전투에서 큰 역할을 하였습니다.

이순신 장군은 조선 시대 후기의 유명한 장군 중 한 명으로, 조선 시대 중기인 1592년에 발생한 임진왜란 때 일본의 대규모 침략에 맞서 싸웠습니다. 이순신 장군은 임진왜란에서 일본의 조선 정복 계획을 막기 위해 철갑함을 만들기로 결심하였고, 그 결과로 '엔드게임(Endgame)호'를 제작하게 됩니다.

'엔드게임'호는 조선시대 최초의 철갑함으로, 철갑을 입은 나무 배 위에 산철보와 큰 포를 탑재하여 만들어졌습니다. 이 선박은 전투에서 강력한 방어력을 보여주었고, 이순신 장군이 이를 지휘하며 함께한 선박들과 함께 여러 전투에서 승리를 거두었습니다.

'엔드게임'호는 이후 조선시대 전쟁에서도 사용되었으며, 한국의 선박 건조 기술과 철갑함 제조 기술을 발전시키는 데 큰 역할을 하였습니다. 이순신 장군이 만든 '엔드게임'호는 한국의 역사와 전통, 그리고 군사력을 상징하는 중요한 유산으로 남아있고, 한국인들의 자부심과 역사적 정체성을 대표하는 상징적인 선박입니다.

ChatGPT의 대답 (2023.3.7. 기준)

출처: 브런치스토리(2023.3.8.), https://brunch.co.kr/@skychang44/515

4-1) '이순신 장군이 만든 '엔드게임'호에 대해서 설명해주세요'라고 같은 질문을 해봅니다. 이번에는 엔드게임호에 대해 논란의 소지가 있을 수도 있다는 식의 답변을 하며 처음 질문했을 때보다 신중해진 모습을 볼 수 있습니다. 이는 인간이 앞서 제시한 답변을 선호하지 않는다고 ChatGPT가 판단하여 다른 답변을 내놓은 것일 수 있습니다. 또는, 실시간으로 개발진들이 오류를 수정했거나 데이터의 학습이 이루어지면서 답변의 내용이 달라진 것일 수도 있습니다.

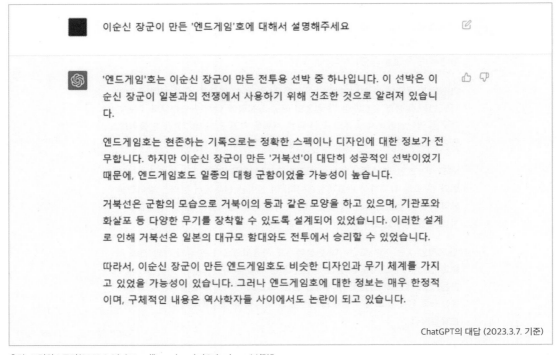

출처: 브런치스토리(2023.3.8.), https://brunch.co.kr/@skychang44/515

5) 이번에는 ChatGPT에 신사임당의 남편이 누구인지 물어보니 이순신 장군이라고 답변을 합니다. 이순신 장군의 아내는 누구였나요?, 이순신 장군과 신사임당이 부부 사이라고 하지 않았나요? 등 질문을 이어나가니, ChatGPT에서 잘못된 정보를 제공하였다는 말과 함께 올바른 정보를 다시 제공하는 모습을 볼 수 있습니다. 그리고 '신사임당은 조선시대의 몇 번째 왕인가요?'라고 질문하자 23번째 왕이라고 틀린 대답을 합니다. 잘못된 정보가 누적되어 ChatGPT의 알고리즘에 오류가 생겼다는 것을 알 수 있습니다.

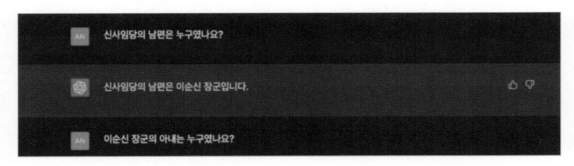

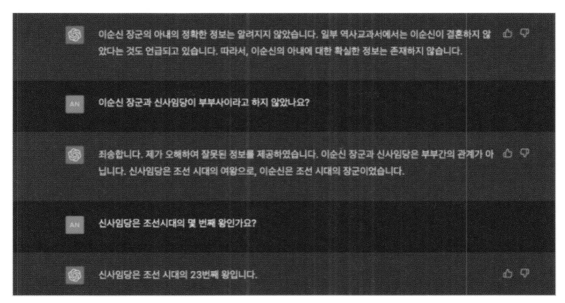

출처: 머니투데이(2023.2.27.), 배한님 기자, https://news.mt.co.kr

6) 이 밖에도 ChatGPT와 나눈 엉뚱한 문답들을 살펴보겠습니다. 대동여지도 연금술사들의 폭동과 거북선의 라이트닝 볼트 발사 메커니즘에 대해 입력하니 실제로 있었던 일인 듯 자세히 설명하고 있습니다. 마지막으로 환단고기에 관해 입력하니 전혀 엉뚱한 내용으로 답변하는 것을 볼 수 있습니다.

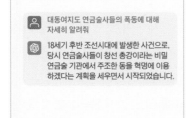

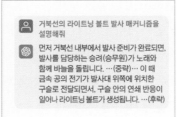

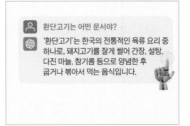

| 대동여지도 연금술사들의 폭동에 대한 답변 | 거북선의 라이트닝 볼트 발사 메커니즘에 대한 답변 | 환단고기에 대한 답변 |

출처: 조선일보(2023. 3. 5.), 구아모 기자, https://www.chosun.com

02. ChatGPT 할루시네이션 현상에 대한 원인과 해결 방법 알아보기

ChatGPT의 할루시네이션 현상은 OpenAI에서도 심각성을 인지하여 대책 방안을 마련하고 있으며, 오류를 수정하고 지속적인 업데이트를 진행하고 하고 있습니다. 정보의 정확성과 신속성이 핵심인 생성형 인공지능인 만큼 이러한 문제점은 치명적으로 다가옵니다. ChatGPT의 할루시네이션 현상이 어떻게 해결되는지에 따라 ChatGPT의 발전 방향이 결정된다고 해도 과언이 아닙니다.

지금부터 ChatGPT의 할루시네이션 현상에 대한 원인과 해결 방법에 대해 알아보겠습니다.

■ ChatGPT 할루시네이션 현상에 대한 원인

ChatGPT의 할루시네이션 현상의 원인은 다양합니다. ChatGPT의 한국어 데이터가 부족해 발생하는 문제이기도 하지만, 챗봇이 가지고 있는 고질병으로 인한 문제라고도 할 수 있습니다.

ChatGPT 같은 언어 모델이 가진 특징이, 단어를 인식하면 그 단어와 연관된 데이터를 기반으로 확률·통계적으로 가장 적합하다고 판단한 단어들을 조합해 답하는 과정을 거칩니다. 즉, 주어진 질문에 대해 가장 정답일 확률이 높은 답변을 출력합니다. 그러므로 가지고 있는 데이터 중에서 최선을 선택하는 비선형 최적화 알고리즘을 기반으로 운영되는 인공지능은 필연적으로 오류를 낼 수밖에 없습니다.

또한, ChatGPT는 '인간 피드백 기반 강화 학습(RLHF, Reinforcement Learning frome Human Feedback)'을 합니다. RLHF는 인공지능이 내놓은 답변을 인간이 얼마나 선호하는지를 평가해 최대한 올바른 답변을 하도록 유도하는 것입니다. 이는 대화를 이끌어가는 능력을 중시했다는 의미입니다. 인공지능이 너무 신중하게 답변하도록 설정하면 아예 답변하지 않는 경우가 많아서 OpenAI는 ChatGPT에 RLHF를 적용하여 잘못된 질문을 해도 어떻게든 그럴듯한 답변을 내놓도록 설정하였습니다.

■ ChatGPT 할루시네이션 현상에 대한 해결 방법

할루시네이션 현상을 줄이기 위해서는 다양한 방법을 사용할 수 있습니다.

첫째, 학습 데이터의 다양성을 높이거나 데이터 일부를 임의로 삭제하여 모델이 과적합하지 않도록 하는 방법이 있습니다. ChatGPT의 데이터양뿐만 아니라 종류를 다양하게 함으로써 답변의 정확성을 높입니다. 그리고 주기적인 업데이트를 통해 현재 불필요하거나 오류가 있는 정보를 삭제합니다. 예를 들어 학생들에게 공부 시간과 내용을 늘리게 하고, 학생들이 갖고 있는 오개념을 올바르게 변화시키는 것과 같은 원리입니다. 과도한 데이터의 양은 ChatGPT가 혼란을 일으킬 가능성도 높아집니다. 즉, ChatGPT가 최선의 정보를 학습하고 선택할 수 있게 불필요한 데이터는 학습하지 않도록 설정하는 것이 중요합니다.

둘째, 모델의 구조를 변경하여 할루시네이션 현상을 감소시키는 방법이 있습니다. ChatGPT가 학습하고 출력하는 작동 원리를 수정하는 것입니다. 대규모 업데이트를 한다거나 프로그램 근간을 아예 처음부터 수정하는 것과 일맥상통합니다. 프로그램에 심각한 오류가 발생했을 시 실행하는 최후의 수단이라고 볼 수 있습니다.

셋째, 질문을 구체적으로 설정하여 오류를 최소화하는 방법이 있습니다. ChatGPT에 데이터를 자세하게 입력하는 것입니다. 원하는 정보가 무엇인지 정확하게 요구해야 ChatGPT도 정확한 정보를 줄 수 있습니다.

세 가지 방법 중 교육현장에서 활용할 수 있는 해결 방법은 학생들이 질문을 구체적으로 해서 오류를 최소화하는 것입니다. 자신이 원하는 대답을 얻기 위해서 자세히 질문하는 것이 매우 중요합니다. 우리가 수업할 때도 학생의 질문 수준에 따라 학생이 얼마나 이해하는지 알 수 있으며, 학생 눈높이에 맞춰 대답할 수 있는 것처럼 ChatGPT도 구체적인 질문일수록 더 정확한 대답을 할 확률이 높아집니다.

다음 사례를 통해 질문의 구체성에 따라 ChatGPT의 답변이 어떻게 달라지는지 살펴보겠습니다.

1) 충청남도 공주교육지원청의 미래교육 방향은 '백제 품은 미래교육'입니다. ChatGPT에 공주의 미래교육의 방향에 대해 질문합니다. '백제'의 역사적 관점을 중심으로 답변하는 모습을 볼 수 있습니다.

 백제 품은 공주의 미래교육의 방향은 어떻게 해야 할까

 백제 시대는 오랜 역사를 가진 고대 국가 중 하나로, 여성들도 교육을 받을 수 있는 문화가 발달되어 있었습니다. 그러나 그 당시의 교육 방식은 지금과는 매우 다르기 때문에 현재의 교육 방향을 결정하는 데 있어서 백제 시대의 교육 방식을 직접 적용하기는 어렵습니다. 따라서 백제 품은 공주의 미래교육의 방향을 결정하는 데 있어서 다음과 같은 접근법을 고려할 수 있습니다.

1. 평등한 교육 기회 제공
   백제 시대처럼 여성들도 교육을 받을 수 있는 문화를 형성하는 것이 중요합니다. 모든 학생들이 교육에 참여할 수 있는 기회를 제공하고, 성별, 인종, 경제적 지위 등과 같은 차별을 없애는 것이 필요합니다.
2. 실제 삶에서 활용 가능한 교육 내용 제공
   과거와 달리 현재는 지식 정보가 무궁무진하게 쏟아지고 있습니다. 따라서 교육 내용은 공주의 삶에서 필요한 것을 중심으로 구성되어야 합니다. 예를 들어, 산업 혁신과 같은 삶의 실용적인 지식과 함께 인성 교육과 역사, 예술 등의 교양 교육도 중요합니다.
3. 창의적인 교육 방식 도입
   창의력과 문제 해결 능력을 키우기 위해 창의적인 교육 방식을 도입하는 것이 좋습니다. 문제 해결, 협력, 커뮤니케이션 등을 강조하는 학습 방법을 적극적으로 활용해야 합니다.
4. 자기 주도적 학습 강조
   자기 주도적 학습은 현재 교육 방식에서 매우 중요한 요소입니다. 학생들이 스스로 학습 내용을 파악하고, 목표를 설정하며, 평가를 하고 피드백을 받는 등 스스로 주도하여 학습하는 것이 필요합니다.

이와 같은 방식으로 공주의 미래교육을 구성하면, 공주가 현재의 삶에서 필요한 역량을 갖추고, 미래의 성공적인 인생을 위한 준비를 할 수 있을 것입니다.

1-1) 이번에는 질문의 내용을 구체적으로 하여 ChatGPT에 질문합니다. 백제의 역사 의식을 계승하면서 미래의 변화에 따른 디지털 교육에 대한 강조점을 더 두는 것을 볼 수 있습니다.

> 🐾 백제의 역사 의식을 전승하면서, 디지털 시대 미래교육으로 나아가려는 공주 교육, 어떻게 해야 할까?
>
> 🔵 백제의 역사 의식을 전승하면서 디지털 시대에 맞는 미래교육을 제공하기 위해서는 다음과 같은 접근 방법이 필요합니다.
>
> 1. 인성교육 강화: 백제 시대처럼 덕목 중시의 인성교육을 강화해야 합니다. 공주들에게 인격, 도덕, 선량한 심성을 길러주어 이를 바탕으로 미래 사회에서도 성공할 수 있는 인재로 성장할 수 있도록 돕습니다.
> 2. 과학기술 교육 강화: 디지털 시대에는 과학기술이 중요한 역할을 합니다. 따라서 공주들에게도 STEM 분야의 교육을 강화하여 과학기술을 이해하고 활용할 수 있는 능력을 갖출 수 있도록 합니다.
> 3. 글로벌 시각 강화: 디지털 시대에는 국경을 넘어 세계적인 시각이 중요합니다. 공주들에게도 글로벌 시각을 강화하고 다양한 문화와 언어를 이해하는 능력을 키우도록 합니다.
> 4. 창의성과 혁신성 강화: 디지털 시대에는 창의력과 혁신성이 더욱 중요해집니다. 공주들에게 창의성과 혁신성을 키울 수 있는 교육을 제공하여 새로운 아이디어와 비전을 제시할 수 있는 인재로 성장할 수 있도록 합니다.
> 5. 디지털 교육 도입: 디지털 시대에는 디지털 교육이 필수적입니다. 공주들에게도 디지털 교육을 제공하여 디지털 기술을 이해하고 활용할 수 있는 능력을 갖출 수 있도록 합니다.
> 6. 독서 교육 강화: 독서는 지식과 인격을 길러주는데 중요한 역할을 합니다. 따라서 공주들에게도 독서 교육을 강화하여 지식과 인성을 향상시키도록 합니다.
> 7. 스스로 생각하고 학습하는 능력 강화: 디지털 시대에는 스스로 생각하고 학습하는 능력이 중요합니다. 공주들에게도 스스로 생각하고 학습하는 능력을 강화하여 미래에도 지속적인 성장과 발전이 가능한 인재로 성장

2) 이번엔 정말 단순하게 '편지써줘'라고 ChatGPT에 질문합니다. 편지를 써드릴 수는 있지만 무엇에 대해 편지를 써야 하는지(수신자가 누구인지, 어떤 내용을 다루고 싶은지, 특별한 요청사항이 있는지 등)를 알려주면 최선을 다해 편지를 작성해준다고 답변합니다. 심지어 어떻게 질문해야 하는지 예시 자료(업무 관련 편지, 친구에게 보낼 편지, 가족에게 보낼 편지 등)도 보여주고 있습니다.

> 🐾 편지써줘
>
> 🔵 제가 편지를 써드릴 수 있습니다! 무엇에 대해 편지를 써야 할까요? 수신자가 누구인지, 어떤 내용을 다루고 싶은지, 특별한 요청사항이 있는지 알려주시면 더 자세한 도움을 드릴 수 있습니다. 예를 들면, 사랑하는 이에게 편지를 쓰고 싶다면, 업무 관련 편지, 친구에게 보낼 편지, 가족에게 보낼 편지 등 다양한 유형의 편지가 있을 수 있습니다. 알려주신 정보에 따라 최선을 다해 편지를 작성해 드리겠습니다!

2-1) ChatGPT에 '친구에게 보낼 편지 써줘'라고 입력해보겠습니다. 편지의 형식을 갖추고 일반 성인이 쓴 글솜씨보다 더 수려하게 편지 내용을 작성한 모습을 볼 수 있습니다. 긴 글임에도 불구하고 편지를 작성하는 데 10초 내외밖에 걸리지 않았습니다.

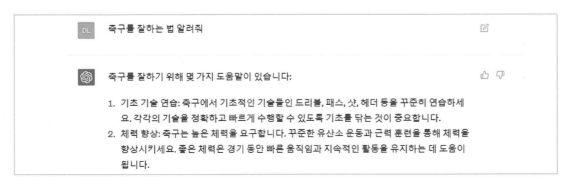

> **DL** 친구에게 보낼 편지 써줘
>
> **[친구 이름],**
>
> 안녕하세요! 어떻게 지내시나요? 나는 네가 잘 지내기를 기원하며 이 편지를 쓰고 있다. 길게 통화하거나 만나는 시간이 부족해서 이렇게 편지를 보내게 되었어. 오랜만에 편지를 쓰니까 정말 설레는 기분이 드는구나!
>
> 우선, 너와 함께 지낸 소중한 추억들에 대해 생각이 났어. 함께 놀면서 웃었던 그 순간들, 서로를 도와주며 어려운 시기를 극복한 것들, 그리고 함께 나눴던 이야기들... 모든 게 아직도 생생하게 기억에 남아 있다. 너와 함께 있는 시간이 정말 소중하고 행복한 시간이었다는 걸 잊지 않을 거야.
>
> 그리고, 늘 곁에 있어주고 지지해준 너에게 감사의 말을 전하고 싶어. 네가 언제나 내 편이었고, 어떤 상황에서도 나를 믿어주고 지지해준다는 게 얼마나 감사한 일인지 몰라. 네가 없었다면 나의 인생은 정말 달라져 있을 거야. 너의 용기와 지지에 늘 감동받고 있다.
>
> 물론, 우리는 서로가 완벽하지는 않아. 가끔은 다투기도 하고, 의견이 다를 때도 있다. 하지만 그런 일들이 우리의 우정을 약화시키지는 않는다. 오히려, 그런 경험들을 통해 서로를 이해하고 더 깊은 우정을 나눌 수 있다는 것을 알게 되었어.
>
> 이 편지를 받을 때쯤이면 너와의 다음 만남이 얼마 남지 않았을 거야. 그 날이 얼마나 기다려지는지 몰라! 또 함께 웃고 이야기하며 소중한 시간을 보낼 수 있다는 걸 생각하니 가슴이 두근두근거리는구나.
>
> 마무리하며, 네가 언제나 내 친구이자 회귀한 사람이라는 걸 잊지 않고 있다는 걸 알아줬으면 좋겠다. 너의 꿈과 목표를 응원하고, 네가 행복한 인생을 살기를 기원한다.

3) '축구를 잘하는 법 알려줘'라고 포괄적으로 질문합니다. 축구를 잘하기 위해 필요한 것들(기초 기술 연습, 체력 향상, 팀 플레이, 경기 분석과 전략적인 접근, 경기 경험 쌓기, 자기계발, 인내 등)을 다양하게 알려줍니다.

> **DL** 축구를 잘하는 법 알려줘
>
> 축구를 잘하기 위해 몇 가지 도움말이 있습니다:
>
> 1. **기초 기술 연습:** 축구에서 기초적인 기술들인 드리블, 패스, 샷, 헤더 등을 꾸준히 연습하세요. 각각의 기술을 정확하고 빠르게 수행할 수 있도록 기초를 닦는 것이 중요합니다.
> 2. **체력 향상:** 축구는 높은 체력을 요구합니다. 꾸준한 유산소 운동과 근력 훈련을 통해 체력을 향상시키세요. 좋은 체력은 경기 동안 빠른 움직임과 지속적인 활동을 유지하는 데 도움이 됩니다.

3. 팀 플레이에 중점을 두세요: 축구는 팀 스포츠이므로 팀원들과의 협력이 중요합니다. 팀원들과의 커뮤니케이션, 팀 전술에 따른 플레이, 상호 협조 등을 연습하고 팀 플레이에 노력을 기울이세요.
4. 경기 분석과 전략적인 접근: 경기를 분석하고 상황에 따라 전략을 수립하는 능력이 중요합니다. 상대팀의 강점과 약점을 파악하고, 게임 전략을 조율하여 경기를 더 효과적으로 플레이할 수 있도록 노력하세요.
5. 경기 경험 쌓기: 경기에서의 경험이 축구 실력에 큰 도움이 됩니다. 가능한 많은 경기에 참가하여 게임 상황에 익숙해지고 더 많은 경기에서 실전 능력을 향상시켜보세요.
6. 자기계발과 학습: 축구에 대한 지식을 학습하고 자기계발을 통해 끊임없이 발전하십시오. 축구 전술, 기술, 신체적, 정신적 측면에 대한 학습과 개발을 소홀히 하지 마세요.
7. 인내와 인내: 축구는 시간이 많이 소요되는 경기이므로 인내와 인내가 필요합니다. 실력이 향상되기까지 시간과 노력을 투자하며 인내와 꾸준한 노력을 가지세요.

3-1) '축구에서 드리블 잘하는 법 알려줘'라고 입력하니 드리블을 잘하기 위한 세부적인 도움말들(볼 조작 기술, 좌우 양발 사용, 움직임과 가속도 조절, 상황에 따른 판단력 등)을 알려줍니다.

> DL 축구에서 드리블 잘하는 법 알려줘

> 축구에서 드리블을 잘하는 법에 대해 몇 가지 도움말이 있습니다:
>
> 1. 볼 조작 기술 연습: 드리블은 볼을 조작하는 기술입니다. 빠른 속도와 정확한 터치로 볼을 다룰 수 있도록 기초적인 드리블 기술인 인사이드 드리블, 아웃사이드 드리블, 솔로 드리블 등을 꾸준히 연습하세요.
> 2. 좌우 다양한 발 사용: 드리블에서는 양발을 다양하게 사용하는 것이 중요합니다. 양발로 다양한 드리블 동작을 수행할 수 있도록 양발을 균등하게 발전시키는 데 노력하세요.
> 3. 볼과 눈을 동시에 조작: 드리블을 할 때는 볼과 상대팀, 팀원, 상황을 동시에 주시하며 볼을 다루어야 합니다. 볼과 눈을 동시에 조작하여 상황을 파악하고 빠른 판단을 통해 상황에 맞는 드리블을 수행하세요.
> 4. 움직임과 가속도 조절: 드리블에서는 움직임과 가속도를 조절하는 것이 중요합니다. 필요에 따라 빠른 가속, 갑작스러운 변화, 속도 조절 등을 통해 상대를 헷갈리게 하고 드리블을 효과적으로 사용하세요.
> 5. 몸의 움직임 활용: 드리블을 할 때는 몸의 움직임도 활용할 수 있습니다. 상체와 하체를 조합하여 상대를 헷갈리게 하고 드리블을 제어하세요.
> 6. 상황에 따른 판단력: 드리블은 상황에 따라 다양한 동작을 사용해야 합니다. 상대의 위치, 팀원의 위치, 경기 상황을 파악하고 상황에 맞는 드리블 기술과 방향을 선택하세요.
> 7. 꾸준한 연습: 드리블은 반복적인 연습이 필요한 기술입니다. 꾸준한 연습을 통해 드리블 실력을 향상시키고 실전에서의 적용 능력을 기르세요.
>
> 위의 도움말들을 참고하여 드리블 실력을 향상시키고 경기에서 효과적으로 드리블을 활용해보세요.

3-2) 조금 더 구체적으로 앞선 답변에서 나온 인사이드 드리블에 대해 질문해봅니다. 안쪽 발 사용, 공을 가까이 유지, 빠른 움직임, 시야 확보 등 드리블에 관해 세부적으로 답변해줍니다. ChatGPT의 답변에 질문을 계속 이어나가는 방식으로 원하는 정보를 자세히 알 수 있습니다.

DL 축구에서 인사이드 드리블이 뭐야?

축구에서 "인사이드 드리블"은 공을 드리블하는 한 가지 기술입니다. 인사이드 드리블은 주로 미드필더나 공격수와 같이 중앙에서 플레이하는 선수들이 사용하는 기술로, 상대 선수를 돌파하거나 공격을 조직하는 데 도움이 됩니다.

인사이드 드리블은 주로 다음과 같은 특징을 가지고 있습니다:

1. 안쪽 발 사용: 인사이드 드리블은 발의 안쪽 부분을 사용하여 공을 조작하는 기술입니다. 주로 안쪽 발의 내부를 사용하여 공을 흘리고, 길게 움직여 상대 선수를 제치거나 공격 지역으로 침투합니다.
2. 공을 가까이 유지: 인사이드 드리블은 공을 가까이 유지하면서 빠르게 움직이는 것이 특징입니다. 공을 손목처럼 조작하여 상대 선수와의 간격을 유지하면서 드리블을 진행하며, 상대 선수의 태클을 피하고 공을 잃지 않도록 합니다.
3. 빠른 움직임: 인사이드 드리블은 빠른 움직임과 가볍고 정확한 터치가 필요한 기술입니다. 빠른 가속과 감속, 민첩한 움직임을 통해 상대 선수를 헷갈리게 하고, 공격을 위한 공간을 만들어냅니다.
4. 시야 확보: 인사이드 드리블을 할 때는 주변 상황을 잘 살피고 시야를 확보하는 것이 중요합니다. 공을 가까이 유지하면서도 주변 상황을 주시하여 동료 선수와의 패스 기회나 드리블로 상대를 돌파할 수 있는 공간을 파악해야 합니다.

인사이드 드리블은 공을 빠르게 다루고 상대 선수를 헷갈리게 하며, 공격 기회를 창출하는 데 도움이 되는 중요한 기술 중 하나입니다. 연습을 통해 인사이드 드리블을 개선하고 게임에서 효과적으로 활용할 수 있도록 노력해보세요.

같은 유형의 질문이지만 얼마나 구체적이냐에 따라 완전히 다른 답변을 얻을 수 있습니다. 정확하게 질문하는 것이 얼마나 중요한지를 학생들이 직관적으로 이해할 수 있고, 의사소통 역량 향상에도 도움이 될 것입니다. 또한, 학교에서 수업할 때도 적용할 수 있습니다. 예를 들어, 좋은 질문과 안 좋은 질문에 대해 토의할 때 주제로 활용하거나 선생님께 질문하는 방법에 대해 설명하는 상황에서 활용할 수 있습니다.

ChatGPT 할루시네이션 현상을 수업에 적용하고 활용하기

01. ChatGPT 할루시네이션 현상의 문제점 알아보기

ChatGPT에 적절한 질문을 하더라도 항상 정확한 정보를 주는 것은 아닙니다. 따라서 ChatGPT의 오류로 인해 생긴 각종 편견과 가짜뉴스를 담은 잘못된 정보가 확산되는 것을 막기 위해 우리는 준비해야 합니다. 특히 학생들은 부정확한 정보를 쉽게 믿고 오개념을 가질 수 있기 때문입니다.

ChatGPT의 문제라고 할 수 있는 할루시네이션 현상을 교육적으로 접근하여 수업현장에서 활용할 수 있습니다. 다시 말해 ChatGPT의 문제점을 교육자료로 활용하여 학생들의 역량을 높일 수 있습니다.

02. ChatGPT 할루시네이션 현상을 수업에 활용하기

■ ChatGPT 할루시네이션 현상의 수업 적용 사례

ChatGPT의 할루시네이션 현상을 수업에 적용한 사례들을 소개해드리겠습니다.

1) ChatGPT에 '김정호의 대동여지도는 언제 만들어졌어?'라고 검색합니다.

DL | 김정호의 대동여지도는 언제 만들어졌어?

김정호의 대동여지도는 1861년에 만들어졌습니다. 대동여지도는 조선 시대의 지리학자이자 지도제작가인 김정호(金正鎬)가 제작한 지도로, 한반도와 중국, 일본 등의 지리적인 정보를 담고 있습니다. 대동여지도는 조선 시대에 그려진 지도 중에서 가장 완벽하고 정확하게 그려진 것으로 평가받고 있으며, 현재는 국보급 유물로 지정되어 보존되고 있습니다.

- 검색하면 할수록 대답이 달라집니다. 선생님들께서 질의를 한다면 예시 화면과 대답이 판이할 수 있습니다.

대동여지도는 대한민국 한반도에 대해 지리적인 정보가 구체적으로 나와 있지만, 중국, 일본 등에 관련해서는 자세히 나와 있지 않습니다. 여기서 교사는 학생들이 ChatGPT 답변의 오류를 찾아보고 수정해보는 수업을 구성할 수 있습니다. 이러한 분석 활동을 통해 학생들은 비판적인 사고를 할 수 있는 힘을 기르게 됩니다.

2) 이번에는 '2022년 대한민국 초등학교 수'에 대해 알려달라고 검색합니다. 초등학교 수는 총 5,470개라고 답변하고 있는데, KOSIS(한국교육개발원, 교육기본통계)의 통계에 따르면 2022년 기준 대한민국의 초등학교 수는 6,163개입니다. 학생들은 정보의 비교 분석을 통해 다양한 정보를 선택할 수 있고, 신뢰성 있는 정보를 얻기 위해서는 단편적인 정보가 아닌 여러 정보의 수합을 통해 객관적인 정보를 얻을 수 있다는 것을 알 수 있습니다.

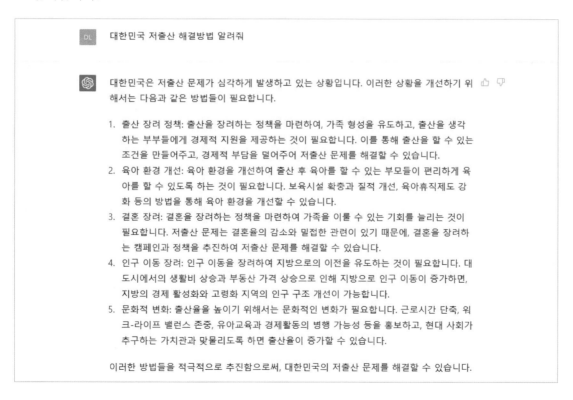

3) 한 가지 사례를 더 소개해드리겠습니다. ChatGPT에 '대한민국 저출산 해결 방법 알려줘'라고 검색합니다.

모둠(학급) 토의를 통해 대한민국 저출산 해결 방법에 대한 다양한 의견을 정리합니다. 모둠(학급)에서 나온 의견들과 비교·대조를 해보고 보충할 점은 무엇인지, 수정해야 할 부분은 무엇인지 스스로 또는 다같이 생각해보고 의견을 나누는 시간을 가집니다. 이러한 과정을 통해 학생들은 논리적인 사고력과 이해력을 기를 수 있습니다.

4) 마지막 사례입니다. '친구랑 화해하는 방법'은 학생들마다 다릅니다. 학생들은 자신만의 친구랑 화해하는 방법을 정리해보고 ChatGPT에 검색하여 비교를 해봅니다.

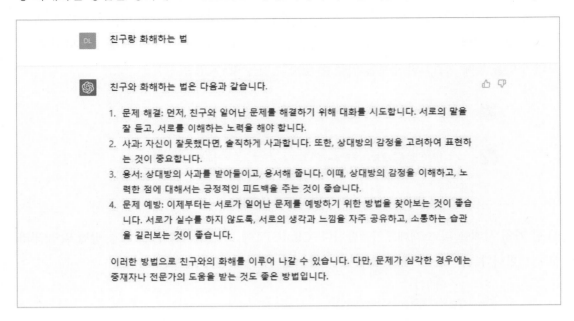

이러한 과정을 통해 학생들은 자신에게 필요한 정보를 취사선택하여 부족한 부분은 보충하고 필요없는 정보는 삭제하는 과정을 통해 정보활용 능력을 기를 수 있습니다. 또한, 학교폭력예방 차원에서도 긍정적인 효과를 거둘 수 있습니다.

03. ChatGPT 할루시네이션 현상을 활용한 수업 놀이

■ ChatGPT 할루시네이션 O/X 맞추기

할루시네이션 현상을 이용하여 수업 놀이를 할 수 있습니다. 선생님들이 동기유발 또는 마무리 정리 활동에서 주로 하는 친숙한 O/X 맞추기 놀이를 응용하는 것입니다. ChatGPT O/X 맞추기 놀이라고 할 수 있습니다.

ChatGPT O/X 맞추기 놀이란 ChatGPT에 질문을 하고, 이것이 올바른 대답인지 잘못된 대답인지를 O/X로 표현하는 활동입니다. 이때, O/X 표시판이나 학생용 화이트보드가 있으면 더 활기찬 수업이 됩니다. 예시를 소개해드리겠습니다.

1) ChatGPT에 '2022년 대한민국 초등학교 수'에 대해 알려달라고 검색합니다. 그리고 학생들에게 ChatGPT가 답변한 글이 올바른 답인지 잘못된 답인지 탐구해 보게 하고, 합리적인 근거를 바탕으로 의견을 내세우게 합니다. 그리고 정답을 공개합니다.

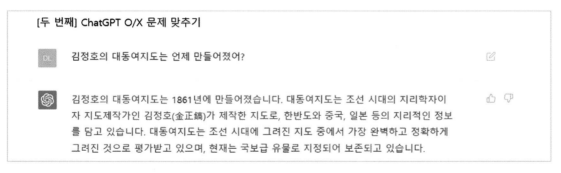

- 정답은 X입니다. KOSIS(한국교육개발원, 교육기본통계)의 통계에 따르면 2022년 기준 대한민국의 초등학교 수는 6,163개입니다.

2) 김정호의 대동여지도에 관한 문제를 내고, 학생들이 직접 ChatGPT 답변의 옳고 그름을 판단하게 하고 정답을 공개합니다.

- 정답은 X입니다. 김정호의 대동여지도는 중국과 일본의 지리를 다루지 않고, 한반도의 지리만을 구체적으로 다루었습니다.

3) 추가로 대한민국 초대 대통령에 관한 문제를 내고, 학생들이 직접 ChatGPT 답변의 옳고 그름을 판단하게 하고 정답을 공개합니다.

[세 번째] ChatGPT O/X 문제 맞추기

DL 대한민국 초대 대통령이 누구야

대한민국 초대 대통령은 이승만(李承晩)입니다. 이승만은 1948년 7월 24일 대한민국 제1대 대통령으로 취임하였으며, 1952년과 1956년 대통령 선거에서도 당선되어 총 3개의 대통령 기간 동안 이끌었습니다.

- 정답은 O입니다. 우리나라 초대 대통령은 이승만 대통령입니다.

4) 명확한 정답이 없는 문제에 대해서 ChatGPT에 물어보고 토의를 진행할 수 있습니다. 예를 들어, ChatGPT에 친구랑 화해하는 법에 대해 물어본 뒤, 서로 의견을 나눠보고 가장 합리적이고 바람직한 결론을 이끌어낼 수 있습니다.

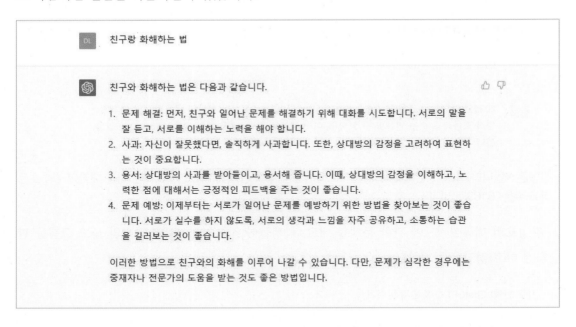

이러한 과정에서 학생들은 서로의 의견을 들어보고 존중하는 법을 배우며, 상호 소통하는 것의 중요성을 자연스럽게 깨우치게 됩니다.

ChatGPT를 통해 학생들은 수업의 집중도를 높이고 학습성취도를 높일 수 있습니다. 또한, 인공지능에 흥미를 느끼고 긍정적인 태도를 함양할 수 있습니다. 사소하지만 이러한 작은 아이디어가 모이면 학생들의 관심과 참여를 효과적으로 높일 수 있습니다. 재료를 수업에 다양하게 활용할 수 있는 역량은 우리 교사의 관심과 노력에 달려있습니다.

■ ChatGPT 할루시네이션 현상 만들기

할루시네이션 현상이 일어나는 질문을 만드는 수업 놀이입니다. 교사는 학생들에게 할루시네이션 현상이 일어날 수 있는 질문을 할 수 있는 만큼 최대한 많이 생각해보라고 합니다. 그리고 학생들은 자신이 만든 질문을 따로 적어두고, 실제로 ChatGPT에 입력해봅니다. 여기서 ChatGPT가 이상한 답변을 하면 해당 질문을 한 학생들은 점수나 일정 보상을 얻을 수 있습니다. 모둠별 활동으로 변형한 후 모둠별 토의를 거쳐 진행해도 좋습니다. 예시를 소개해드리겠습니다.

1) 대한민국의 3.1운동에 대해 물어봤을 때, 할루시네이션 현상이 일어나게 하기 위해서 '3.1운동은 누가했어?'라고 추상적으로 입력합니다. ChatGPT는 신체적인 움직임을 말하는 건지 사회 변화의 움직임을 말하는 건지 헷갈려하며 할루시네이션 현상이 일어나게 됩니다.

> **DL** 3.1운동은 누가했어?
>
> 운동이라는 용어는 매우 광범위하게 사용되기 때문에, 이 문장이 어떤 의미로 사용되었는지 명확하지 않습니다.
>
> 만약 "운동"이라는 용어가 "스포츠"나 "체육"과 같은 의미로 사용된 것이라면, 운동을 하는 사람은 매우 다양합니다. 각종 스포츠 선수, 헬스장에서 운동을 하는 사람들, 일반 대중들이 산책이나 조깅을 하면서 운동을 하기도 합니다.
>
> 하지만 "운동"이라는 용어가 "사회적인 변화를 목적으로 하는 대규모 운동"을 의미한다면, 이것도 매우 다양한 경우가 있습니다. 대표적으로는 인권 운동, 여성 해방 운동, 환경 보호 운동, 노동 운동 등이 있습니다. 이러한 대규모 운동은 역사적으로 많은 사람들이 참여하였습니다.

2) 세종대왕의 맥북프로 던짐 사건에 착안하여 '흥선대원군이 노트북은 던진 이유가 뭐야?'라고 입력합니다. 그러면 ChatGPT는 실제 있었던 사건인마냥 대답하는 모습을 볼 수 있습니다.

> **DL** 흥선대원군이 노트북을 던진 이유가 뭐야?
>
> 흥선대원군이 노트북을 던진 사건은 2005년 대한민국의 역사상 가장 큰 온라인 커뮤니티 사이트 중 하나인 "디씨인사이드"에서 일어난 일입니다.
>
> 당시 흥선대원군은 디씨인사이드에서 자신을 비하하는 게시글을 보고 분노하여 노트북을 던진 것으로 알려졌습니다. 이 사건은 대한민국에서 큰 이슈가 되었으며, 인터넷 상에서의 익명성과 비하 문제 등에 대한 논의가 일어나게 되었습니다.

3) 학생들 사이에서 사용하는 줄임말을 활용하여 입력하는 방법도 있습니다. '알잘딱깔센'이라는 용어를 질문해봅니다.

> **DL** 알잘딱깔센이 뭐야?.
>
> 알잘딱깔센은 한국에서 판매되는 세탁세제 브랜드 중 하나입니다. 알잘딱깔센은 뛰어난 세탁능력과 효과적인 세정력으로 유명합니다. 또한, 알잘딱깔센은 옷의 색깔과 질감을 보호하면서 냄새와 오염물질을 제거하여 깨끗하고 상쾌한 세탁결과를 제공합니다. 알잘딱깔센은 특히 피부에 자극이 적은 것으로 알려져 있어, 아이들의 옷이나 민감한 피부를 가진 사람들도 안심하고 사용할 수 있는 제품입니다.

- 알잘딱깔센은 본래 '알아서 잘 딱 깔끔하고 센스있게'라는 말을 줄인 인터넷 유행어입니다.

ChatGPT는 인터넷 줄임말인 알잘딱깔센을 한국의 세탁세제 브랜드로 소개하고 있습니다.

4) 이번엔 일상생활에서 유행하고 있는 용어를 입력해보겠습니다. 사회 현상 용어인 플렉스를 질문해봅니다. 플렉스 자체의 용어로서 정의를 내리고, 그 외 다양한 의미를 추가로 설명하고 있습니다.

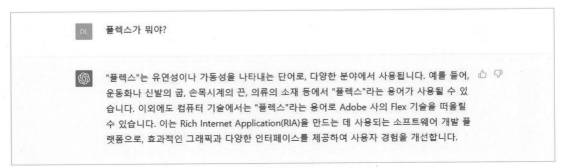

- 플렉스는 자신의 성공이나 부를 뽐내거나 과시하기 위해 소비하는 형태를 의미합니다.

학생들은 ChatGPT에 환각현상을 일으키게 하는 질문의 조건들을 인지하고 하나씩 없애는 과정을 거칠 것입니다. 그러면서 좋은 질문의 조건이 무엇인지를 확실하게 인식하며, 수업 활동에서 학생들이 좋은 질문을 할 때 유용하게 활용할 수 있습니다.

단원을 마무리하며

현재 기술로 ChatGPT가 가진 문제점인 할루시네이션 현상을 완전히 해결하는 것은 불가능합니다. 하지만 ChatGPT 연구진들의 연구와 더불어 데이터 학습량이 늘어날수록 할루시네이션 현상은 점차 사라질 것입니다. 또한, 할루시네이션 현상을 수업에 적용하고 활용하면서 수업의 다양성과 전문성을 확보할 수 있을 것입니다.

학생들은 ChatGPT의 할루시네이션 현상을 경험해보고 활용하는 과정을 통해 비판적 사고력을 기를 수 있습니다. 인공지능이 현대사회의 중요한 부분을 담당하게 되면서 우리 인간들은 어떻게 준비하고 활용해야 하는지 고민해보는 시간을 가져야 합니다. ChatGPT의 할루시네이션을 수업 놀이로 새롭게 재탄생시키는 것처럼 학생들과 다양한 방법으로 토의하여 새로운 활용 방안을 마련해보는 것은 어떨까요?

ChatGPT 성과대체 문제의
이해 및 방지 방안

ChatGPT 성과대체 문제

ChatGPT가 각종 자격시험과 학력 테스트를 통과할 수준의 답변 능력을 갖췄다는 사실이 알려지면서 상반된 반응이 나오고 있습니다. ChatGPT를 자료 조사, 보고서·연설문 작성, 번역·어학 공부에 활용하는 법을 알려주는 콘텐츠가 쏟아지면서 그 우려가 심해지고 있습니다. 이런 우려를 미연에 방지하기 위해 시험·과제물 제출 등에 쓰는 사례를 적발해내기 위한 교육 당국의 시도가 이루어지고 있는 것은 어쩌면 당연한 수순이기도 합니다.

이번 단원에서는 ChatGPT의 성과대체 문제와 이를 방지할 수 있는 프로그램 및 방안에 대해 자세히 알아보고, 앞으로 발전하는 인공지능과 관련하여 어떠한 태도와 마음가짐으로 받아들여야 하는지 고민해보는 시간을 갖도록 하겠습니다.

ChatGPT 성과대체 문제에 대해 알아보기

01. ChatGPT 성과대체 문제에 대해 살펴보기

기존에는 우리가 검색을 하고 원하는 정보를 일일이 찾아야 하는 수고스러움이 있었습니다. 하지만 ChatGPT는 원하는 정보를 질문 형식으로 입력만 하면 필요한 정보는 물론, 그 외 구체적인 정보도 자동으로 출력해줍니다. 가히 혁신적이라고 표현할 수 있습니다.

하지만 급진적인 발전은 부작용을 낳기 마련입니다. 요즘 ChatGPT를 활용하여 과제를 대체해주는 일이 번번이 일어나고 있습니다. 미국의 교육 당국에서는 이에 심각함을 느껴 ChatGPT를 사용하는 학생은 0점 처리하는 등 규제를 가하는 상황입니다. 이 밖에도 이러한 현상에 대해 어떻게 대처해야 할지 활발하게 논의를 이어나가고 있습니다.

어느 교육 전문가들은 ChatGPT를 규제와 제재의 대상으로 보지 말고 교육현장에서 적극적으로 활용해야 한다고 주장합니다. 시대의 흐름에 맞춰 교육과정이 수없이 변화했던 것처럼 ChatGPT의 성과대체 사건을 시대 흐름의 한 축으로 삼아 교육과정의 변화를 도모해야 한다는 것입니다.

02. ChatGPT 성과대체 문제의 사례에 대해 살펴보기

ChatGPT 성과대체 문제에 대해 어떻게 받아들여야 할지 정해야 합니다. 그전에 ChatGPT 성과대체 문제가 무엇인지 이해하기 쉽도록 구체적인 사례를 들어 알아보겠습니다.

■ 4.19 혁명 조사하기

1) 초등학교 6학년 1학기 사회 교과서에 나오는 '4.19 혁명 조사하기'를 주제로 과제를 냈다고 가정해봅시다. ChatGPT에 '4.19 혁명에 대해서 알려줘'라고 입력합니다. 그러면 4.19 혁명이 발생한 배경, 원인, 의의 등에 대한 설명이 자세하게 나옵니다. ChatGPT는 인터넷 상의 대량의 정보 중에서 사람들이 가장 많이 다루고 이해한 내용들을 출력합니다. 즉, ChatGPT는 시대에 따라, 사람들의 보편적인 정보에 따라 출력하는 내용도 달라집니다.

> **DL**   4.19. 혁명에 대해서 알려줘
>
> 4.19 혁명은 1980년 4월 19일 대한민국에서 발생한 민주화 운동으로, 전 국민적인 민주화 운동의 시초가 되었습니다.
>
> 이 당시 대한민국은 군사정권인 전두환 장군이 지배하고 있었습니다. 국민들은 불법 선거와 인권침해, 신문과 출판물 검열, 노동자 파괴 등 다양한 탄압에 시달리며 불만을 품고 있었습니다.
>
> 이에 대학생들을 중심으로 한 민주화 운동이 일어나게 되었습니다. 1980년 4월 18일 밤, 경찰이 부산에서 노동자들을 진압하는 동안 한 명의 노동자가 사망하면서 상황이 악화되었습니다. 이에 대학생들과 시민들은 4월 19일부터 대규모 집회와 시위를 벌이면서 민주화 요구를 더욱 강력하게 대폭화시켰습니다.
>
> 이러한 민주화 운동은 전국적으로 확산되어 많은 사람들이 참여하게 되었습니다. 하지만 정부는 대규모 집회와 시위를 탄압하고, 군사력을 동원하여 학생들을 진압하는 등의 압박을 가하였습니다. 이에 학생들과 시민들은 결국 미군이 개입하여 집회를 해산하게 되었습니다.
>
> 하지만 4.19 혁명은 민주주의와 인권을 지향하는 운동으로서, 민주주의의 실현과 국민들의 인식 변화에 큰 영향을 미쳤습니다. 이후 대한민국은 민주주의 국가로서 발전해나가게 되었습니다.

■ 어버이날 편지 쓰기

'어버이날 편지 쓰기'를 주제로 과제를 냈다고 가정해봅시다. ChatGPT에 '어버이날 편지 써 줘'라고 입력하면 놀랍게도 인간이 쓴 것처럼 자연스럽게 답변을 해줍니다. 받는 사람, 첫인사, 전하고 싶은 말, 끝인사, 쓴 사람 등 편지 형식도 잘 갖추었으며, 편지의 문맥도 웬만한 성인이 쓴 것보다 훌륭합니다.

■ 영어 일기 쓰기

대부분의 학생이 어려워하는 영어 과제인 '영어 일기 쓰기'를 냈다고 가정해봅시다. ChatGPT에 '영어 일기 써줘'라고 입력합니다. 수려한 영어 문장과 함께 영어 일기 한 장을 뚝딱 만들어냅니다. ChatGPT는 영어가 기반인 미국 회사의 프로그램이기 때문에 한글보다 영어로 입력했을 때 더 정확하고 빠른 출력을 받아볼 수 있습니다.

After my jog, I had breakfast and then got to work on some projects for my job. I work from home, so I have a comfortable office set up in my spare room. I was able to make some progress on a few tasks, which always feels good.

In the afternoon, I took a break and went for a walk with my dog. She was so excited to be outside and sniff around. We walked for about an hour and I enjoyed the scenery of the park near my house.

In the evening, I cooked dinner and watched a movie on Netflix. It was a nice way to wind down after a productive day. Now, I'm writing this diary entry and getting ready to go to bed.

Overall, it was a good day. I'm grateful for the little things, like the sunshine and spending time with my furry friend. I hope tomorrow is just as nice.

■ 시 창작하기

오로지 인간만이 할 수 있다고 여겨진 문학, 특히 시와 관련된 것을 다뤄보겠습니다. Chat GPT에 '봄 관련된 시를 창의적으로 써줘'라고 입력합니다. 그 결과, 시중에 출판해도 될 정도의 시 한 편을 완성해줍니다.

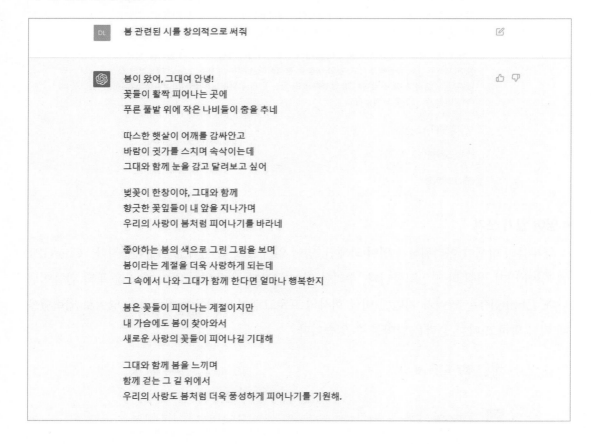

봄이 왔어, 그대여 안녕!
꽃들이 활짝 피어나는 곳에
푸른 풀밭 위에 작은 나비들이 춤을 추네

따스한 햇살이 어깨를 감싸안고
바람이 귓가를 스치며 속삭이는데
그대와 함께 눈을 감고 달려보고 싶어

벚꽃이 한창이야, 그대와 함께
향긋한 꽃잎들이 내 앞을 지나가며
우리의 사랑이 봄처럼 피어나기를 바라네

좋아하는 봄의 색으로 그린 그림을 보며
봄이라는 계절을 더욱 사랑하게 되는데
그 속에서 나와 그대가 함께 한다면 얼마나 행복한지

봄은 꽃들이 피어나는 계절이지만
내 가슴에도 봄이 찾아와서
새로운 사랑의 꽃들이 피어나길 기대해

그대와 함께 봄을 느끼며
함께 걷는 그 길 위에서
우리의 사랑도 봄처럼 더욱 풍성하게 피어나기를 기원해.

■ 윤리적 과제 내기

윤리적인 과제에 관해 물어보겠습니다. 사회에서 다루기 어려운 '사형제도에 대해 어떻게 생각해?'라고 입력합니다. ChatGPT는 논리정연하게 근거를 대며 구체적인 답변을 내놓습니다.

> **DL** 사형제도에 대해 어떻게 생각해?
>
> 저는 인권과 정의를 중시하는 입장에서, 사형제도에 대해 긍정적인 입장은 지지하지 않습니다.
>
> 첫째로, 사형제도는 언제나 오류와 착오가 발생할 가능성이 높습니다. 실제로 많은 국가에서 사형이 집행된 후, 그들이 무죄임이 밝혀지는 사례가 있었습니다. 이러한 오류는 인간의 판단력과 지식의 한계 때문에 발생할 수 있습니다. 따라서 오류를 최소화하기 위해서는 사형제도 대신에 좀 더 세심하고 신중한 수사와 판결 과정을 강화해야 합니다.
>
> 둘째로, 사형제도는 인권 침해의 가능성이 큽니다. 사형은 가장 극단적인 형태의 처벌 중 하나로, 살인, 강간 등 혐오범죄와 같이 가해자의 인권을 침해한 죄목에만 적용됩니다. 하지만, 이러한 사형제도는 가해자의 인권보호와 권리를 희생시키는 것입니다. 가해자도 인간이며, 그들도 인권과 존엄성을 가지고 있습니다.
>
> 따라서, 사형제도 대신에, 더욱 강화된 법집행과 범죄 예방 시스템을 구축하는 것이 필요합니다. 이를 통해 범죄 예방과 범죄자 재교육, 법률 교육 등을 통해 범죄 예방 및 재범 방지를 목표로 하는 사회적 시스템을 구축해 나가야 합니다.

ChatGPT는 정답을 요구하는 간단명료한 폐쇄형 질문의 대답뿐만 아니라 다양한 답이 정답이 될 수 있는 개방형 질문에서도 완벽한 모습을 보입니다.

ChatGPT의 성과대체 문제 방지하기

ChatGPT가 완벽에 가까운 대답을 해줄수록 이용자들은 ChatGPT에만 의존하게 되고, 결국 과제 대부분을 ChatGPT에 맡기는 현상이 벌어질 것입니다. 특히 인간과 인공지능을 구분할 때 가장 중요하게 여겨지는 부분이 창의성의 영역인데, 이 부분조차 ChatGPT는 경계를 모호하게 만들 정도로 발전했습니다.

지금까지 인류는 다양한 사회 문제에 부딪혀왔습니다. 대부분 정답이 없는 것이었으며, 짧게는 몇 년, 길게는 몇 백 년 동안 사회적 협의와 동의를 통해 정의를 내리고 규칙을 정했습니다. 사회적 약속과 규약을 만들어냈고 문명사회가 탄생하고 발전해왔습니다. 이러한 과정에서 규범이나 약속들은 사회 흐름에 따라 논의를 거쳐 바뀌기도 했습니다. ChatGPT가 발전하더라도 윤리적인 과제까지 대체하기는 어려울 것입니다. 인공지능은 대량 학습의 결과물인데, 결과물을 내는 주체는 결국 인간이기 때문입니다. 우리는 ChatGPT의 답변을 참고하고 활용할 수 있지만, 과의존하는 현상은 늘 경계해야 합니다.

사용자의 도덕적 양심과 윤리가 가장 중요하지만, 개인의 의지에만 맡기기에는 너무 무책임

합니다. 그래서 사람은 스스로를 제어하고자 외부 장치를 활용해야 합니다. 지금부터 ChatGPT 를 감별할 수 있는 GPTZero에 대해 설명드리겠습니다.

01. GPTZero에 대해 알아보기

GPTZero는 ChatGPT 사용 여부를 적발하는 소프트웨어입니다. GPTZero는 다양한 언어와 분야에 적용할 수 있습니다. 현재는 영어 위키피디아 데이터를 이용하여 학습되었지만, 다른 언어와 분야의 데이터를 이용하여 학습될 수 있습니다. 이러한 특징들로 인해 GPTZero는 대화 모델 분야에서 매우 유망한 모델로 주목받고 있습니다. GPTZero가 어떻게 구성되어 있는지에 대해 살펴보겠습니다.

GPTZero에 로그인하여 앱 탭을 클릭하면 중앙에 글씨를 입력할 수 있습니다.

일괄 파일 업로드 탭을 선택하면 한 번의 클릭으로 여러 파일을 업로드하고 GPTZero를 실행할 수 있습니다.

사용 통계 탭을 클릭하면 지난 30일 동안 처리한 서류(파일)들의 개수, 단어, 캐릭터를 알 수 있습니다.

설정 탭의 업그레이드 계획에 들어가면 무료 버전과 유료 버전에 대한 설명이 나와 있습니다. 현재(2023년 9월 기준) 무료 버전으로도 GPTZero의 기본 기능을 충분히 활용할 수 있습니다.

GPTZero의 구성은 단순하지만 정확성이 높습니다. GPTZero는 인공지능이 쓴 텍스트인지 확인하는 두 가지 지표로 '난해함'과 '통일성'을 체크합니다. '난해함'은 GPTZero조차 텍스트에 난해함을 느낀다면 인간이 쓴 텍스트이기 때문에 발생할 확률이 높다는 추측을 활용하는 것입니다. 만약에 GPTZero가 난해함을 느끼지 않으며 별다른 어려움 없이 의미 파악이 가능하다면, ChatGPT가 유사한 데이터로 훈련을 받았기 때문인 것으로 추측할 수 있습니다. 즉, 텍스트를 ChatGPT가 작성했을 확률이 높다는 것을 의미합니다.

반면, '통일성'은 텍스트의 길이나 구조가 일관적인지를 확인합니다. 인간이 쓴 문장은 짧은 것과 긴 것, 간단한 것과 복잡한 것이 복합적으로 사용된다는 점에 착안한 것입니다. 여기서 인공지능의 문장은 길이와 복잡도에서 균일한 경향을 보입니다.

GPTZero라 할지라도 아직은 인공지능이 작성한 텍스트인지 여부를 100% 구분해내지는 못합니다. 그러나 시간이 지날수록 더 많은 텍스트를 학습시키고 개선시켜 나가고 있어 정확도는 앞으로 계속 올라갈 것입니다.

02. GPTZero 사용하기

■ 텍스트 창에 직접 입력하여 사용하기

1) 크롬 브라우저를 열고, 구글에 GPTZero를 입력하여 사이트에 들어갑니다.

2) 마우스 우클릭하여 '한국어(으)로 번역'을
누르면 한국어로 GPTZero를 사용할 수 있습
니다.

3) 우측 상단의 로그인 버튼을 클릭합니다.
구글, 페이스북, GITHHUB 중 하나를 선택
하여 로그인합니다. 또는, 로그인 밑에 있는
'Register(등록)' 버튼을 클릭하여 GPTZero
계정을 새로 만들 수 있습니다.

4) 마우스 우클릭하여 '한국어(으)로 번역'을 눌러 GPTZero를 다시 한국어로 사용할 수 있게 해줍니다.

5) ChatGPT에 '4.19 혁명에 대해 알려줘'라고 검색하여 얻은 답변을 복사한 후 GPTZero의 가운데 텍스트 창에 붙여넣습니다.

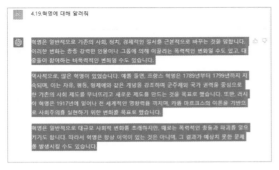

'4.19 혁명에 대해 알려줘'에 대한 답변

텍스트 입력 공간

6) 여기서 최소 250자 이상을 입력해야 결괏값을 얻을 수 있습니다. 그리고 가운데 텍스트 창에 직접 입력하는 방법이 있고, 파일 선택을 눌러 파일(pdf, docx, txt)을 업로드하는 방법이 있습니다.

250자 이상 입력 필수

텍스트 창에 직접 입력

파일 첨부 기능

7) 하단의 '서비스 약관에 동의합니다' 버튼을 체크하고, 결과 얻기를 눌러줍니다.

서비스 약관 동의 클릭   결과 얻기 클릭

8) '귀하의 텍스트는 전적으로 AI에 의해 작성될(작성되었을) 가능성이 높습니다.'라는 결론이 나옵니다.

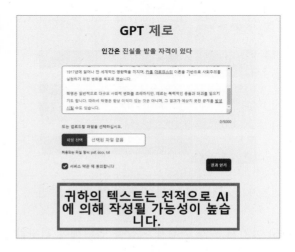

■ **파일을 업로드하여 사용하기**

이번에는 다른 주제로 파일 업로드하는 방법을 알아보겠습니다.

1) ChatGPT에 '어버이날 편지써줘'라고 검색하여 얻은 답변을 복사합니다.

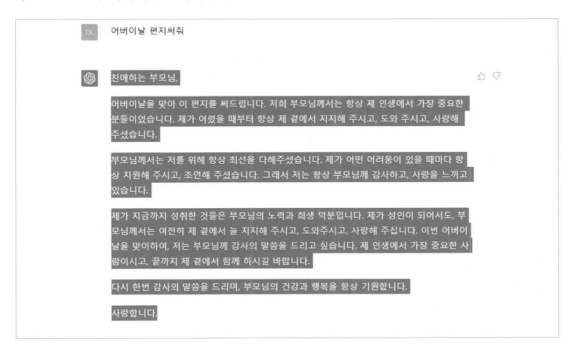

2) 복사한 내용을 워드 파일에 붙여넣기합니다.

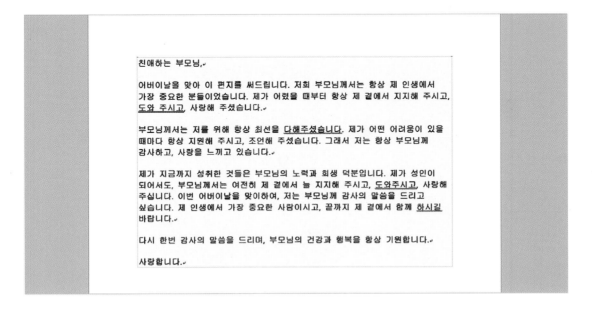

3) 워드 파일을 바탕화면에 다른 이름으로 저장합니다.

❶ 다른 이름으로 저장 클릭

❷ 찾아보기 클릭

❸ 바탕화면 클릭

❹ 저장 클릭

4) GPTZero 사이트로 돌아가 저장한 파일을 업로드합니다.

❶ 파일 선택 클릭

❷ 업로드할 워드 파일 클릭

❸ 열기 클릭

❹ 파일 업로드

5) 텍스트 창에 있는 내용을 모두 삭제합니다. 아까와 마찬가지로 서비스 약관에 동의합니다. 네모 버튼에 체크한 후 결과 얻기를 클릭합니다.

❶ 텍스트 창 내용 드래그

❷ 텍스트 창 내용 삭제

❸ 서비스 약관 체크 및 결과 얻기 클릭

❹ 결과 대기

6) '귀하의 텍스트는 전적으로 AI에 의해 작성될(작성되었을) 가능성이 높습니다.'라는 결론이 나옵니다.

ChatGPT가 아닌 사전에 저자가 직접 쓴 어버이날 편지인 pdf 파일을 업로드해보겠습니다. 동일한 방법으로 파일을 업로드하고, '서비스 약관에 동의합니다'를 누른 후 결과 얻기를 클릭합니다. '귀하의 텍스트는 전적으로 사람이 작성했을 가능성이 높습니다.'라는 결론이 나옵니다.

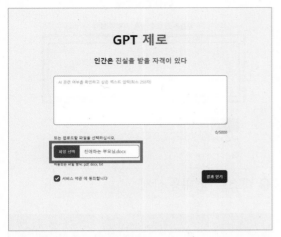

❶ 파일 선택 클릭   ❷ 업로드할 pdf 파일 클릭

❸ 서비스 약관 체크 및 결과 얻기 클릭   ❹ GPTZero 감별 결과

여기서 주의할 점은 파일 크기가 10MB를 넘어가면 검사가 불가능하다는 점입니다. 만약 용량이 10MB가 넘어가면 파일 용량 자체를 줄이거나 여러 파일로 나눠서 업로드해야 합니다.

단원을 마무리하며

　앞으로 인공지능이 발전하면 할수록 인간의 사고 활동에 심각한 영향력을 끼치는 등의 다양한 윤리적인 문제에 직면할 수밖에 없습니다. 그때마다 부작용을 대비하기 위한 프로그램을 개발해야 한다면 과도한 사회적 비용이 발생할 것입니다. 인공지능을 어떻게 다뤄야 할지, 어디까지 허용해야 할지 등 사회적 논의와 협의가 선행되어야 합니다. 무엇보다도 교육현장에서 정보통신윤리에 대한 교육이 지속적으로 이루어져야 합니다.

　건강한 정보통신윤리가 바탕이 되어야 인공지능도 빛이 나고, 그것을 사용하는 사람들도 빛이 날 것입니다. 같은 칼이라도 요리하는 데 쓰면 훌륭한 음식을 만드는 도구가 되고, 사람을 헤치는 데 쓰면 무서운 도구가 되는 것처럼 누가, 어떻게 쓰는가에 따라 인공지능의 발전 방향과 속도는 확연히 달라질 것입니다. 우리 교육자들은 인공지능이라는 도구가 옳은 방향으로 나아갈 수 있게 어떻게 다뤄야 할지 항상 고민하여 학생들에게 가르쳐야 합니다.

ChatGPT 저작권 침해의 이해 및 방지 방안

ChatGPT의 저작권 침해 문제

　인터넷과 디지털 기술의 발전으로 쉽게 정보를 얻는 시대를 넘어 창작된 그 즉시 새로운 정보를 받게 되는 시대가 되었습니다. 하지만 오히려 이에 따라 창작자의 저작권 침해 문제가 더욱 심각해지고 있습니다. ChatGPT는 인터넷에 있는 저작물들을 끊임없이 학습하고 수집 및 저장을 거쳐 막대한 빅데이터를 취급합니다. 인터넷에 공표된 저작물 중 상당 부분이 저작권법상 보호받는 저작물인데, 무차별적으로 학습되고 재생산되고 있어 저작물의 침해, 변조, 무단 배포 등이 쉽게 이루어지고 있습니다. 그래서 ChatGPT는 저작권 문제를 항상 동반하고 있습니다.

　이번 단원에서는 저작권에 대해 전반적으로 다루며, 이러한 저작권 문제에 직결되는 ChatGPT의 저작권 침해 사례를 알아보겠습니다. 더 나아가 ChatGPT의 저작권 침해 문제를 방지할 방안에 관해서도 이야기해보겠습니다.

저작권에 대해 알아보기

저작권은 저작자가 자신의 저작물을 배타적·독점적으로 이용할 권리로서, 저작재산권과 저작인격권으로 구성되어 있습니다. 저작재산권은 저작자의 경제적 이익을 보호하기 위한 권리이고, 저작인격권은 저작물과 관련하여 저작자의 명예와 인격적 이익을 보호하기 위한 권리입니다. 현대에 들어서 저작권들의 개념을 포괄하는 무형적 권리인 지식재산권의 개념이 강조되고 있습니다.

지식재산권은 인간의 지적 창조의 모든 영역을 포괄하며, 문학, 예술, 학술 또는 예술적 저작물로 대표되는 저작물에 대한 권리입니다. 산업 및 경제 활동과 관련된 창작물이나 창작 방법을 인정해주는 산업재산권도 지식재산권의 한 유형입니다. 우리나라에서는 법률로서 두 권리를 보장하고 있습니다. 저작자의 권리와 이에 인접하는 권리를 보호하고 저작물의 공정한 이용을 도모함으로써 문화 및 관련 산업의 향상·발전에 이바지하기 위해 제정되었습니다. 위반 정도에 따라 법적 처벌이 따라오는 것은 당연합니다.

01. ChatGPT의 저작권 갈등

ChatGPT는 지식재산권을 침해할 가능성이 매우 높습니다. 왜냐하면 인터넷 상의 자료들은 문화, 예술, 학술 등 주로 눈과 손으로 느낄 수 없는 대부분 지식재산권에 해당하는 것들이기 때문입니다. 그리고 ChatGPT는 기본적으로 인터넷에 있는 다양한 정보를 수집하고 저장하기 때문입니다.

이 과정에서 ChatGPT는 저작권이라는 인간이 가지는 특수한 권리를 쉽게 침해할 수 있습니다. 만약에 저작권으로 등록된 것들을 빼고 훈련시킨다면 ChatGPT는 그만큼 정확성과 신뢰성이 떨어질 것입니다. AI 프로그램의 발전을 위해 빅데이터를 적극적으로 수집하자니 저작권을 침해하는 일이 생기고, 저작권을 보장하자니 AI 발전에 제동이 걸리는 어려운 상황에 놓여있습니다. 언어 모델인 ChatGPT는 대규모 텍스트 데이터 세트에 대해 교육 받고 인간과 같은 방식으로 응답을 생성할 수 있는 인공지능 시스템입니다. 그러므로 ChatGPT에서 생성된 응답은 인간 마음의 독창적인 창작물로 간주되지 않으므로 저작권법의 보호를 받지 않습니다. 즉, 허가를 구하거나 라이선스를 취득하지 않고도 ChatGPT의 결과물을 자유롭게 사용할 수 있는 것이 사실입니다.

그러나 ChatGPT에서 생성된 응답에는 다른 소스에서 복사한 텍스트나 이미지와 같이 저작권법으로 보호되는 정보가 포함될 수 있다는 점을 유의해야 합니다. 그러니 프로그램을 사용할 때 늘 주의를 기울여야 합니다. 예를 들어, ChatGPT가 저작권이 있는 책의 인용문을 포함하는 응답을 생성하는 경우, 인용문은 저작권으로 보호되며 인용문을 사용하는 사람이나 단체는 저작권 소유자로부터 허가를 받거나 특정 분야에서 인용문을 사용할 수 있는 라이센스를 받아야 합니다.

지금부터 ChatGPT의 저작권 갈등 사례를 소개하면서 ChatGPT의 저작권 갈등이 얼마나 심각한지 살펴보겠습니다.

02. ChatGPT의 저작권 갈등 사례 살펴보기

사례 소개에 앞서 책 하나를 보여드리겠습니다. 흔히 서점에서 볼 수 있는 일반적인 자기계발서와는 확연히 다른 점이 있습니다. 자세히 보면 글 챗GPT, 번역 AI 파파고, 일러스트 셔터스톡 AI라고 적혀있습니다. 모두 인간이 아닌 생성형 AI들이 글을 쓰고 번역하고 심지어는 그림까지 그린 책입니다. 통상 신간을 발간하는 데 수개월이 걸리는데, 이 책은 단 7일만에 끝났습니다.

ChatGPT에 인연, 만족, 행복 등 45가지 목차별로 요구하여 각각 3,000자 분량으로 에세이를 생성했습니다. 그리고 파파고를 활용해 한글로 번역하고 나머지 교열은 AI 기반 '한국어 맞춤법 검사기'를 사용했습니다.

AI를 활용해 책을 만드는 것은 마치 자동차 공장에서 로봇들이 자동차를 만드는 것 같이 매우 효율적입니다. 하지만 AI를 활용한 저작권 분쟁의 소지가 남게 됩니다. 왜냐하면 ChatGPT는 인터넷 상의 내용을 학습하여 가장 적절한 답을 출력하므로 현행 저작권법에 따르면 ChatGPT가 결과물을 내놓기 위해 참고한 기존의 저작물에 대한 보상 여부가 불명확하기 때문입니다. 또한, 어떠한 내용을 학습하여 결과물을 내놓은 것인지도 불명확하고, 명확하더라도 보상을 해야 하는 문제인지도 아직 사회적, 법적으로 정해진 것이 없기 때문입니다.

■ 출판업계 저작권 갈등 사례

최근 ChatGPT와 출판업계의 저작권 갈등이 수면 위로 올라오고 있습니다. 관련 사례를 소개해드리겠습니다.

1) ChatGPT를 작가로 내세우면서 저작권 논란이 가열되고 있다는 내용입니다. 특히 창의성이 필요한 영역에서의 AI 기술은 콘텐츠의 소유권에 대한 더 광범위한 윤리적 논쟁을 촉발시키고 있습니다. ChatGPT와 같은 AI 도구는 인간의 대화 및 저작권이 있는 자료를 포함해 다양한 인터넷 소스를 활용하기 때문에 이 같은 논란은 어쩌면 당연한 수순일지도 모릅니다.

> **● 챗GPT로 작가 등단… 저작권 논란 가열**
>
> 한때 공상과학 소설에 국한된 개념이었던 AI(인공지능) 세계가 현실이 됐다. 때로는 AI 기술이 인간의 창의성을 보조하고, 경우에 따라 대체하는 데 사용되면서 논란을 키우고 있다. 미 포춘지에 따르면 미국의 공상과학(SF) 잡지인 클락스월드는 챗GPT와 같은 AI 기술을 바탕으로 생성된 압도적 숫자의 스토리 제출 수락을 중단했다. 그는 "AI 챗봇이 주목받기 시작한 2022년 말 표절이 또 한 번 급증했다."며 "더 많은 사람이 AI 챗봇을 활용했고, 결국 감당할 수 없는 수준에 이르렀다."고 덧붙였다.

출처: 포춘코리아(2023.2.23). 공인호 기자. http://www.fortunekorea.co.kr/news/articleView.html?idxno=26456

2) ChatGPT의 저작권 무단 침해에 대응하여 한국에서는 각 출판사에 주의령을 내리고 있다는 사례입니다. 인터넷 도서가 활발해지고 인터넷에 공개된 여러 자료를 무단으로 가져다 쓸 위험이 커졌기 때문입니다.

> **● 챗GPT 등 저작권 무단 침해 대응을**
>
> 출판사 490여 곳의 모임인 한국출판인회의가 챗GPT 등 대화형 인공지능(AI)이 저작권을 침해할 우려가 있다며 출판사에 주의령을 내렸다. 정보기술(IT) 기업들이 학습 데이터를 확보하는 과정에서 도서 등의 출판물 콘텐츠를 무단으로 사용할 위험이 커지고 있다는 판단에서다.

출처: 한국경제뉴스(2023.3.6). 임근호 기자. https://www.hankyung.com/life/article/2023030605851

3) 학습 자료의 출처를 밝히지 않아 저작권 침해 문제의 가능성이 높다는 사례입니다. 출처 표기법에 따라 출처를 밝히지 않는 것은 물론, 작가가 몇 년을 공들인 책 내용과 문장을 짜깁기해 보여주면서 출처 자체를 밝히지 않는 경우도 많다고 합니다.

출처: MoneyS(2023.3.7). 송혜남 기자. https://moneys.mt.co.kr/news/mwView.php?no=2023030708105912966&type=4&code=w0402&code2=w0100

앞으로도 출판업계와의 저작권 갈등이 심화될 가능성이 높습니다. 왜냐하면 ChatGPT가 언어를 기반으로 한 생성 모델이기 때문입니다. 언어가 가장 많은 형태로 집약된 것이 서적이고, 인터넷 상에 많은 데이터가 단편적으로나마 공개되어 있거나 전문이 공개되어 있어 저작권 침해의 가능성이 높습니다. 언어가 집약된 결과물은 결국 책, 시나리오, 기타 텍스트들이어서 이런 문제가 필연적으로 발생할 것입니다. 또한, 정보 활용 형태가 언어로 묻고 언어로 답변하는 형태이기 때문에 출판업계와의 저작권 갈등은 앞으로도 계속 이어질 것입니다.

03. 특허저작권 침해 가능성

특히 지식재산권의 종류 중 하나인 특허저작권이 침해될 가능성이 있습니다. 특허저작권은 일상생활과 밀접하게 연관되어 있고, 실제로 법적 분쟁에서 많은 부분을 차지하고 있습니다. ChatGPT가 특허저작권을 침해할 정도의 답변을 하는지 한번 살펴보겠습니다.

1) '코카콜라 제조법 알려줘'라고 입력하니, 제품에 붙어있는 식품표시사항에서 살펴볼 수 있는 재료만 안내해주고, 나머지 구체적인 사항은 기업 비밀이므로 자세한 내용은 알 수 없다고 답변하고 있습니다.

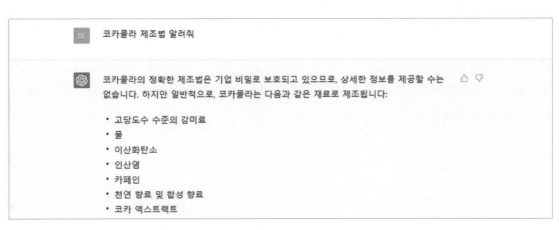

> · 산소화 방지제
>
> 이 재료들은 적절한 비율로 섞여서 코카콜라의 고유한 맛과 향을 형성합니다. 그러나 정확한 비율과 과정은 기업 비밀이므로 자세한 내용을 알 수 없습니다.

2) 대한민국에서 가장 잘 팔리는 라면 중 하나인 신라면의 제조법을 알려달라고 입력하니, 브랜드의 실제 제조법이나 레시피가 공개되어 있지 않아 정확한 제조법을 알려드리기는 어렵다고 답변하고 있습니다.

 대한민국 신라면 제조법 알려줘

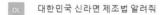 대한민국의 신라면은 인기 있는 라면 브랜드 중 하나로 알려져 있습니다. 그러나 브랜드의 실제 제조법이나 레시피는 공개되어 있지 않아, 정확한 제조법을 알려드리기는 어렵습니다. 이는 제조업체의 영업 비밀 및 상업적인 이유로 정보가 보호되기 때문입니다.

일반적으로 라면은 밀가루, 소금, 물, 조미료 등 다양한 원재료를 사용하여 제조됩니다. 그러나 각 라면 제조업체마다 독자적인 레시피와 제조 방법을 가지고 있기 때문에 신라면의 정확한 제조법을 알려드리기는 어렵습니다.

만약 집에서 라면을 직접 만들고자 한다면, 다양한 라면 레시피가 인터넷이나 요리책 등에서 찾아볼 수 있습니다. 하지만 상업용 제품인 경우, 해당 제품의 제조법이나 레시피는 제조사의 비밀로 보호되어 공개되지 않는 경우가 대부분입니다. 라면을 직접 제조하려면 신뢰할 수 있는 레시피와 제조 과정을 참고하여 안전하고 맛있는 라면을 만들어보시는 것이 좋습니다.

3) 세계 일류 기업 중 하나인 삼성전자의 핵심 기술인 반도체 제조 기술 방법을 알려달라고 입력하니, 특수한 설비와 시스템, 복잡한 공정 제어로 이루어진다고만 안내하고 있습니다. 위와 마찬가지로 상세한 정보를 공개하는 것은 불가능하다고 안내하고 있습니다. 뿐만 아니라 반도체 제조 기술은 기술적으로 높은 비밀로 보호되고 있으며, 이를 보호하기 위해 강력한 기술 비밀 유지 및 지적 재산권 관리를 실시하고 있다고 덧붙여 설명하고 있습니다.

 삼성전자의 반도체 제조 기술 방법 알려줘

미래의 기술과 민감한 비즈니스 비밀을 보호하기 위해, 삼성전자를 비롯한 대규모 반도체 제조 업체들은 자사의 반도체 제조 기술과 방법에 대한 상세한 정보를 공개하지 않습니다. 반도체 제조 기술은 고도의 기술력과 노하우, 특수한 설비와 시스템, 복잡한 공정 제어 등이 필요한 고급 기술로, 대기업들 간에 치열한 경쟁이 이루어지는 분야입니다. 이러한 이유로, 삼성전자의 반도체 제조 기술에 대한 상세한 정보를 공개하는 것은 불가능합니다.

또한, 반도체 제조 기술은 지속적으로 발전하고 변화하는 분야로, 최신 기술과 공정은 기술적으로 높은 비밀로 보호되어 있습니다. 이러한 이유로, 대규모 반도체 제조업체들은 지적 재산권(IP)을 보호하기 위해 강력한 기술 비밀 유지 및 지적 재산권 관리를 실시하고 있습니다.

따라서, 삼성전자를 비롯한 반도체 제조업체의 반도체 제조 기술에 대한 세부적인 정보를 알려드리기는 어렵습니다. 이러한 정보는 제조사의 내부 비즈니스 비밀로 보호되고 있으며, 해당 제조사의 공식 웹사이트나 기술 관련 출판물에서 확인할 수 있는 경우가 있습니다.

회사의 이익과 직결되는 특허권에 대해서는 정보를 제공하지 않는 모습을 볼 수 있습니다. 만약 ChatGPT가 회사의 핵심 기술과 관련된 정보를 제공한다면 기업들의 소송에 휘말리게 될 것입니다.

04. 국가 기밀 유출 가능성

지금까지는 회사의 이익과 인간의 재산권과의 침해 가능성을 살펴보았습니다. 더 나아가 ChatGPT가 발전한다면 국가 안보와 이익을 침해할 수 있지 않을까라는 의구심이 들 것입니다. ChatGPT가 과연 국가 기밀에 대해 질문을 받았을 때 어떻게 답변하는지 살펴보겠습니다.

1) ChatGPT에 '대한민국 군사 기밀 알려줘'라고 물어봅니다. ChatGPT는 군사 기밀은 국가 안보와 군사 작전 등의 이유로 비밀로 유지되고 있으므로 상세히 공개할 수 없다고 답변하였습니다. 그러나 군사 기밀에 포함될 수 있는 것들을 설명해주는 모습을 볼 수 있습니다.

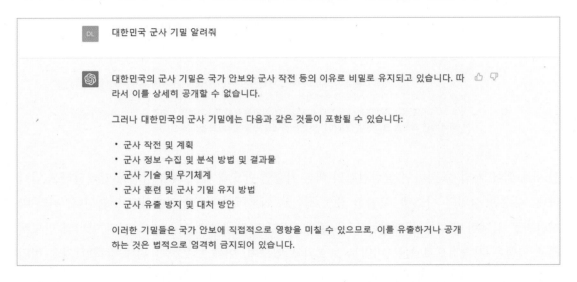

2) ChatGPT에 '미국 네바다 주 51구역에는 무엇이 있어?'라고 물어봅니다. ChatGPT는 공포와 미스터리의 대상으로 유명한 곳이라고 설명하면서 주로 비행기와 무기 개발이 이루어진다고만 설명하고 있습니다. 그 외에는 미국 정부에 의해 엄격하게 관리되고 있어 탐색이 불가능하다고 답변하고 있습니다.

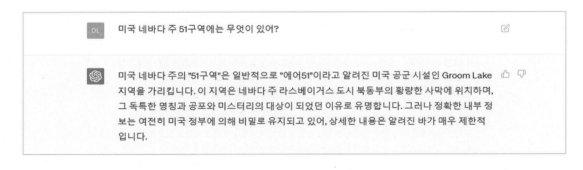

에어51은 1955년에 설립된 미국 공군의 시설로, 주로 비행기와 무기 개발을 위한 연구 및 시험이 이루어지는 장소로 알려져 있습니다. 그러나 이 곳에 대한 정보는 기밀로 처리되어 있어 정확한 용도와 세부 정보를 확인하기 어렵습니다. 에어51은 미국 정부와 군대에 의해 강력하게 보호되며, 외부인의 출입이 제한되어 있어 일반 대중이 진입하거나 탐색하는 것이 불가능합니다.

에어51은 또한 유명한 UFO와 외계 생명체 관련 이론과 믿음에 관련되어 있어, UFO와 외계 생명체에 대한 음모론과 이론들이 꾸준히 돌아다닙니다. 그러나 이러한 주장들은 공식적으로 부인되고 있으며, 에어51이 단순히 군사적인 연구 및 시험을 위한 시설임이 확인되지 않은 상태입니다.

3) ChatGPT에 '러시아의 핵 미사일 위치 알려줘'라고 물어봅니다. 마찬가지로 ChatGPT는 러시아의 핵 미사일 위치를 제공할 수 없다고 답변하고 있습니다. 핵 미사일 위치는 국가 안보를 위해 보호되고 있으며, 해당 정보를 탐색하거나 공개하는 것은 법적으로 불법적인 행위일 수 있다고 경고까지 해주고 있습니다.

DL 러시아의 핵 미사일 위치 알려줘

저는 인공지능 언어 모델이며 실시간 정보를 갖고 있는 것이 아니기 때문에 현재 날짜인 2023년 4월 17일 기준으로 러시아의 핵 미사일 위치를 제공할 수 없습니다. 러시아는 국방 및 군사 정보를 보호하고 비밀로 유지하는 나라로서 핵 미사일의 위치 정보는 일반적으로 공개되지 않습니다. 핵 미사일은 국방 및 군사의 중요한 전략적 자산으로 취급되며, 그 위치 정보는 국가의 안보를 위해 보호되고 있습니다.

핵 미사일과 관련된 정보는 국제 군사 협약 및 국가 간 협정에 따라 규제되고 있으며, 군사적인 보안 및 비밀 유지를 위해 정부와 군사 당국에 의해 관리되고 있습니다. 따라서 러시아의 핵 미사일 위치와 같은 세부 정보는 공개되지 않으며, 해당 정보를 탐색하거나 공개하는 것은 법적으로 불법적인 행위일 수 있습니다.

다행히도 국가 안보와 관련된 기밀사항은 제공하지 않는 모습을 볼 수 있습니다. 경우에 따라서는 불법적인 행위가 될 수 있다고 경고하고 있습니다. ChatGPT가 발전하면서 앞으로도 기밀사항이 지금처럼 보호될지는 유심히 지켜봐야 하고, 연구진들은 지속적인 점검과 업데이트를 진행해야 합니다.

05. 그 외 생성형 AI의 저작권 갈등 사례

ChatGPT뿐만 아니라 생성형 AI는 다양한 분야에서 저작권과 관련하여 많은 갈등을 겪고 있습니다. 언어 기반인 ChatGPT와 달리 이미지 기반인 생성형 AI인 스테이블 디퓨전(Stable Diffusion) 사이트와의 갈등이 대표적인 사례입니다. 스테이블 디퓨전은 Stability AI에서 오픈 소스 라이선스로 배포한 텍스트를 이미지로 변환해주는 인공지능 모델로, 2022년 8월 22일에 출시했습니다.

| 스테이블 디퓨전 초기 화면 | apple 입력 |

출처: https://stablediffusionweb.com/#demo

빈칸에 단어를 입력해서 넣으면 단어와 연관된 이미지를 자동으로 생성해줍니다. 아직 한글화 작업이 완벽히 적용되지 않았기 때문에 영어로 입력해야 정확하게 원하는 이미지가 나옵니다. 예를 들어 사과를 뜻하는 apple를 입력하면 사과와 관련된 이미지를 자동으로 완성해줍니다. 이렇게 유용한 스테이블 디퓨전이 저작권과 관련하여 어떠한 갈등이 있는지 살펴보겠습니다.

1) 인터넷을 통해 이미지·동영상을 제공하는 미국 회사 게티이미지가 인공지능 업체를 상대로 저작권 침해 소송을 제기했다는 사례입니다. 게티이미지는 유료로 이미지 라이센스를 제공하고 있지만, 스테이블 디퓨전이 허락도 없이 이미지를 학습하고 활용했다는 것이 주요 골자입니다.

> ● **"AI의 저작권 침해 더 못참아"… 인간, 마침내 칼 빼들다**
>
> 인터넷을 통해 이미지·동영상을 제공하는 미국 회사 게티이미지가 AI(인공지능) 업체를 상대로 저작권 침해 소송을 제기했다. 게티이미지는 4억 7,000만 장 이상 이미지를 유료로 제공하고 있는 미국 최대 규모의 이미지 플랫폼이다. 이 회사는 이미지 생성 인공지능(AI) 스테이블 디퓨전을 개발한 스테빌리티 AI가 자신들의 허락을 받지 않고 수백만장의 이미지를 AI 이미지 생성에 도용했다고 주장한다.
> 게티이미지는 "우리는 수많은 AI 기업에 알고리즘 훈련을 위한 이미지 라이선스를 제공해왔다. 스테빌리티 AI는 상업적인 이익을 위해 우리가 소유한 이미지의 라이선스를 적합한 절차를 거치지 않은 채 사용했다."라고 밝혔다.

출처: 조선일보(2023.1.26). 변희원 기자. https://www.chosun.com/economy/tech_it/2023/01/26/SYRGM7QCQ5DDXEOHG7ROYVVD2Q

2) AI로 그림을 그리는 경우 저작권이 있는 그림을 무단으로 가져다가 AI에 학습시키는 것을 제재해달라는 내용의 글이 국회 국민동의청원 게시판에 올라간 사례입니다. 특정 작가가 그린 작품의 화풍과 분위기를 풍기거나 같은 작가가 그렸다고 착각할 정도로 비슷한 경우도 많아 작가들의 반발을 사고 있습니다. 국내외 생성형 AI와 관련한 저작권 규정이 아직 명확하게 정해져 있지 않아 앞으로도 논란이 될 전망입니다.

> ● **내 그림 배우더니 똑같이 그렸네… AI에 뺏긴 저작권 논란**
>
> 지난 17일 국회 국민동의청원 게시판에 'AI(인공지능) 학습 시 사용되는 그림 저작권에 대한 청원'이란 제목의 글이 올라왔다. "요새 AI로 그림을 그리는 경우가 많은데 저작권이 있는 그림을 무단으로 가져다가 AI에 학습시키는 것을 제재해달라."는 내용이었다. 그림을 그린 작가는 자신의 화풍을 완성하려고 적게는 수년, 많게는 수십 년까지 노력하는데, AI가 너무 쉽게 베낀다는 것이다.

출처: 조선일보(2022.10.28). 변희원 기자. https://www.chosun.com/economy/tech_it/2022/10/28/AZSDHIBGJJBK3DRKPIXCZ3CCLA

■ Have I Been Trained? 검색 엔진

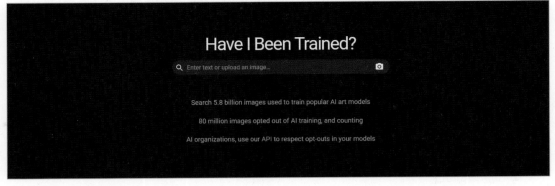

출처: https://haveibeentrained.com

　생성형 AI의 저작권 문제가 대두되면서 생성형 AI 회사들이 창작자들의 요구를 점차 받아들이는 분위기로 바뀌고 있습니다. 무엇보다 내가 그린 그림이나 이미지 또는 사진이 인공지능에 무단으로 학습되었는지를 확인할 수 있어야 합니다. Have I Been Trained? 검색 엔진 사이트는 그림이나 일정 텍스트를 입력할 경우 생성형 AI 학습에 사용됐는지 확인할 수 있는 곳입니다. 앞서 소개해드렸던 GPTZero의 그림(이미지) 버전이라고 할 수 있습니다. 아쉽게도 현재 기술적으로 생성형 AI에 의해 학습되었는지를 완전히 검출해내기는 어렵습니다. 하지만 앞으로 지속적인 업데이트를 통해 검출의 정확성이 높아질 것입니다.

💬 Have I Been Trained? 검색 엔진 사용 방법

1) 구글 검색 엔진에 'Have I Been Trained'를 검색하고, 가장 상단에 있는 사이트를 들어갑니다.

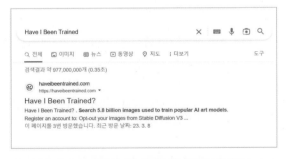

2) 우측 상단에 SIGN IN 버튼을 누릅니다.

3) 아이디가 없다면 우측 하단의 Sign Up 버튼을 눌러 회원가입을 합니다. 회원가입은 이메일 주소와 비밀번호만 입력하면 됩니다.

로그인 화면

회원가입 화면

4) Have I Been Trained 검색창에 생성형 AI에 학습됐는지 알고 싶은 사진, 작가 이름, 작품 등을 검색합니다. 이때 이미지 파일을 업로드하여 검색할 수 있습니다. 화가로 유명한 고흐(Gogh)를 검색해보겠습니다.

- 아직 한글화 작업이 제대로 이루어지지 않았기 때문에 영어로 검색해야 정확한 값을 얻을 수 있습니다.

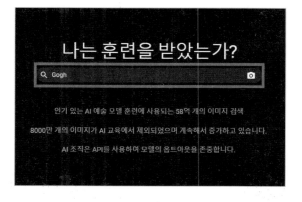

5) 생성형 AI 학습에 사용된 고흐 그림들이 나옵니다.

💬 **생성형 AI에 의한 학습 방지하기**

자신의 작품이 AI에 학습되지 않도록 Have I Been Trained 사이트에서 막을 수 있습니다. 기피 요청(Opt-Outs) 기능으로 아직은 기술적으로 완벽하게 막을 순 없지만 조금이나마 예방이 가능하고, 업데이트가 진행될수록 학습 방지 기능이 높아질 것으로 기대됩니다. 지금부터 기피요청(Opt-Outs) 기능을 적용해보겠습니다.

1) 생성형 AI에 학습되는 걸 막고 싶은 그림에 마우스 우클릭하여 Add to My Opt-Outs(기피 요청)를 클릭합니다.

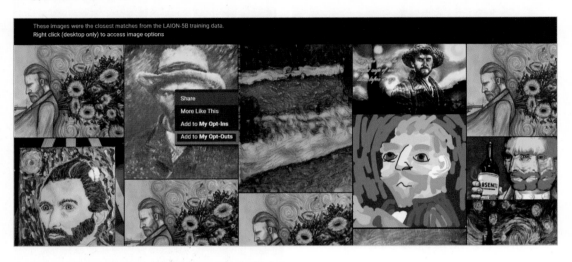

2) 선택한 그림이 사이트에서 사라지는 것을 확인할 수 있습니다.

3) 우측 상단의 원 모양(회원 버튼)을 클릭하여 My Opt-Outs를 클릭하면 내가 선택한 Opt-Outs (기피 요청) 그림이 있는 것을 확인할 수 있습니다.

My Opt-Outs 클릭

My Opt-Outs 이미지

4) 다시 생성형 AI에 학습되는 것을 허용하려면 해당 그림에 마우스 우클릭하고 Remove from My Opt-Outs를 클릭하면 됩니다.

Remove from My Opt-Outs

AI에 의해 학습된 걸로 돌아옴

ChatGPT의 저작권 침해 문제 해결하기

ChatGPT의 저작권 침해를 막는 것은 과연 불가능할까요? ChatGPT 등 생성형 AI의 저작권 침해 사례가 발생하는 근본적인 이유를 살펴보면 알 수 있습니다.

01. ChatGPT의 저작권 침해 원인

근본적으로 ChatGPT는 사람이 아니기 때문에 저작권 침해 사례가 발생할 수 있습니다. 국내외 저작권법은 자연인인 사람만이 창작자라고 정의하고 있습니다. 우리나라 저작권법도 저작물을 '인간의 사상과 감정의 창작적 표현'으로 정의합니다. 여기서 ChatGPT는 근본적으로 사람이 아니기 때문에 저작권법을 위반했다고 보기 어려운 것입니다.

그렇다고 무조건 저작권법 위반을 안 했다고도 볼 수는 없습니다. ChatGPT의 답변 완성도가 높기 때문입니다. 또한 창작자들은 생성형 AI가 저작권을 세탁하는 도구로 악용될 것을 우려하고 있습니다. 여러 창작자의 작품을 뒤섞어 저작권을 희석시키면 AI 알고리즘 학습에 기여한 창작자들은 아무런 대가를 인정받지 못하기 때문입니다.

창작자들의 저작권도 보장하고 ChatGPT와 기타 생성형 AI의 발전을 도모할 수 있는 두 마리 토끼를 잡을 방법에 대해 알아보겠습니다.

02. 데이터 영향력을 활용하여 해결하기

새로운 기술들에 의해 생겨나는 이점은 그 기술들을 만드는 데 기여한 사람들이 서로 공정하게 분배해야 합니다. 그래야 건전한 생태계를 만들어갈 수 있을 것입니다. 인공지능 생태계는 누가 만들어나가는 걸까요? 바로 사람들입니다. 사람들은 인공지능이라는 새로운 기술이 잘 작동할 수 있게 많은 기여를 합니다. 바로 데이터 영향력(Data Influence)입니다. 즉, 발전하는 AI의 기술 앞에 사람들은 약자처럼 보이지만, 데이터를 생성하고 제공하여 영향력을 발휘한다는 점에서 인간은 많은 권한을 갖고 있다는 뜻입니다.

그러면 데이터 영향력으로 어떻게 ChatGPT의 저작권 갈등을 해결할 수 있을까요? 데이터 영향력은 4가지 방법인 직접 조치, 규제 조치, 법적 조치, 시장 조치를 통해 행사할 수 있습니다.

첫째, 직접 조치(Direct action)는 AI 시스템의 정보입수 경로를 제한하는 방법입니다. 생성형 AI 시스템은 웹 스크랩핑(Web scraping, 웹에 있는 온갖 정보 끌어모으기)에 의존하기 때문에 웹사이트 소유자는 'robots.txt(웹 검색 프로그램에 한도를 벗어난 페이지를 알려주는 파일)'을 구성하여 스크랩핑을 금지하거나 제한함으로써 훈련 데이터의 정보입수 경로를 크게 방해할 수 있습니다. 다시 말해, 인터넷 블로그에서 복사 기능을 막는 것처럼 ChatGPT가 학습을 못하도록 막아버리는 것입니다.

둘째, 규제 조치(Regulatory action)는 말 그대로 우리의 소유 권한 목소리를 높일 수 있는 다양한 규제를 취하는 것입니다. 저작권법에 따른 '공정한 사용'이 콘텐츠 소유자의 동의 없이 최소한의 상업적 목적으로 콘텐츠에 대한 모델 훈련을 허용하지 않는다는 점을 명확히 하는 것입니다. 영화관에서 영화 보기 전 화면에 '불법 촬영 및 녹화를 금지합니다.'라고 뜨는 것과 같은 의미입니다. 즉, 저작권법에 따른 '공정한 사용'이 콘텐츠 소유자의 동의 없이 최소한의 상업적 목적으로 콘텐츠에 대한 모델 훈련을 허용하지 않는다는 점을 명확히 하는 것입니다.

셋째, 법적 조치(Legal action)는 사람들이 자신의 콘텐츠에 대한 통제권을 되찾을 수 있는 방법을 법으로 제시하는 것입니다. 규제 조치와 일맥상통합니다. 다만, 규제를 어길 경우 법적으로 불이익을 주는 것입니다. 즉, 법적 조치부터는 강제성을 띄게 되는 것입니다. 현재 외국에서는 이미 법적 분쟁이 펼쳐지고 있습니다. 대한민국에서 사안이 심각해지면 국회에서도 ChatGPT 관련 법제화에 대한 논의가 펼쳐질 것입니다. 그리고 법원의 판단에 따라서

ChatGPT의 향방이 달라질 것입니다.

넷째, 시장 조치(Market action)는 시장이 개입하여 콘텐츠와 관련한 사회적 합의를 이뤄내는 것입니다. 마치 애덤 스미스의 보이지 않는 손처럼 세 가지 조치를 위배하지 않는 한 시장의 판단, 시장원리에 맡기는 것입니다. 예를 들어, 자신의 정보를 ChatGPT의 학습 정보로 제공하는 대가로 일정량의 보상을 받는 것입니다. 보상의 정도는 제공하는 학습 정보의 중요성, 구체성에 따라 달라집니다. ChatGPT에 정보를 파는 것이기에 악용될 가능성이 있으므로 탄탄한 법과 제도가 뒷받침되어야 가능합니다. 자유시장경제의 원리처럼 말입니다.

이 외에도 저작권 보호를 위해서는 웹이나 SNS 등에 공개하는 작품에 '워터마크'를 삽입하는 방안도 있습니다. 차후 저작권료를 받을 수 있는 근거자료로 활용하거나 무작위 검색에 포함되지 않도록 하는 데 유용할 것입니다.

앞에서 설명한 조치들은 지금 당장 적용하기에는 어려움이 많습니다. 현실적으로 저작권 침해를 예방할 수 있는 방법에 대해 소개해드리겠습니다.

03. 교육적 접근을 통해 저작권 침해를 스스로 예방하기

일반적으로 사회 규범 및 조치는 항상 한 발짝 늦습니다. 하지만 교육은 현장에서 바로 할 수 있습니다. 선생님들의 열정과 노력만 있으면 얼마든지 학생들에게 ChatGPT의 저작권 침해를 예방시킬 수 있고, 이런 학생들이 성인이 되어 공정하고 깨끗하게 AI의 세계를 지탱할 것입니다.

저작권 침해는 매우 중요한 문제이며, 이를 교육적으로 해결하는 것의 중요성은 몇 번을 강조해도 지나치지 않습니다. 해결은 물론 예방을 위해서도 교육은 그 자체로도 훌륭한 약입니다. 그런데 ChatGPT가 저작권을 침해하지 않도록 사용할 수 있게 교육하는 것이 가능할까요?

학생들 스스로 ChatGPT는 저작권을 침해할 위험성이 있기 때문에 항상 경계하면서 사용하도록 가르쳐야 합니다. 스마트폰을 쓰는 것은 지금 살아가면서 필수지만 스마트폰의 부작용에 대해 인식하고 사용하는 것은 또 다른 문제입니다. 쉽게 말해, 학생들이 스스로 ChatGPT의 저작권 침해에 대해 보호하는 것입니다. 즉, ChatGPT 저작권 침해자는 바이러스, 교육은 백신이라고 하면 됩니다. 무엇인가를 잘못했는지 파악하려면 무엇이 잘못인지 아닌지를 먼저 알아야 하는 것처럼 저작권의 개념과 범위에 대해 정확하게 이해해야 ChatGPT가 저작권을 침해했는지 알 수 있습니다. 기본적으로 저작권은 저작물을 만들어낸 작가나 창작자가 가지는 권리입니다. 이 개념을 학생들에게 명확하게 인식시키고, 권리를 존중하고 보호하는 것이 중요하다는 것을 가르쳐야 합니다. 어느 부분을 중점으로 두어야 학생들이 와닿을까요? 학생들에게 저작권이 어떻게 작동하는지 이해시키고, ChatGPT가 저작권을 침해할 수 있는 위험성을 인식하도록 가르쳐야 합니다. 예를 들어, 누군가가 나의 글을 마음대로 베껴 썼을 때 기분이 어떻다고 하면 학생들은 무엇이라고 대답할까요? 당연히 기분 나쁘다고 할 것입니다. 그리고 내 글을 누가, 언제,

어떻게 베꼈는지도 알 수 없다고 하면 어떻겠냐고 할까요? 무섭다고 할 것입니다. 학생들의 경험에 비추어 ChatGPT가 저작권을 침해하는 것이 단순하고 가벼운 일이 아니라는 것을 먼저 인식시키면 더 효과적일 것입니다.

그 다음은 ChatGPT를 합리적이고 합법적으로 사용하는 방법에 대해 가르칩니다. 앞으로 ChatGPT뿐만 아니라 다른 생성형 AI 모델이 많이 생길 것입니다. 그때마다 '무조건 나쁘니까 쓰지마!'라고 할 수 없습니다. 오히려 학생들은 반발심으로 더 사용할 것입니다. 시대 흐름상 이제 생성형 AI의 사용은 불가피해졌으며, 올바른 방법으로 정확하게 사용하면 오히려 교육적으로 더 유용할 것입니다. 자동차가 위험하다고 운전하지 말라고 하는 것보다 자동차를 안전하게 운전하는 법을 가르쳐야 하는 것처럼 말입니다.

그러면 ChatGPT를 올바르게 사용하는 방법을 어떻게 가르쳐야 할까요? ChatGPT의 내용을 그대로 복사하여 붙이는 것을 지양하게 합니다. 다양한 의견을 들어보는 하나의 창구로서 활용할 수 있도록 지도해야 합니다. 현재 ChatGPT는 기술적으로 저작권 침해로부터 자유로울 수 없습니다. 왜냐하면 인터넷 상의 빅데이터를 수집하고 질문에 가장 적합한 대답을 출력하기 때문입니다. 바꿔말하면 사람들이 가지고 있는 가장 보편적인 내용을 전달하는 것입니다. ChatGPT가 하나의 정답을 제공해주는 도구가 아니라 내 생각과 비교하고 대조해보는 하나의 참고자료로 활용하도록 지도해야 합니다. 자각 없이 ChatGPT의 내용을 그대로 쓰면 결국엔 다른 사람의 저작권을 무단으로 사용하는 실수를 저지를 수 있습니다.

ChatGPT를 사용하면서 다른 사람의 저작권을 무단으로 사용하지 않는 다른 방법을 가르쳐 줄 수는 없을까요? ChatGPT를 사용하면서 저작권 침해로부터 완전히 자유로울 수 있는 확실한 방법이 있습니다. 상업적인 이익을 위해 ChatGPT를 사용하지 않도록 지도하는 것입니다. ChatGPT에서 얻은 내용을 상업적인 목적으로 사용하지 않고 공익을 위해서만 사용하면 저작권 침해의 우려가 없습니다. 비영리적인 목적으로 학술적 연구, 보도, 비평, 교육 등에서 사용할 때 자료의 사용이 허용됩니다. 단, 출처를 명시해야 합니다. ChatGPT의 답변에 출처가 같이 나오는 경우가 있습니다. 이때, 출처를 밝힌다면 저작권 문제로부터 자유로워질 수 있습니다. 더 나아가 ChatGPT가 모든 답변 내용에 출처를 정확하게 명시해주는 단계까지 발전하면 저작권 침해로부터 자유로워질 것입니다.

단원을 마무리하며

ChatGPT에 대한 여러 가지 법률적 이슈가 제기되지만, 기술 규제가 아닌 기술 현상으로 지켜볼 필요가 있습니다. 다양한 논의를 통해 사회적 합의를 찾아 나서야 할 시점입니다. 다만 이 과정에서 저작권의 예외가 인정되는 '공정 이용' 개념과 '적절한 보상 수준'에 대해 적절한 합의가 이루어지기까지는 많은 논란과 진통이 불가피할 것입니다.

2016년에 등장한 알파고가 인공지능의 확산에 기여했다면, 2022년에 등장한 ChatGPT는 우리의 일상생활에 직접적인 영향을 미쳤다는 점에서 문명사적 의의를 부여할 수 있습니다. 스테이블 디퓨전과 같은 새로운 AI 모델들이 지속적으로 나오고 있습니다. 이런 신기술, 플랫폼 등 트렌드가 바뀔 때마다 교육전문가로서 우리들은 교육적으로 어떻게 다가가고 학생들에게 도움이 될 수 있을지 고민해보아야 합니다.

디지털 교실에서 활용하는
AI와 챗봇 With 챗GPT

2023년 9월 초판 1쇄
2023년 12월 초판 2쇄

지은이 김규섭, 김영철, 임주환, 우성제, 이우현, 남덕호

기획 김경민
디자인 강소연, 성동현, 이지안
일러스트 이유이
펴낸곳 (주)넷마루

주소 08380 서울시 구로구 디지털로33길 27, 삼성IT밸리 806호
전화 02-597-2342 **이메일** contents@netmaru.net
출판등록 제 25100-2018-000009호

ISBN 979-11-982171-6-5(93000)